Der Mensch als Faktor in der manuellen Kommissionierung

Torsten Franzke

Der Mensch als Faktor in der manuellen Kommissionierung

Eine simulationsbasierte Analyse der Effizienz in Person-zur-Ware- Kommissioniersystemen

Torsten Franzke
Technische Universität Darmstadt
Deutschland

Dissertation Technische Universität Darmstadt, 2017

D17

ISBN 978-3-658-20468-6   ISBN 978-3-658-20469-3   (eBook)
https://doi.org/10.1007/978-3-658-20469-3

Die Deutsche Nationalbibliothek verzeichnet diese Publikation in der Deutschen Nationalbiblio-
grafie; detaillierte bibliografische Daten sind im Internet über http://dnb.d-nb.de abrufbar.

Gedruckt auf säurefreiem und chlorfrei gebleichtem Papier

Springer Gabler ist Teil von Springer Nature
Die eingetragene Gesellschaft ist Springer Fachmedien Wiesbaden GmbH
Die Anschrift der Gesellschaft ist: Abraham-Lincoln-Str. 46, 65189 Wiesbaden, Germany

Inhaltsverzeichnis

Abbildungsverzeichnis

Tabellenverzeichnis

Abkürzungsverzeichnis

ArbStättV	Verordnung über Arbeitsstätten
BAuA	Bundesanstalt für Arbeitsschutz und Arbeitsmedizin
COI	Cube-per-Order Index
FCFS	First-Come-First-Serve
FIFO	First-In-First-Out
IT	Informationstechnologie
IV&V	Independent Verification and Validation
PDA	Personal Digital Assistant
SKU	Stock Keeping Unit
V+V	Verifikation und Validierung
V&V	Verifikation und Validierung
VV&A	Verifikation, Validierung und Akkreditierung
VV&T	Verifikation, Validierung und Testen
WSC	Winter Simulation Conference

Einleitung, Forschungsfrage und Aufbau der Arbeit

Für die manuelle Kommissionierung werden kontinuierlich neue technologische Hilfsmittel und Möglichkeiten zur Automatisierung der Prozesse entwickelt. Ein Blick in die Praxis zeigt jedoch, dass der weitaus größte Teil der manuellen Kommissioniersysteme einen geringen Automatisierungsgrad aufweist. In Kapitel 1.1 wird dies weiter ausgeführt und es werden zusätzliche Gründe genannt, den Bereich der manuellen Kommissionierung näher zu betrachten. Ferner wird die Relevanz der manuellen Kommissionierung für die Wissenschaft und Praxis erläutert. In Kapitel 1.2 wird darauf aufbauend die Forschungslücke im Bereich der Betrachtung ausgewählter Aspekte des Einflusses menschlichen Verhaltens auf die Effizienz in der manuellen Kommissionierung aufgezeigt; sie ist Ausgangspunkt für die weiteren Ausführungen vorliegender Arbeit. Ergebnis dieses Unterkapitels ist die zentrale Forschungsfrage, die im Rahmen dieser Arbeit beantwortet werden soll. Im weiteren Verlauf der Arbeit erfolgt die Ableitung konkreter Propositionen, für die beiden Simulationsstudien, auf Basis der identifizierten Forschungsfrage. In Kapitel 1.3 wird der Aufbau der Arbeit dargestellt. Den Abschluss des ersten Teils bildet die wissenschaftstheoretische Einordnung der vorliegenden Arbeit in Kapitel 1.4.

1.1 Die manuelle Kommissionierung als dominantes Prinzip im Bereich der Lagerung in der innerbetrieblichen Logistik

Lager stellen wichtige Knotenpunkte in Wertschöpfungsketten dar. Sie haben großen Einfluss auf den Erfolg der gesamten Lieferkette.[1] Immer mehr werden dabei viele kleinere Lagerhäuser durch wenigere, aber dafür deutlich größere Lagerhäuser

---

[1]Vgl. de Koster et al. (2007), S. 482.

© Springer Fachmedien Wiesbaden GmbH 2018
T. Franzke, *Der Mensch als Faktor in der manuellen Kommissionierung*,
https://doi.org/10.1007/978-3-658-20469-3_1

ersetzt. In diesen größeren Lagerhäusern sind die Anforderungen an die Prozesse deutlich höher, was sich aus den enorm großen zu kommissionierenden Mengen und den immer kleiner werdenden Zeitfenstern für die Bearbeitung eines Kundenauftrags ergibt.[2] Ferner beeinflussen Lager maßgeblich, ob die Waren dem Kunden termingerecht zugestellt werden – was wiederum Einfluss auf die Kundenzufriedenheit hat.[3] Gerade im Bereich der Distribution ist die Kommissionierung meist eine der letzten Stationen im Unternehmen vor Auslieferung der Waren an den jeweiligen Kunden. Hier besteht folglich eine der letzten Möglichkeiten zu gewährleisten, dass die dem Kundenauftrag entsprechenden (richtigen) Waren auch zum richtigen Zeitpunkt, in der richtigen Qualität und Menge, am richtigen Ort und zu den richtigen (optimalen) Kosten geliefert werden.[4] Erreichen den Kunden hingegen Lieferungen mit falschen oder defekten Waren, so kann dies für das betreffende Unternehmen zu negativen Folgen bis hin zum Verlust eines Kunden führen.[5] Folglich müssen die entsprechenden Prozesse so ausgerichtet werden, dass sie den stetig wachsenden Anforderungen gerecht werden, um Waren sowohl möglichst schnell als auch zuverlässig liefern zu können und dabei die Kosten niedrig sowie die Qualität hoch zu halten.[6] Ferner haben der Trend in der Produktion hin zu kleineren Auftragsgrößen und individuelleren Produkten sowie der Trend hin zu engen Zeitfenstern mit kurzen Lieferzeiten in der Distribution von Produkten großen Einfluss insbesondere auf die Bedeutung der Kommissionierung.[7]

Innerhalb der Logistikkosten nehmen die Kosten für Lager einen Anteil von ca. 20 % ein,[8] was sie zu Zielen für die Identifikation von Kostensenkungspotenzialen in der Logistikkette macht. In Lagern ist eine der arbeits-, zeit- und personalintensivsten und daher meist auch eine der kostenintensivsten Tätigkeiten die Kommissionierung.[9] Sie umfasst den Prozess der auftragsgerechten Zusammenstellung von Waren aus einem Lagerbereich.[10] Die Kommissionierung ist für ca. 55 % der

---

[2]Vgl. de Koster et al. (2007), S. 481 f.

[3]Vgl. Grosse et al. (2017), S. 1260.

[4]In Anlehnung an die „6 R der Logistik" aus Wannenwetsch (2010), S. 30.

[5]Vgl. ten Hompel et al. (2011), S. 3.

[6]Vgl. Grosse et al. (2017), S. 1260; Park (2012), S. 2.

[7]Vgl. de Koster et al. (2007), S. 481.

[8]Vgl. Rubrico et al. (2008), S. 58.

[9]Vgl. ten Hompel/Schmidt (2010), S. 34.

[10]Vgl. de Koster et al. (2007), S. 483.

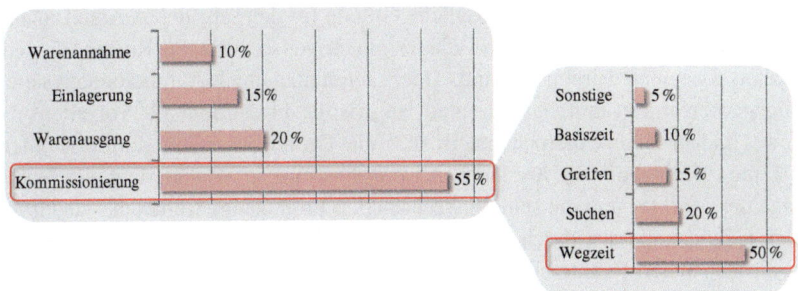

Abbildung 1.1 Verteilung der Kosten in Warenlagern (links) und Zeitanteile in der Kommissionierung (rechts) (Quelle: Eigene Darstellung in Anlehnung an Tompkins et al. (2010), S. 432 ff.)

Kosten in Lagerhäusern verantwortlich und somit der größte Kostenblock (siehe Abbildung 1.1 links).[11] Daher ist stets das Ziel, den Kommissionierprozess so effizient wie möglich zu gestalten.[12] Der Kommissionierung wird von Lagermanagern im Hinblick auf Produktivitätssteigerungen häufig oberste Priorität beigemessen.[13] Ferner ist eine effiziente Kommissionierung eine bedeutsame Möglichkeit, sich einen Wettbewerbsvorteil zu verschaffen.[14]

Trotz einer Vielzahl hochautomatisierter Lagersysteme werden immer noch, Schätzungen zufolge, mindestens 80 % der Lagerhäuser manuell betrieben.[15] In diesen intralogistischen Systemen fallen wiederum 80 % der Kosten in Person-zur-Ware-Kommissioniersystemen an,[16] bei denen sich ein Kommissionierer[17] mit seinem Auftrag durch einen Lagerbereich bewegt und Waren entsprechend

---

[11]Vgl. Tompkins et al. (2010), S. 432; Van den Berg/Zijm (1999, S. 521) schätzen, dass sogar 60 % der operativen Kosten in einem typischen Warenhaus der Kommissionierung zugerechnet werden können.

[12]Vgl. ten Hompel/Schmidt (2010), S. 34.

[13]Vgl. de Koster et al. (2007), S. 481.

[14]Vgl. ten Hompel et al. (2011), S. 1.

[15]In einem informellen Gespräch unterstrich der Leiter der Innovationsabteilung eines großen Logistikdienstleisters in Deutschland, dass dieser Wert in der Praxis deutlich höher liegt.

[16]Vgl. Furmans et al. (2012), S. 1.

[17]Im Folgenden wird aus Gründen der Übersichtlichkeit lediglich die männliche Form genutzt.

eines Auftrages einsammelt.[18] Mögliche Gründe für den sehr hohen Anteil manueller Kommissioniersysteme sind die vergleichsweise geringen Kosten, die mit solchen Systemen verbunden sind. Hoch automatisierte Kommissioniersysteme hingegen erfordern umfangreiche und langfristige Investitionen.[19] Vor allem für kleine und mittlere Unternehmen ist dies ein Grund, manuelle Kommissioniersysteme zu nutzen.[20] Ferner kann auf die dynamische Veränderung der Nachfrage des Marktes und die ständig wechselnden Produkteigenschaften, wie Größe oder Gewicht, besser durch manuelle Kommissioniersysteme reagiert werden, da die genannten Punkte ein hohes Maß an Flexibilität erfordern, welches meist nur durch manuelle Kommissioniersysteme erzielt werden kann.[21] Menschen haben folglich – zum Zeitpunkt des Verfassens dieser Arbeit – erhebliche Vorteile gegenüber Maschinen, da bisher noch nicht möglich ist, den Menschen in der Kommissionierung wirtschaftlich durch Maschinen zu ersetzen.[22]

Neben der großen Bedeutung für die Praxis ist die Kommissionierung Inhalt einer Vielzahl von Publikationen und folglich auch für die Forschung im Bereich der Logistik von großer Bedeutung.[23] Die Tätigkeit des Kommissionierens wird in der Forschung sogar als schwierigste Aufgabe in der innerbetrieblichen Logistik bewertet.[24] Ein möglicher Grund dafür ist die Vielzahl von theoretisch vorhandenen Verfahren, Techniken und deren Kombinationsmöglichkeiten zur Ableitung von Strategien und Planvorgaben für die manuelle Kommissionierung.[25] Ferner existiert ein enormes Spektrum an internen und externen Einflussfaktoren, die sich auf die Gestaltung von Kommissioniersystemen auswirken.[26] Vor allem durch die sich stets wiederholenden Abläufe und Tätigkeiten kann dieser Prozess umfangreich und sehr detailliert theoretisch geplant werden. Grundlage dafür ist, die einzelnen Tätigkeiten der Kommissionierung mit ihrer jeweiligen Bedeutung zu analysieren (siehe Abbildung 1.1 rechts). In Abbildung 1.1 wird deutlich, dass die Wegzeit den größten Zeitanteil aller Tätigkeiten in der Kommissionierung hat

---

[18]Vgl. Henn (2012), S. 2549 f.

[19]Vgl. Grosse et al. (2015a), S. 695; Grosse et al. (2017), S. 1260; Möller (2011), S. 177; Rammelmeier et al. (2012), S. 1 ff.

[20]Vgl. Grosse et al. (2015b), S. 499.

[21]Vgl. Grosse et al. (2017), S. 1260; Möller (2011), S. 177.

[22]Vgl. Grosse et al. (2015a), S. 695.

[23]Vgl. Rubrico et al. (2008), S. 58.

[24]Vgl. Gudehus (2012), S. 707.

[25]Vgl. Gudehus (2012), S. 707.

[26]Vgl. de Koster et al. (2007), S. 485; Gudehus (2012), S. 707.

und folglich in ihrer Minimierung der größte Stellhebel für das Effizienzsteige-rungspotenzial liegt.[27]

Insbesondere für die Minimierung der Wegstrecke gibt es eine Vielzahl von Planungsansätzen, wie die Festlegung eines geeigneten Layouts des Lagerbe-reichs, die Anordnung der Waren im Lagerbereich oder die Routenführung.[28] Bei diesen wird jedoch stets angenommen, dass alle Vorgaben exakt nach dem geplanten Soll-Prozess in die Realität übertragen werden (können). Hierbei wird jedoch der Einflussfaktor „Mensch" vernachlässigt, der mit seinen individuel-len und teilweise situationsabhängigen Entscheidungen und Erfahrungen diesen Prozess bzw. die Effizienz des Prozesses maßgeblich beeinflusst.[29] Gerade beim Auftreten von Störungen, welche die Einhaltung des Soll-Prozesses nicht mehr zulassen, sind ein Handeln und ggf. Abweichen des Kommissionierers vom Soll-Prozess notwendig. Dies umfasst bspw. Fälle, in denen nicht genügend Waren am entsprechenden Lagerplatz vorhanden sind. Bisher fehlen Hinweise, wie sich die Eignung der Planungsansätze bei der Umsetzung der Kommissionierprozesse verhält. Insbesondere die Auswirkungen solcher Unsicherheiten auf die relative Vorteilhaftigkeit einzelner Planungsansätze im Vergleich zu anderen Planungsan-sätzen sind bislang nicht betrachtet worden.[30] Im folgenden Kapitel soll detail-lierter die Forschungslücke im Bereich des Faktors „Mensch" in der manuellen Kommissionierung aufgezeigt werden, um daraus die für die vorliegende Arbeit relevante Forschungsfrage ableiten zu können.

1.2   Identifikation der Forschungslücke und Ableitung der Forschungsfrage hinsichtlich der Berücksichtigung menschlichen Verhaltens bei der Planung manueller Kommissionierprozesse

Für manuelle Person-zur-Ware-Kommissioniersysteme existiert eine große Anzahl an Planungsansätzen, die theoretisch optimale Kommissionierprozesse ermöglichen.[31] Diese unterstützen den Planer in dem Maße, dass für unterschiedliche

---

[27]Vgl. Nave (2009), S. 22; Tompkins et al. (2010), S. 434.

[28]Vgl. de Koster et al. (2007), S. 481 ff.

[29]Vgl. Choy et al. (2017), S. 112.

[30]Vgl. Grosse et al. (2015a), S. 695 ff.

[31]Für eine Übersicht über Publikationen im Bereich der manuellen Kommissionierung siehe de Koster et al. (2007); Gu et al. (2007); Rouwenhorst et al. (2000).

Rahmenbedingungen – wie verschiedene Lagerlayouts oder Auftragsstrukturen – die jeweils theoretisch am besten geeignetste Routenführung oder Anordnung der Waren im Lagerbereich ermittelt werden kann, um die Wegstrecken und somit auch die Wegzeiten zu minimieren.

Auf der anderen Seite bestehen in der Praxis Unsicherheiten, welche die praktische Umsetzung der Planvorgaben erschweren bzw. teilweise verhindern können. Bei der Umsetzung der Prozesse können zufällig bzw. situationsabhängig unerwartete Ereignisse auftreten, die eine Änderung der in den Planvorgaben ermittelten Soll-Prozesse unausweichlich machen. Vorstellbar sind hierbei Fälle, wie eine im Weg liegengelassene Palette oder defekte bzw. fehlende Waren. Diese Fälle können bisher nur unzureichend durch die Planungsansätze berücksichtigt werden, was insbesondere daran liegt, dass das Auftreten solcher Unsicherheiten sehr schwer prognostizierbar ist.[32] Ferner gibt es bisher kaum Hinweise, welche Form oder Häufigkeit die möglichen Unsicherheiten mit deren jeweiliger Ausprägung aufweisen. Zusätzlich gibt es noch weitere Bestandteile des Einflussfaktors „Mensch", z. B. die Gesundheit oder die Belastung der Mitarbeiter durch die Tätigkeit in der Kommissionierung oder Lerneffekte, die Auswirkungen auf die Kommissionierung haben. Diese Aspekte können unter dem Begriff Faktor „Mensch" zusammengefasst werden.[33]

Hierin liegt folglich die Lücke in der Forschung: Bisher gibt es keine konkreten Hinweise, wie sich die Eignung unterschiedlicher Planungsansätze, die zu theoretisch effizient geplanten (optimalen) Prozessen führen können, bei der praktischen Umsetzung dieser Vorgaben bzw. der Soll-Prozesse in die Realität unter Berücksichtigung des Faktors „Mensch" verhält. Die Forschungslücke im Bereich des Einflussfaktors „Mensch" in der manuellen Kommissionierung umfasst – neben der Berücksichtigung des Faktors „Mensch" in den Planungsansätzen der manuellen Person-zur-Ware-Kommissioniersysteme – auch die gezielte Nutzung der Planungsansätze zur Verringerung negativer Auswirkungen. Gerade hier hat der Mensch einen großen Einfluss auf die Leistung und die Qualität in der Kommissionierung, weshalb der gezielte Einsatz von Planungsansätzen analysiert werden sollte.[34]

---

[32]Vgl. Grosse et al. (2015a), S. 695 ff.

[33]Vgl. Grosse et al. (2015a), S. 695 ff.; Der Begriff wurde bereits von Nave (2009, S. 68) erwähnt. Allerdings wurden in diesem Zusammenhang nur Planungsmöglichkeiten, wie die Aufteilung der Kommissionierzeit, die Möglichkeit zur Erhöhung der Artikeldichte oder technische Lösungen, wie Handhelds, vorgestellt. Ein genaues Eingehen auf den Faktor „Mensch", wie es Grosse et al. (2015a, S. 695 ff.) gemacht haben, fand hingegen nicht statt.

[34]Vgl. Grosse et al. (2015a), S. 695 ff.

Hieraus ergibt sich die für die vorliegende Arbeit relevante Forschungsfrage:

▶ *Wie gestaltet sich der Einfluss des Faktors „Mensch" in der manuellen Kommissionierung und welchen Einfluss hat er auf die Effizienz in der manuellen Kommissionierung?*

1.3 Überblick über den Aufbau der Arbeit

Zur Beantwortung der Forschungsfrage ist die vorliegende Arbeit in sechs Kapitel unterteilt. Nachdem in Kapitel 1 in das Thema eingeleitet, die Forschungslücke identifiziert und die Forschungsfrage abgeleitet worden ist, werden in Kapitel 2 die notwendigen theoretischen Grundlagen erläutert.

Dies umfasst die begrifflichen Grundlagen im Bereich der manuellen Kommissionierung sowie das Aufzeigen der Bedeutung der Wegstrecke bzw. der Wegzeit als Kennzahl für die Messung der Effizienz in der manuellen Kommissionierung. Zu deren Minimierung existiert eine Vielzahl von Planungsansätzen, welche ebenfalls im zweiten Kapitel kurz vorgestellt werden, da ausgewählte Planungsansätze für die Simulationsstudien genutzt werden. Ferner wird ebenfalls der Stand der Forschung im Bereich des Einflussfaktors „Mensch" in der manuellen Kommissionierung aufgezeigt.

In Kapitel 3 erfolgt die Darstellung der Fallstudie. Hierzu werden in einem ersten Schritt die notwendigen methodischen Grundlagen erläutert, um anschließend den Verlauf und die Ergebnisse der Fallstudie zu präsentieren. Im Anschluss daran werden Propositionen als Ausgangspunkt für die beiden Simulationsstudien abgeleitet.

Kapitel 4 enthält die methodischen Grundlagen im Bereich der Simulation. Ferner erfolgen die Darstellung der beiden konzeptionellen Modelle sowie die Auswahl einer geeigneten Simulationssoftware und des agentenbasierten Simulationsansatzes.

Kapitel 5 umfasst die Ergebnispräsentation der beiden Simulationsstudien. Nach der Ableitung von Hypothesen für die beiden Studien werden der Aufbau und der Ablauf der Simulationsexperimente beschrieben. Anschließend werden jeweils ausgewählte Ergebnisse der Simulationsstudien präsentiert und ggf. kurz diskutiert. Abgeschlossen wird das Kapitel mit einer zusammenfassenden Diskussion der Ergebnisse.

Im letzten Teil der Arbeit werden schließlich die Erkenntnisse der vorliegenden Dissertationsschrift kurz zusammengefasst. Außerdem erfolgt die explizite Beantwortung der im ersten Teil der Arbeit aufgestellten Forschungsfrage.

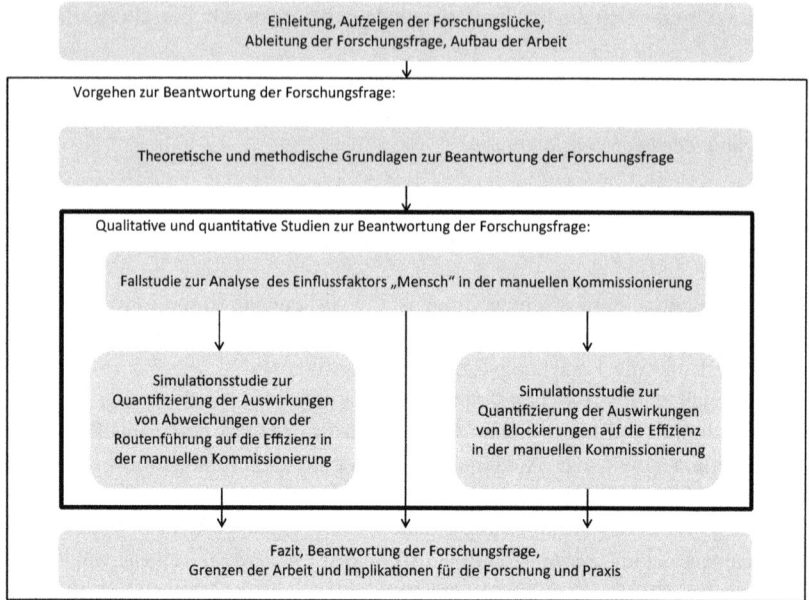

Abbildung 1.2 Überblick über den Aufbau der Arbeit (Quelle: Eigene Darstellung)

Abgeschlossen wird das Kapitel mit der Darstellung der Limitationen dieser Arbeit sowie mit den Implikationen für Forschung und Praxis.

Der eben beschriebene Aufbau ist in Abbildung 1.2 grafisch dargestellt.

1.4 Wissenschaftstheoretische Einordnung

Ziel der vorliegenden Arbeit ist die Analyse des Faktors „Mensch" in der manuellen Kommissionierung mit dessen Auswirkungen. Dies ist die grundlegende Problemstellung, aus der einerseits theoretische Erkenntnisse über die Zusammenhänge in der manuellen Kommissionierung abgeleitet werden, welche andererseits einen praktischen Nutzen bieten sollen. Die wissenschaftstheoretische Einordnung der Arbeit ist darauf ausgerichtet, das Phänomen des Faktors „Mensch" in der manuellen Kommissionierung strukturiert darzustellen und Anhaltspunkte für dessen Einfluss auf die Effizienz in der manuellen Kommissionierung zu geben. Basis bildet folglich ein reales Phänomen. Hierdurch sollen mögliche Handlungsempfehlungen bei der Gestaltung manueller Kommissionier-systeme ableitbar sein. Dabei ist die hohe praktische Relevanz der Problemstel-lung ein wichtiger Aspekt der vorliegenden Arbeit.

Die Verfolgung eines praktischen sowie theoretischen Ziels ergibt sich aus einer realwissenschaftlichen Wissenschaftskonzeption im Bereich der angewand-ten Wissenschaften, die dieser Arbeit zugrunde liegt. Dabei steht die Analyse menschlicher Handlungsalternativen im Vordergrund.[35] Das theoretische Ziel leitet sich aus der bestehenden Forschungslücke im Bereich des menschlichen Verhaltens in der manuellen Kommissionierung ab. Hierbei ist die theoretische Relevanz gegeben, da der Bereich des menschlichen Verhaltens in der manuel-len Kommissionierung bisher in der Wissenschaft eine äußerst geringe Bedeutung einnimmt, jedoch zunehmend als äußerst wichtig bewertet wird.[36]

Die Grundlage der vorliegenden Arbeit bildet ferner ein positivistisches Wis-senschaftsverständnis, welches gleichzeitig Ausgangspunkt für Forschungen im Bereich Logistik mit verhaltenswissenschaftlicher Orientierung ist.[37] Hierbei ist das Ziel, die Realität zu erklären.[38] Diese wird dabei als objektiv wahrnehmbar, greifbar und in Fragmente zerlegbar angesehen.[39] Der Erkenntnisfortschritt ent-sprechend des positivistischen Ansatzes soll im ersten Schritt durch eine explora-tive, qualitative Studie erzielt werden. Anschließend erfolgt im zweiten Schritt die Vertiefung ausgewählter Ergebnisse der qualitativen Studie anhand von quantita-tiv ausgerichteten Simulationsstudien.

Die Fallstudie soll sich dabei an der Theorie des devianten Verhaltens orientie-ren und umfassende Einblicke in deviantes Verhalten in der manuellen Kommis-sionierung ermöglichen. Die hauptsächlich auf Interviews basierende Anwendung der Methode wurde dabei häufig für Analysen im Bereich der verhaltenswissen-schaftlichen Orientierung logistischer Forschung erfolgreich eingesetzt.[40] Auf mögliche Grenzen und Einschränkungen durch die Methode wird am Ende der Arbeit Bezug genommen werden.

---

[35]Vgl. Ulrich/Hill (1979), S. 163 f.

[36]Vgl. Grosse et al. (2015a), S. 695 ff.

[37]Vgl. Mentzer/Kahn (1995), S. 232.

[38]Auf ein exaktes Voraussagen bzw. Prognostizieren der Realität soll hier verzichtet wer-den (siehe Kritik dazu in McCloskey (1986, S. 15ff.); Popper (2005, S. 16 ff.); Taleb (2008, S. 228 ff.)).

[39]Vgl. Mentzer/Kahn (1995), S. 232.

[40]Vgl. Kapitel 3 sowie Mentzer/Kahn (1995), S. 232.

Darauf aufbauend werden zur Überprüfung von Propositionen aus der Fallstudie Simulationsstudien durchgeführt. Die Methode der Simulation ist ebenfalls im Bereich logistischer Forschung etabliert und häufig angewendet.[41] Hierdurch erfolgt die Ableitung induktiver Schlüsse[42] für die Auswirkungen ausgewählter Arten des devianten Verhaltens in der manuellen Kommissionierung für das simulierte Kommissionierlager.[43]

---

[41]Vgl. Mentzer/Kahn (1995), S. 242.

[42]Bei induktiven Schlüssen wird auf Basis einzelner Beobachtung (dem Besonderen) auf die Gesamtheit (dem Allgemeinen) geschlossen (vgl. Mayring (2016), S. 12).

[43]Im Bereich der Simulation sind induktive Schlüsse vergleichsweise einfach möglich, da alle Rahmenbedingungen bekannt sind und festgelegt werden können. Es ist theoretisch machbar, alle möglichen Szenarien vorherzusagen.

Theoretischer Bezugsrahmen – Faktor „Mensch" in der manuellen Kommissionierung

2

Zur Beantwortung der Forschungsfrage sind einige wichtige Begriffe zu definieren. Neben dem Begriff der (manuellen) Kommissionierung mit dessen Besonderheiten (Kapitel 2.1, Kapitel 2.2) soll im Folgenden zudem kurz auf vorhandene Planungsansätze eingegangen werden (Kapitel 2.3), da ausgewählte Planungsansätze im weiteren Verlauf genutzt werden, um die Auswirkungen des Faktors „Mensch" auf die Effizienz analysieren zu können. Anschließend erfolgt eine kurze Darstellung des Stands der Forschung im Bereich des Faktors „Mensch" in der manuellen Kommissionierung (Kapitel 2.4). Dabei liegt der Fokus auf Kommissionierfehlern (Kapitel 2.4.1), Abweichungen vom Soll-Prozess (Kapitel 2.4.2) und Blockierungen während des Kommissionierprozesses (Kapitel 2.4.3). Zuerst erfolgt die Betrachtung von Kommissionierfehlern und deren bisher bekannten Ursachen, Auslösern, Formen und Konsequenzen. Anschließend soll aufgezeigt werden, inwieweit Abweichungen vom Soll-Prozess bereits in der Literatur im Bereich der manuellen Kommissionierung berücksichtigt werden, um erste Hinweise auf deren Auswirkungen auf die Effizienz ableiten zu können. Den Abschluss des Kapitels bilden die überblicksartige Darstellung der Literatur im Bereich der Blockiervorgänge in manuellen Kommissionierlagern (dem sogenannten *Picker Blocking*; Kapitel 2.4.3) sowie die Ableitung des theoretischen Bezugsrahmens für den möglichen Einfluss des Faktors „Mensch" in der manuellen Kommissionierung (Kapitel 2.5).

© Springer Fachmedien Wiesbaden GmbH 2018
T. Franzke, *Der Mensch als Faktor in der manuellen Kommissionierung*,
https://doi.org/10.1007/978-3-658-20469-3_2

2.1 Erläuterung der begrifflichen Grundlagen zur manuellen Kommissionierung

Kommissionierung umfasst die auftragsgerechte Zusammenstellung von Waren aus einem Lager oder einem Lagerbereich.[1] Für die zu kommissionierenden Waren existiert eine Vielzahl von Begriffen.[2] Im Folgenden soll der Begriff Stock Keeping Unit (SKU) für diejenige Einheit verwendet werden, die im Lagerbereich aufbewahrt ist und prinzipiell kommissioniert werden kann.[3] Diese Tätigkeit wird von einem Kommissionierer ausgeführt, der die Teilmenge aus dem Lager(-bereich) zusammenstellt. Die zu kommissionierende Teilmenge ist Bestandteil der Gesamtmenge an SKUs im Lager. Die Auswahl erfolgt entsprechend eines oder mehrerer Kundenaufträge, die eine Bestellung eines internen oder externen Kunden zur Grundlage haben.[4] Kundenaufträge bestehen dabei aus einzelnen Artikeln/Positionen, bei denen in jeder Zeile vermerkt ist, welcher Artikel in welcher Menge bestellt worden ist.[5] Sie können einen Kommissionierauftrag (von lagergängigen Gütern), einen Fertigungs- oder Lieferauftrag (von nicht-lagergängigen Gütern) oder einen Dienstleistungsauftrag (von sonstigen Dienstleistungen, wie dem Verpacken) enthalten.[6] Die Kommissionierung kann belegorientiert (der Beleg enthält die Kundenaufträge ausgedruckt

---

[1]Vgl. de Koster et al. (2007), S. 483; VDI 3590 Blatt 1 (1994), S. 2; Bei der Definition besteht weitgehende Einigkeit in der Literatur (siehe dazu bspw. Gudehus (2012), S. 707; ten Hompel et al. (2011), S. 4).

[2]Für die Bezeichnung der zu kommissionierenden Einheit werden in der Literatur verschiedene Begriffe, wie Artikel, Produkt, Ware oder Stock Keeping Unit (SKU), genutzt (vgl. de Koster et al. (2007), S. 483). Ferner kann dabei zusätzlich nach Lagereinheit (Einheit, in der die zu kommissionierenden Teile gelagert werden), Transporteinheit (zur Bereitstellung transportierter Artikel), Beschickungseinheit (Einheit zur Nachfüllung des Bereitstellortes für einen zu kommissionierenden Artikel), Bereitstelleinheit (Einheiten zur Entnahme für Kommissionierer), Entnahmeeinheit (Menge eines Artikels pro Zugriff), Kommissionier-/ Sammeleinheit (entsteht durch Entnahmevorgänge) und Versandeinheit (Gesamtheit der Kommissioniereinheiten entsprechend eines Kundenauftrags) unterschieden werden (vgl. ten Hompel et al. (2011), S. 7; VDI 3590 Blatt 1 (1994), S. 3). Eine solche Unterscheidung ist für die vorliegende Arbeit jedoch nicht zielführend und soll daher nicht genutzt werden.

[3]In Anlehnung an de Koster et al. (2007), S. 483; Rouwenhorst et al. (2000), S. 516.

[4]Als Bestellung wird die Willenserklärung vom Kunden, Ware zu definierten Konditionen (Art, Beschaffenheit, Menge, Preis und Lieferbedingungen) zu erwerben, verstanden (vgl. ten Hompel et al. (2011), S. 4).

[5]Vgl. de Koster et al. (2007), S. 483.

[6]Vgl. Wichmann (1994), S. 9.

als Kommissionieranweisungen)[7], beleglos (Anweisungen an Kommissionierer mittels anderer Medien, in Form von elektronischen Displays) oder automatisch durchgeführt werden.[8] Ein Computersystem[9] kann dabei die Steuerung dieser Prozesse übernehmen.[10]

Kommissioniersysteme[11] können in verschiedene Arten unterteilt werden. De Koster et al. unterscheiden zwischen *automatischen* (Einsatz von Maschinen) und *manuellen* (Einsatz von Menschen) Kommissioniersystemen.[12] Beim Einsatz von maschinengestützten Systemen (*picker-less systems*)[13] wird unterschieden nach automatisierter Kommissionierung und dem Einsatz von Pick-Robotern.[14] Schätzungen zufolge nutzen ca. 80 % der Unternehmen in ihren Lagern jedoch die manuelle Kommissionierung.[15] Daher liegt der Fokus im weiteren Verlauf auf der manuellen Kommissionierung.

Generell setzen sich Kommissioniersysteme aus drei Bestandteilen zusammen:[16] dem Informations-, dem Materialfluss- und dem Organisationssystem. Das *Informationssystem* besteht aus Elementen, die zur Durchführung der Materialflussvorgänge notwendig sind (Auftrag, Kommissionierliste, Position). Das *Materialflusssystem* besteht ebenfalls aus mehreren Teilen: dem Bereitstell-, Transport-, Entnahme-, Abgabe-, Sammel- und Rücktransportsystem. Im Materialflusssystem werden Materialflusseinheiten (Lager-, Transport-, Beschickungs-, Bereitstell-, Entnahme-, Sammel- und Versandeinheit) gebildet und bewegt. Das *Organisationssystem* besteht aus der Aufbauorganisation (Infrastruktur), der Ablauforganisation

---

[7]Wichtig ist hierbei, dass Kundenauftrag und Kommissionierauftrag/-anweisung unterschiedlich sein können (vgl. Kłodawski/Żak (2013), S. 42; ten Hompel et al. (2011), S. 8).

[8]Zum Unterschied zwischen belegorientierter oder belegloser Kommissionierung wird auf die VDI-Richtlinie 3311 (1998, S. 2) verwiesen.

[9]Computersysteme zur Übernahme der Steuerung der Kommissionierung sind Lagerverwaltungs- und Kommissionierleitsysteme sowie Warenwirtschafts- und Auftragsabwicklungssysteme. Diese übernehmen die Aufgaben der Kommissioniersteuerung, wie das Auslösen von Aufträgen oder das Steuern, Optimieren und Kontrollieren von Prozessen (vgl. Gudehus (2012), S. 739).

[10]Vgl. Rouwenhorst et al. (2000), S. 517.

[11]Für die Definition des Systembegriffs sei an dieser Stelle lediglich der Verweis auf Kapitel 4.1 angeführt, in welchem dieser Begriff ausführlich erläutert wird.

[12]Vgl. de Koster et al. (2007), S. 483 ff.

[13]Vgl. van den Berg (1999), S. 752.

[14]Vgl. de Koster et al. (2007), S. 483 ff.

[15]Vgl. de Koster et al. (2007), S. 483 ff.

[16]Vgl. ten Hompel et al. (2011), S. 6 ff.; VDI 3590 Blatt 1 (1994), S. 2 ff.

(enthält Vorgaben, wie ein Kommissionierauftrag eine oder mehrere Kommissionierzonen durchlaufen soll) und der Betriebsorganisation (umfasst die zeitliche Reihenfolge der Bearbeitung von Kommissionieraufträgen).

Hierbei lassen sich Kommissioniersysteme unterscheiden, bei denen die Artikel statisch (z. B. in einem Regal) gelagert werden und der Kommissionierer sich zur Ware bewegt (*Person-zur-Ware-Systeme*[17], also dezentrale Bereitstellung), sowie dynamische Systeme, bei denen die Entnahmeeinheit dem Mitarbeiter dynamisch zur Verfügung gestellt wird (*Ware-zur-Person-Systeme*) und dieser sich nicht vom Ort bewegen muss (zentrale Bereitstellung).[18,19] Bei letzterem wird die Ware nach erfolgter Entnahme wieder zurück ins Lager befördert.[20] Da die Person-zur-Ware-Systeme in der Praxis am häufigsten vorzufinden sind,[21] soll sich im Folgenden auf diese Systeme fokussiert werden.[22]

De Koster et al. untergliedern zusätzlich nach *Put-Systemen*.[23] In einem ersten Schritt erfolgt in diesen Systemen das artikelorientierte Kommissionieren der entsprechenden SKUs in einen Behälter. Im zweiten Schritt, nachdem der Behälter an einen weiteren Mitarbeiter[24] übergeben worden ist, werden die SKUs den jeweiligen Kundenaufträgen bzw. den Verpackungen für die jeweiligen Kundenaufträge zugeordnet.

---

[17]Synonym werden auch die Begriffe Mann-zur-Ware oder Mensch-zur-Ware genutzt.

[18]Vgl. Ruben/Jacobs (1999), S. 575; ten Hompel et al. (2011), S. 22 ff.; van den Berg (1999), S. 752; VDI 3590 Blatt 2 (2002), S. 12.

[19]Ten Hompel/Schmidt (2010, S. 37) führen an, dass dezentrale (zentrale) Bereitstellung nicht in jedem Fall mit Person-zur-Ware-Systemen (Ware-zur-Person-Systemen) gleichgesetzt werden könne. Als Beispiel führen sie das Kommissioniernest auf. In diesem System muss sich der Kommissionierer zur Ware bewegen, obwohl es sich um eine zentrale Bereitstellung handelt.

[20]Vgl. ten Hompel/Schmidt (2010), S. 37; VDI 3311 (1998), S. 6 ff.

[21]Vgl. Gudehus (2012), S. 717.

[22]Vorteile dieser Art der Kommissionierung sind: minimal notwendiger technischer Aufwand; einfache, ohne Rechnereinsatz realisierbare Organisation; kurze Auftragsdurchlaufzeiten; die Möglichkeit zur gleichzeitigen Bearbeitung von Eil-/Einzel-/Teil-/Komplettaufträgen und Auftragsserien; hohe Flexibilität gegenüber schwankenden Durchsatzanforderungen und Sortimentsveränderungen; Eignung für alle Arten von Waren (vgl. Gudehus (2012), S. 717).

[23]Vgl. de Koster et al. (2007), S. 484.

[24]Umgangssprachlich auch als „Putter" bezeichnet.

Die Kommissionierung in Person-zur-Ware-Systemen kann mit unterschiedlichen Hilfsmitteln erfolgen.[25] Für die Fortbewegung können *Flurförderzeuge*[26], wie Gabelstapler, genutzt werden. Geht der Kommissionierer zu Fuß durch das Lager, können unterstützend Kommissionierwagen genutzt werden.[27] Diese können durch Ziehen oder Schieben während der Kommissioniertour mitgeführt werden und dienen der Zwischenlagerung von kommissionierten SKUs, bis der Kommissionierer am Abgabeort angekommen ist. Auf diese Weise können zusätzlich Versandkartons auf dem Weg durch das Lager mitgeführt werden, in welche die zu kommissionierenden SKUs direkt einsortiert werden. Vor allem bei der Kommissionierung aus mehreren Ebenen,[28] die sehr hoch angeordnet sind (*high-level picking*)[29], werden häufig Flurförderzeuge eingesetzt. Der Kommissionierer

---

[25]Die Automatisierungsstufen der Fortbewegung unterteilen sich in manuell (ohne Hilfsmittel, nur durch Menschen ausgeführt), mechanisch (mithilfe eines vom Kommissionierer gesteuerten Hilfsmittels) und automatisch (Bewegung ohne menschliche Beteiligung) (VDI 3590 Blatt 2 (2002), S. 12).

[26]Als Flurförderzeuge gelten alle auf dem Boden (Flur), nicht jedoch auf Schienen fahrende Fördermittel. Ein Fördermittel ist eine „mechanische Einrichtung, mit der die zu lagernde Ladeeinheit befördert wird" (DIN EN 15620:2008, S. 10). Flurförderzeuge dienen im innerbetrieblichen Transport dem Befördern, Ziehen, Schieben, Heben, Stapeln oder In-Regale-Einlagern von Lasten aller Art. Sie sind fahrerlos, mitgängergeführt oder werden von einem Fahrer bedient, der auf dem Flurförderzeug oder einem hebbaren Fahrerplatz sitzt oder steht (vgl. VDI 3586 (2007), S. 3). Als technische Hilfsmittel gibt es insbesondere (nicht-)angetriebene Handwagen, Handgabelhubwagen, Kommissionierwagen, -stapler (vgl. ten Hompel et al. (2011), S. 24).

[27]Vgl. Gudehus (2012), S. 735; Park (2012), S. 17; Ruben/Jacobs (1999), S. 575; Rouwenhorst et al. (2000), S. 517.

[28]Bei der Fortbewegung wird zwischen ein-, zwei- und dreidimensionaler Fortbewegung unterschieden. Bei der eindimensionalen Bewegung wird lediglich die Fortbewegung auf einer Geraden, also bspw. eines Kommissionierers auf dem Gang, verstanden. Unter einer zweidimensionalen Fortbewegung wird die Bewegung auf ebener Erde mit einem Gangwechsel oder die Bewegung in einem Gang mithilfe eines Kommissionierstaplers verstanden. Bei dreidimensionaler Fortbewegung wird eine Hubmöglichkeit mit möglichen Gangwechseln kombiniert (vgl. VDI 3590 Blatt 2 (2002), S. 11 f.). Im Unterschied dazu differenziert Gudehus (2012), S. 729 ff.) lediglich in ein- oder zweidimensionale Fortbewegung: Eine zweidimensionale Fortbewegung liegt vor, wenn der Kommissionierer sich auf einem Regalbediengerät mit simultaner Fahr- und Hubbewegung befindet, das sich also gleichzeitig horizontal und vertikal bewegen kann.

[29]Vgl. de Koster et al. (2007), S. 483.

fährt mit einem solchen zum Lagerplatz und kann sich mit dem Flurförderzeug in die gewünschte Höhe befördern, um die jeweiligen SKUs zu erreichen. Befinden sich die SKUs dagegen auf einer Höhe, die ein Mensch ohne Hilfsmittel erreicht (*low-level picking*)[30], kann der Weg durch das Lager zu Fuß zurückgelegt werden. Eine Nutzung von Flurförderzeugen ist nicht zwingend notwendig, wird bei einigen Unternehmen aber aus Gründen der besseren ergonomischen Eignung eingesetzt.[31] Ein weiteres Hilfsmittel sind (Barcode-)Scanner, die beim Picken die entnommenen Mengen an SKUs bestätigen und deren Richtigkeit überprüfen können.[32]

Verschiedene organisationale Varianten der Person-zur-Ware-Systeme können unterschieden werden.[33] Eine Variante ist das Kommissionieren nach SKUs. Hier können die gleichen SKUs für mehrere Kundenaufträge parallel kommissioniert werden, welche anschließend entsprechend der Aufträge sortiert werden müssen. Werden mehrere Aufträge zu einem *Batch* (Stapel/Bündel) zusammengefasst, wird von *Batch-Kommissionierung* gesprochen.[34] Eine weitere Variante ist die Kommissionierung nach Kundenaufträgen.[35] Werden in einer Tour sämtliche SKUs eines Auftrags kommissioniert, so wird dies als diskrete Kommissionierung bezeichnet.[36] Bei den organisationalen Varianten der Person-zur-Ware-Kommissioniersysteme kann es eine Art Spezialfall geben, bei dem ein Kommissionierer den Auftrag seines Vordermanns fortsetzt und dann – sofern vorhanden – an seinen Nachfolger weitergibt. Die Kommissionierung erfolgt in einer Art menschlicher Kette (*Bucket Brigades*)[37]. Wenn der erste Kommissionierer in dieser Reihe seinen Auftrag fertig kommissioniert hat und diesen an den Nachfolger übergibt, holt der erste Kommissionierer sich einen neuen Auftrag

---

[30]Vgl. de Koster et al. (2007), S. 483 f.

[31]Vgl. de Koster et al. (2007), S. 483 ff.

[32]Vgl. Ruben/Jacobs (1999), S. 575; Rouwenhorst et al. (2000), S. 517.

[33]Vgl. de Koster et al. (2007), S. 483 ff.; Rouwenhorst et al. (2000), S. 517 f.

[34]Vgl. Parikh/Meller (2008), S. 697; Ruben/Jacobs (1999), S. 576.

[35]Ferner unterscheidet Karásek (2013, S. 114) nach *homogenen Kommissionieren* (wenn lediglich eine Palette kommissioniert wird) und *heterogenem Kommissionieren* (wenn einzelne SKUs gepickt werden).

[36]Vgl. Parikh/Meller (2008), S. 697.

[37]Vgl. Bartholdi et al. (2001), S. 710.

von der Basis (dem *Depot*).[38] Nachdem der letzte Kommissionierer in der Reihe seinen Teil des Auftrags fertig kommissioniert hat, wird der Auftrag zur nächsten Station abgegeben.[39] Mischvarianten sind, wenn für mehrere Kundenaufträge kommissioniert und beim Kommissionieren direkt auftragsorientiert sortiert wird (*sort-while-pick*). Der Sortiervorgang kann auch nach dem Kommissionieren erfolgen (*pick-and-sort*). Ferner können Kommissionierer in verschiedene Zonen desselben Lagers eingeteilt werden (*Zoning*). Sie kommissionieren dann SKUs aus ihrer jeweiligen Zone, welche anschließend entsprechend der Aufträge sortiert werden.[40] Müssen Aufträge bei der Batch- oder Kommissionierung in Zonen in einem bestimmten Zeitfenster kommissioniert werden (*Welle*), so wird dies als *Wellen-Kommissionierung* bezeichnet.[41] Möglichkeiten, wie die Einteilung des Lagers in Zonen oder die Aggregation von Aufträgen, werden genutzt, um die Wegzeit zu reduzieren. Auf diese und weitere Planungsansätze zur Reduktion der Wegzeit wird näher in Kapitel 2.3 eingegangen.

In der Kommissionierung sind für verschiedene Tätigkeiten verschiedene Zeitanteile notwendig. Diese können in vier Kategorien aufgeteilt werden:[42] Darunter fallen die Basiszeit (für Tätigkeiten, wie die Auftragsübermittlung, Übernahme/ Übergabe von Lade-/Handlingeinheiten/Ladehilfsmitteln), die Wegzeit (umfasst das Gehen, Stehen, Fahren, mit/ohne Heben sowie den Positionieraufwand), die Greifzeit (für das Hingehen, Hinlangen, Greifen,[43] Aufnehmen, Ablegen und Weggehen vom Lagerplatz) sowie die Totzeit (für die Informationsaufnahme, das

---

[38]Für das Depot, also den Punkt, an dem die Kommissionierer ihre Aufträge bekommen und wieder abgeben müssen, gibt es eine Vielzahl an Bezeichnungen, wie *Kommissionierbasis* (z. B. in ten Hompel et al. (2011), S. 94), *dock* (z. B. in Wäscher (2004), S. 325), *packaging and despatch area* (z. B. in de Koster et al. (2012), S. 764; Möller (2011), S. 179), *loading bay* bzw. *loading/unloading station/area* (z. B. in Goetschalckx/Ratliff (1990), S. 1121; Hong et al. (2012a), S. 90; Hong et al. (2015a), S. 4), *pick-up/drop-off point* (z. B. in Grosse/Glock (2013), S. 852; Jane/Laih (2005), S. 490; Petersen/Aase (2004), S. 12) oder *input/output point* (z. B. in Berglund/Batta (2012), S. 107; Hsieh/Tsai (2006), S. 629; Liu (1999), S. 997; Pan et al. (2012), S. 528). Im Folgenden soll jedoch lediglich der Begriff Depot genutzt werden (in Anlehnung an de Koster et al. (2007), S. 484).
[39]Vgl. Bartholdi et al. (2001), S. 710 ff.
[40]Vgl. Parikh/Meller (2008), S. 697; Ruben/Jacobs (1999), S. 576.
[41]Vgl. Parikh/Meller (2008), S. 697.
[42]Vgl. VDI 4481 (2012), S. 7.
[43]Die Entnahme bzw. das Greifen von SKUs soll im Folgenden als Picken bezeichnet werden (vgl. ten Hompel et al. (2011), S. 127).

Lesen, Suchen, Finden, Scannen, Vereinzeln, Verpackungseinheiten öffnen, zählen, kontrollieren, vergleichen usw.). Darüber hinaus werden in der VDI 4481 noch Verteilzeiten angegeben.[44] Hierzu zählen persönliche Verteilzeiten (persönlich bedingte unterbrochene Tätigkeit, wie Ablenkung, Toilettengang usw.), sachliche Verteilzeiten (Wartezeiten, Arbeitsmangel, Behinderung, Begegnungsverkehr, Störungen), Erholungszeit (Pausen infolge von Ermüdung, Konzentrationsminderung), Leistungsgradbeurteilung gemäß REFA[45], Faktor für Erfahrung, für ungeübtes, ungelerntes, häufig wechselndes Personal.

Der *Ablauf des Kommissionierprozesses*, wie er auch in der vorliegenden Arbeit genutzt wird, ist meist folgender:[46] Der Kommissionierer steht am Ausgangs- oder Startpunkt (auch Depot genannt). Dann erhält er einen Kommissionierauftrag. Hierbei kann unterschieden werden, ob der Kommissionierauftrag frei gewählt oder zugewiesen wird. Der Auftrag wird elektronisch oder per Beleg zugewiesen. Anschließend liest der Kommissionierer die erste zu besuchende Lagerposition ab und bewegt sich zu dieser. Sobald der Entnahmeort erreicht ist und die Richtigkeit des Ortes visuell überprüft worden ist, entnimmt er die entsprechende zu kommissionierende Menge der SKUs und legt diese in einen Sammelbehälter (eine Versandverpackung, einen Kommissionierwagen, einen Karton oder eine Palette). Dieser Vorgang des Suchens des Lagerplatzes, der Fortbewegung zum Entnahmeort und des Greifens der SKUs wird so lange wiederholt, bis alle Artikel auf dem Kommissionierauftrag eingesammelt sind oder die Kapazität für den Transport der zu kommissionierenden SKUs ausgeschöpft ist. Anschließend gibt der Kommissionierer die SKUs am Depot ab und kann mit dem nächsten Auftrag beginnen.[47] Bei der Abgabe der kommissionierten Einheiten wird

---

[44]Vgl. VDI 4481 (2012), S. 7.

[45]Die Abkürzung REFA stand ursprünglich für „Reichsausschuss für Arbeitszeitermittlung". Aufgrund der hohen Bekanntheit des Markennamens REFA ist diese ursprüngliche Abkürzung bis heute beibehalten worden (vgl. REFA (2016a)). Der Name des Verbands lautet aktuell: REFA Bundesverband e. V. Verband für Arbeitsgestaltung, Betriebsorganisation und Unternehmensentwicklung. Ziel des Verbands „ist die Förderung von Bildung und Wissenschaft auf den Gebieten der Arbeitsgestaltung, der Betriebsorganisation und der Unternehmensentwicklung einschließlich angrenzender Gebiete" (REFA (2016b), S. 2).

[46]Prozess in Anlehnung an die Ausführungen von Gudehus (2012), S. 707 ff.; Grosse et al. (2014), S. 70; Hall (1993), S. 77; Jarvis/McDowell (1991), S. 94; Kłodawski/Żak (2013), S. 42; VDI 3311 (1998), S. 3 ff.

[47]Hinweis: Dies ist der theoretische Ablauf in der Kommissionierung; inwiefern sich dieser von der praktischen Umsetzung unterscheiden kann, wird im weiteren Verlauf der Arbeit detailliert analysiert und beschrieben.

zwischen statischer Abgabe (auf unbewegte Sammeleinrichtungen) und dynamischer Abgabe (auf ein bewegtes Fördermittel) unterschieden.[48]

Die Gesamtheit der Vorgänge des Verlassens des Depots, des Kommissionierens der SKUs und des Zurückkehrens zum Depot wird im weiteren Verlauf der Arbeit als *Kommissioniertour* bezeichnet.[49] Bei Bedarf können weitere Tätigkeiten, wie die Beschickung der Bereitstellplätze mit Nachschub oder das Entfernen von Leergut, durchgeführt werden.[50] Mit Ausnahme von Abweichungen oder Blockierungen sind die sonstigen Tätigkeiten während der Kommissioniertour für die vorliegende Arbeit von untergeordneter Bedeutung.

2.2   Die Wegzeit als wichtigster Faktor zur Steigerung der Effizienz in der manuellen Kommissionierung

Wie bereits aufgezeigt, sind effiziente Prozesse in manuellen Kommissioniersystemen von besonderer Bedeutung. Diese Prozesse stehen daher häufig im Fokus von Lagermanagern, wenn es um Verbesserungsmaßnahmen, wie bspw. die Reduktion der Auftragsbearbeitungszeiten, geht.[51] Um die Effizienz erhöhen zu können, ist wichtig, die einzelnen Tätigkeiten der Kommissionierung näher zu betrachten. Hierzu gehören das Laufen zu, von und zwischen den einzelnen Pickpositionen[52] sowie das Picken der SKUs, das Erreichen der Pickposition, die Dokumentation der Entnahme, das Sortieren der SKUs zu den einzelnen Aufträgen, das Verpacken der SKUs und das Suchen der nächsten Pickposition.[53] Insbesondere das Laufen zu, von und zwischen den einzelnen Pickpositionen nimmt mit ca. 50 % den größten Zeitanteil in der Kommissionierung ein.[54] Ein kürzerer Weg ist meist auch mit einer kürzeren Kommissionierzeit verbunden.[55] Zur Steigerung der Effizienz der Prozesse in manuellen Kommissionierlagern ist folglich der Weg durch das Lager bzw. die dafür benötigte Wegzeit der Faktor mit dem größten Einfluss.

---

[48]Vgl. ten Hompel et al. (2011), S. 26.

[49]Vgl. Grosse et al. (2014), S. 70.

[50]Vgl. Gudehus (2012), S. 707; VDI 3311 (1998), S. 4 ff.

[51]Vgl. Chen et al. (2016), S. 389; de Koster et al. (2007), S. 486.

[52]Als Pickposition wird der Ort definiert, an dem das nächste zu kommissionierende SKU lagert (siehe „*pick location*" in Tompkins (2010), S. 434 ff.).

[53]Vgl. Tompkins et al. (2010), S. 434.

[54]Vgl. Tompkins et al. (2010), S. 432 f.

[55]Vgl. Shiau (2012), S. 92.

In der manuellen Kommissionierung wird häufig genau eine Leistungskennzahl zur Effizienz- oder Leistungsbewertung herangezogen.[56] Dafür ist die Wegzeit[57] sehr gut geeignet und wird auch in der Literatur im Bereich der manuellen Kommissionierung als wichtigste Leistungskennzahl angesehen.[58] Die Wegzeit soll für die vorliegende Arbeit als Bewertungsmaßstab genutzt werden, wenn es um die Effizienz von manuellen Kommissioniersystemen geht.

Verschiedene Faktoren beeinflussen die Wegzeit. Diese lassen sich in unterschiedliche Kategorien einteilen. In Anlehnung an de Koster et al. werden die Planungsansätze, die es in der Literatur zur Reduktion der Wegzeit gibt, in die Kategorien Layoutgestaltung, Lagerplatzvergabe, Auftragsaggregation, Einteilung des Lagerbereichs in Zonen sowie Bestimmung des kürzesten Wegs durch das Lager mithilfe von Routenstrategien eingeteilt.[59] Ferner existieren noch weitere Einflussfaktoren, die aber nicht explizit in den aufgeführten Kategorien enthalten sind oder einen über mehrere Kategorien reichenden Einfluss haben. Dies sind auftretende Blockiervorgänge im Lager[60] oder die Nutzung technischer Hilfsmittel[61], wie mobiler und digitaler Datenverarbeitungsgeräte zur Anzeige der Kommissionierliste.[62] Eine weitere Kategorie von Einflussfaktoren ist der Faktor „Mensch".[63]

2.3   Planungsansätze zur Reduktion der Wegzeit

In diesem Abschnitt sollen die genannten Kategorien der Planungsansätze kurz vorgestellt werden, da sie eine wichtige Grundlage der weiteren Arbeit bilden. Dabei werden in einem ersten Schritt die Kategorien Layoutgestaltung, Routenstrategien,

---

[56]Vgl. Brynzér et al. (1994), S. 127.

[57]Teilweise wird auch die Wegstrecke als Leistungsindikator genutzt (siehe Hong (2014), S. 688; Shiau (2012), S. 92). Da in dieser Arbeit allerdings von einer konstanten Fortbewegungsgeschwindigkeit der Kommissionierer ausgegangen werden soll, verändern sich Wegstrecke und Wegzeit in gleichem Maße. Im Folgenden wird die Wegzeit als Maßstab für die Bewertung der Effizienz genutzt wird.

[58]Vgl. Chen et al. (2016), S. 389.

[59]Vgl. de Koster et al. (2007), 481 ff.

[60]Vgl. Hong et al. (2010), S. 3.

[61]Vgl. de Vries et al. (2016), S. 2260 ff.

[62]Diese Kategorien sollen in Anlehnung an Grosse et al. (2017, S. 1264) aufgenommen werden.

[63]Vgl. Grosse et al. (2015a), S. 695 ff.

Lagerplatzvergabe, Auftragsaggregation, Zoning und technische Hilfsmittel kurz erläutert. Anschließend erfolgt die Darstellung des Faktors „Mensch" in der Kommissionierung; darunter werden hier insbesondere Kommissionierfehler, Abweichungen vom Soll-Prozess und Blockiervorgänge zusammengefasst.

Es gibt noch einen weiteren Ansatz zur Festlegung der Reihenfolge der Vergabe der Aufträge an Kommissionierer.[64] Hierbei gibt es die Möglichkeit, nach dem First-Come-First-Serve-Prinzip (FCFS), der Kundenauftragspriorität oder der Frühester-Liefertermin-Regel zu entscheiden. Dieser Ansatz soll hier allerdings nicht weiter berücksichtigt werden, da er in den genannten Veröffentlichungen nicht als relevant identifiziert worden ist.[65]

2.3.1 Layoutplanung

Vor dem Bau eines neuen Lagers oder dem Umbau eines bestehenden Lagerbereiches sind wichtige Entscheidungen im Bereich der Layoutplanung zu treffen.[66] Hierbei muss insbesondere für die Gestaltung des Kommissionierbereichs festgelegt werden, wie viele Blöcke im Lager angeordnet werden sollen, wie viele Gänge welcher Breite und wie viele SKUs pro Gang vorhanden sein sollen, welche Lage das Depot hat und wie viele Quergänge benötigt werden.[67] Ferner ist Ziel der Layoutplanung, weitere Bereiche, wie Wareneinein- oder -ausgang, so anzuordnen, dass ein störungsarmer und effizienter Materialfluss auf einer möglichst kleinen Fläche realisiert wird.[68] Die Reihenfolge der Planung des Fabriklayouts und des Layouts des Kommissionierbereichs ist im Vorfeld zu bestimmen. Sie kann individuell festgelegt werden und ist nicht fest vorgegeben.[69] Zur Ermittlung des jeweils am besten geeigneten Lagerlayouts existiert eine Vielzahl von Vorgehensweisen.[70]

---

[64]Vgl. ten Hompel et al. (2011), S. 100 ff.

[65]Vgl. de Koster et al. (2007); Grosse et al. (2017).

[66]Vgl. Gudehus (2012), S. 662.

[67]Vgl. de Koster et al. (2007), S. 487; Meller/Gau (1996), S. 351 ff.

[68]Vgl. Gudehus (2012), S. 662.

[69]Vgl. Tompkins et al. (2010), S. 293.

[70]Vgl. Meller/Gau (1996), S. 351 ff.; Tompkins et al. (2010), S. 296 ff.

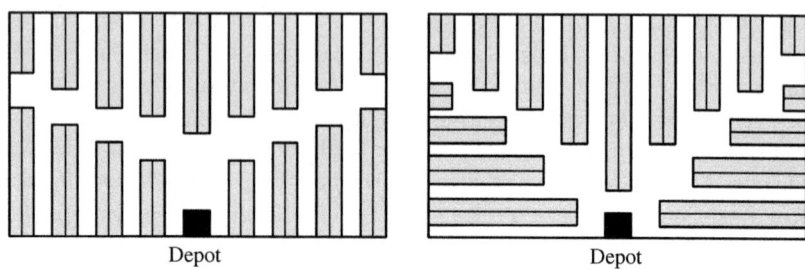

Depot   Depot

Abbildung 2.1 V-Layout (links) und Fischgrätenlayout (rechts) (Quelle: Eigene Darstellung in Anlehnung an Pohl et al. (2011), S. 704)

Die Lagerlayouts können dabei verschiedene Formen annehmen. Als eine Art Standardfall bzw. als „traditionelles" Lagerlayout wird ein rechtwinkliges Lagerlayout bezeichnet,[71] in welchem die Gänge parallel zueinander und im rechten Winkel zu den Quergängen verlaufen.[72] Diese können aus einem oder mehreren Blöcken bestehen.[73]

Weitere Layouttypen im Bereich der Kommissionierung sind einerseits das V-Layout (*flying-V*) sowie das Fischgrätenlayout (*fishbone*) (siehe Abbildung 2.1). Beim V-Layout verlaufen die Gänge parallel zueinander und Quergänge an der oberen und unteren Seite sind rechtwinklig dazu angeordnet. Die Positionen der mittleren Quergänge sind so angeordnet, dass die vom Depot[74] ausgehenden Wegstrecken reduziert werden.[75] Das Fischgrätenlayout hat rechtwinklig zu den jeweiligen Gängen angeordnete Quergänge auf der oberen, der rechten und der linken Seite; die mittleren Quergänge sind diagonal angeordnet – wobei Kommissioniergänge vertikal und horizontal zu den mittleren Quergängen verlaufen können.[76]

---

[71]Vgl. Henn et al. (2013), S. 245; Petersen/Schmenner (1999), S. 484.

[72]Layout bspw. in Bassan et al. (1980); Jarvis/McDowell (1991); Hsieh/Tsai (2006); Petersen/Schmenner (1999) genutzt. Eine grafische Darstellung des verwendeten Layouts erfolgt in Kapitel 4.2.

[73]Wie bspw. in Roodbergen/de Koster (2001), S. 1867.

[74]In Abbildung 2.1 ist das Depot als „P&D" bezeichnet.

[75]Vgl. Gue/Meller (2009), S. 176.

[76]Vgl. Gue/Meller (2009), S. 176.

Zusätzlich wird noch die Anordnung der Lagerfächer in U-Form[77] oder die Anordnung der Lagerfächer in einer Linie (*pick-and-pass System*) genutzt.[78]

Neben der Vielzahl von Möglichkeiten zur Gestaltung des Lagerlayouts, wie etwa die Festlegung auf eine Anzahl von Gängen oder SKUs im Lager, soll an dieser Stelle kurz auf die Lage des Depots als wichtiger Aspekt bei der Bestimmung eines Layouts eingegangen werden. Hierbei besteht die Möglichkeit, dass Start- und Endpunkt, also das Depot, an exakt derselben Position liegen[79] oder dass sich die Positionen des Start- und Endpunktes unterscheiden.[80] Meist liegen der Start- und Endpunkt zur Aufnahme und Abgabe der Aufträge an derselben Position und werden im Laufe der Kommissionierung nicht verändert – was auch für diese Arbeit genutzt werden soll. Unter der Voraussetzung der zufälligen Lagerplatzvergabe bei rechtwinkligen Lagerlayouts zeigten sowohl Bassan et al. als auch Roodbergen und Vis, dass die zentrale Lage des Depots, wie sie in Abbildung 2.1 dargestellt ist, am besten geeignet ist.[81]

2.3.2 Routenstrategie

Die Routenstrategie gibt den Weg vor, den der Kommissionierer durch das Lager bzw. den Lagerbereich laufen soll, um alle SKUs auf einem Auftrag zu kommissionieren.[82] Dazu werden die Artikel auf der Kommissionierliste so angeordnet, dass sich der entsprechende Weg durch die Einhaltung der Reihenfolge der Positionen auf der Kommissionierliste ergibt.[83] Ziel der Nutzung einer bestimmten Routenstrategie ist meist, den kürzesten Weg durch das Lager zu finden.[84] Hierfür gibt es einerseits die Möglichkeit, auf Heuristiken[85] zurückzugreifen, die zwar

---

[77]Wie in Glock/Grosse (2012), S. 4346; Henn et al. (2013), S. 247.

[78]Z. B. in Pan/Wu (2009), S. 262.

[79]Wie z. B. in Franzke et al. (2017).

[80]Wie z. B. in de Koster/van der Poort (1998), S. 469 ff.

[81]Vgl. Bassan et al. (1980), S. 317 ff.; Roodbergen/Vis (2006), S. 805; Eine zentrale Lage des Depots wird z. B. in Hall (1993), S. 77 oder Parikh/Meller (2010a), S. 388 genutzt.

[82]Vgl. Roodbergen/Vis (2006), S. 799.

[83]Vgl. de Koster et al. (2007), S. 494; Hall (1993), S. 76.

[84]Vgl. Le-Duc (2005), S. 20.

[85]Heuristische Routenstrategien geben meist anhand von relativ einfachen Regeln den Weg durch das Lager vor, ohne eine umfangreiche Verkürzung der Wegzeiten zu erzielen (vgl. Theys et al. (2010), S. 755). Dabei können sie allerdings zu Wegzeiten führen, die nahe an denen der optimalen Lösung liegen (vgl. Petersen/Schmenner (1999), S. 499).

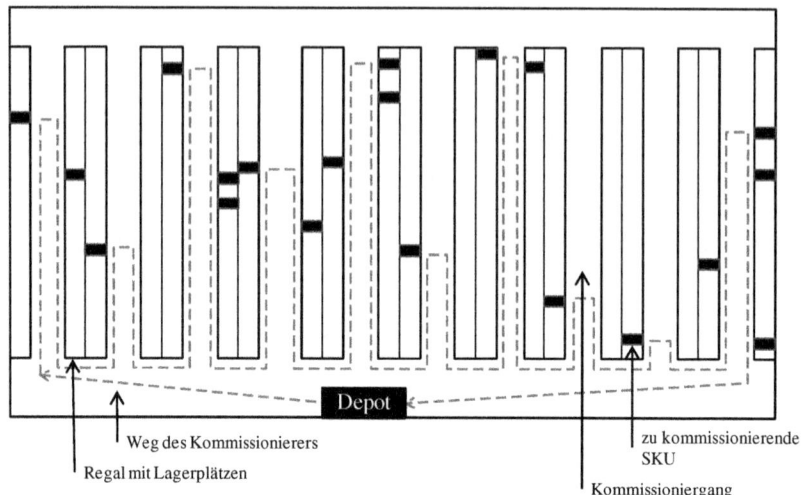

Weg des Kommissionierers

Regal mit Lagerplätzen

zu kommissionierende SKU

Kommissioniergang

Abbildung 2.2 Routenführung der Return-Strategie für das Einsammeln eines beispielhaften Kommissionierauftrags (Quelle: Eigene Darstellung in Anlehnung an Franzke et al. (2017), S. 847)

stets eine mögliche Lösung hervorbringen, welche aber nur in Ausnahmefällen optimal ist.[86] Der Vorteil heuristischer Routenstrategien liegt darin, dass sie meist leicht verständlich und für den Kommissionierer sehr gut nachvollziehbar sind.[87] Die in der Literatur der manuellen Kommissionierung am häufigsten genutzten Heuristiken sind:[88] *Return* (bzw. Stichgangstrategie), *S-shape* (bzw. Schleifengangstrategie), *Midpoint, Largest gap, Composite* und *Combined*.[89] Diese sollen im Folgenden kurz erläutert werden, da sie für die Routenführung der Kommissionierer in den beiden Simulationsstudien genutzt werden sollen.

Bei der Return-Strategie (siehe Abbildung 2.2) werden Gänge, die vom Kommissionierer betreten werden, an derjenigen Seite verlassen, an der die Kommissionierer diese betreten haben.[90] Der Kommissionierer startet bspw. an der linken

---

[86]Vgl. Roodbergen (2001), S. 22.

[87]Vgl. Petersen/Schmenner (1999), S. 499.

[88]Vgl. Caron et al. (1998); Goetschalckx/Ratliff (1988); Hwang et al. (2004); Petersen/Aase (2004); Petersen/Schmenner (1999); Theys et al. (2010).

[89]Im Folgenden werden die englischen Begriffe der Routenstrategien gebraucht.

[90]Vgl. Hwang et al. (2004), S. 3875; Petersen (1997), S. 1100.

Seite und betritt jeden Gang, in dem sich mindestens ein zu kommissionierendes SKU befindet, und wendet nach Kommissionierung aller im Gang liegenden SKUs, die auf dem Kommissionierauftrag stehen, um den Gang zu verlassen. Ein typischer Einsatzfall dieser Strategie ist, dass an einem Ende der Gänge eine Wand ist und die Kommissionierer die Gänge an dieser Seite nicht verlassen können.[91] Des Weiteren besteht die Möglichkeit, SKUs jeweils von einer Seite auf dem Weg in den Gang hinein und auf dem Rückweg zum Ausgang von der anderen Seite her (*single-sided picking*) einzusammeln oder gleichzeitig von beiden Seiten aus (*double-sided picking*) zu kommissionieren.[92] Letzteres ist nur möglich, wenn die Gänge entsprechend schmal sind und der Kommissionierer gleichzeitig von einer Seite zur anderen greifen kann. Die Return-Strategie ist immer dann besser geeignet als eine S-shape-Strategie, wenn die Gänge sehr breit sind und nur single-sided picking möglich ist.[93]

Die in der Praxis am häufigsten anzutreffende und zugleich intuitivste Routenstrategie ist die S-shape-Strategie.[94] Sie wird daher häufig als Benchmark genutzt.[95] Bei dieser Routenstrategie geht der Kommissionierer in jeden Gang, in dem mindestens ein zu kommissionierendes SKU liegt, und durchquert diesen komplett (siehe Abbildung 2.3). Gänge, die keine zu kommissionierenden SKUs enthalten, können übersprungen werden.[96] Nach dem letzten Pick im letzten zu besuchenden Gang wendet der Kommissionierer und geht zurück zum Depot. Nur falls die Anzahl von zu durchquerenden Gängen ungerade ist, vollführt der Kommissionierer im letzten Gang eine Wende, vergleichbar dem Vorgehen bei der Return-Strategie, und verlässt den Gang an der Seite, an welcher er diesen betreten hat. Ist die Anzahl von zu besuchenden Gängen gerade, kann auch der letzte Gang komplett durchlaufen werden.

Eine weitere, in der Praxis vielfach genutzte Strategie ist die Midpoint-Strategie. In der Praxis sind aufgrund der einfachen Handhabung die Return-, S-shape- und Midpoint-Strategien am häufigsten im Einsatz.[97] Bei der Midpoint-Strategie wird

---

[91]Vgl. Roodbergen (2001), S. 34.
[92]Vgl. de Koster et al. (1999), S. 221.
[93]Vgl. Goetschalckx/Ratliff (1988), S. 59.
[94]Vgl. Hall (1993), S. 78; Roodbergen (2001), S. 33.
[95]Vgl. Chen et al. (2013), S. 78.
[96]Vgl. Hall (1993), S. 78; Petersen (1997), S. 1100 f.
[97]Vgl. Hwang et al. (2004), S. 3875.

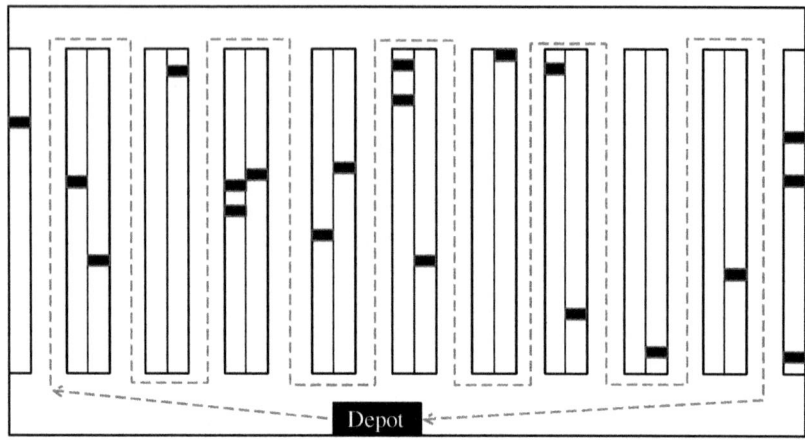

Abbildung 2.3 Routenführung der S-shape-Strategie für das Einsammeln eines beispielhaften Kommissionierauftrags (Quelle: Eigene Darstellung in Anlehnung an Franzke et al. (2017), S. 847)

das Lager in zwei gleich große Hälften eingeteilt. Mit Ausnahme des ersten und letzten Gangs, welche komplett durchlaufen werden, geht der Kommissionierer stets nur bis zur Mitte in einen Gang hinein, um SKUs zu kommissionieren (siehe Abbildung 2.4). Anschließend verlässt er den Gang an der Seite, an der er ihn betreten hat. Dabei werden erst SKUs in der einen und anschließend in der anderen Hälfte des Lagers kommissioniert. Gänge können daher mit einer Return-Strategie nur von oben oder unten sowie von oben und unten betreten werden.[98] Die Midpoint-Strategie ist eine gute Alternative zur S-shape-Strategie, wenn nicht mehr als eine SKU pro Gang kommissioniert werden muss.[99]

Die Largest gap-Strategie oder Strategie der größten Lücke ist eine weitere Heuristik. Hierbei werden Gänge maximal bis zur größten Lücke, also dem größten Abstand, zwischen zwei benachbarten Picks, dem vordersten Pick in Richtung der Vorderseite oder dem letzten Pick zur Rückseite des Gangs betreten (siehe Abbildung 2.5). Eine Ausnahme bildet auch hier der erste und letzte zu betretende Gang, welcher komplett durchquert werden muss. Der Bereich der größten Lücke kann durch ein Computersystem berechnet werden und wird nie betreten. Je nachdem, ob die größte Lücke zwischen zwei benachbarten Picks in einem

---

[98]Vgl. Petersen (1997), S. 1101 f.
[99]Vgl. Hall (1993), S. 78.

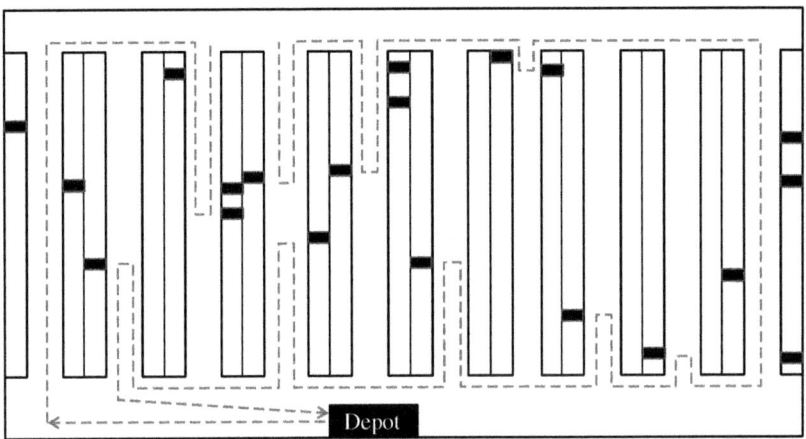

Abbildung 2.4 Routenführung der Midpoint-Strategie für das Einsammeln eines beispielhaften Kommissionierauftrags (Quelle: Eigene Darstellung in Anlehnung an Franzke et al. (2017), S. 847)

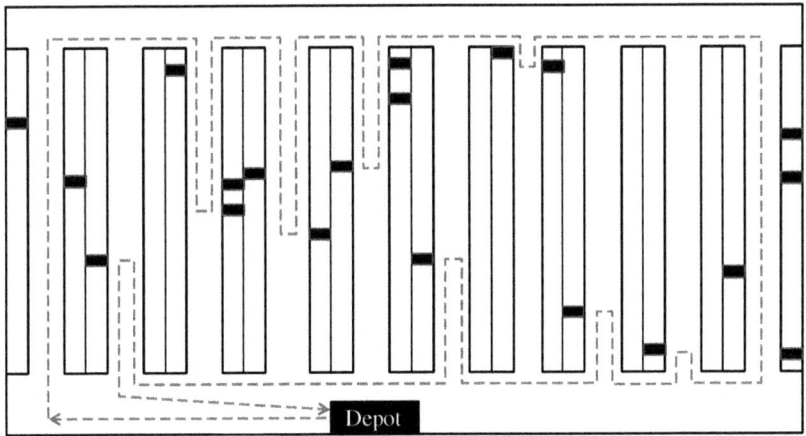

Abbildung 2.5 Routenführung der Largest gap-Strategie für das Einsammeln eines beispielhaften Kommissionierauftrags (Quelle: Eigene Darstellung in Anlehnung an Franzke et al. (2017), S. 847)

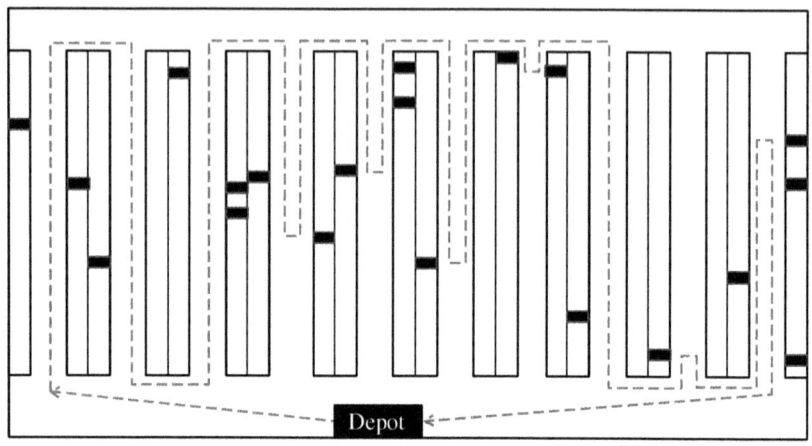

Abbildung 2.6 Routenführung der Composite-Strategie für das Einsammeln eines beispielhaften Kommissionierauftrags (Quelle: Eigene Darstellung in Anlehnung an Franzke et al. (2017), S. 847)

Gang oder zwischen dem unteren Ende des Gangs und dem ersten Pick im Gang oder dem letzten Pick im Gang und dem oberen Ende des Gangs liegt, betritt der Kommissionierer diesen von beiden Seiten bzw. nur von einer Seite und kehrt nach dem letzten Pickvorgang vor der größten Lücke um (wie bei der Return-Strategie). Diese Heuristik ist eine Weiterentwicklung der Midpoint-Strategie und führt zu kürzeren Wegzeiten als bei der Midpoint- und der Return-Strategie.[100]

Die Composite-Strategie stellt eine Kombination aus Return- und S-shape-Strategie dar (siehe Abbildung 2.6). Alle zu betretenden Gänge können somit komplett durchlaufen werden (in Anlehnung an die S-shape-Strategie) oder werden von einer Seite betreten und von dieser wieder verlassen. Im letzten Fall wird im Gang gewendet (in Anlehnung an die Return-Strategie). Diese Routenstrategie minimiert die Strecke zwischen zwei benachbarten Picks in unterschiedlichen Gängen.[101]

Eine Weiterentwicklung der Composite-Strategie ist die Combined-Strategie: Diese ermöglicht die im Vergleich zu den anderen Heuristiken kürzesten Durchlaufzeiten.[102] Die Combined-Strategie kann bei einem oder auch mehreren

---

[100]Vgl. Hall (1993), S. 79.

[101]Vgl. Petersen (1997), S. 1102.

[102]Vgl. de Koster et al. (2012), S. 758.

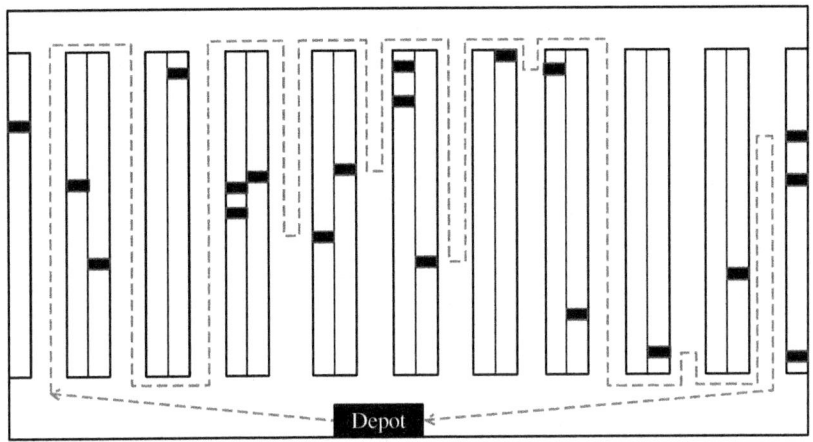

Abbildung 2.7 Routenführung der Combined-Strategie für das Einsammeln eines bei-spielhaften Kommissionierauftrags (Quelle: Eigene Darstellung in Anlehnung an Franzke et al. (2017), S. 847) (In diesem Fall hat die Combined-Strategie den gleichen Weg gene-riert wie die Composite-Strategie. Dies ist möglich, da beide Strategien ähnlich aufgebaut sind und auf einer Kombination von S-shape- und Return-Strategie basieren. Allerdings ist ebenfalls möglich, dass sich der berechnete Weg für denselben Auftrag bei beiden Strate-gien unterscheidet.)

Blöcken im Lager angewendet werden. Basierend auf einem Algorithmus (die-ser Algorithmus berechnet den Weg auf Basis des Prinzips der dynamischen Pro-grammierung[103]) wird die kürzeste Route berechnet (siehe Abbildung 2.7).[104] Die Routen sehen ähnlich oder teilweise gleich denen der Composite-Strategie aus; jedoch berechnet die Combined-Strategie den kürzesten Weg für den gesamten Block, bevor die Kommissioniertour startet. Wenn die Composite-Strategie eine Return-Strategie für den jeweiligen Gang vorgibt, so kann bei der Combined-Strategie die Empfehlung für ein komplettes Durchqueren des Gangs gegeben

---

[103]Bei der dynamischen Programmierung werden Optimierungsprobleme so gelöst, dass die Lösung eines Optimierungsproblems sich aus der Lösung gleichartiger Teilprobleme zusammensetzt (vgl. Bellman (2003), S. 3 ff.). In diesem Fall bedeutet dies, dass die kürzeste Wegstrecke für das gesamte Lagerlayout sich jeweils aus den kürzesten Wegen innerhalb eines Gangs sowie aus den kürzesten Wegen beim Übergang zum nächsten Gang zusammensetzt. Dies gilt insbesondere auch für Layouts mit mehreren Quergängen, bei denen dann die jeweiligen Lösungen für die einzelnen Blöcke zusammengesetzt werden.

[104]Vgl. Roodbergen/de Koster (2001), S. 1865 ff.

werden. Dies trifft zu, wenn die daraus resultierende Ausgangsposition für den darauffolgenden Pick kürzer ist und dadurch sich die Wegstrecke reduzieren lässt. Die Wegzeiten der Combined-Strategie sind somit immer maximal so groß wie die Wegzeiten bei Befolgen der Composite-Strategie, jedoch nie größer. Bei dieser Routenstrategie geht der Kommissionierer zum linken Gang und durchquert diesen komplett. Anschließend kommissioniert er in den zu betretenden Gängen von links nach rechts. Dabei dürfen die Gänge entweder komplett durchlaufen oder von einer Seite betreten und von dieser auch wieder verlassen werden (dies ist ebenfalls eine Kombination aus S-shape- und Return-Strategie).

Ratliff und Rosenthal entwickelten einen Algorithmus, mit dem der stets kürzest mögliche Weg für die Kommissionierung eines Auftrags in Lagern mit einem rechtwinkligen Layout berechnet werden kann.[105] Daher wird diese Routenstrategie hier als die optimale Strategie bezeichnet. Sie wird auch als die analytische Lösung benannt. Diese wurde zwar ursprünglich für Layouts mit nur einem Block entwickelt, kann aber auf die Nutzung für Layouts mit mehreren Quergängen/ Blöcken erweitert werden. Auf Basis des Problems eines Handlungsreisenden[106] berechnet der Algorithmus Gang für Gang alle Möglichkeiten, einen Gang zu betreten oder einen Gangwechsel zu vollziehen. Ein Gang kann entweder ausgelassen, komplett durchlaufen oder von oben und/oder von unten betreten und wieder verlassen werden. Beim Wechsel eines Gangs kann dieser entweder von der oberen und/oder von der unteren Seite vollzogen werden (siehe Abbildung 2.8). Die Autoren schlossen einige Fälle aus, die niemals zu kürzesten Wegen führen können, und stellten Prämissen auf, wie z. B. die maximale Anzahl von Strecken zwischen zwei Knoten,[107] welche nicht mehr als zwei Mal abgelaufen werden dürfen. Dadurch reduziert sich die Anzahl von Möglichkeiten, um einen Gang zu betreten und von einem Gang zum Nächsten zu gelangen. Alle noch übrigen Möglichkeiten für die Erstellung des Weges werden anschließend berechnet und verglichen. Abschließend werden, ausgehend vom letzten zu besuchenden Gang, die jeweiligen Wege ermittelt, um die kürzeste Route zusammenzusetzen. Dabei ist genau vorgegeben, welche Möglichkeiten für einen Gangwechsel und für das

---

[105]Vgl. Ratliff/Rosenthal (1983).

[106]Beim Problem des Handlungsreisenden (*Traveling Salesman Problem*) soll der kürzeste Weg einer Tour zu bestimmten Orten gefunden werden, wobei der Startpunkt gleich dem Zielpunkt ist. Ein weiteres Merkmal ist, dass jede Station auf dem Weg besucht wird (vgl. Applegate et al. (2006), S. 1 ff.).

[107]Ein Knoten ist bei dieser Strategie jeder Ein- bzw. Ausgang eines zu betretenden Gangs, eine Pickposition und das Depot (vgl. Ratliff/Rosenthal (1983), S. 509).

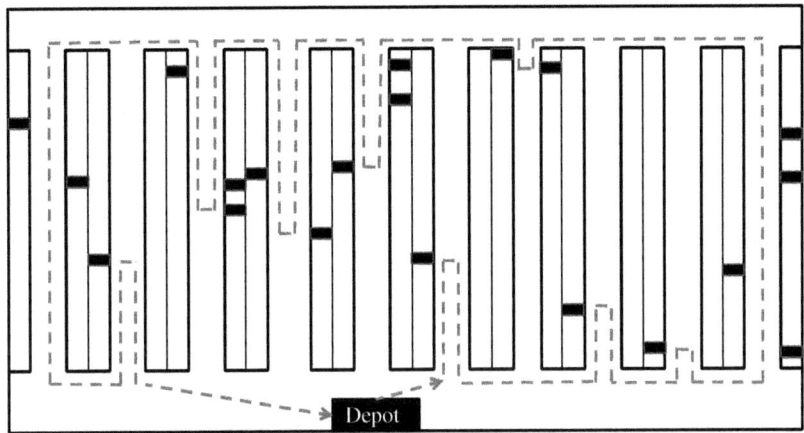

Abbildung 2.8 Routenführung der optimalen Strategie für das Einsammeln eines bei-spielhaften Kommissionierauftrags (Quelle: Eigene Darstellung in Anlehnung an Franzke et al. (2017), S. 847)

Betreten eines Gangs kombiniert werden dürfen. Anhand dieser Vorgabe kann die Kommissioniertour aufgestellt werden. Diese Vorgaben verhindern, dass ein Weg ermittelt wird, der zwar theoretisch kürzer, aber in der Realität nicht umsetzbar ist, weil bspw. ein Gangwechsel an der oberen Seite vorgeschlagen, der entspre-chende Gang allerdings nur von der unteren Seite des Blocks betreten und verlas-sen wird.

In den meisten Fällen wird die optimale Routenstrategie Wegzeiten ermögli-chen, die deutlich kürzer sind als die der heuristischen Routenstrategien.[108] Der Fall, dass eine Wegzeit bei Einhaltung der optimalen Strategie länger als die Weg-zeiten einer Heuristik ist, kann nur auftreten, wenn der Weg der optimalen Rou-tenstrategie nicht eingehalten wird.

Wichtig für die Umsetzung der Routenstrategien ist, ob die Gänge aufgrund praktischer Restriktionen nur in eine Richtung betreten werden dürfen oder ein Wenden im Gang möglich ist.[109] Ist letzteres nicht der Fall, kann bereits im Vor-feld die Nutzung einiger Routenstrategien ausgeschlossen werden.

---

[108]Vgl. Petersen/Schmenner (1999), S. 499.
[109]Vgl. Hong et al. (2013), S. 1347.

Die bereits gezeigte Unterscheidung zwischen den heuristischen und der optimalen Routenstrategie soll auch im weiteren Verlauf der Arbeit beibehalten werden, da es viel Kritik insbesondere an der optimalen Routenstrategie gibt, welche in Kapitel 2.4.2 näher ausgeführt werden soll. Obwohl diese Routenstrategie niemals zu längeren Wegzeiten und meist zu (deutlich) kürzeren Wegzeiten im Vergleich zu den Heuristiken führt, wird sie dennoch in einigen Publikationen nicht empfohlen, da die Wege dieser Strategie als verwirrend für die Kommissionierer beschrieben werden und Kommissionierer vermehrt von ihr abweichen sollen.[110] Dadurch soll der Vorteil der kürzeren Wegzeiten verloren gehen.

2.3.3 Lagerplatzvergabe

Die Lagerplatzvergabe beschreibt die Zuordnung von SKUs zu bestimmten Lagerplätzen.[111] Dabei können Lagerplatzvergabestrategien genutzt werden, welche Regeln beinhalten, um die Zuordnung von SKUs zu Lagerplätzen zu bestimmen.[112] Hierfür können verschiedene Kriterien, wie die Beachtung maximal zulässiger Lasten, reduzierte Wege oder Chargengruppierung, einbezogen werden.[113] Ziel ist, für das Einlagern und Kommissionieren von SKUs minimale Zeiten/Wege zu ermöglichen und dabei alle praktisch relevanten Restriktionen zu beachten.[114]

Die Vielzahl von Möglichkeiten zur Zuweisung von Lagerplätzen für SKUs kann in mehrere Typen eingeteilt werden. Hierbei kann in zwei Klassen unterschieden werden:

Bei der *Festplatzlagerung* wird ein Lagerplatz für eine bestimmte SKU festgelegt. Dabei ist unerheblich, ob die SKU vorrätig ist oder nicht. Der Lagerplatz wird für die jeweiligen SKUs in jedem Fall reserviert und frei gehalten. Die Kommissionierer haben dadurch die Möglichkeit, sich Lagerplätze zu merken; jedoch ist die Auslastung des Lagers bei dieser Lagerplatzvergabestrategie am geringsten.[115]

Die zweite Klasse umfasst die *dynamische Lagerung*. Hierbei können unterschiedliche SKUs nacheinander an ein und derselben Lagerposition eingelagert

---

[110]Vgl. Petersen (1999), S. 1054; Petersen/Schmenner (1999), S. 487; Petersen/Aase (2004), S. 19; Roodbergen/de Koster (2001), S. 1881.

[111]Vgl. Goetschalckx/Ratliff (1990), S. 1120; van den Berg/Zijm (1999), S. 523 ff.

[112]Vgl. de Koster et al. (2007), S. 488.

[113]Vgl. de Koster et al. (2007), S. 488.

[114]Vgl. Goetschalckx/Ratliff (1990), S. 1120.

[115]Vgl. de Koster et al. (2007), S. 489; Goetschalckx/Ratliff (1990), S. 1120.

werden.[116] Für die dynamische Lagerung existieren mehrere Varianten, die im Folgenden kurz vorgestellt werden.

Die *zufällige Lagerplatzvergabe* (auch *chaotische Lagerplatzvergabe* genannt) ordnet jede zu lagernde Einheit einem zufällig aus allen vorhandenen Lagerplätzen mit freier Kapazität ausgewählten Lagerplatz zu; dabei wird jeder Lagerplatz mit der gleichen Wahrscheinlichkeit ausgewählt. Die Auswahl sollte computerbasiert erfolgen, da es bei manueller Einordnung zu einer Einlagerung, wie in der Strategie mit dem kürzesten Fahrweg (die Beschreibung dieser Strategie erfolgt im nächsten Absatz), kommt. Die SKUs werden in diesem Fall hauptsächlich in der Nähe des Depots eingelagert, da dieser Weg für die Kommissionierer am kürzesten ist.[117] Die zufällige Lagerplatzvergabe führt zu einer hohen Auslastung des gesamten Lagers, vergleichsweise langen Wegen der Kommissionierer und kann insbesondere Blockierungen von Kommissionierern reduzieren.[118] Sie ist einfach zu implementieren und wird in der Praxis häufig genutzt.[119]

Eine weitere Möglichkeit zur Anordnung von SKUs im Lager stellt die Strategie mit dem kürzesten Fahrweg (*closest open location*) dar.[120] Hierbei werden SKUs so angeordnet, dass der nächste freie Lagerplatz vom jeweiligen Mitarbeiter für die Einlagerung genutzt wird. Bei dieser Lagerplatzvergabe ist die Auslastung in der Nähe des Depots höher und nimmt mit den weiter entfernt liegenden Bereichen des Lagers ab.[121]

Ferner können die SKUs anhand ihres Umsatzes (*full-turnover-Strategie*) zu Lagerplätzen zugeordnet werden. Entsprechend des jeweiligen Umsatzes werden die SKUs dem jeweiligen Lagerplatz zugewiesen.[122] SKUs mit hohem Umsatz werden demzufolge nahe am Depot gelagert, wohingegen SKUs, die einen geringen Umsatz aufweisen, weiter hinten im Lager platziert werden. Ein häufig genutztes Kriterium dabei ist der sogenannte *Cube-per-order Index* (COI).[123] Der COI ergibt sich aus dem Verhältnis aus benötigtem Lagerplatz und der Umsatzhäufigkeit. SKUs mit dem geringsten COI sollen möglichst nahe am Depot platziert werden.

---

[116]Vgl. Goetschalckx/Ratliff (1990), S. 1120.

[117]Vgl. de Koster et al. (2007), S. 488.

[118]Vgl. de Koster et al. (2007), S. 488 f.; Heath et al. (2013), S. 565; Pan et al. (2012), S. 535; Petersen/Aase (2004), S. 19; Ruben/Jacobs (1999), S. 577; van den Berg/Zijm (1999), S. 523.

[119]Vgl. Petersen et al. (2004), S. 535; Roodbergen/Vis (2006), S. 800 f.

[120]Wird teilweise auch als zufällige Lagerplatzvergabe betrachtet (vgl. Petersen et al. (2004), S. 535).

[121]Vgl. de Koster et al. (2007), S. 489; ten Hompel/Schmidt (2010), S. 32.

[122]Vgl. de Koster et al. (2007), S. 489; Huber (2011), S. 15.

[123]Vgl. Heskett (1963), S. 27.

Dies trifft auf die SKUs mit der größten Nachfrage zu. Bei schwankender Nachfrage können die Lagerplätze einzelner SKUs häufig wechseln, weshalb sich die
Kombination des COI mit der Festplatzlagerung empfiehlt.[124]

Eine weitere Lagerplatzvergabestrategie ist die *klassenbasierte Lagerplatz-*
vergabe. Hierbei werden SKUs entsprechend eines bestimmten Kriteriums (z. B.
COI, Umsatz oder Nachfragemenge) in Klassen eingeteilt. Häufig wird hierfür
das Pareto-Prinzip genutzt, d. h. es wird davon ausgegangen, dass 20 % der SKUs
(A-SKUs) für 80 % des Umsatzes oder der Kommissioniermenge verantwortlich
sind.[125] B- und C-SKUs sind demzufolge die 80 % der SKUs aus dem Lager,
die 20 % des Umsatzes ausmachen. Bei einer typischen Einteilung des Lagers
umfasst der A-Bereich meist 20 % aller SKUs, der B-Bereich 30 % und der
C-Bereich die restlichen 50 % der SKUs.[126] Die A-SKUs werden dabei möglichst
nahe am Depot gelagert, um die Laufwege der Kommissionierer zu verkürzen.
Innerhalb der Klasse werden die SKUs meist zufällig angeordnet.[127] Der Vorteil
der kürzeren Wege bei dieser Lagerplatzvergabe kann jedoch – sollten mehrere
Kommissionierer im Lager arbeiten – wieder aufgehoben werden, da durch diese
Strategie Bereiche im Lager bestehen, die häufig frequentiert werden und deshalb
vermehrt Blockierungen verursacht werden. Dies wiederum führt zu längeren
Wartezeiten, welche die kürzeren Wegzeiten wieder ausgleichen können.[128]

Die Anordnung der Klassen kann nach verschiedenen Arten erfolgen. Die
drei wichtigsten Varianten sind in Abbildung 2.9 dargestellt.[129] Die SKUs im
Lager wurden in drei Klassen (A, B und C)[130] eingeteilt.[131] Auf der linken Seite

---

[124]Vgl. de Koster et al. (2007), S. 489.

[125]Vgl. Ruben/Jacobs (1999), S. 583.

[126]Vgl. Tompkins et al. (2010), S. 420.

[127]Vgl. Petersen et al. (2004), S. 537.

[128]Vgl. Jarvis/McDowell (1991), S. 102; Ruben/Jacobs (1999), S. 576 f.

[129]In Anlehnung an Petersen/Schmenner (1999), S. 489.

[130]SKUs im A-Bereich werden auch *fast moving items* (vgl. Le-Duc (2005), S. 13) oder
Schnelldreher (vgl. ten Hompel et al. (2011), S. 94) genannt, SKUs im B-Bereich *medium
moving items* (vgl. Le-Duc (2005), S. 13) oder *Mitteldreher* (vgl. ten Hompel et al. (2011),
S. 94) und SKUs im C-Bereich werden auch als *slow moving items* (vgl. Le-Duc (2005),
S. 13) bzw. *Langsamdreher* (vgl. ten Hompel et al. (2011), S. 94) oder umgangssprachlich
auch als *Ladenhüter* bezeichnet.

[131]Typischerweise werden zwischen zwei und vier Klassen vorgeschlagen. Bei zwei Klassen wird eine Aufteilung in Klassen nach 70/30 vorgeschlagen, bei vier Klassen eine Aufteilung 10/20/30/40 (vgl. Petersen et al. (2004), S. 537). Meist wird jedoch auf drei Klassen
zurückgegriffen (vgl. de Koster et al. (2007), S. 489), was auch in der vorliegenden Arbeit
getan werden soll.

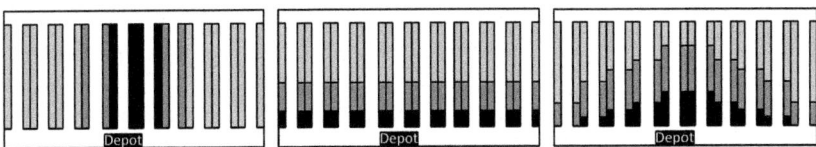

Abbildung 2.9 Darstellung möglicher Ausprägungen der klassenbasierten Lagerplatzvergabestrategien (Quelle: Eigene Darstellung in Anlehnung an Franzke et al. (2017), S. 848) (Schwarz sind die Bereiche mit A-SKUs, dunkelgrau die Bereiche mit den B-SKUs und hellgrau die Bereiche mit den C-SKUs.)

der Abbildung ist die vertikale ABC-Verteilung dargestellt; diese wird als Segmentsystem bezeichnet.[132] Hier sind, jeweils nach Gängen sortiert, die einzelnen Klassen von A-, B- und C-SKUs eingeteilt. Dabei liegen diejenigen SKUs, die am häufigsten kommissioniert werden, in den Gängen nahe am Depot. In Anlehnung an Jarvis und McDowell sollen bei der vertikalen ABC-Lagerplatzvergabe in jedem Gang ausschließlich SKUs aus ein und derselben Klasse angeordnet werden.[133] Andernfalls würden insbesondere Gänge mit B-SKUs unnötig häufig betreten werden, weil nur auf der einen Seite ausschließlich A-SKUs liegen.

In der Mitte von Abbildung 2.9 ist die horizontale ABC-Verteilung schematisch dargestellt. Diese Lagerlatzvergabe wird als Streifensystem bezeichnet.[134] Bei dieser Strategie werden die SKUs über alle Gänge gleichmäßig verteilt – wobei die häufig kommissionierten SKUs auf der zum Depot gewandten Seite der Gänge lagern. Dies umfasst jeweils die ersten Regalplätze in jedem Gang.[135]

Auf der rechten Seite der Abbildung 2.9 ist die diagonale ABC-Verteilung schematisch dargestellt. Diese Lagerlatzvergabe wird als Radiensystem bezeichnet.[136]

---

[132]Vgl. ten Hompel et al. (2011), S. 93.

[133]Vgl. Jarvis/McDowell (1991), S. 95.

[134]Vgl. ten Hompel et al. (2011), S. 93.

[135]Petersen/Schmenner (1999, S. 499) haben aufgezeigt, dass die horizontale ABC-Verteilung nicht gut geeignet ist, um kurze Durchlaufzeiten zu generieren. Diese Lagerplatzvergabe soll jedoch unter Berücksichtigung von Blockierungen vorteilhaft sein. Daher wurde sie mit aufgenommen.

[136]Vgl. ten Hompel et al. (2011), S. 93; Petersen/Schmenner (1999, S. 489 ff.) schlagen noch eine vierte Variante der klassenbasierten Lagerplatzvergabe vor, die sogenannte *Perimeter-Verteilung*. Bei dieser Strategie werden die A-SKUs am äußeren Rand des Lagers angeordnet; die B- und C-SKUs befinden sich dabei weiter in der Mitte des Lagers. Diese Variante führte in der genannten Studie zu den längsten Wegzeiten und soll im weiteren Verlauf daher nicht berücksichtigt werden. Eine ähnliche Anordnung der SKUs findet sich auch in ten Hompel et al. (2011, S. 93).

Hier sind die SKUs treppenförmig angeordnet; wobei ebenfalls die SKUs, die am häufigsten kommissioniert werden müssen, am dichtesten zum Depot gelagert werden.

Wenn SKUs, die häufig gemeinsam gekauft werden, auch räumlich nebeneinander platziert werden, entspricht dies der Familiengruppierung (*family based storage assignment* oder *correlated products*).[137] Ziel ist auch hier, die Wegstrecke der Kommissionierer zu minimieren.[138] SKUs können so anhand der Häufigkeit, wie sie gemeinsam auf einem Kundenauftrag stehen,[139] analysiert und räumlich beieinander angeordnet (*geclustert*) werden.[140] Bei dieser Strategie werden die Vorteile der verkürzten Wegstrecken erreicht – wobei gleichzeitig das gesamte Lager ausgelastet ist und dadurch Blockierungen reduziert werden.[141] Diese Lagerplatzvergabe führt zu kürzeren Wegzeiten als bei der zufälligen Lagerplatzvergabe und kann im Hinblick auf Effizienzsteigerungen eingesetzt werden, ohne dass umfangreiche Änderungen im Lager notwendig wären.[142]

2.3.4   Auftragsaggregation

Wie bereits aufgezeigt, können Kundenaufträge und Kommissionieraufträge voneinander abweichen.[143] Gerade besonders große Kundenaufträge können in mehrere kleinere Kommissionieraufträge aufgeteilt werden. Hingegen können mehrere kleinere Kundenaufträge zu einem größeren Kommissionierauftrag aggregiert werden, sofern die Umstrukturierung der Aufträge Vorteile in Bezug auf die Kommissionierleistung bringt (*Order batching*).[144] Dies wird auch als zweistufige Kommissionierung bezeichnet, da hier zwei Kommissioniersysteme bzw. ein Kommissionier- und ein Sortiersystem hintereinander geschaltet sein müssen. In der ersten Stufe werden die zu kommissionierenden SKUs von mehreren Aufträgen zu einem Batch zusammengefasst und artikelbezogen kommissioniert.

---

[137]Vgl. Dichtl/Beeskow (1980), S. B51 ff.; Frazelle/Sharp (1989), S. 33 ff.

[138]Vgl. Ruben/Jacobs (1999), S. 577; van den Berg (1999), S. 753.

[139]Beispiele für solche SKUs sind Produkte, wie eine elektronische Zahnbürste und deren Zahnbürstenkopf oder ein Rasierer und die entsprechenden Klingen.

[140]Vgl. Liu (1999), S. 989 ff.; Rosenwein (1994), S. 101 ff.

[141]Vgl. Ruben/Jacobs (1999), S. 577.

[142]Vgl. Frazelle/Sharp (1989), S. 37.

[143]Vgl. Kłodawski/Żak (2013), S. 42; ten Hompel et al. (2011), S. 8.

[144]Vgl. de Koster et al. (2007), S. 492; Grosse et al. (2017), S. 1265.

Anschließend müssen die SKUs auftragsbezogen kommissioniert oder sortiert werden.[145] Die einstufige Kommissionierung (bzw. *single order picking policy, discrete picking* oder *pick-by-order*) kann umgesetzt werden, wenn Aufträge vergleichsweise groß sind und daher einzeln kommissioniert werden können.

Bei der Aggregation von Aufträgen werden meist zwei Kriterien angewendet: einerseits die Nähe der Pickpositionen und andererseits Zeitfenster. Im ersten Fall werden Aufträge aggregiert aufgrund der Nähe der einzelnen Lagerpositionen zueinander, die für den jeweiligen Auftrag abgelaufen werden müssen. Im zweiten Fall werden die Aufträge nach dem Zeitfenster der Ankunft aggregiert (fixe oder variable Länge). ist eine Aufteilung der Aufträge nicht möglich und sammeln die Kommissionierer jeweils mehrere komplette Kundenaufträge auf der Kommissioniertour ein, kann beim Kommissionieren das Sortieren der Artikel parallel erfolgen (*sort-while-pick*). Können Aufträge aufgeteilt werden, müssen nach dem Kommissionieren die eingesammelten SKUs entsprechend der Aufträge sortiert werden (*pick-and-sort*).[146]

2.3.5 Einteilung des Lagers in Zonen

Bei der Einteilung des Lagers in Zonen wird der jeweilige Lagerbereich in mehrere einzelne Zonen aufgeteilt,[147] was auch als Zoning bezeichnet wird.[148] Dabei wird jedem Kommissionierer eine bestimmte Zone zugewiesen, in der zu kommissionierende SKUs lagern und in welcher der Kommissionierer diese SKUs einsammeln soll.[149]

Die Vorteile des Zoning bestehen darin, dass jeder Kommissionierer nur wenige Gänge betreten muss und daher schneller mit dem jeweiligen Lagerbereich vertraut wird. Da die Kommissionierer jeweils nur in der ihnen zugewiesenen Zone arbeiten, reduziert sich dabei zugleich die Gefahr von Blockierungen. Der Nachteil der Aufteilung des Lagers in mehrere Zonen besteht darin, dass in einem ersten Schritt die Kommissionieraufträge entsprechend der Zonen aufgeteilt werden müssen, um anschließend in einem weiteren Schritt wieder konsolidiert zu werden.[150]

---

[145]Vgl. Gudehus (2012), S. 746.
[146]Vgl. de Koster et al. (2007), S. 493.
[147]Vgl. de Koster et al. (2007), S. 491; Grosse et al. (2017), S. 1265.
[148]Vgl. de Koster et al. (2007), S. 491; Grosse et al. (2017), S. 1265.
[149]Vgl. de Koster et al. (2007), S. 491.
[150]Vgl. de Koster et al. (2007), S. 491.

Um die Aufträge zu konsolidieren, gibt es zwei Möglichkeiten: Bei der ersten Methode (*progressive assembly*) startet der erste Kommissionierer mit einem
Auftrag und übergibt diesen, nachdem alle SKUs in der Zone kommissioniert
worden sind, an den Kommissionierer in der nächsten Zone. Dies wird so lange
fortgeführt, bis der Auftrag vollständig kommissioniert worden ist und alle Zonen
durchlaufen hat (*pick-and-pass picking*). Bei der zweiten Methode (*parallel/syn-
chronised picking*) beginnen mehrere Kommissionierer, SKUs für den gleichen
Auftrag zu kommissionieren; anschließend werden alle Teilaufträge konsolidiert
bzw. zu einem kompletten Auftrag zusammengefügt. In der Praxis kann sich bei
der Aufteilung in Zonen hierbei an den Eigenschaften der SKUs, wie Größe oder
Gewicht, orientiert werden.[151]

2.3.6   Technische Hilfsmittel

Zur Unterstützung des manuellen Kommissionierprozesses existiert eine stetig
wachsende Anzahl technischer Möglichkeiten. Gerade in den letzten Jahren hat
diese Entwicklung rasant zugenommen und der Kommissionierablauf, welcher
zuvor meist mit papierbasierten Kommissionierlisten durchgeführt worden ist,
kann heute von technischen Hilfsmitteln unterstützt werden, um die Leistung in
der Kommissionierung kontinuierlich zu steigern und die Fehlerhäufigkeit zu reduzieren.[152] Dies wird erreicht, indem die Art der Kommissioniererführung[153] verändert wird. Dabei gibt es papier-/belegbehaftete und papier-/beleglose Verfahren.[154]

Bei der Kommissionierung mit einer *papierbasierten Kommissionierliste* sind
die Informationen zur Kommissioniererführung auf einem Papierbogen ausgedruckt und enthalten die Reihenfolge der zu kommissionierenden SKUs.[155] Eine
Vielzahl bedeutender Nachteile – wie z. B. ein hoher Totzeitanteil zur Identifi-
zierung der nächsten Entnahmeposition oder mangelhafte Möglichkeiten, Änderungen im Verlauf des Kommissioniervorgangs zu berücksichtigen – haben dazu

---

[151]Vgl. de Koster et al. (2007), S. 491.

[152]Vgl. de Vries et al. (2016), S. 2261.

[153]Die Kommissioniererführung enthält alle relevanten Entnahmeinformationen zur Durchführung der Kommissionierung, um die Kommissionierleistung zu maximieren und die
Pickfehler zu reduzieren (vgl. ten Hompel/Schmidt (2010), S. 44).

[154]Vgl. ten Hompel/Schmidt (2010), S. 44.

[155]Vgl. Baechler et al. (2016), S. 524; ten Hompel/Schmidt (2010), S. 45.

geführt, dass *papierlose Verfahren* entwickelt worden sind.[156] Bei diesen kann unterschieden werden, ob ein mobiles Terminal (wie z. B. bei *Pick-by-Voice*) oder ein stationäres Terminal (wie z. B. festinstallierte Monitore) für die Darstellung der Kommissionierliste genutzt wird. Ferner besteht die Möglichkeit, am jeweiligen Regalplatz optische Anzeigen für die Anweisung der Kommissionierer zu nutzen – dies wird als *Pick-by-Light* bezeichnet.[157]

2.4   Einfluss des Faktors „Mensch" in den Planungsansätzen zur Reduktion der Wegzeit in der manuellen Kommissionierung

„What a Chimera is man! What a novelty, a monster, a chaos, a contradiction, a prodigy! Judge of all things, an imbecile worm; depository of truth, and sewer of error and doubt; the glory and refuse of the universe."[158]

In den bisher beschriebenen Planungsansätzen zur effizienten Gestaltung von Kommissionierprozessen mit dem Ziel der Minimierung der Wegzeit bzw. der Wegstrecke ist die Berücksichtigung des Faktors „Mensch", also insbesondere des Kommissionierers, stark vernachlässigt worden.[159] Eine Betrachtung des Menschen lediglich als kapazitätsbestimmendes Systemelement und die vereinfachende Annahme konstanter Eigenschaften, wie Konstitution oder Ermüdung, ist für die Arbeitsgestaltung gerade in der Kommissionierung nicht ausreichend.[160] Der Mensch hat jedoch einen großen Einfluss auf die Prozesse in der Kommissionierung und somit auch auf die Wegzeit. Daher ist eine Berücksichtigung des Faktors „Mensch" bei der Auswahl und Nutzung von Planungsansätzen notwendig.[161]

Gerade in Systemen, in denen der Mensch einen entscheidenden Einfluss auf die Leistung hat – wie in der manuellen Kommissionierung –, spielen Leistungsfähigkeit und -bereitschaft eine zentrale Rolle.[162] Leistungsfähigkeit bezeichnet dabei

---

[156]Vgl. Baechler et al. (2016), S. 524.

[157]Vgl. Baechler et al. (2016), S. 524; de Vries et al. (2016), S. 2261; ten Hompel/Schmidt (2010), S. 46 f.

[158]Pascal (2006), S. 122.

[159]Vgl. Grosse et al. (2015a), S. 695 ff.

[160]Vgl. Wichmann (1994), S. 19 f.

[161]Vgl. Grosse et al. (2015a), S. 695 ff.

[162]Vgl. Gudehus (2012), S. 1112.

den Grad der Eignung für die dem jeweiligen Menschen übertragene Aufgabe, also hier die Kommissionierung von Aufträgen. Leistungsbereitschaft hingegen bezeichnet den Grad, in dem der jeweilige Mensch gewillt ist, seine Fähigkeiten zur Bewältigung einer Aufgabe einzubringen. Hierbei wird deutlich, dass beide Konstrukte sowohl Aspekte umfassen, die sich positiv auswirken können, wie Fleiß oder Intelligenz, als auch Faktoren, die sich negativ auswirken können, wie Desinteresse, Verlogenheit oder Selbstüberschätzung. Ferner werden Schwächen, wie Faulheit, Ignoranz oder Selbsttäuschung, genannt.[163] Lolling beschreibt, dass der Mensch einen großen Einfluss auf die Zielerreichung in der manuellen Kommissionierung habe.[164] Offen bleibt allerdings, wie sich diese Eigenschaften auf die Effizienz in der manuellen Kommissionierung auswirken. In der Literatur wird lediglich erwähnt, dass der Mensch als Ursache für Fehler gesehen (z. B. durch Verschätzen, Verzählen, Unachtsamkeit, Diebstahl usw.) und daher als wesentliche Fehlerquelle bewertet wird.[165]

Weiterhin wird deutlich, dass die Kommissionierung eine hochgradig monotone Tätigkeit ist,[166] wodurch die Gefahr besteht, dass bei ihrer Ausübung die Wachsamkeit der Mitarbeiter abnimmt.[167] Ferner können Aspekte, wie die Ermüdung im Verlauf der Arbeit, großen Einfluss auf die Arbeitsleistung haben.[168]

Darüber hinaus werden in der VDI 4481 Verteilzeiten angegeben, die bei der Planung von Kommissionierprozessen berücksichtigt werden müssen und maßgeblich vom jeweiligen Kommissionierer beeinflusst werden.[169] Hierzu zählen persönliche Verteilzeiten (für eine persönlich bedingte Unterbrechung der Tätigkeit, wie Ablenkung, Toilettengang usw.), sachliche Verteilzeiten (Wartezeiten, Arbeitsmangel, Behinderung, Begegnungsverkehr, Störungen), Erholungszeiten (Pausen durch Ermüdung, Konzentrationsminderung), Leistungsgradbeurteilung gemäß REFA und ein Faktor für die individuelle Erfahrung, für ungeübtes, ungelerntes, häufig wechselndes Personal. Dies ist eine der wenigen Nennungen von abweichendem Verhalten der Kommissionierer. Quantifizierungen der

---

[163]Vgl. Gudehus (2012), S. 1105 ff.
[164]Vgl. Lolling (2003), S. 22.
[165]Vgl. Rammelmeier et al. (2012), S. 3.
[166]Vgl. Grosse et al. (2015a), S. 700.
[167]Vgl. VDI 4006 Blatt 1 (2015), S. 22.
[168]Vgl. El ahrache/Imbeau (2009), S. 73 ff.
[169]Vgl. VDI 4481 (2012), S. 7.

Auswirkungen des Einflussfaktors „Mensch" auf die Effizienz in der manuellen Kommissionierung werden hingegen nicht gegeben.[170]

Im Folgenden soll näher auf den Einfluss des menschlichen Verhaltens in der manuellen Kommissionierung eingegangen werden. Dabei ist dieser Bereich in die drei Schwerpunkte Kommissionierfehler (Kapitel 2.4.1), Abweichungen vom Soll-Prozess (Kapitel 2.4.2) sowie Blockierungen durch andere Mitarbeiter (Kapitel 2.4.3) aufgeteilt.

2.4.1 Kommissionierfehler

Während der manuellen Kommissionierung innerhalb eines Arbeitstages können verschiedene Fehler auftreten, die durch den Menschen verursacht sind.[171] Diese werden als menschliche Fehler bezeichnet und umfassen Situationen, in denen ein System nicht die gewünschte Leistung erzielt. Ursachen hierfür sind menschliche Handlungen oder das Ausbleiben einer menschlichen Handlung, die eine Störung hätte verhindern können.[172] Dabei gewährleistet auch ein höherer Automatisierungsgrad keine geringere Fehlerquote, da der Mensch in der manuellen Kommissionierung nach wie vor ein wichtiger Teil ist und eine entscheidende Rolle im Kommissioniersystem einnimmt.[173]

In der Kommissionierung lassen sich Fehler unterteilen in Typ-, Mengen-, Auslassungs-, Qualitätsfehler und sonstige Fehler.[174] Als *Typfehler* wird bezeichnet, wenn sich in der Versandverpackung SKUs befinden, die vom Kunden nicht bestellt worden sind. Dazu zählen sowohl hinzugefügte SKUs als auch verwechselte SKUs. Als *Mengenfehler* wird bezeichnet, wenn in der Versandverpackung eine andere als die bestellte Anzahl von SKUs (zu viel oder zu wenig) vorhanden, jedoch die Art der SKUs korrekt kommissioniert worden ist. Bei einem *Auslassungsfehler* wurde mindestens eine Einheit einer SKU vergessen bzw. ausgelassen. Ist die kommissionierte Menge einer SKU in der Versandpackung zu gering, weil

---

[170]Für einen Überblick über die wenigen Studien, die im Bereich des Warehouse Managements den Faktor „Mensch" berücksichtigt haben, sei hier auf Larco et al. (2017, S. 6408) verwiesen.

[171]Vgl. Miebach/Dahm (2009), S. 203 ff.

[172]Vgl. Rasmussen (1982), S. 313.

[173]Vgl. Rammelmeier et al. (2012), S. 3.

[174]Vgl. Lolling (2003), S. 28; ten Hompel et al. (2011), S. 214 f.

eine falsche SKU kommissioniert worden ist, so handelt es sich nicht um einen Auslassungsfehler, sondern um einen Typfehler. Bei *Qualitätsfehlern* (alternativ als *Zustandsfehler* bezeichnet) werden fehlerhafte oder beschädigte SKUs kommissioniert oder zusätzliche Dienstleistungen, wie das Vormontieren oder Etikettieren, vergessen. Ferner sind mögliche Fehlerquellen das Liegenlassen von Kommissionieraufträgen, potenzielle Verwechslungen mit ähnlich aussehenden SKUs, Unachtsamkeit, Störungen durch andere Kommissionierer, fehlerhaftes Lesen der Bezeichnung oder der Nummer von SKUs, wenn Kommissionierer nicht bemerken, dass sich etwas im Lager verändert hat (bspw. die Zusammenstellung eines Standardauftrags), Tätigkeiten quittiert und anschließend vergessen werden oder die zu späte Bereitstellung zum Abholen oder zum Versand der Waren.[175]

Dabei treten Fehler unvorhergesehen und mit einer nur schwer quantifizierbaren Häufigkeit auf. Nave schätzt, dass ca. 5 % der Kommissionierzeit für Fehlerbehebung und Sonderaufgaben eingeplant werden müssen.[176] Als Fehlerquoten werden in der Literatur verschiedene Werte angegeben: diese schwanken von 0,3 % (bei der papiergebundenen Kommissionierung),[177] über 0,06 %–1,02 %,[178] bis hin zu 0,5 %–2 %.[179] Die tatsächlich realisierten Werte in einem realen manuellen Kommissioniersystem schwanken in der Praxis meist je nach Kommissioniersystem. Daher scheint eine generelle Angabe der Häufigkeit des Auftretens von Kommissionierfehlern nicht angebracht.

Als Folge von Fehlern sinkt die Kommissionierqualität[180] und als mögliche Konsequenzen können teure Nachlieferungen bis hin zum Verlust des Kunden aufgeführt werden.[181] Diese gilt es möglichst zu vermeiden. Faktoren, welche

---

[175]Vgl. Brynzér/Johansson (1995), S. 120 ff.; Gudehus (2012), S. 742; Rammelmeier et al. (2012), S. 3.

[176]Vgl. Nave (2009), S. 15 ff.

[177]Vgl. Rammelmeier et al. (2012), S. 1.

[178]Vgl. Heinz/Menk (1997), S. 35.

[179]Vgl. Gudehus (2012), S. 1112.

[180]Die Kommissionierqualität ergibt sich aus dem Verhältnis der Anzahl der korrekt und termingerecht ausgeführten Aufträge in Relation zur Gesamtzahl der Positionen oder Aufträge einer Periode (vgl. Gudehus (2012), S. 741).

[181]Vgl. Gudehus (2012), S. 741; Rammelmeier et al. (2012), S. 1; ten Hompel/Schmidt (2010), S. 44.

die Fehler beeinflussen, ergeben sich aus dem Belastungs-/Beanspruchungskonzept[182] und sind meist ergonomischer Natur.[183] Darüber hinaus existieren weitere fehlerbeeinflussende Faktoren, wie die Kommissionieraufgabe (der Prozess, Aufbau- und Ablaufstruktur, Auftragsstruktur), Arbeits- und Umgebungsbedingungen (Artikelstruktur, Lagermittel, Informationsgestaltung, Arbeitsstrukturierung, Arbeitszeit, Entlohnung, Lärm, Klima, Beleuchtung) und die jeweilige Leistungsvoraussetzung des Menschen (physische Fähigkeiten, Fertigkeiten, Intelligenz, Wissen, Disposition, Motivation).[184]

Neben dem Erkennen/Erfassen, dem Kontrollieren und anschließenden Beheben lassen sich Fehler vermeiden oder vermindern.[185] Zur Vermeidung von Fehlern – auch wenn dies nicht vollständig möglich ist – bestehen verschiedene Möglichkeiten; dazu zählen Prämiensysteme oder die gezielte Kommunikation mit den Mitarbeitern.[186] Ferner besteht ein wichtiges Hilfsmittel zur Fehlervermeidung in der Selbstkontrolle des jeweiligen Kommissionierers. Dabei können Kontrollmessungen am Arbeitsplatz, Kontrollmeldungen durch den Kommissionierer, persönliche Kennzeichnung der Arbeitsergebnisse und regelmäßige Weiterbildungen genutzt werden.[187] Da Fehler jedoch nicht vollständig vermieden werden können, ist es wichtig, dass das Kommissioniersystem auf das Auftreten von Fehlern vorbereitet ist.[188]

Fehler lassen sich, wenn sie durch eine Qualitätskontrolle oder im schlimmsten Fall durch den Kunden bemerkt werden, vergleichsweise gut quantifizieren. Zusätzlich können aber auch Abweichungen vom Soll-Prozess auftreten, die nicht zwangsläufig zu Fehlern führen müssen. Eine verlängerte Kommissionierzeit kann eine solche Konsequenz sein, die zwar nur sehr schwer quantifiziert werden kann, aber einen Einfluss auf die Effizienz in der manuellen Kommissionierung hat.

---

[182]Unter Belastung werden dabei die äußeren Anforderungen verstanden, die aus der Art der Arbeitsausführung und der Arbeitsumgebung resultieren. Die individuelle Reaktion auf eine Belastung wird als Beanspruchung bezeichnet (vgl. Lolling (2003), S. 23). Folglich sind die Fehlerwahrscheinlichkeiten je Kommissionierer stark unterschiedlich.

[183]Vgl. Lolling (2003), S. 31; Die ergonomischen Aspekte mit ihrer jeweiligen Auswirkung auf die Kommissionierung sollen in dieser Arbeit nicht näher betrachtet werden. Erste Arbeiten dazu finden sich bspw. bei Battini et al. (2014); (2015); (2016); Christmansson (2002); Weisner/Deuse (2014).

[184]Vgl. Lolling (2003), S. 32; VDI 4006 Blatt 1 (2015), S. 24 ff.

[185]Vgl. Gudehus (2012), S. 743.

[186]Vgl. Miebach/Dahm (2009), S. 203 ff.

[187]Vgl. Gudehus (2012), S. 1113.

[188]Vgl. Gudehus (2012), S. 743.

2.4.2 Abweichungen vom Soll-Prozess

*„Das bedeutet, dass er [der Mensch] bei Kenntnis des Produktionszieles dieses auch mit anderen Mitteln oder einer geänderten Aufgabenabfolge zu erreichen versucht, **sofern ihm dies sinnvoll erscheint.**"*[189]

Wie bereits bei der Vorstellung der Planungsansätze in Kapitel 2.3 gezeigt, gibt es eine Vielzahl von Möglichkeiten, um theoretisch effiziente Prozesse für den Ablauf der manuellen Kommissionierung zu planen. Allerdings gehen alle diese Planungsansätze davon aus, dass die Planvorgaben, also der Soll-Prozess, stets exakt in die Praxis umgesetzt werden. Dass dabei allerdings Fehler auftreten können, wurde im vorherigen Unterpunkt (vgl. Kapitel 2.4.1) gezeigt. Darüber hinaus gibt die Literatur der manuellen Kommissionierung Hinweise, dass weitere Abweichungen vom Soll-Prozess auftreten können, die einen Einfluss auf die Effizienz bzw. die Wegzeit in der manuellen Kommissionierung haben.

Diese umfassen planbare Verzögerungen, wie Pausen nach der Fertigstellung eines Auftrags[190] oder Mittagspausen.[191] Für solche Unterbrechungen, deren genaue Zeitdauer nur schwer vorhergesagt werden kann, muss dementsprechend zusätzliche Zeit eingeplant werden. Außerdem können Störungen oder Unterbrechungen des Prozesses auftreten, wie (arbeitsbezogene) Gespräche mit Vorgesetzten oder Kollegen oder durch Wartezeiten aufgrund fehlender Informationen.[192] Ferner können Abweichungen allerdings auch positive Effekte in Form einer reduzierten Wegstrecke haben.[193]

Hierzu ließ sich bisher keine Arbeit finden, welche die möglichen Abweichungen vom Soll-Prozess strukturiert und umfassend darstellt. Lediglich finden sich Hinweise in einzelnen Publikationen, dass durch heuristische bzw. intuitive Routenstrategien die Anzahl von Abweichungen oder Fehlern reduziert bzw.

---

[189]Lolling (2003, S. 23); Die Hervorhebung wurde nachträglich hinzugefügt.

[190]Vgl. Andriansyah et al. (2010), S. 38.

[191]Vgl. Andriansyah et al. (2010), S. 43.

[192]Vgl. Brynzér/Johansson (1995), S. 121; Gudehus (2012), S. 792; Wichmann (1994), S. 74 ff.

[193]Ein Beispiel dazu findet sich in Roodbergen/de Koster (2001), S. 1877.

insbesondere durch die optimale Strategie erhöht werden kann.[194] Dadurch sollen das Risiko für vergessene Picks und zusätzliche Wegstrecken,[195] die Zeit für das Suchen der nächsten Pickposition,[196] auftretende Verwirrungen durch eine weniger intuitive Routenführung[197] und das Risiko für Abweichungen von der Routenführung[198] reduziert werden. Ferner können mithilfe der intuitiven Heuristiken Wegstrecken ermittelt werden, die ähnlich kurze Wegzeiten wie die der optimalen Routenstrategie ermöglichen.[199] Folglich scheint die Nutzung der optimalen Routenstrategie nicht notwendig zu sein.

Behauptet wird, dass die Unterschiede der kürzeren Wegzeiten aufgrund einer effizienteren Routenführung auf Basis der optimalen Strategie nur sehr gering seien im Vergleich zu denen der Heuristiken und Abweichungen von der Routenführung oder auch dass vergessene Picks einen viel größeren negativen Einfluss hätten als durch eine kürzere Wegstrecke wieder herausgeholt werden könne.[200]

Insbesondere die Arbeiten von Brynzér et al. sowie Brynzér und Johansson zeigen, dass beim Kommissionieren Zeiten für Störungen berücksichtigt werden müssen und dass bspw. eine aus Sicht der Kommissionierer logische Reihenfolge der Anordnung von SKUs wichtig ist, um Abweichungen zu reduzieren.[201] In diesen Arbeiten wird der Einfluss des Faktors „Mensch" in der manuellen Kommissionierung klar erkennbar. Allerdings fehlt auch hier eine strukturierte Darstellung von Abweichungen oder Störungen im Kommissionierprozess oder eine Quantifizierung der Auswirkungen.

---

[194]Vgl. de Koster/van der Poort (1998), S. 470; Gademan/van de Velde (2005), S. 73; Hall (1993), S. 86; Henn et al. (2010), S. 83; Petersen (1999), S. 1054; Petersen/Schmenner (1999), S. 487; Petersen/Aase (2004), S. 19; Roodbergen/de Koster (2001), S. 1881.

[195]Vgl. Henn et al. (2010), S. 83; Petersen (1999), S. 1054; Petersen/Schmenner (1999), S. 487; Petersen/Aase (2004), S. 19; Roodbergen/de Koster (2001), S. 1881.

[196]Vgl. Roodbergen/de Koster (2001), S. 1881.

[197]Vgl. Hall (1993), S. 86; Petersen/Aase (2004), S. 19.

[198]Vgl. Gademan/van de Velde (2005), S. 73.

[199]Vgl. Hall (1993), S. 86; Petersen/Aase (2004), S. 19.

[200]Vgl. Henn et al. (2010), S. 83.

[201]Vgl. Brynzér et al. (1994); Brynzér/Johansson (1995); Brynzér/Johansson (1996).

2.4.3   Picker Blocking: Blockierungen von mehreren Kommissionierern während des Kommissionierprozesses

Aufgrund des Drucks auf Lagermanager, die Lagerbereiche möglichst platzsparend auszurichten, werden Lager häufig mit möglichst geringen (schmalen) Gangbreiten[202] gebaut, da so mehr Platz für zusätzliche Lagerplätze vorhanden ist.[203] Dies führt allerdings dazu, dass die Gänge zu schmal sind und Kommissionierer, wenn sie im gleichen Lagerbereich arbeiten, nicht mehr oder nur schwer aneinander vorbei kommen und sich vermehrt behindern bzw. blockieren.[204] Da Blockierungen jedoch einen wesentlichen Einfluss auf den Durchsatz in der manuellen Kommissionierung haben, können sie folglich die Vorteile von schmalen Gängen – wie z. B. die Möglichkeit, SKUs auf beiden Seiten des Gangs

---

[202]Gangbreite ist definiert als: „Mindestmaß, das rechtwinklig zur Ganglängsrichtung am Boden und in einer beliebigen Trägerhöhe zwischen den in Nennposition angeordneten Ladeeinheiten oder zwischen den Regalteilen gemessen wird" (DIN EN 15620:2008, S. 8).

[203]Vgl. Chen et al. (2013), S. 78; Chen et al. (2016), S. 389; Gue et al. (2006), S. 16; Parikh/Meller (2009), S. 245 f.; Ebenfalls ist vorstellbar, dass beim Einsatz neuer Flurförderzeuge die notwendigen Abstände entsprechend DIN EN 15620:2008 oder DIN EN 15635:2008 nicht mehr eingehalten werden können bzw. dass die Vorsichtsmaßnahmen erhöht werden müssen (siehe DIN EN 15620:2008), sodass ein Überholen eines Mitarbeiters durch einen anderen innerhalb eines Gangs ebenfalls nicht mehr möglich ist. Dies kann eintreffen, wenn aus sicherheitstechnischen Gründen untersagt ist, dass mehrere Flurförderzeuge und/oder Personen den gleichen Gang befahren bzw. betreten dürfen: „Die Berechnung für den ‚ungünstigsten Fall' bedeutet, dass die zulässigen Freiräume zwischen beweglichen und ortsfesten Teilen des Systems ausreichend groß sind, um Zusammenstöße zu vermeiden, wenn alle vereinbarten Grenzabweichungen und Verformungen die jeweils maximal zulässigen Werte aufweisen und alle gleichzeitig Einfluss auf die Parameter nehmen, die in der ungünstigen Richtung wirksam sind" (DIN EN 15620:2008, S. 75). Tritt dieser Fall ein, müssen folglich die Abstände angepasst (vergrößert) werden und ein Überholen im Gang ist sonst eventuell gar nicht mehr möglich. Die Anzahl von Blockierungen wird erhöht. Ferner wurde im Rahmen eines Unternehmensbesuches, der zur Datenaufnahme für die in Kapitel 3 dargestellte Fallstudie durchgeführt wurde, ein Fall identifiziert, der ebenfalls zu Blockiervorgängen bei breiteren Gängen führte. Bei der Planung der Anordnung von Regalen zur Lagerung von SKUs wurden notwendige Säulen zur Stabilisierung der Hallen vergessen, weshalb sich Säulen anschließend genau im Kommissioniergang befanden, was ein Überholen im Gang in diesem Bereich nicht zuließ.

[204]Vgl. z. B. Chen et al. (2013), S. 77; Davarzani/Norrman (2015), S. 13; Gu et al. (2007), S. 16; Mowrey/Parikh (2014), S. 87; Parikh/Meller (2009), S. 245 f.

gleichzeitig zu kommissionieren, ohne dafür zusätzliche Wege zu gehen – zunichtemachen.[205] Blockiervorgänge in der manuellen Kommissionierung durch andere Mitarbeiter werden in der Literatur als *Picker Blocking* bezeichnet.[206] Dabei können während eines Blockiervorgangs die Tätigkeiten eines Kommissionierers aufgrund eines anderen Kommissionierers für eine bestimmte Zeit nicht mehr ausgeführt werden.[207] Zu beachten ist, dass dem Kommissionierer im Vorfeld meist nicht möglich ist, genau zu wissen, wo Blockierungen auftreten; daher können diese nur in den seltensten Fällen proaktiv vermieden werden.[208]

Dies kann zu negativen Konsequenzen führen: z. B. eine reduzierte Effizienz sowie erhöhte Wartezeiten oder vergrößerte Wegstrecken.[209] Ferner verhindert das Picker Blocking den linearen Anstieg der Leistung manueller Kommissioniersysteme mit steigender Anzahl von Kommissionierern.[210] Folglich muss das Picker Blocking, gerade in Systemen mit hohem Durchsatz, bei der Berechnung des möglichen Durchsatzes berücksichtigt werden.[211] Je mehr Kommissionierer im Lager arbeiten, desto mehr Aufträge können erfüllt werden. Dies gilt allerdings nicht unbeschränkt: Für ihr untersuchtes Lager haben Hagspihl und Visagie herausgefunden, dass die Leistung bei bis zu 10 Kommissionierern ansteigt, dann bis 40 Kommissionierer gleich bleibt und danach wieder, aufgrund der hohen Anzahl von Blockierungen, abnimmt.[212] Ähnliches lässt sich auch in anderen Systemen beobachten: Pan und Wu nutzten als Leistungskennzahl die Durchlaufzeit und zeigten, dass diese erst stark, ab einer hohen Zahl an Kommissionierern (> 30) aber nur noch in geringem Ausmaß fällt.[213] Jedoch sind die Grenzwerte, ab wann die Leistung steigt, gleich bleibt oder fällt, unterschiedlich und vom jeweiligen Kommissioniersystem bzw. den zugehörigen Rahmenbedingungen, wie der Anzahl von Kommissionierern und der Auftragsstruktur, abhängig.

---

[205]Vgl. Hall (1993), S. 84; Hong et al. (2010), S. 3; Hong (2014), S. 687.

[206]z. B. in Parikh/Meller (2009), S. 232.

[207]Vgl. Furmans et al. (2012), S. 3; Kłodawski/Żak (2013), S. 42.

[208]Vgl. Chen et al. (2016), S. 390.

[209]Vgl. Chen et al. (2013), S. 78; Kłodawski/Żak (2013), S. 42; Mowrey/Parikh (2014), S. 91; Parikh/Meller (2008), S. 699; Parikh/Meller (2009), S. 233.

[210]Vgl. Huber (2011), S. 197.

[211]Vgl. Mowrey/Parikh (2014), S. 91.

[212]Vgl. Hagspihl/Visagie (2014), S. 180.

[213]Vgl. Pan/Wu (2012), S. 1671.

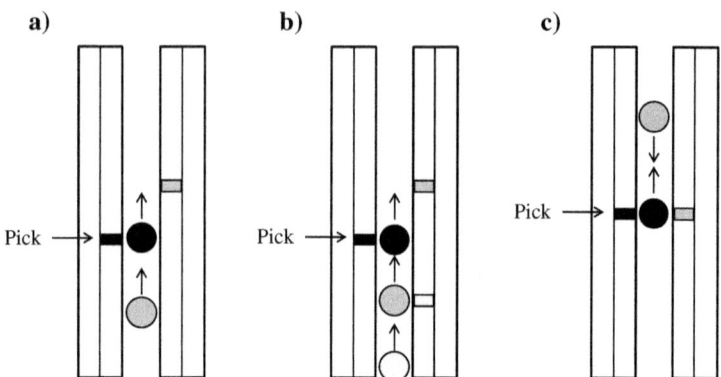

Abbildung 2.10 Arten von Blockiervorgängen (Quelle: Eigene Darstellung in Anlehnung an Furmans et al. (2012), S. 3 und Huber (2011), S. 34)

Beim Picker Blocking werden mehrere Arten unterschieden: Zum einen können Blockiervorgänge innerhalb eines Gangs auftreten (*in-the-aisle blocking* bzw. *no-passing congestion*) und zum anderen können Blockierungen direkt vor dem Lagerfach erfolgen, wenn der Kommissionierer A gerade am Lagerfach kommissioniert, an das auch der Kommissionierer B muss (*pick-column blocking*).[214] Ferner können am Depot Blockierungen auftreten (*depot blocking*), wenn die Mitarbeiter ihre fertig kommissionierten Aufträge abgeben oder neue Aufträge abholen wollen.[215] Bei den Blockierungen innerhalb eines Gangs unterscheiden Huber oder Furmans et al. zwischen einfachen, zweifachen und zweifach entgegengesetzten Blockiervorgängen (siehe Abbildung 2.10).[216] Bei *einfachen Blockiervorgängen* muss Kommissionierer 2 warten, bis ein anderer (hier: Kommissionierer 1), der ihn blockiert, mit dem Pickvorgang fertig ist und Kommissionierer 2 zu seinem Lagerplatz gelangen kann (siehe Abbildung 2.10a). Dies setzt die Prämisse voraus, dass die Gänge zu schmal sind, um aneinander vorbei zu kommen. *Zweifache Blockiervorgänge* (bzw. (k-1)-fache Blockiervorgänge bei k-Kommissionierern) sind Erweiterungen der einfachen Blockiervorgänge.

---

[214]Vgl. Chen et al. (2016), S. 392; Hong (2014), S. 688; Mowrey/Parikh (2014), S. 88; Parikh/Meller (2009), S. 233.

[215]Vgl. Furmans et al. (2012), S. 4; Huber (2011), S. 37.

[216]Vgl. Huber (2011), S. 34 ff.; Furmans et al. (2012), S. 3 ff.

Hier werden weitere Kommissionierer (2, 3, …, k) durch den gerade pickenden Kommissionierer 1 blockiert. Aufgelöst wird diese Blockierung meist durch das FCFS-Prinzip (siehe Abbildung 2.10b). Dürfen mehrere Kommissionierer stets von beiden Seiten einen Gang betreten, können *zweifach entgegengesetzte Blockiervorgänge* entstehen (siehe Abbildung 2.10c). Hierbei wird bspw. Kommissionierer 2 von Kommissionierer 1 blockiert, da letzterer gerade pickt. Zusätzlich müssen sie anschließend in entgegengesetzte Richtungen laufen und blockieren sich dabei erneut. Hier sind also Prioritätsregeln notwendig, um diese Blockierung aufzulösen.[217]

Die eben beschriebenen Blockiersituationen beziehen sich auf Lager mit schmalen Gängen.[218] Gibt es hingegen ausreichend große bzw. breite Gänge, so können dennoch Blockierungen auftreten.[219] Ist ein Gang jeweils nur für einen Kommissionierer freigegeben, müssen andere Lagermitarbeiter warten, bis dieser seinen Kommissioniervorgang im entsprechenden Gang beendet hat (*total aisle blocking* bzw. *aisle-entrance congestion*). Quergänge (*cross aisles*) können ebenfalls durch Kommissionierer blockiert werden, was als *cross aisle blocking* bezeichnet wird.[220]

Neben der Gangbreite gibt es eine Vielzahl weiterer Faktoren, die Einfluss auf das Picker Blocking haben. Diese sind die Pickdichte (Anzahl der Picks pro Gang),[221] das Verhältnis zwischen Pick- und Laufzeit (*pick:walk time ratio*),[222] die Variation der Pickzeit am Lagerfach (deterministisch oder stochastisch),[223] die Anzahl von Kommissionierern[224] sowie die Routen- und Lagerplatzvergabestrategie.[225]

Nachdem die theoretischen Grundlagen im Bereich der manuellen Kommissionierung vorgestellt wurden, erfolgt im nächsten Abschnitt die Darstellung des theoretischen Bezugsrahmens. Innerhalb des Kapitels wird eine geeignete Theorie zur vertiefenden Untersuchung des Faktors „Mensch" in der manuellen Kommissionierung identifiziert, an der sich die anschließenden Ausführungen orientieren.

---

[217]Vgl. Furmans et al. (2012), S. 3 ff.

[218]Hier soll außen vor gelassen werden, dass noch weitere Möglichkeiten existieren, wie eine im Weg liegen gelassene Palette oder ein im Weg stehen gelassener Kommissionierwagen, die ebenfalls räumliche Restriktionen darstellen und Blockierungen hervorrufen können. Wichtig für diese Arbeit ist lediglich die Information, ob eine Blockierung auftaucht.

[219]Vgl. Huber (2011), S. 36; Kłodawski/Żak (2013), S. 42.

[220]Vgl. Hong (2014), S. 688; Huber (2011), S. 37; Kłodawski/Żak (2013), S. 42.

[221]Vgl. Gue et al. (2006).

[222]Vgl. Parikh/Meller (2010b).

[223]Vgl. Parikh/Meller (2010b).

[224]Vgl. Hagspihl/Visagie (2014).

[225]Vgl. Sainathuni et al. (2014), S. 692.

2.5   Ableitung des theoretischen Bezugsrahmens – Deviantes Verhalten in der manuellen Kommissionierung

In Anlehnung an Epstein sollte nicht das Ziel der Wissenschaft darin bestehen, die Realität exakt abzubilden. Vielmehr sollte versucht werden, eine relevante Idealisierung realer Einheiten und Phänomene als Ausgangspunkt zu nutzen.[226] Eine häufig genutzte Idealisierung ist die Annahme eines stets rational handelnden Menschen (*Homo oeconomicus*). Diese ist in dem Sinne eine Vereinfachung, dass dadurch das menschliche Handeln genau vorhergesagt werden kann. Der Homo oeconomicus ist eigeninteressiert, handelt stets rational und verfügt hierfür über vollständige Informationen. Sein Ziel ist, den eigenen Nutzen zu maximieren – wobei er feststehende Präferenzen hat. Zusätzlich kann er auf vorhandene Restriktionen reagieren. Wären diese Eigenschaften stets bei jedem Menschen erfüllt, könnten alle Modelle aus den Wirtschaftswissenschaften die Zukunft exakt vorhersagen und Prognosen würden stets zutreffen.[227]

Von der idealisierten und realitätsfremden Annahme des Homo oeconomicus wird allerdings zunehmend abgewichen, um realistischere Erkenntnisse zu erzielen.[228] Im Bereich des Operations Managements und Supply Chain Managements entwickelten sich daraufhin die Forschungsrichtungen des Behavioral Operations Managements sowie des Behavioral Supply Chain Managements.[229] Diese versuchen, individuelles menschliches Verhalten mit dessen Auswirkungen in die jeweiligen Modelle aufzunehmen.[230] Dabei ist insbesondere dasjenige Verhalten wichtig, das von einer normativen, rationellen Entscheidung abweicht.[231]

Verhaltensweisen, die von den Vorgaben bzw. den Soll-Prozessen oder den Normen abweichen, werden als *Deviant Workplace Behavior*[232] bezeichnet.

---

[226]Vgl. Epstein (2014), S. 192.

[227]Vgl. Rost (2008), S. 50; Simon (1986), S. S209.

[228]Vgl. Bendoly et al. (2006), S. 737 ff.; Simon (1986), S. S209; Taleb (2008), S. 229 ff.

[229]Vgl. Bendoly et al. (2010), S. 434 ff.; Donohue/Siemsen (2010), S. 1 ff.; Gino/Pisano (2008), S. 676 ff.

[230]Vgl. Gino/Pisano (2008), S. 679.

[231]Vgl. Donohue/Siemsen (2010), S. 2.

[232]Weitere in der Literatur gebrauchte Begriffe sind *antisocial behavior, counterproductive behavior, organizational misbehavior, non-compliant* oder *non-conformant behavior, workplace deviance* oder *dysfunctional workplace behavior* (vgl. Appelbaum et al. (2007), S. 587; Peterson (2002), S. 48).

Schätzungsweise haben bis zu 75 % aller Angestellten bereits einmal ein solches Verhalten gezeigt.[233] Dabei kann dies sowohl positive als auch negative Folgen haben. *Deviantes Verhalten* mit negativen Folgen ist definiert als freiwilliges Verhalten, welches die Normen einer Organisation in starkem Ausmaß verletzt und daher ein schädigendes Verhalten gegenüber der Organisation oder deren Mitglieder in Kauf nimmt.[234] Dabei wird der Begriff „deviant" im Sinne von abweichend oder normwidrig häufig für Verhaltensweisen gebraucht, die schwerwiegende Verletzungen der Norm (Diebstahl, Sabotage, planmäßiges Fernbleiben von der Arbeit, Gewalt am Arbeitsplatz oder Korruption) umfassen (*workplace deviance*).[235] Andere Formen von abweichendem Verhalten, wie unpassende Arbeitskleidung zu tragen, werden darunter jedoch nicht zusammengefasst (*employee deviance*).[236] In dieser Arbeit wird diese Trennung nicht vorgenommen, da alle Formen in der manuellen Kommissionierung aufgenommen werden sollen. Folglich zählen zu deviantem Verhalten sowohl schwerwiegende, schädigende Verhaltensweisen als auch Abweichungen, die zwar kaum negative Wirkung haben, für die jedoch von der Norm bzw. den Vorgaben abgewichen worden ist.

Neben den negativen Aspekten von deviantem Verhalten gibt es auch Abweichungen im positiven Sinne (*positive deviance*).[237] Hierbei sind mehrere Formen zu unterscheiden: Unter dem *statistischen Ansatz* wird das positive deviante Verhalten verstanden, bei dem sich die Mitarbeiter vom Durchschnitt abheben; als Beispiel können Weltklasse-Athleten aufgeführt werden. Diese zeigen Verhaltensweisen im positiven Sinne, die sich weit vom Durchschnitt abheben. Allerdings fällt schwer, Personen dem positiven devianten Verhalten zuzuordnen, da es keine festen Grenzen gibt, inwieweit jemand überdurchschnittliche Leistungen zeigen muss, um in diese Kategorie eingeordnet werden zu können. Der zweite Ansatz wird als *Suprakonformitätsansatz* bezeichnet. Hierunter fallen Personen, die sich in außergewöhnlicher Weise an die Normen anpassen. Dies kann allerdings auch kontraproduktiv werden, wenn sich das Verhalten in eine Art Sucht verwandelt. Als Beispiel können Bodybuilder genannt werden, die durch zu häufiges Training, das ihr Leben dominiert, ihre Leistungsfähigkeit langfristig reduzieren. Der (dritte) *reaktive Ansatz* umfasst deviantes Verhalten, das erst zu deviantem Verhalten wird, wenn es durch Zuschauer oder Beteiligte als solches bewertet wird.

---

[233]Vgl. Robinson/Bennett (1995), S. 555.

[234]Vgl. Robinson/Bennett (1995), S. 556.

[235]Vgl. Robinson/Bennett (1995), S. 555 ff.

[236]Vgl. Robinson/Bennett (1995), S. 557.

[237]Vgl. Spreitzer/Sonenshein (2004), S. 828 ff.

Der vierte Ansatz ist der *normative Ansatz*: Hier ist erneut Voraussetzung, dass bei einem Verhalten von der Norm abgewichen wird. Allerdings muss dies in ehrenvoller Weise geschehen (unabhängig von den tatsächlichen Resultaten der Verhaltensweise).[238]

Eine direkte Angabe der Auswirkungen von deviantem Verhalten (positiv oder negativ) ist vergleichsweise schwer, da nicht in jedem Fall sämtliche Auswirkungen erfasst werden. Dies gilt auch für die Folgekosten solcher Verhaltensweisen. Robinson und Bennett klassifizieren in diesem Zusammenhang deviantes Verhalten zusätzlich nach der Schwere der Auswirkungen (*minor/serious*).[239] Dies soll in der vorliegenden Arbeit jedoch nicht gemacht werden, da hier lediglich die Verhaltensweisen und getrennt davon mögliche Auswirkungen, ohne eine direkte Abbildung der Kausalität zwischen einzelnen Verhaltensweisen und deren Auswirkungen, relevant sein sollen.

In der Literatur werden eine Vielzahl von Faktoren genannt, die für deviantes Verhalten verantwortlich sein können. Diese lassen sich grob einteilen in individuelle bzw. intrapersonale Faktoren, aber auch interpersonale Faktoren und solche, die Bezug zur Arbeitsumwelt/-umgebung, der Organisation und der jeweiligen Situation haben.[240] Diese Faktoren können jedoch nicht getrennt voneinander betrachtet werden. Deutlich wird dies am Beispiel der Persönlichkeit und der Situationsbezogenheit: Da jeder Mensch anders auf eine bestimmte Situation reagiert, muss es in einer bestimmten Situation nicht zwangsläufig zu deviantem Verhalten kommen. Daher kann das Auftreten solcher Verhaltensweisen nicht durch eine Kategorie alleine erklärt werden.[241]

Bei den *individuellen Faktoren* spielt die Persönlichkeit eine große Rolle, genauso die Absicht, das Unternehmen zu verlassen, die Unzufriedenheit, die Geringschätzung des Unternehmens durch den Mitarbeiter sowie das Alter, die Dauer der Betriebszugehörigkeit, das Anstellungsverhältnis und die Bezahlung[242] – wobei letztere nicht trennscharf nur zu den individuellen Faktoren gezählt werden

---

[238]Vgl. Spreitzer/Sonenshein (2004), S. 830 ff.

[239]Vgl. Robinson/Bennett (1995), S. 565.

[240]Vgl. Appelbaum et al. (2007), S. 591 ff.; Henle (2005), S. 248 ff.; Peterson (2002), S. 48 f.; Robinson/Bennett (1995), S. 565.

[241]Vgl. Appelbaum et al. (2007), S. 592; Peterson (2002), S. 57; Robinson/Bennett (1995), S. 566.

[242]Vgl. Appelbaum et al. (2007), S. 587; Bolin/Heatherly (2001), S. 415 ff.; Henle (2005), S. 248; Peterson (2002), S. 49.

können, da sich die genannten Faktoren auf die Tätigkeit beziehen.[243] Ferner zählt Machiavellismus sowohl zu den individuellen als auch zu organisationalen Faktoren. Machiavellismus beschreibt generelle Verhaltensweisen eines Mitarbeiters gegenüber anderen Mitarbeitern, indem dieser versucht, die anderen Mitarbeiter entsprechend seiner individuellen Vorstellungen zu beeinflussen.[244]

Zu den Faktoren, die zur *Arbeitsumwelt* bzw. der *Organisation* zählen, können die wahrgenommene Fairness der Bezahlung der Mitarbeiter, fehlende oder schlechte Weiterentwicklungsmöglichkeiten sowie das Arbeitsklima aufgeführt werden.[245] Ferner ist wichtig, ob die Organisation deviante Verhaltensweisen unterstützt oder sogar motiviert.[246] Hierzu zählt bspw. die Billigung von Diebstahl in einer Organisation.[247] Wird solch ein Verhalten nicht bestraft und somit gebilligt, kann das in der Zukunft zu einem verstärkten Auftreten solcher Verhaltensweisen führen.

Innerhalb der Organisation können *situative Faktoren* auftreten, die deviante Verhaltensweisen auslösen oder fördern. Hierzu gehört das Verhalten von Führungskräften in bestimmten Situationen. Mitarbeiter nehmen dieses Verhalten wahr und passen ihre eigenen Verhaltensweisen daraufhin an. Gleiches gilt für Gruppen. Auch das Verhalten innerhalb der Gruppe – egal, ob positiv oder negativ – hat Auswirkungen auf jedes Individuum, welches Teil dieser Gruppe ist; hierzu zählt auch Gruppenzwang bzw. die Befürchtung, aus der Gruppe ausgeschlossen zu werden.[248]

Im Bereich des Behavioral Supply Chain Managements gibt es zwei Bereiche, in denen deviantes Verhalten untersucht wird: Zum einen ist dies der Bereich des kontraproduktiven Verhaltens in Supply Chain-Beziehungen *(Supply Chain Counterproductive Work Behavior)*[249] und zum anderen im Bereich des Einkaufs *(Maverick Buying)*.

Das kontraproduktive Verhalten in Supply Chains ist definiert als Verhaltensweisen von Mitarbeitern innerhalb einer jeweiligen Supply Chain, die darauf abzielen, die Effektivität dieser Lieferkette durch Behinderung anderer Organisationen und/

---

[243]Vgl. Peterson (2002), S. 49.

[244]Vgl. Bennett/Robinson (2000), S. 356.

[245]Vgl. Appelbaum et al. (2007), S. 593 ff.; Peterson (2002), S. 49.

[246]Vgl. Appelbaum et al. (2007), S. 591.

[247]Vgl. Bolin/Heatherly (2001), S. 414 ff.

[248]Vgl. Appelbaum et al. (2007), S. 595 ff.

[249]Vgl. Thornton et al. (2013), S. 788.

oder der Beziehungen zwischen diesen in der Supply Chain zu schädigen.[250] Aus
dieser Definition wird deutlich, dass hier ausschließlich die negativen Aspekte des
devianten Verhaltens inbegriffen sind. Die Verhaltensweisen sind durch fünf Themen (*behavioral themes*) gekennzeichnet: Vermeidung (*avoiding*), Emotionen
(*emoting*), Verschiebung (*shifting*), Verschweigen (*withholding*) und Verwechseln
(*confounding*).

Unter *Vermeidung* werden Verhaltensweisen verstanden, durch die ein Partner
in der Supply Chain den Wunsch eines anderen ohne Widerrede erfüllt, um Kon-
flikte oder Konfrontationen zu vermeiden. Dadurch sollen Probleme umgangen
werden, was allerdings zu großer Unsicherheit in der Zusammenarbeit führen
kann hinsichtlich der Frage, ob die jeweilige Problemlösung oder Vorgehensweise
wirklich gut ist oder nur akzeptiert worden ist, um unangenehme Aspekte nicht
ansprechen zu müssen. Kann ein Partner in der Supply Chain nicht mehr objektiv entscheiden, sondern wird maßgeblich durch seine Gefühle beeinflusst, dann
fällt dies unter das Thema *Emotionen*.[251] Hier können Entscheidungen durch persönliche Gefühle in einer Weise beeinflusst werden, dass nicht mehr das beste
Ergebnis für die Supply Chain im Vordergrund steht. Unter *Verschiebung* wird
ein konstantes Ändern von Anforderungen, Erwartungen oder Normen innerhalb
einer Partnerschaft verstanden. Hierdurch können die jeweils anderen Partner
nicht mehr sicher sein, ob die jeweilige Erfüllung einer Aufgabe den Anforderungen entspricht oder ob Änderungen notwendig sind; dies kann zu Frustration
führen. *Verschweigen* umfasst Verhaltensweisen, bei denen wichtige Informationen vor dem Partner zurückgehalten werden, um eigene Interessen zu wahren.
Im letzten Thema *(Verwechseln)* wurde das Senden falscher oder unvollständiger
Informationen an die Partner in der Supply Chain zusammengefasst. Auf Basis
dieser Informationen werden Entscheidungen getroffen, die sich anschließend als
ungeeignet herausstellen.

Den zweiten Bereich, in dem deviantes Verhalten im Behavioral Supply Chain
Management untersucht worden ist, stellt Maverick Buying dar. Maverick Buying umfasst den Einkauf von Waren oder Dienstleistungen, für die ein vorgegebener Prozess auf Basis bereits ausgehandelter Konditionen mit ausgewählten
Lieferanten besteht, der jedoch umgangen wird.[252] Karjalainen et al. identifizieren

---

[250]Vgl. Thornton et al. (2013), S. 788.

[251]An dieser Stelle sei darauf hingewiesen, dass Damasio (2005) aufgezeigt hat, dass fast
alle von Menschen getroffenen Entscheidungen stets durch Emotionen ausgelöst oder
zumindest beeinflusst sind.

[252]Vgl. Karjalainen et al. (2009), S. 248.

eine Vielzahl möglicher Gründe für Maverick Buying.[253] Dabei unterscheiden die Autoren nach Gründen, die aus der Literatur über Einkauf und Beschaffung abgeleitet worden sind, sowie nach Gründen, die in der Literatur über deviantes Verhalten recherchiert worden sind. Erstere umfassen bspw. die fehlende Kenntnis der Einkaufspolitik, persönliche Präferenzen zwischen Einkäufer und Lieferant, eine wahrgenommene Vorteilhaftigkeit des individuell ausgehandelten Geschäfts, das Fehlen eines Kontrakts für eine benötigte Ware/Dienstleistung oder fehlende Anreize, den vorgegebenen Prozess einzuhalten.[254] Die Gründe für deviantes Verhalten wurden bereits aufgezeigt. Sie lassen sich entsprechend einteilen in rationale (kein Kontrakt für die jeweilige Ware/Dienstleitung ist vorhanden) bis hin zu emotionalen (die persönliche Beziehung zum Lieferanten steht im Vordergrund); wobei ersteres meist mit positivem devianten Verhalten und letzteres mit negativem devianten Verhalten gleichgesetzt wird.[255]

Als mögliche Folgen von Maverick Buying werden erhöhte Einkaufskosten sowie eine reduzierte Wirkung von Einkaufsverträgen – durch geringere Volumina und daher reduzierter Macht, um Servicelevel oder Preise auszuhandeln – genannt.[256]

Maßnahmen zur Vermeidung von Maverick Buying sind bspw. die elektronische Abwicklung des Einkaufs, Kontrollsysteme oder die Einbeziehung des Einkaufs in die Gestaltung von Rahmenverträgen.[257]

Karjalainen et al. identifizierten fünf Formen von Maverick Buying: Unbeabsichtigtes (*unintentional*) Maverick Buying findet statt, wenn keine Kenntnis über bestehende Verträge vorhanden ist; beim erzwungenen (*forced*) Maverick Buying können vorhandene Verträge nicht genutzt werden bzw. existieren keine für die jeweilige Ware/Dienstleistung. Die dritte Form ist das gewöhnliche (*casual*) Maverick Buying; dieses wird maßgeblich durch die Umsetzung eigener Interessen ausgelöst. Die letzten beiden Formen unterscheiden sich hinsichtlich der dahinter stehenden Absichten: Bei Maverick Buying mit guten Absichten (*well-intentioned*) werden die eigenen Fähigkeiten oder Alternativen als deutlich besser eingeschätzt als jene, die durch Rahmenverträge verfügbar sind; dem gegenüber steht Maverick Buying mit schlechten Absichten (*ill-intentioned*). Dieses wird

---

[253]Vgl. Karjalainen et al. (2009), S. 248.
[254]Vgl. Karjalainen et al. (2009), S. 248; Kulp et al. (2006), S. 209 ff.
[255]Vgl. Karjalainen et al. (2009), S. 251.
[256]Vgl. Karjalainen et al. (2009), S. 251 f.
[257]Vgl. Karjalainen et al. (2009), S. 252 f.

aufgrund von Opportunismus oder durch das Bestreben, sich Veränderungen zu widersetzen, ausgelöst.[258]

Aufgrund der Angabe, dass ca. 75 % der Angestellten bereits deviantes Verhalten ausgeübt haben und dies für den Einkauf bereits nachgewiesen worden ist, soll dieses Phänomen seiner großen betriebswirtschaftlichen Bedeutung wegen im Folgenden für die manuelle Kommissionierung untersucht werden. Daher erfolgen im nächsten Kapitel die Auswahl einer geeigneten Methode und die Beschreibung deren Anwendung zur Analyse von deviantem Verhalten in der manuellen Kommissionierung (*Maverick Picking*).[259]

---

[258]Vgl. Karjalainen et al. (2009), S. 253 ff.

[259]Begriff in Anlehnung an Glock et al. (2017) gewählt.

Empirische Analyse von deviantem Verhalten in der manuellen Kommissionierung (Maverick Picking)

3

Zur empirischen Analyse von deviantem Verhalten in der manuellen Kommissionierung muss ein methodischer Ansatz gewählt werden, der erlaubt, das vielschichtige Phänomen umfassend aufzunehmen. Da es hierzu bisher lediglich einige Hinweise in der Literatur gibt, ist der Fallstudienansatz für einen umfassenden Einblick in das Phänomen genutzt worden. Die dafür notwendigen Grundlagen werden in Kapitel 3.1 erläutert. Im Anschluss daran erfolgt die Darstellung des Aufbaus und des Ablaufs der qualitativen Datenaufnahme in Kapitel 3.2. Abschließend sollen die Ergebnisse in Kapitel 3.3 dargestellt und diskutiert werden. Auch werden hier Propositionen abgeleitet, die den Ausgangspunkt für die darauffolgenden Simulationsstudien bilden.

3.1 Auswahl der Forschungsmethodik und Erläuterung der Grundlagen qualitativer Studien

Zur strukturierten und detaillierten Analyse von deviantem Verhalten in der manuellen Kommissionierung können prinzipiell mehrere Forschungsmethoden genutzt werden. Diese lassen sich allgemein in quantitative und qualitative Methoden unterteilen. Zu den quantitativen Methoden zählen die Simulation sowie allgemein mathematische Modelle, Experimente oder Umfragen.[1] Im Bereich der qualitativen Methoden gibt es u. a. qualitative Inhaltsanalysen, Beobachtungen oder Fallstudien.[2]

---

[1] Vgl. Creswell (2009), S. 145 ff.
[2] Vgl. Creswell (2009), S. 176 ff.

© Springer Fachmedien Wiesbaden GmbH 2018
T. Franzke, *Der Mensch als Faktor in der manuellen Kommissionierung,*
https://doi.org/10.1007/978-3-658-20469-3_3

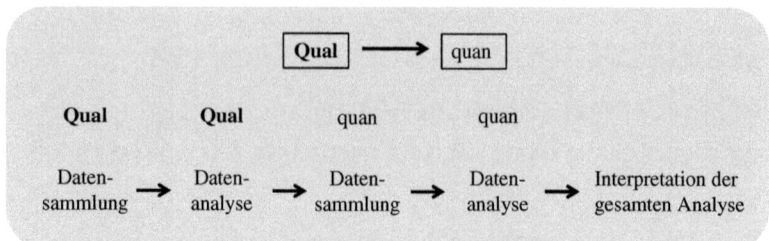

Anmerkung: Qual – qualitative Analyse; quan – quantitative Analyse

Abbildung 3.1 Sequenzielles, exploratives Forschungsdesign eines Mehrmethodenansatzes zur Beantwortung der Forschungsfrage (Quelle: Eigene Darstellung in Anlehnung an Creswell (2009), S. 209)

Ein kombiniertes Vorgehen aus quantitativen und qualitativen Methoden ist ebenfalls möglich.[3]

Das kombinierte Vorgehen wird als *Mehrmethodenansatz* bezeichnet.[4] Hierbei können die Stärken mehrerer Methoden verknüpft werden, um umfangreichere Erkenntnisse zu erzielen (*Triangulation*).[5] Bei Nutzung eines solchen Ansatzes wird der Untersuchungsgegenstand mit mehreren Methoden analysiert. Dabei kann insbesondere unterschieden werden, ob die Methoden *parallel* oder *sequenziell* angewendet werden.[6] Bei Themen, die noch relativ unerforscht sind, wird häufig zuerst eine qualitative Studie durchgeführt, die in einem zweiten Schritt um eine quantitative Analyse ergänzt wird (siehe Abbildung 3.1).[7] Die Besonderheit bei der quantitativen Analyse ist, dass diese auf den Ergebnissen der qualitativen Untersuchung aufbaut.[8] Dieses *(verbundene) sequenzielle und explorative*

---

[3]Vgl. Creswell (2009); Yin (2009), S. 62 ff.; Für eine ausführlichere Darstellung der Einsatzmöglichkeiten mit Vor- und Nachteilen verschiedener Forschungsmethoden sei hier auf Yin (2009, S. 8 ff.) verwiesen.

[4]Vgl. Creswell (2009), S. 203.

[5]Vgl. Jick (1979), S. 609; Mentzer/Flint (1997), S. 213.

[6]Ferner unterscheidet Creswell (2009, S. 206) noch danach, welche Wichtung der quantitative bzw. qualitative Teil am Forschungsvorhaben hat und welche Rolle die Theorie spielt, worauf an dieser Stelle jedoch nicht näher eingegangen werden soll, da dies zu keinen weiteren Erkenntnissen führt.

[7]Vgl. Creswell (2009), S. 206.

[8]Vgl. Creswell (2009), S. 211.

Design[9] soll für die Vorgehensweise zur Beantwortung der Forschungsfrage dieser Arbeit genutzt werden.[10] Dabei soll in diesem Kapitel das qualitative Forschungsdesign im Fokus stehen. Dessen Auswahl wird im Folgenden näher erläutert.

Durch den hiermit zu beantwortenden Teil der Forschungsfrage: „Wie gestaltet sich der Einfluss des Faktors ‚Mensch' in der manuellen Kommissionierung?", ergeben sich einige Anforderungen an die auszuwählende Methode. In Anlehnung an Yin können Forschungsfragen, die nach dem „Wie" fragen, insbesondere durch Fallstudien oder Experimente beantwortet werden.[11] Der Vorteil von Experimenten zur Beantwortung der Forschungsfrage besteht darin, gezielt Kontextfaktoren verändern zu können; d. h., im vorliegenden Fall kann das Verhalten der Kommissionierer gezielt beeinflusst werden. Dabei muss sich allerdings auf eine geringe Anzahl von Variablen beschränkt werden.[12] Weil an dieser Stelle eine gezielte Beeinflussung der Kommissionierer so weit wie möglich vermieden werden soll, ist die Eignung von Experimenten an dieser Stelle nicht gegeben. Auch sollen zur Analyse des devianten Verhaltens möglichst viele Kontextfaktoren aufgenommen werden.

Im Gegensatz dazu ist das Ziel von Umfragen oder quantitativen Methoden, die Häufigkeit des Auftretens oder Zusammenhänge quantitativ zu spezifizieren.[13] Daher sollen quantitative Methoden zur Beantwortung dieses Teils der Forschungsfrage ebenfalls ausgeschlossen werden. Ein weiterer Grund ist, dass hier deviantes Verhalten in der manuellen Kommissionierung detailliert untersucht werden soll und dazu bisher nur erste Hinweise existieren. Daher soll ein exploratives Vorgehen ermöglicht werden, bei dem zunächst intuitiv der zu untersuchende Forschungsgegenstand analysiert wird, um anschließend konkrete Propositionen und Hypothesen abzuleiten. Ferner sollen Abweichungen – als eigenes Phänomen – möglichst detailliert und strukturiert dargestellt werden.

Da es sich hier um ein Thema handelt, bei dem Daten aufgenommen werden sollen, die eventuell sensibel sind, muss eine Möglichkeit gefunden werden,

---

[9]Vgl. Creswell (2009), S. 207 ff.

[10]Für eine genaue Darstellung aller weiteren möglichen Kombinationen von sequenziellen Designs mit unterschiedlicher Reihenfolge oder variierenden Schwerpunkten zwischen qualitativer und quantitativer Analyse sei an dieser Stelle auf Creswell (2009, S. 208 ff.) verwiesen.

[11]Vgl. Corbin/Strauss (2008), S. 25 f.; Yin (2009), S. 8 f.

[12]Vgl. Yin (2009), S. 11.

[13]Vgl. Yin (2009), S. 9.

an diese Informationen durch die Wahl einer geeigneten Forschungsmethodik zu gelangen. Beispiele für diese Informationen können Schilderungen sein, in denen ein Kommissionierer absichtlich von den Vorgaben abgewichen ist, ohne dabei positive Absichten zu verfolgen, bzw. negative Konsequenzen absichtlich in Kauf genommen hat, wie Schäden an SKUs oder verlängerte Durchlaufzeiten. Es wird vermutet, dass die höchste Auskunftsbereitschaft im direkten Gespräch und in der gewohnten Umgebung der Kommissionierer vorhanden ist. Daraus folgt eine weitere Notwendigkeit: die Kommissionierer als Experten zu nutzen und in Interviews auf deren Wissen und Erfahrungen zurückzugreifen. Ebenfalls ist zu berücksichtigen, dass für eine Befragung der Kommissionierer eventuell die Zustimmung des Betriebsrats notwendig ist; die zu wählende Methode sollte dies ermöglichen.

Aufgrund der aufgezählten Anforderungen soll ein qualitatives Vorgehen gewählt werden, das eine detaillierte Analyse der Abweichungen von der Routenführung zulässt.[14] Gerade qualitative Ansätze eignen sich sehr gut für Untersuchungen mit vergleichsweise breiten Forschungsfragen, da diese Art von Forschungsfragen eine hohe Flexibilität bei der Erforschung des zu untersuchenden Themas erlauben.[15] Im Hinblick auf die Forschungsfrage und die daraus abgeleiteten Anforderungen an die Forschungsmethodik bietet sich insbesondere die Nutzung der *Fallstudienmethodik* an. Gerade im Bereich der Analyse von Verhalten im Bereich der logistischen Forschung werden Fallstudien häufig genutzt.[16] Sie sind eine empirische Untersuchungsmethodik, die ermöglicht, ein Phänomen detailliert und umfassend, insbesondere im realen Kontext, zu untersuchen.[17] Die Eignung der Fallstudien ist für Zusammenhänge gegeben, die zu komplex sind, um im Rahmen von Umfragen oder Experimenten analysiert zu werden. Ein weiterer Vorteil und eine wichtige Eigenschaft der Methodik bestehen darin, dass Situationen analysiert werden können, bei denen es kein zuvor definiertes oder bekanntes Ergebnis gibt.[18]

Die Durchführung von Fallstudien kann sich anhand unterschiedlicher Designs orientieren. Dabei ist wichtig zu betonen, dass keines dieser Designs

---

[14]Vgl. Yin (2009), S. 4 ff.
[15]Vgl. Corbin/Strauss (2008), S. 25 f.
[16]Vgl. Mentzer/Kahn (1995), S. 232.
[17]Vgl. Yin (2009), S. 18.
[18]Vgl. Creswell (2009), S. 175; Yin (2009), S. 19 f.

einen iterativen Prozess beinhaltet.[19] Die Designs werden in *Einzelfallstudien-* und *multiple Fallstudiendesigns* unterteilt.[20] Einzelfallstudien bieten sich an, wenn ein typischer Fall untersucht werden soll – bspw. ein typisches Automobilzuliefererunternehmen in Deutschland –, oder ein kritischer Fall, anhand dessen eine Theorie überprüft werden kann,[21] ein außergewöhnlicher Fall, wie der Fall von Phineas Gage[22], oder ein exklusiver Fall, in dem ein Zugang zu einer sonst verschlossenen Welt (z. B. eine kriminelle Organisation) gegeben ist.[23] Darüber hinaus können longitudinale Fallstudien durchgeführt werden.[24] Diese laufen über einen langen Zeitraum und werden eingesetzt, um eine bestimmte zu untersuchende Einheit über mehrere Zeitpunkte zu analysieren.[25] Die Einzelfallstudien können unterteilt werden in ganzheitliche Einzelfallstudien, bei denen eine Einheit analysiert werden soll, und eingebettete Einzelfallstudien, wenn die Fallstudie mehr als eine zu untersuchende Einheit umfasst (bspw. verschiedene Projekte eines Unternehmens).[26]

Multiple Fallstudiendesigns werden genutzt, wenn mehrere Fälle (z. B. unterschiedliche Organisationen) innerhalb einer Fallstudie analysiert werden. Hierbei ist zu beachten, dass Replikationen angestrebt sind, d. h., es sollen – im Gegensatz zu Umfragen – nicht möglichst viele Teilnehmer akquiriert werden

---

[19]Vgl. Eisenhardt (1989), S. 546.

[20]Vgl. Yin (2009), S. 46 ff.

[21]Wie bspw. in Danneels (2011), bei dem die Theorie der dynamischen Fähigkeiten von Unternehmen mit einem Fall konfrontiert wird, in dem sich trotz vieler Versuche, die Fähigkeiten weiterzuentwickeln oder sich zu verändern, kein Erfolg eingestellt hat und das Unternehmen heute nicht mehr existiert.

[22]Phineas Gage war ein in der zweiten Hälfte des 19. Jahrhunderts lebender Vorarbeiter für den Bau neuer Eisenbahnstrecken. An einem seiner Arbeitstage geschah ein Unfall mit Sprengstoff, bei dem ein Eisenstab durch seinen Kopf schoss und ihn dadurch schwer verletzte. Trotz des großen Lochs in seinem Kopf überlebte Gage diesen Unfall; aber er veränderte daraufhin seine Verhaltensweisen und wurde ein anderer Mensch (vgl. Siggelkow (2007), S. 20). Dieses außergewöhnliche Beispiel ist ein Anwendungsfall für eine Einzelfallstudie, bei der die Auswirkungen eines solchen Unfalls auf die Persönlichkeit oder das Gehirn des Menschen untersucht wurden (vgl. Siggelkow (2007), S. 20).

[23]Vgl. Yin (2009), S. 47 ff.

[24]Vgl. Yin (2009), S. 49 f.

[25]Ein Beispiel ist die Fallstudie von Michel (2012), bei der über neun Jahre der Umgang von Investmentbankern mit ihrem Körper analysiert wurde und die Autorin selbst im Investmentbanking gearbeitet hat.

[26]Vgl. Yin (2009), S. 46 ff.

(*Stichprobenverfahren*), sondern es sollen entweder Fälle ausgewählt werden, die ähnliche Ergebnisse erwarten lassen (*literal replication*), oder Fälle, mit denen sich genau entgegengesetzte Ergebnisse aus vorhersagbaren Gründen erzielen lassen (*theoretical replication*).[27] Auch hier kann zwischen ganzheitlichen und eingebetteten Designs unterschieden werden – wobei jeder einzelne Fall entweder ganzheitlich oder eingebettet sein kann.[28]

In Anlehnung an Yin soll für die vorliegende Arbeit ein multiples Fallstudiendesign gewählt werden, weil dieses im Vergleich zu Einzelfallstudien zu bevorzugen ist.[29] Da hier jeweils die Kommissionierer mit ihren Verhaltensweisen während des Kommissionierprozesses von verschiedenen Unternehmen analysiert werden sollen, handelt es sich hier um eine *ganzheitliche multiple Fallstudie*.[30] Für die Datenaufnahme sollen dabei mehrere Methoden verwendet werden:[31] Diese umfassen Beobachtungen, Interviews und die Analyse von Dokumenten, wie Protokolle oder Mitschriften, die während der Besuche der Unternehmen vor Ort angefertigt worden sind.[32]

Hinsichtlich der Interviews können folgende Formen unterschieden werden:[33] offene oder geschlossene, unstrukturierte bzw. unstandardisierte oder strukturierte bzw. standardisierte sowie qualitative oder quantitative. Bei der Wahl zwischen offenen und geschlossenen Interviews wird hinsichtlich des notwendigen Freiheitsgrads für die Interviewten bei der Antwort auf Fragen entschieden. Soll dieser sehr hoch sein (offenes Interview), kann durch die Antworten der Befragten der Untersuchungsgegenstand umfassend dargestellt werden. Dadurch können Aspekte identifiziert werden, die eventuell im Vorfeld nicht bekannt sind. Im Hinblick auf die Strukturiertheit der Fragen an die Interviewten sollen vor dem

---

[27]Vgl. Yin (2009), S. 53 f.

[28]Vgl. Corbin/Strauss (2008), S. 27; Yin (2009), S. 59 f.

[29]Vgl. Yin (2009), S. 60 ff.

[30]Aus Gründen der besseren Lesbarkeit soll im Folgenden lediglich der Begriff der Fallstudie verwendet werden.

[31]Dies soll die Konstruktvalidität erhöhen (vgl. Yin (2009), S. 41 f.). Ferner wurden zu diesem Zweck Entwürfe der Fallstudienbeschreibung mit Ergebnissen mehrfach vor Experten aus dem Bereich der Kommissionierung vorgestellt und diskutiert. Diese Veranstaltungen wurden ebenfalls genutzt, um die Simulationsmodelle mit deren ermittelten Ergebnissen zu validieren, und werden daher – um doppelte Ausführungen zu vermeiden – bei den jeweiligen Simulationsmodellen näher beschrieben.

[32]Vgl. Creswell (2009), S. 181; Mayring (2016), S. 66.

[33]Vgl. Mayring (2016), S. 66.

Gespräch Leitfragen[34] identifiziert werden, an denen sich das Interview orientieren kann. Gleichzeitig soll ermöglicht werden, bei neuen Aspekten des Untersuchungsgegenstands die Befragung auf diese zu konzentrieren (*Ad-hoc-Fragen*) und daher gegebenenfalls vom Plan abzuweichen. Das Interview gleicht dann einem offenen Gespräch; wobei der Interviewer stets wieder auf die Problemstellung zurückkommt (*problemzentriertes Interview*).[35] Da es hier nicht um eine repräsentative Stichprobe, sondern um die genaue Analyse des Untersuchungsgegenstands geht, sollen für die Auswertung qualitativ-interpretierende Techniken der Interviewaussagen genutzt werden.[36] Folglich wird für die Gespräche die Form des offenen, semi-strukturierten und qualitativen Interviews als Einzelerhebung[37] gewählt. Hierdurch sollen aktuelle und bereits vergangene Erfahrungen der Kommissionierer im Hinblick auf den Untersuchungsgegenstand aufgenommen werden.[38]

Besonders wenn das zu untersuchende Phänomen nur sehr selten oder sporadisch auftritt, bieten Interviews eine hervorragende Möglichkeit, das zu analysierende Thema umfassend zu beleuchten.[39] Die Interviews sollen aufgezeichnet werden, um sie anschließend transkribieren zu können. Dies hat den Vorteil, dass sich die Interviewer bei der Befragung auf das Gespräch konzentrieren können und nicht die ganze Zeit über Notizen machen oder im Nachhinein eine Art Gedächtnisprotokoll anfertigen müssen. Außerdem ist die Datenqualität durch eine Aufnahme deutlich besser – auch wenn der Aufwand für die Erstellung der Transkripte sehr hoch ist.

---

[34]Diese werden auch als Leitfadenfragen bezeichnet und umfassen Themenaspekte, die im Interviewleitfaden als wesentlichste Fragestellungen enthalten sind (vgl. Mayring (2016), S. 70).

[35]Vgl. Mayring (2016), S. 67 ff.

[36]Vgl. Mayring (2016), S. 66.

[37]In drei Expertengesprächen bei Unternehmen 5–7 nahmen zwei Personen am Gespräch teil. Diese wurden allerdings einzeln und nacheinander befragt; eine Gruppendiskussion fand nicht statt.

[38]Die Vorgehensweise der Fallstudie, die hauptsächlich auf (semi-strukturierten) Interviews beruht, wird in Anlehnung an Eisenhardt/Graebner (2007, S. 28) sowie Gioia et al. (2013) gewählt. Gerade Gioia et al. berichten davon, dass sie durch diese Technik bei den befragten Personen hochgradig sensible Informationen bekommen hätten, was die Qualität der Ergebnisse und der daraus abgeleiteten Implikationen deutlich erhöht habe (vgl. Gioia et al. (2013), S. 19).

[39]Vgl. Eisenhardt/Graebner (2007), S. 28.

Die Auswertung der Daten aus den verschiedenen Quellen ist ein laufender Prozess, der bereits nach der Durchführung des ersten Interviews starten sollte.[40] Eventuelle Anpassungen, wenn bisher unbekannte Aspekte des zu untersuchenden Phänomens auftauchen, können dadurch in die folgenden Expertengespräche aufgenommen werden.[41] Für die Klassifikation und Bündelung von inhaltlich ähnlichen Textstellen sollen Codes erstellt werden.[42] Die Tätigkeit des Erstellens von Codes wird kodieren genannt.[43] Dabei sollen nur Codes genutzt werden, die sich aus den aufgenommenen Daten ergeben (*emerging codes*).[44]

Da bei Fallstudien häufig die Kritik geäußert wird, dass das Vorgehen bei Fallstudien zu stark subjektiv ausgerichtet sei und es keine fest vorgegebenen, exakt einzuhaltenden Vorgehensweisen gebe,[45] soll hier die Vorgehensweise in Anlehnung an Gioia et al. genutzt werden.[46] Diese ist speziell hinsichtlich dieser Kritik entwickelt worden und ermöglicht eine transparente Darstellung, wie von den einzelnen Aussagen der Experten die Codes ermittelt worden sind.[47] Dabei werden in einem ersten Schritt Konzepte 1. Ordnung (*1st order concepts*) auf Basis der Expertenaussagen ermittelt, welche anschließend klassifiziert werden, um diese

---

[40]Vgl. Corbin/Strauss (2008), S. 163; Creswell (2009), S. 184.

[41]Vgl. Corbin/Strauss (2008), S. 163; Eisenhardt (1989), S. 546; Gioia et al. (2013, S. 20) beschrieben dies wie folgt: „We follow wherever the informants lead us in the investigation of our guiding research question."

[42]Vgl. Corbin/Strauss (2008), S. 66; Creswell (2009), S. 186.

[43]Vgl. Corbin/Strauss (2008), S. 66.

[44]Vgl. Creswell (2009), S. 187; Darüber hinaus besteht die Möglichkeit bereits existierende Codes aus der Literatur (*predetermined codes*) zu nutzen (vgl. Creswell (2009), S. 187). Auf diese Möglichkeit wird hier nicht zurückgegriffen.

[45]Vgl. Siggelkov (2007), S. 20 ff.

[46]Gioia et al. (2013, S. 15 ff.) und Eisenhardt (1989, S. 546 f.) führen an, dass die vielen Freiheitsgrade durch die teilweise intuitiv festzulegenden Vorgehensweisen und die stetige Auseinandersetzung mit häufig konfliktären Erkenntnissen in Fallstudien Vorteile erbringen können. Diese führen dazu, dass der *Bias* (Wahrnehmungsverzerrungen) der Forscher geringer ist als bei streng zu befolgenden Vorgehensweisen einiger Forschungsmethoden und dass daher bessere Theorien über das zu untersuchende Phänomen abgeleitet werden können.

[47]Ferner wurde die Methode bereits in vielen Studien angewendet. Gioia et al. (2013, S. 17) zitieren bereits einige Arbeiten. Darüber hinaus gibt Google Scholar 668 Zitationen (Stand Dezember 2016) für die Arbeit von Gioia et al. (2013) an. Diese nutzen zum großen Teil ebenfalls die Methode und sind in führenden Journals, wie Academy of Management Journal (bspw. Huy et al. (2014); Smith (2014); Sonenshein (2014)) oder Production and Operations Management (Venkatesh et al. (2010)), publiziert.

dann zu Themen 2. Ordnung (*2nd order themes*) zu aggregieren. In einem letzten Schritt werden aus den Themen 2. Ordnung dann aggregierte Dimensionen (*aggregate dimensions*) abgeleitet, die den Untersuchungsgegenstand beschreiben. Dies bildet zugleich die Basis für die Struktur der Ergebnisdarstellung. Hierdurch kann das Vorgehen zur Erlangung der Ergebnisse transparent nachvollzogen werden und der Leser der Fallstudie kann vergleichsweise intuitiv die Schlüsse und Schritte im Prozess der Auswertung der Autoren nachvollziehen.[48]

Bevor die Ergebnisse in der Datenstruktur entsprechend der Vorgehensweise von Gioia et al. präsentiert werden, erfolgt im nächsten Abschnitt die Erläuterung des Aufbaus und des Ablaufs der Fallstudie in Verbindung mit der Anwendung der Fallstudienmethodik.[49]

3.2 Darstellung des Aufbaus und des Ablaufs der multiplen Fallstudie

Die Auswahl der einzelnen Fälle erfolgt bei Fallstudien nicht zufällig, sondern bewusst. Zur Auswahl geeigneter Experten für die Befragung in Interviews[50] wurden daher im Vorfeld Kriterien aufgestellt. Die Unternehmen, welche für eine Teilnahme an der qualitativen Studie infrage kamen, mussten grundsätzlich einen manuellen Kommissionierbereich besitzen. Bisher gibt es keine Hinweise darauf, dass eine weitere Einschränkung der auszuwählenden Unternehmen notwendig ist. Daher spielen sonstige Faktoren – wie die Größe des Unternehmens oder des Kommissionierbereichs, das Lagerlayout oder die Art der zu kommissionierenden SKUs – nur eine untergeordnete Rolle. Die Auswahl der Experten soll einerseits Kommissionierer umfassen, die aufgrund ihres Arbeitsalltags einen sehr guten Einblick in das Thema des devianten Verhaltens haben. Die Zeitdauer, in der die Experten als Kommissionierer tätig sind/waren, ist ebenfalls von untergeordneter Bedeutung; lediglich soll darauf geachtet werden, dass sowohl Kommissionierer befragt werden, die bereits seit mehreren Jahren kommissionieren,

---

[48]Vgl. Gioia et al. (2013), S. 20 ff.

[49]Vgl. Gioia et al. (2013), S. 15 ff.

[50]Im Folgenden soll anstatt des Begriffs des „Interviews" der Begriff der „Expertengespräche" genutzt werden, da dies auch für die Akquise der Teilnehmer ein wichtiger Punkt gewesen ist. Die Nutzung des Begriffs „Interviews" führte zu teilweise negativen Assoziationen eines solchen Gespräches und wurde als möglicherweise hinderlich für die Kontaktaufnahme eingestuft.

als auch Kommissionierer, die erst seit einem kurzen Zeitraum kommissionieren. Diese können sowohl männlich als auch weiblich sein. Andererseits sollen zusätzlich Führungskräfte (Logistikleiter, Lagerhausmanager) zu diesem Thema befragt werden, da diese einen übergeordneten Blick auf die Kommissionierung haben. Bei einigen Führungskräften kann dann noch zusätzlich die eigene Erfahrung in der Kommissionierung in die Expertengespräche einfließen, sofern diese zuvor selbst als Kommissionierer gearbeitet haben. Durch die Auswahl von Experten mit unterschiedlichen Perspektiven auf den Untersuchungsgegenstand sollen eventuell auftretende Wahrnehmungsverzerrung möglichst reduziert werden.[51]

Ein Ziel der Auswahl der Unternehmen und Experten, ist die wörtliche Replikation (literal replikation).[52] Diese ermöglicht die Sammlung ähnlicher Ergebnisse bei allen ausgewählten Unternehmen bzw. bei allen Experten, um die Validität der Ergebnisse bzw. der Zusammenhänge zu erhöhen (*replication logic*).[53] Ferner ist ein Ziel, die Variation bei der Auswahl der Untersuchungseinheiten zu maximieren, um eine gewisse Verallgemeinerbarkeit der Ergebnisse zu ermöglichen.[54] Daher sollen Unternehmen unterschiedlicher Größe, aus unterschiedlichen Branchen und mit variierenden Eigenschaften der SKUs im Lagerbereich in die Fallauswahl einbezogen werden, die zudem die Gemeinsamkeit des manuellen Kommissionierbereichs aufweisen. Die Aufnahme zusätzlicher Unternehmen in die Fallstudie endete, als die Aussagen der Experten keine signifikanten neuen Erkenntnisse mehr lieferten[55] und folglich die theoretische Sättigung erreicht worden war.[56]

Die Experten der Unternehmen wurden im Zeitraum von Dezember 2013 bis Mai 2016 akquiriert und befragt. In Anlehnung an Eisenhardt ist eine Fallzahl von 4 bis 10 für die Durchführung einer Fallstudie sehr gut geeignet.[57] Daher wurden insgesamt 7 Unternehmen in die Fallstudie aufgenommen. Tabelle 3.1 gibt einen Überblick über wichtige Informationen der teilnehmenden Unternehmen.

---

[51]Vgl. Eisenhardt/Graebner (2007), S. 28.

[52]Vgl. Anand et al. (2007), S. 408.

[53]Vgl. Eisenhardt (1989), S. 542.

[54]Vgl. Anand et al. (2007), S. 408.

[55]Es ist vorstellbar, dass weitere Aspekte des zu untersuchenden Themas in der Praxis auftauchen können. Da mit einer Fallstudie allerdings keine vollumfängliche Ermittlung des Phänomens mit all seinen möglichen Ausprägungsformen stattfinden kann (vgl. Corbin/ Strauss (2008), S. 149), ist die Aufnahme neuer Unternehmen bzw. Experten in die Fallstudie nicht fortgesetzt worden.

[56]Vgl. Corbin/Strauss (2008), S. 143.

[57]Vgl. Eisenhardt (1989), S. 545.

Tabelle 3.1 Informationen zu den teilnehmenden Unternehmen (Quelle: Eigene Darstellung in Anlehnung an Glock et al. (2017), S. 6352)

Unternehmen	Interviewpartner (Anzahl)	Branche	Unternehmensgröße	Genutzte IT-Unterstützung	Informationen über den Lagerbereich	Kommissionierprozess
UN 1	Logistikleiter (1), Lagerhausmanager (1)	Automobil, Produktion	Mittel	Barcodescanner, PDA[a]	Anzahl Kommissionierer: 29 Größe: 16.000 m² Anzahl der zu komm. Aufträge pro Tag: 660	Regallagerung, Pick-by-order
UN 2	Logistikleiter (1), Kommissionierer (1)	Automobil, Produktion	Mittel	Papierbasierte Kommissionierlisten	Anzahl Kommissionierer: 5 Größe: 950 m² Anzahl der zu komm. Aufträge pro Tag: 80	Regallagerung, Pick-by-order
UN 3	Kommissionierer (1)	Maschinenbau	Klein/mittel	Papierbasierte Kommissionierlisten	Anzahl Kommissionierer: 3 Größe: 2.000 m² Anzahl der zu komm. Aufträge pro Tag: 200	Regallagerung, Pick-by-order
UN 4	Lagerhausmanagerin (1), Kommissioniererin (2)	Handel	Mittel	Papierbasierte Kommissionierlisten	Anzahl Kommissionierer: 3 Größe: 1.000 m² Anzahl der zu komm. Aufträge pro Tag: 350	Regallagerung, Pick-by-order

(Fortsetzung)

Tabelle 3.1 (Fortsetzung)

Unternehmen	Interviewpartner (Anzahl)	Branche	Unternehmensgröße	Genutzte IT-Unterstützung	Informationen über den Lagerbereich	Kommissionierprozess
UN 5	Logistikleiter (1), Lagerhausmanager (1), Kommissionierer (7)	Chemie	Groß	Barcodescanner, PDA	Anzahl Kommissionierer: 35 Größe: 20.000 m² Anzahl der zu komm. Aufträge pro Tag: 3.150	Regallagerung, Pick-by-order
UN 6	Lagerhausmanager (1), Kommissionierer (1)	Chemie	Mittel	Barcodescanner, PDA	Anzahl Kommissionierer: 10 Größe: 2.560 m² Anzahl der zu komm. Aufträge pro Tag: 2.500	Palettenlagerung, Pick-by-order
UN 7	Lagerhausmanager (1), Kommissioniererin (1)	Handel	Mittel	Barcodescanner, PDA	Anzahl Kommissionierer: 150 (pro Schicht) Größe: 75.000 m² Anzahl der zu komm. Aufträge pro Tag: bis zu 60.000	Regallagerung, Pick-by-order

[a]PDA ist die Abkürzung für Persönlicher Digitaler Assistent bzw. Personal Digital Assistant – ein kleines elektronisches Gerät, das die Kommissionierer mit sich führen, auf dem sie die Kommissionierliste einsehen und durch das sie den Barcode von SKUs bzw. Lagerplätzen scannen können. Der PDA ist meist mit dem Lagerverwaltungssystem verbunden und kann so Daten von diesem empfangen oder ihm senden.

Bei den Unternehmen der Fallstudie konnten stets Unterschiede in der Art des Kommissionierablaufs festgestellt werden, was am Beispiel der genutzten IT-Unterstützung deutlich wird – wobei ebenfalls darauf geachtet worden ist, dass bei der Fallauswahl Ähnlichkeiten in der Kommissionierung, wie das Lagerlayout, vorhanden waren. Dies ermöglicht die Überprüfung, ob Aussagen bei einem Unternehmen in ähnlicher Weise auch bei anderen Unternehmen mit vergleichbaren Rahmenbedingungen erneut ermittelt werden konnten.

Im weiteren Verlauf sollen die teilnehmenden Unternehmen näher beschrieben werden. Da eine komplette Darstellung eines jeden Falls im Rahmen einer multiplen Fallstudie nicht durchführbar ist,[58] sollen im Folgenden lediglich relevante Aspekte der analysierten Unternehmen vorgestellt werden:

Unternehmen 1 ist als produzierendes Unternehmen insbesondere in der Automobilzuliefererindustrie tätig und fertigt hauptsächlich Motoren. Der ehemalige Logistikleiter bezeichnete das eigene Unternehmen als Logistikunternehmen mit eingegliederter Produktion, was den Stellenwert der Logistik und somit auch der Kommissionierung als wichtigen Teilbereich der Logistik hervorhebt. Die notwendigen Komponenten für die Produktion werden in der Sequenzierung für die Produktion kommissioniert. Dabei ist eine möglichst fehlerfreie Kommissionierung von großer Wichtigkeit, um Bandstillstände zu vermeiden. Eine auftretende Schwierigkeit war die häufige Nutzung von Aufträgen, die sehr ähnlich waren und nur in Ausnahmefällen andere Komponenten enthielten. Hierdurch mussten die Kommissionierer genau prüfen, ob sie auch die richtigen Komponenten gepickt hatten – was häufig durch ein manuelles Hinwegsetzen über das IT-System zu Fehlern führte. Die Kommissionierer konnten sich auf einer Art Roller fortbewegen, auf dem sie gleichzeitig die zu kommissionierenden SKUs ablegen konnten. Dazu musste, entsprechend des jeweiligen Auftrags für die Kommissionierung, das Lagerfach und der Barcode auf dem Roller eingescannt werden, um den richtigen Pick zu quittieren. Der Kommissionierbereich war rechteckig aufgebaut und es konnte von mehreren Ebenen aus gepickt werden, die ohne Hilfsmittel erreichbar sind.

Hier wurde im Rahmen der Fallstudie ein Besuch vor Ort durchgeführt,[59] wobei die gesamte Sequenzierung und die Logistikprozesse, inklusive Produktion,

---

[58]Vgl. Eisenhardt/Graebner (2007), S. 29.

[59]Dies umfasst die Anwendung der Technik der Beobachtung. Dabei besteht ebenfalls die Möglichkeit einer teilnehmenden Beobachtung (vgl. Mayring (2016), S. 80). Im vorliegenden Fall könnte dies durch die Kommissionierungstätigkeit des Autors angewendet werden. Allerdings konnten keine Hinweise gefunden werden, dass dies zu weiteren, bisher unbekannten Einblicken führen würde, da die Auskunftsbereitschaft der befragten Experten über alle Unternehmen hinweg sehr groß war und selbst sensible Informationen mit großer Bereitschaft in den Expertengesprächen geteilt wurden.

des Hauptstandorts besichtigt wurden. Dabei konnten informell Fragen an mehrere Kommissionierer gestellt werden. Bereits in dieser Phase wurde der Einfluss des Faktors „Mensch" deutlich, war doch der Kommissionierbereich aus der Produktion ausgegliedert worden, weil infolge devianter Verhaltensweisen zu viele Abweichungen vom Soll-Prozess stattgefunden hatten. Diese Abweichungen zeigten sich meist in Form von persönlichen Gesprächen zwischen den Mitarbeitern im ehemals angegliederten Kommissionierbereich, die dann die Produktion vernachlässigten, wodurch in der Folge vermehrt auch Pickfehler gemacht wurden. Im Anschluss an den mehrstündigen Besuch wurden zwei telefonische Expertengespräche durchgeführt (ca. 30 und ca. 45 Minuten).

Unternehmen 2 ist ebenfalls in der Automobilzulieferindustrie als Hersteller von Messtechnik, Widerständen und Legierungen tätig. Es verfügte über einen vergleichsweise kleinen, rechteckig aufgebauten Kommissionierbereich, in dem bis zu fünf Kommissionierer manuell kommissionieren. Die Fortbewegung erfolgte zu Fuß und eingesetzt wurden papierbasierte Picklisten. Eine Schwierigkeit stellte die zufällige Lagerplatzvergabe dar: Denn jeder Kommissionierer konnte, wenn er Nachschub geholt hatte, die SKUs an einem anderen Ort lagern. Daraus resultierten vergleichsweise lange Zeiten für die Suche nach dem jeweiligen Lagerplatz. Aufgrund dieser und noch weiterer Punkte sollte der Kommissionierbereich umgestaltet werden, was jedoch auf die Zeit nach der Datenaufnahme für die Fallstudie fiel.

Bei diesem Unternehmen wurde ebenfalls ein Besuch vor Ort durchgeführt, bei dem die Logistikabwicklung und die Kommissionierung mit der Verpackung besichtigt wurden. Hierbei konnte zusätzlich mit einem Kommissionierer gesprochen werden. Im Anschluss an die ca. 60-minütige Führung erfolgte ein persönliches Expertengespräch mit dem Logistikleiter (ca. 30 Minuten).

Unternehmen 3 ist im Bereich Maschinenbau tätig und hat am Produktionsstandort mehrere manuelle Kommissionierlager. Diese versorgen die Produktion des Standorts. Die Lagerbereiche waren dabei vom Layout rechteckig und die Fortbewegung der Kommissionierer erfolgte sowohl zu Fuß als auch mit Gabelstaplern. Die Kommissionierer arbeiteten abwechselnd in den verschiedenen Lagerbereichen, um dort die Aufträge abzuarbeiten. Zur Übermittlung der Auftragsdaten wurden papierbasierte Kommissionierlisten benutzt. Das Expertengespräch wurde persönlich durchgeführt.[60]

---

[60]Das Expertengespräch wurde von Eric Grosse durchgeführt. Für die Auswertung lag das in Anlehnung an Grosse et al. (2016) erstellte Transkript für die Auswertung der Fallstudie vor.

Unternehmen 4 vertreibt insbesondere selbsthergestellte Kosmetik-/Badepro-
dukte, Nahrungsergänzungsmittel und Arznei über das manuell betriebene Kommissionierlager. Das Lager war dabei u-förmig angeordnet und Aufträge wurden,
sobald sie von einer der drei Seiten des „Us" fertig kommissioniert waren, zum
nächsten Mitarbeiter gereicht. Dies konnte Staus verursachen, wenn die Kommissionierer unterschiedlich schnell arbeiteten. Vor dem Versand der SKUs erfolgte
eine Qualitätskontrolle, die ebenfalls einen Engpass darstellen konnte. Die Kommissionierer bewegten sich zu Fuß fort und kommissionierten von mehreren
Ebenen aus. Hier gab es SKUs, die sehr ähnlich aussahen und daher häufig verwechselt wurden. Die Informationen für die zu kommissionierenden SKUs erhiel-
ten die Kommissionierer durch eine papierbasierte Pickliste. Ein entsprechendes
IT-System zur Steuerung der Kommissionierung wurde implementiert, jedoch
nicht genutzt. Die Expertengespräche wurden telefonisch durchgeführt (jeweils
ca. 20–30 Minuten). Hierbei wurde auch auf eine ehemalige Kommissioniererin
zurückgegriffen, die zur Finanzierung des Studiums in der Kommissionierung des
Unternehmens gearbeitet hatte und zum Zeitpunkt des Expertengesprächs nicht
mehr für das Unternehmen tätig war.

Im analysierten Kommissionierbereich von Unternehmen 5, am Hauptsitz
des Chemieunternehmens, gab es insgesamt fünf rechtwinklig angeordnete Teilbereiche, in denen SKUs mit verschiedenen Anforderungen lagerten. Neben
leicht entflammbaren und ätzenden Stoffen waren ebenfalls SKUs gelagert, die
ständig gekühlt werden mussten, sowie SKUs ohne besondere zu berücksichti-
gende Eigenschaften. Als „Bekannter Versender" berechtigt das Unternehmen,
im untersuchten Kommissionierbereich SKUs zu lagern, die per Luftfracht versendet werden können. Daraus ergaben sich zusätzliche Anforderungen gerade an
die Sicherheit im Kommissionierbereich. Diese hatten jedoch keinerlei Einfluss
auf den Ablauf des Kommissionierprozesses und wurden daher auch nicht weiter
betrachtet. Die SKUs in den fünf Lagerbereichen waren maximal 5 kg schwer,
die Fortbewegung im Lager erfolgte zu Fuß. Lediglich die Mengen für das Auffüllen von Lagerplätzen wurden mit Gabelstaplern transportiert. Der Nachschub
kam aus dem benachbarten automatischen Hochregallager. Es gab Gänge für den
Transport des Nachschubs der leeren Lagerfächer sowie Kommissioniergänge. In
letzteren konnte auf mehreren Ebenen kommissioniert werden, wobei die Höhe
der Ebenen so gewählt war, dass sie von allen Kommissionierern ohne Hilfsmittel erreicht werden konnten. Die SKUs wurden direkt in die Versandverpackungen kommissioniert, welche auf einem Kommissionierwagen zwischengelagert
wurden. Dabei mussten die Versandverpackungen und die Lagerplätze mit einem
PDA eingescannt und somit quittiert werden.

Die Expertengespräche dauerten zwischen 15 und 60 Minuten und wurden vor Ort, in einem eigens separat eingerichteten Raum (einem ehemaligen Büro neben dem Kommissionierbereich), durchgeführt. Da die Kommissionierer im Akkordlohn in Verbindung mit einer Qualitätsprämie arbeiteten, wurde darauf geachtet, dass die Zeit für das Expertengespräch aus der Berechnung des Akkordlohns herausgenommen wurde und durch das Gespräch keinerlei Nachteile für die befragten Kommissionierer entstanden – unabhängig von der jeweiligen Gesprächsdauer.

Unternehmen 6 ist ein Hersteller von Beschichtungssystemen, die über das Lager am Hauptsitz hauptsächlich an den Handel ausgeliefert werden. Dieser Lagerbereich war ebenfalls rechteckig aufgebaut und die SKUs waren auf zwei Ebenen gelagert. Die Fortbewegung der Kommissionierer erfolgte mithilfe von Mitfahr-Kommissionierstapler mit Hubplattform, da pro zu kommissionierender Palette ein maximales Gewicht von 500 kg möglich ist. Die Hubplattform des Mitfahr-Kommissionierstaplers war notwendig, da die zweite Ebene ohne dieses Hilfsmittel nicht erreicht werden konnte. Die Kommissionierer arbeiteten ebenfalls im Leistungslohn, verbunden mit einer Qualitätsprämie. Als besondere Schwierigkeit stellten sich Tauben im Lagerbereich heraus, die unbeabsichtigt in diesen hinein gelangten und deren ätzend wirkenden Exkremente teilweise auf SKUs landeten und diese beschädigten. Dieses außergewöhnliche Problem wurde jedoch vom Unternehmen gelöst und hatte keine weiteren Auswirkungen auf die Durchführung des Kommissionierprozesses, als die Expertengespräche durchgeführt wurden.

Ein Expertengespräch wurde telefonisch geführt (Dauer ca. 30 Minuten). Zusätzlich dazu erfolgten mehrere Besichtigungen des Lagers vor Ort sowie eine Führung über das gesamte Fabrikgelände. Auch hier konnte der Kommissionierprozess teilweise während der Besichtigung des Lagers beobachtet und Notizen darüber angefertigt werden.

Unternehmen 7 betreibt einen Onlineshop für Spielwaren und Kleidung für Kinder. Die einzelnen Lagerbereiche waren ebenfalls rechtwinklig aufgebaut und erstreckten sich über mehrere Ebenen im Gebäude. Die Bereiche waren teilweise mit Fördertechnik verbunden, die Fortbewegung erfolgte zu Fuß – wobei Kommissionierwagen mitgeführt wurden. Zusätzlich war ein automatisches Hochregallager an den manuellen Kommissionierbereich angegliedert. Insbesondere zur Weihnachtszeit erhöhte sich die Anzahl der Kommissionierer um mehrere hundert zusätzliche Kommissionierer stark, wobei zur Bearbeitung der zusätzlichen Aufträge hauptsächlich Zeitarbeitskräfte kurzfristig beschäftigt wurden.

Die Befragung wurde telefonisch durchgeführt (Dauer: ca. 40 Minuten). Im Vorfeld war eine Besichtigung des gesamten Lagers mit allen Bereichen erfolgt, bei welcher der Kommissionierprozess idealtypisch verfolgt wurde.

Alle Gespräche wurden aufgezeichnet und anschließend transkribiert. Vor Aufzeichnung der Expertengespräche war dabei stets das Einverständnis der Befragten eingeholt worden. Keiner der ausgewählten Experten reagierte negativ auf die Aufzeichnung des Gesprächs, es konnten keine Veränderungen in der Auskunftsbereitschaft oder dem Verhalten zu Beginn der Aufzeichnung wahrgenommen werden und alle Personen stimmten ohne Zögern einer Aufnahme zu. Ein Grund dafür dürfte gewesen sein, dass vor der Aufzeichnung explizit die Anonymität der Befragten zugesichert worden war. Die Transkription führte zu 157 Seiten Text, die anschließend ausgewertet wurden. Da sprachliche Färbungen, wie der Dialekt,[61] für die Untersuchung nicht von Bedeutung waren, wurden sie weitgehend in normales Schriftdeutsch umgeändert. Aufgrund der vermuteten höheren Auskunftsbereitschaft wurden die Gespräche möglichst vor Ort durchgeführt. Jedoch konnte auch bei den telefonischen Gesprächen eine hohe Auskunftsbereitschaft festgestellt werden. Dies zeigte sich insbesondere in den sehr ausführlichen Schilderungen über die Kommissionierung. Ebenfalls konnte kein Unterschied in der Auskunftsbereitschaft festgestellt werden, ob die Kommissionierer noch aktuell im Unternehmen arbeiteten oder bereits ihre Tätigkeit abgeschlossen hatten. Um dies zu überprüfen, wurden aus beiden Kategorien Kommissionierer ausgewählt. Während der und im Anschluss an die Besichtigungen und Expertengespräche wurden innerhalb von 24 Stunden Protokolle (*field notes*)[62] erstellt. In diese Protokolle wurden Informationen aufgenommen, die unerwartet während eines Expertengespräches auftauchten.[63] Bspw. bot ein Kommissionierer (von UN 5) während des Gespräches spontan an, in den Kommissionierbereich zu gehen und die Erläuterungen vor Ort fortzusetzen. Zusätzliche Informationen aus diesem Teil des Expertengespräches wurden anschließend in das Protokoll aufgenommen.

Im Vorfeld der Expertengespräche wurden Leitfadenfragen erstellt. Diese können in drei Teile gegliedert werden.[64] Am Anfang eines jeden Expertengespräches ist wichtig, eine Beziehung zum jeweiligen Experten aufzubauen, um dessen Auskunftsbereitschaft im weiteren Gespräch zu erhöhen. Dies wurde erreicht,

---

[61]Vgl. Mayring (2016), S. 90 f.
[62]Vgl. Eisenhardt (1989), S. 539.
[63]Vgl. Eisenhardt (1989), S. 539.
[64]Vgl. Grosse et al. (2016), S. 507.

indem die erste Frage so gewählt wurde, dass der jeweilige Experte ohne größeres Nachdenken über die Antwort frei erzählen konnte; dabei sollte die Antwort möglichst ausführlich ausfallen. Fragen, die lediglich mit einem „Ja" oder „Nein" beantwortet werden (können), eignen sich nicht für die Einstiegsfrage. Auf die Kommissionierer bezogen, zielte die Einstiegsfrage auf den Ablauf des Kommissionierprozesses oder des Arbeitsalltags in der Kommissionierung ab. Anschließend wurden entsprechend des beschriebenen Kommissionierprozesses Nachfragen hinsichtlich dessen operativer Ausführung, wie der Routenführung durch das Lager, auftretender Schwierigkeiten, möglicher Verbesserungen im Prozess und generell Erfahrungen der Kommissionierer beim Kommissionieren gestellt. Hierbei wurden längere Redeabschnitte der Interviewer vermieden, da der Redeanteil der Experten wesentlich größer sein und möglichst wenig durch den Interviewer beeinflusst werden sollte. Dafür eigneten sich offene Fragen, was bei deren Formulierung im Gespräch berücksichtigt wurde. Im letzten Teil der Befragung erfolgten dann abschließende Bemerkungen, der Dank für die Teilnahme, die Vereinbarung für die Phase nach dem Gespräch (z. B. Übersendung eines Ergebnisberichts) sowie die Frage, ob der jeweilige Befragte noch etwas ergänzen wolle.

Für die Durchführung der Gespräche wurde darauf geachtet, dass die Experten im Vorfeld und während des Expertengespräches lediglich wussten, dass der Inhalt des Expertengesprächs Erfahrungen bei der Durchführung und der operativen Ausführung des Kommissionierprozesses war. Hingegen wurde nicht explizit darauf hingewiesen, dass das Gespräch auf deviantes Verhalten abzielte – um zum einen die Auskunftsbereitschaft zu erhöhen und zum anderen eine Verzerrung der Antworten zu vermeiden. Ferner wurde vermieden, Suggestivfragen zu stellen, um eine Beeinflussung der Befragten hinsichtlich einer bestimmten Antwort zu vermeiden.

Um eine angemessene Qualität der Fallstudie zu gewährleisten, soll im Folgenden kurz auf die vier von Yin vorgeschlagenen Qualitätskriterien eingegangen werden: Konstruktvalidität, interne und externe Validität sowie Reliabilität.[65]

Da im Hinblick auf den Test auf *Konstruktvalidität* die mangelnde Objektivität bei der Durchführung von Fallstudien kritisiert wird, ist die Prüfung auf Konstruktvalidität besonders schwierig. Die Konstruktvalidität ist gegeben, wenn die identifizierten Indikatoren auf das dahinterliegende Konstrukt schließen lassen. Um dies zu erreichen, wurde der Forschungsgegenstand explizit benannt, eingegrenzt und die Theorie des devianten Verhaltens zur Orientierung genutzt. Yin schlägt vor, im Hinblick auf eine hohe Konstruktvalidität für die Datensammlung mehrere Quellen zu nutzen, eine Beweiskette aufzubauen und Experten aus dem

---

[65]Vgl. Yin (2009), S. 40 ff.

jeweiligen Bereich eine Ergebnispräsentation vorzustellen. Die Datensammlung wurde bereits erläutert; die nachvollziehbare Darstellung, wie die aggregierten Dimensionen von Maverick Picking entstanden sind, erfolgt in Kapitel 3.3; die Ergebnispräsentationen wurden durchgeführt. Die Beschreibung der Präsentationen erfolgt bei den Simulationsmodellen, da sowohl die Fallstudie als auch die Simulationsmodelle mit Ergebnissen vorgestellt und diskutiert wurden.

Der Test auf *interne Validität* ist hauptsächlich bei erklärenden Fallstudiendesigns angebracht, die kausale Zusammenhänge erforschen. Interne Validität ist gegeben, wenn der Forschungsgegenstand mit allen relevanten Einflussfaktoren dargestellt ist. Dieser Test spielt für die vorliegende Fallstudie eine untergeordnete Rolle.

Bei der *externen Validität* wird überprüft, ob die Ergebnisse der Fallstudie verallgemeinerbar, d. h., inwiefern sie in die Realität übertragbar sind – was generell schwierig ist. Dies wurde in der vorliegenden Fallstudie erreicht, indem mehrere Unternehmen aufgenommen wurden, die aus verschiedenen Branchen mit unterschiedlichen Produkten kommen. Ziel war die wörtliche Replikation (literal replication), indem verschiedene Kommissionierlager ermittelt wurden, bei denen die vorhandenen Ergebnisse bestätigt und erweitert werden konnten. Dies stützt die Vermutung, dass die Ergebnisse auch für andere Kommissionierlager übertragbar sind und in gewisser Weise generalisiert werden können – soweit dies mit Fallstudien möglich ist.

Eine hohe *Reliabilität* zielt darauf ab, dass andere Wissenschaftler bei ähnlicher Vorgehensweise zu ähnlichen Ergebnissen kommen. Hierzu wurden der Ablauf und die Ergebnisse der Fallstudie ausführlich und detailliert dokumentiert, um eine intersubjektiv nachvollziehbare Nachprüfung zu ermöglichen. Zusätzlich kann die Reliabilität der Ergebnisse durch die Nutzung mehrerer Methoden bzw. Daten als Quellen (Triangulation) erhöht werden.

Nachdem die Datenaufnahme abgeschlossen worden war, erfolgte die finale Datenauswertung auf Basis der Expertengespräche, der Unternehmensbesuche sowie der Protokolle und Mitschriften. Die Darstellung der Ergebnisse daraus erfolgt im nächsten Abschnitt.

3.3 Darstellung der Ergebnisse der multiplen Fallstudie – Gründe, Arten, Konsequenzen und Maßnahmen zur Vermeidung von Maverick Picking

Nach Durchführung der Expertenbefragung und Aufnahme der Daten wurden die relevanten Textstellen der Transkripte zu Codes aggregiert. Das Ergebnis der Auswertung ist in der Datenstruktur in Tabelle 3.2 dargestellt. Hier ist Maverick Picking mit seinen Eigenschaften abgebildet. Insgesamt konnten 4 aggregierte

Tabelle 3.2 Ergebnisse der Fallstudie (Maverick Picking) (Quelle: Eigene Darstellung in Anlehnung an Glock et al. (2017), S. 6352)

Konzepte 1. Ordnung	Themen 2. Ordnung	Aggregierte Dimensionen
Aussagen zu ...		
Hastiges Arbeiten (unaufmerksames und schludriges Arbeiten, Umgehen des Systems); Kommissionierer versuchen die eigene Arbeitsbelastung zu minimieren (verlangsamtes Arbeitstempo, wenn der Vorgesetzte nicht anwesend ist, Kommissionierer suchen sich bevorzugt einfache Aufträge mit leichten SKUs); Kommissionierer „optimieren" selbst ihre eigenen Abläufe (Verändern der Lagerplatzvergabe, Kommissionieren in einer anderen Reihenfolge als Vorgegeben, da dies in ihren Augen sinnvoller erscheint); Kommissionierer arbeiten nur in ihrer eigenen Zone; Kommissionierer schauen nur auf die letzten beiden Ziffern eines SKUs anstatt die komplette Nummer zu lesen und mit der Information auf der Kommissionierliste zu vergleichen, Kommissionierer denken, dass sie anhand des Auftrags wissen, welche SKU als nächstes gepickt werden muss und lesen dies nicht auf der Kommissionierliste nach); geistige Abwesenheit; Kommissionierer versuchen Abweichung/Fehler geheim zu halten	Ziele und Verhaltensweisen des einzelnen Kommissionierers *Bewusst, mit guten Absichten:* "Selbstoptimierung" *Bewusst, mit schlechten Absichten:* Egoismus, Gleichgültigkeit, Nachlässigkeit *Unbewusst* "Irrtümliche Vertrautheit"	Gründe für Maverick Picking
Blockierte Hilfsmittel/Gänge/Regalfächer; falsche Verpackung/Etikettierung; Ablenkung zwischen Kommissionierern durch die Anwesenheit oder Tätigkeiten anderer Mitarbeiter oder durch Gespräche mit Kollegen; Nichteinhaltung von vorgegebenen Lagerplätzen; Kommissionierer müssen Fehler von Kollegen ausbessern oder anderen Kollegen helfen	Verhaltensweisen **anderer Kommissionierer** Faulheit, Nachlässigkeit, Unhöflichkeit, Kontaktfreudigkeit	
Verwirrende Lagerplatzvergabe; verwirrende Kommissionierlisten; schlecht lesbare Artikelnummern; unzuverlässige Software; kontraproduktive Vorgaben, fehlerhafte IT-Unterstützung; Zeitdruck; Ermüdung (durch lange Laufstrecken, Arbeiten auf Betonboden); ungünstige Arbeitsumgebung (zu wenig Licht, hoher Geräuschpegel, ungünstige Temperaturbedingungen); ungeeignete Anreize	Einflussfaktoren in der **Arbeitsumgebung** Zeitdruck, mangelnde Kontrolle, mangelhafte IT-Systeme	

(Fortsetzung)

Tabelle 3.2 (Fortsetzung)

Konzepte 1. Ordnung	Themen 2. Ordnung	Aggregierte Dimensionen
Falsche SKUs; fehlende SKUs; falsche Anzahl an SKUs	**Pickvariationen**	**Arten von Maverick Picking**
Betreten des falschen Ganges, Vertauschen von Gängen; in die falsche Richtung laufen	**Tourvariationen**	
Unterhaltungen mit anderen befreundeten Kommissionierern; Beobachten anderer Kommissionierer; (Zigaretten-)Pausen	(ungeplante) **Pausen**	
Bandstillstand; Nacharbeiten; verlängerte Kommissionierzeiten	Längere **Durchlaufzeit**	**Konsequenzen von Maverick Picking**
Rücklieferungen/Retouren; Kundenbeschwerden, Vertragsstrafen	Niedrigeres **Servicelevel**	
Kommissionierer, die sich über das selbstsüchtige Verhalten von Kollegen ärgern; Arbeitsklima	Geringere **Motivation**	
Kommissionierer veränderten die Tour und kommissionierten von beiden Seiten des Ganges; führten Schritte der Vormontage beim Kommissionieren aus	Höhere **Produktivität**	
Nach einem Gespräch mit einem anderen Kommissionierer, fuhr dieser los und quetschte den Fuß des Kollegen ein	**Unfälle**	
Logische Lagerplatzvergabe, logische Wegeführung, Wechsel zu papierloser Informationstechnologie	Veränderungen im **Kommissionierablauf** *(nicht) erfolgreich*	**Maßnahmen zur Vermeidung von Maverick Picking**
Schärfere Leitlinien, eingeschränkte Autonomie bei Entscheidungen	**Zwangsführung** der Kommissionierer *(nicht) erfolgreich*	
Finanzielle Anreize, Qualitätsprämie	**Anreize** *(nicht) erfolgreich*	

Dimensionen für die Beschreibung von Maverick Picking identifiziert werden. Diese sind in einem kausalen Zusammenhang dargestellt; wobei dies nicht zwangsläufig heißt, dass der Prozess stets in der Reihenfolge durchlaufen wird. Ebenfalls ist denkbar, dass erst mehrere Gründe für Maverick Picking auftreten, bevor Pick-/Tourvariationen auftreten oder ungeplante Pausen gemacht werden. Ebenfalls ist möglich, dass Maßnahmen zur Vermeidung von Maverick Picking nicht in jedem Fall ergriffen werden. Der kausale Zusammenhang in Tabelle 3.2 ist folglich idealtypisch.

Ein typisches Beispiel für eine Situation, in der deviantes Verhalten gezeigt wird, wurde von UN 7 geschildert: Die Kommissionierer haben dort die Vorgabe, den Kommissionierwagen stets mitzuführen, lassen diesen aber regelmäßig im Gang stehen, wenn sie im nächsten Gang lediglich ein oder zwei SKUs kommissionieren müssen. Da hier die Intention ist, Zeit zu sparen und schneller zu arbeiten, fällt dies in die Kategorie des bewussten Verfolgens eigener Ziele mit guten Absichten. Daraus ergibt sich für andere Kommissionierer allerdings eine Blockade durch den im Weg stehen gelassenen Kommissionierwagen (Maverick Picking durch die Verhaltensweisen anderer Kommissionierer). Die Tourvariation des ersten Kommissionierers (Art von Maverick Picking) bewirkt dann beim zweiten Kommissionierer durch eine möglicherweise ungeplante Pause infolge des Wartens auf den Kollegen (Art von Maverick Picking) eine verlängerte Durchlaufzeit (Konsequenz von Maverick Picking) – wobei die angestrebte, mögliche Einsparung der Durchlaufzeit des ersten Kommissionierers nicht erreicht werden muss.

Ausgangspunkt für das Auftreten von Maverick Picking ist eine Vielzahl von Gründen. Zu beachten ist, dass insbesondere für die konsolidierten Konzepte 1. Ordnung aus Tabelle 3.2 kein Anspruch auf Vollständigkeit zu erheben ist. In Anlehnung an die Hinweise eines Gutachters des Beitrags von Glock et al.[66] sind zusätzlich weitere mögliche Konzepte 1. Ordnung denkbar. Hierunter fällt eine nicht ganz aufgeladene Batterie eines Gabelstaplers, durch die es für den nächsten Nutzer des Gabelstaplers zu zusätzlichen Zeiten durch den Tausch oder das erneute Aufladen der Batterie kommen kann. Solche Beispiele ergänzen lediglich die identifizierten Konzepte 1. Ordnung und untermauern den Aufbau der finalen Datenstruktur. Ferner legt dieser Hinweis die Vermutung nahe, dass Maverick Picking auch in Lagern vorkommt, die nicht in der Fallstudie inbegriffen sind. Im Folgenden soll die Datenstruktur, also Maverick Picking, ausführlich erläutert werden.

---

[66]Vgl. Glock et al. (2017).

Die identifizierten *Gründe für Maverick Picking* lassen sich in drei Kategorien einteilen: In Anlehnung an die Gründe für deviantes Verhalten sind dies individuelle bzw. intrapersonale Faktoren *(Befolgung eigener Ziele der jeweiligen Kommissionierer)* sowie interpersonale Faktoren *(Verhaltensweisen der anderen Kommissionierer)* und Faktoren in der Arbeitsumwelt/-umgebung bzw. der Organisation *(Einflussfaktoren in der Arbeitsumgebung).* Für situative Faktoren wurde keine eigene Kategorie erstellt. Die Gründe aus diesem Bereich sind in den bereits genannten Kategorien inbegriffen und sollen deshalb nicht erneut in einer eigenen Kategorie aufgegriffen werden. Ein Grund hierfür ist, dass – in Anlehnung an die Gründe für deviantes Verhalten – möglich ist, dass sowohl Gründe aus lediglich einer als auch aus mehreren Kategorien kombiniert zu Maverick Picking führen (siehe Beispiel weiter oben). Eine exakte Darstellung der Zusammenhänge ist zu komplex für eine Abbildung und kann situationsbedingt oder je nach Persönlichkeitseigenschaften unterschiedlich ausfallen. Daher wurde die Kategorie der situationsbedingten Faktoren nicht in die Datenstruktur aufgenommen. Die Gründe für Maverick Picking werden im Folgenden ausführlich erläutert.

In den Expertengesprächen ist deutlich geworden, dass Kommissionierer häufig ihre *eigenen Ziele* verfolgen. Dies variiert, ob die Ziele *bewusst* oder *unbewusst* verfolgt werden. Dabei müssen sich die individuellen Ziele nicht zwangsläufig mit denen des Unternehmens bzw. mit den Vorgaben decken. Bei bewusstem Befolgen der eigenen Ziele können dahinter sowohl *gute* als auch *schlechte Absichten* stehen. Häufig bekommen die Kommissionierer keine direkte Rückmeldung, wenn sie von den Vorgaben abweichen. Dies ist bei Abweichungen der Fall, die nicht bemerkt werden, wie etwa eine verlängerte Durchlaufzeit durch eine spontan geänderte Routenführung. Daher können sie nicht einschätzen, ob diese Abweichung in Zukunft erneut gemacht oder möglichst vermieden werden sollte. Eine Überschätzung der eigenen Fähigkeiten der Kommissionierer ist dabei möglich, was zu ineffizienten Abläufen führen kann. Lediglich beim Auftreten von Fehlern oder Unfällen gibt es eine direkte Rückmeldung über die Auswirkung des Verfolgens eigener Ziele. Der Logistikleiter von UN 5 beschrieb das Befolgen eigener Ziele folgendermaßen:

„Alleine die Berechnung des optimalen Weges und dann ist ja die Selbstoptimierung nicht zwingend der optimale Weg. Vielleicht empfindet es der Mitarbeiter in dem Moment. Und ich will mal sagen, dass die, die das gut drauf hatten, die viel Erfahrung hatten, die haben mit Sicherheit auch den optimalen Weg gewählt. Und dann gab's mit Sicherheit andere, die das Bedürfnis sich zu optimieren in der Form nicht gehabt haben und die sind dann halt kreuz und quer gelaufen." (Logistikleiter, UN 5)

Der Begriff der Selbstoptimierung wurde in den Expertengesprächen häufig genannt – unabhängig von den befragten Unternehmen. Die Selbstoptimierung fällt einerseits in den Bereich des bewussten *Verfolgens eigener Ziele mit guten Absichten*, kann aber auch schlechte Absichten verfolgen, was im weiteren Verlauf dargestellt wird.

Gute Absichten zielen darauf ab, die Ziele des Unternehmens im Sinne einer gesteigerten Kommissionierleistung mit kurzen Kommissionierzeiten sowie einer reduzierten Fehlerquote zu unterstützen. Dabei soll unerheblich sein, ob das Verhalten tatsächlich positive Auswirkungen hat.[67] Dies kann nur in den seltensten Fällen beurteilt werden, da meist die Konsequenzen nicht direkt erkennbar sind. Wichtig ist hier die Intention der Kommissionierer, neben der Ausführung des Kommissionierprozesses mitzudenken und ggf. situationsspezifisch so zu handeln, wie es in der jeweiligen Situation als am besten wahrgenommen wird. Ein Beispiel von UN 7 verdeutlicht dies: Hier nutzen die Kommissionierer für Picks aus höheren Lagerebenen die Leiter am Kommissionierwagen nicht, um Zeit zu sparen; sie stellen sich stattdessen direkt auf die Regale. Dadurch beschädigen sie jedoch das Regal und bringen sich unnötig in Gefahr. Spreitzer und Sonenshein erwähnen in diesem Zusammenhang im Bereich des devianten Verhaltens das übereifrige Abweichen mit positiven Absichten, welches langfristig zu negativen Folgen führen könne.[68] Hierzu wurde nur ein Fall aus UN 7 geschildert, in dem ein übereifriger Kommissionierer sich so stark „selbst optimieren" wollte, dass er viele SKUs im Lager umordnete. Dabei hat er nicht nur vergessen, wo die SKUs anschließend lagerten, sondern auch die anderen Kommissionierer fanden die SKUs nicht mehr.

Die Kommissionierer haben beschrieben, dass im Laufe der Zeit individuelle Vorgehensweisen während der Kommissionierung entstehen können, mit denen versucht wird, Zeit zu sparen. Dies umfasst eine geänderte Routenführung oder auch das Umordnen von SKUs im Lager. Allerdings wurde ebenfalls deutlich, dass das Motiv, Zeit zu sparen, auch mit schlechten Absichten verbunden sein kann, wenn etwa die gewonnene Zeit genutzt wird, um sich mit Kollegen über private Themen auszutauschen. Durch die Teilweise sehr umfangreiche Erfahrung einiger Kommissionierer, die sich von einigen Monaten bis hin zu Jahrzehnten erstreckt,[69]

---

[67]Vgl. Spreitzer/Sonenshein (2004), S. 833.

[68]Vgl. Spreitzer/Sonenschein (2004), S. 831.

[69]So arbeitete ein Kommissionierer (nach eigenen Angaben) bereits seit 24 Jahren im selben Unternehmen (UN 5).

herrscht teilweise die Ansicht bei den Kommissionierern, dass sie selbst die best-
mögliche („optimale") Umsetzung des zu kommissionierenden Auftrags realisie-
ren könnten – besser als es durch die Umsetzung der Planvorgaben möglich sei.
Wobei anzumerken ist, dass nicht in jedem Fall eine lange Erfahrung der Auslöser
für solche Verhaltensweisen sein muss. Die Erfahrung der Kommissionierer kann
am Beispiel der Gleichteile auch wie folgt im positiven Sinne eingesetzt werden:

> *„Aber wir gewöhnen uns auch daran. Wir wissen: Hier lagern viele gleiche Arti-*
> *kel und da wird auch bei dem gerade besser auf die Artikelnummer und Charge*
> *geschaut. Wir haben zum Beispiel viele kleine Fläschchen, da lagern alle in einem*
> *Gang. Da weiß man, dass man schauen muss."* (Kommissionierer, UN 5)

Hinsichtlich der „optimalen" Routenführung wurde insbesondere bei UN 5 angesprochen, dass eine optimale Wegeführung genutzt werde. Allerdings zeigte sich
dann, dass die im Einsatz befindliche Routenstrategie eine S-shape-Strategie war.
Bei dieser kann jedoch nicht von „wegeoptimierter" Routenführung gesprochen
werden. Wie bereits erwähnt, ist diese Routenstrategie nur in Ausnahmefällen
optimal.[70] Die S-shape-Strategie wurde nicht nur von Kommissionierern, sondern
auch von Lagerhausmanagern und Logistikleitern als „optimale Wegeführung"
bzw. als „wegeoptimiert" beschrieben. Dass die Möglichkeit besteht, eine effizi-
entere Wegeführung zu erreichen, wurde dabei von vornherein ausgeschlossen.
Hierbei konnten die Erkenntnisse von Petersen bestätigt werden, dass die befragten Logistikleiter oder Lagerhausmanager keine Kenntnis von der optimalen
Strategie und auch keine genauen Kenntnisse über das Vorhandensein weiterer
heuristischer Routenstrategien besaßen.[71]

Bei Expertengesprächen mit Kommissionierern (insbesondere bei UN 5)
wurden zwei Abbildungen beispielhafter Wegeführungen in einem idealtypischen

---

[70]Dies traf insbesondere in einem Lagerbereich des Unternehmens zu, in dem es nur vier
Kommissioniergänge gab und die zu kommissionierenden Positionen pro Kommissioniertour häufig mehr als 30 oder 40 Positionen umfassten und sogar bis über 70 Positionen
reichten. Dadurch mussten bei fast jeder Kommissioniertour alle Gänge komplett durchlaufen werden. In diesem Fall unterscheiden sich die Routen der S-shape- und der optimalen
Strategie kaum. Allerdings gilt dies nur für einen von fünf Lagerbereichen; für die anderen
Lagerbereiche konnte dies hingegen nicht nachgewiesen werden – hier würde eine optimale Strategie vermutlich die Wegzeiten reduzieren.

[71]Vgl. Petersen (1999), S. 1054.

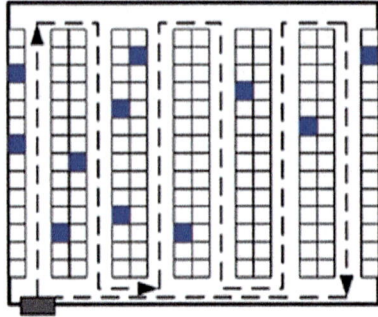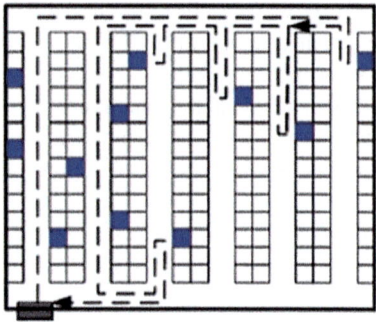

Abbildung 3.2 Mögliche Wegeführung der Kommissionierer bei der S-shape-Strategie (links) und der optimalen Strategie (rechts) in einem rechtwinkligen Lagerlayout (Quelle: de Koster et al. (2007), S. 495)

Lagerlayout aus de Koster et al. gezeigt (siehe Abbildung 3.2).[72] Die erste Abbildung umfasste die Wegeführung bei der S-shape-Strategie und die zweite Abbildung die Wegeführung bei der optimalen Strategie. Nachdem die Abbildungen ausführlich erklärt worden waren, sollten die Kommissionierer intuitiv einschätzen, welche Wegeführung besser geeignet schien.[73] Meist field die Wahl auf die S-shape-Strategie. Die Anforderungen an eine optimale Strategie wurden wie folgt definiert:

> „... und Leute nur einmal an einen Kommissionierpunkt zu führen ist aus meiner Sicht der optimale Weg. Alles andere ist kreuz und quer gelaufen." (Logistikleiter, UN 5)[74]

Auch wurde in der Fallstudie deutlich, dass die Kommissionierer ihre *individuellen Ziele mit schlechten Absichten* verfolgten. Dies bedeutet, dass sie bewusst von

---

[72]Vgl. de Koster et al. (2007), S. 495.

[73]Die Lagerlayouts, in denen die Kommissionierer täglich arbeiteten, waren vergleichbar mit denen aus der Abbildung (ebenfalls rechtwinklig, mit nur einem Block und hatten nur zwei Quergänge: jeweils am oberen und unteren Ende des Gangs).

[74]In Anlehnung an Petersen/Schmenner (1999, S. 487) sei hier angemerkt, dass die Routenführung bei der optimalen Strategie als „unnatürlich" für den Kommissionierer beschrieben wurde, da Gänge mehrfach betreten werden mussten und die Reihenfolge der zu betretenden Gänge nicht von links nach rechts bzw. von kleiner hin zu großer Gangnummer geschah. Dies wurde ebenfalls in der Fallstudie von Kommissionieren als nicht optimal bewertet.

den Vorgaben abwichen und schädigendes oder Verhalten mit negativen Konsequenzen in Kauf nahmen. In dieser Kategorie sind Beispiele aufgeführt, in denen die Kommissionierer in vollem Bewusstsein ihrer Handlungen waren und die Konsequenzen absehen konnten bzw. genau kannten.

Im Bereich der Verfolgung eigener Ziele mit schlechten Absichten wurde insbesondere in denjenigen Unternehmen, die einen Leistungslohn implementiert haben, von einer verstärkten Selbstoptimierung der Kommissionierer berichtet. Hier hat die Selbstoptimierung negative Absichten: Kommissionierer suchen sich dabei meist die Aufträge raus, die schnell zu kommissionieren sind und eine Vielzahl an kleinen, einfach zu kommissionierenden Positionen haben – häufig auch kurz vor Ende der Schicht. Hierdurch kann die individuelle Leistung für die Berechnung des Leistungslohns gesteigert werden – auf Kosten der anderen Kommissionierer, welche die liegen gebliebenen Aufträge kommissionieren müssen. Welche Aufträge hierfür besonders gut geeignet sind, kann meist mittels eigener Erfahrung schnell erkannt werden:

„Es gibt auch Schlaumeier dabei, die an den Packstücken schon erkennen was am leichtesten zu kommissionieren ist." (Logistikleiter, UN 5)

Im Hinblick auf den Leistungslohn wurde vom Logistikleiter aus UN 5 beschrieben, dass sich „Einzelkämpfer" entwickelt hätten und der Teamgedanke in den Hintergrund gerückt sei. Die Kommissionierer umgehen dann bspw. das Abarbeiten von Aufträgen mit schweren SKUs. Es wurde versucht, diese Entwicklung rückgängig zu machen, da sie dazu führte, dass keine gegenseitige Hilfe stattfand und die Kommissionierer teilweise erleichtert waren, wenn einem Kollegen statt ihnen ein Missgeschick passierte. Ein solcher Vorfall wurde dann ignoriert und der eigene Kommissionierauftrag weiter abgearbeitet – ohne Hilfe zu leisten. Ferner zeigten die Kommissionierer eine egoistische Arbeitsweise und arbeiteten lediglich für sich und ihre eigene Zone, ohne an die vor- oder nachgelagerten Stationen zu denken. Häufig wurde nachlässiges Verhalten erwähnt. Die Kommissionierer übersprangen dabei Schritte zur Prüfung, ob tatsächlich die richtige SKU gegriffen wurde oder ob die Anzahl korrekt war, um Zeit zu sparen. Auch wurde von einem deutlich reduzierten Arbeitstempo berichtet, das eingelegt wurde, wenn der Vorgesetzte nicht in der Nähe war.

In diese Kategorie können ebenfalls Tätigkeiten eingeordnet werden, die aus Faulheit nicht durchgeführt werden. Hierzu zählt bspw. das Entstauben solcher SKUs, die bereits seit Längerem eingelagert sind. Haben die Kommissionierer keinen Lappen zur Hand, wird dieser Prozessschritt häufig ausgelassen – woraufhin dann meist Kundenbeschwerden aufgrund verstaubter Produkte folgen. Ein Auftreten der Verfolgung eigener Ziele mit schlechten Absichten in Abhängigkeit des Alters, wie dies im Bereich des devianten Verhaltens erwähnt wird,[75] konnte nicht festgestellt werden. Ebenfalls konnten keine Hinweise gefunden werden, dass deviantes Verhalten aufgrund des Geschlechts verstärkt oder vermindert auftritt (von den befragten Experten waren vier Personen weiblich).[76]

Ferner umgingen die Kommissionierer aus UN 1 mehrfach mit schlechten Absichten das IT-System, indem sie auf ihren Fortbewegungsmitteln (einer Art Roller) alle Lagerfächer in einem kurzen Durchlauf einscannten, ohne dabei einen Pick zu tätigen. Der Auftrag wurde im System jedoch als fertig quittiert. Anschließend hatten die Kommissionierer Zeit, sich über private Dinge auszutauschen und nutzten diese Möglichkeit auch sehr intensiv. Die Aufträge konnten danach anhand von Erfahrungswerten kommissioniert werden, da die Aufträge meist gleiche Positionen hatten und anhand der Auftragsnummer die zu kommissionierenden SKUs erahnt werden konnten. Dabei wurden Fehler gemacht, wenn nicht bemerkt wurde, dass auf dem jeweiligen Auftrag eine andere SKU kommissioniert werden musste.

Hieraus resultiert die letzte Ausprägung der Ziele und Verhaltensweisen der Kommissionierer. Diese Abweichungen treten *unbewusst* auf, d. h., der Kommissionierer ist sich in der Situation nicht bewusst, dass seine Handlungen nicht den Vorgaben entsprechen:

„Der Kommissionierer selbst sieht seine Fehler möglicherweise nicht, sonst würde er sie auch nicht machen." (Logistikleiter, UN 5)

Neben einer irrtümlichen Vertrautheit (siehe das Beispiel mit dem nachträglichen Kommissionieren auf Basis von Erfahrungswerten) ist unachtsames Verhalten dafür verantwortlich, dass unbewusst SKUs vergessen oder Artikelnummern nicht vollständig gelesen werden. Letzteres kann dazu führen, dass bspw. SKUs aus einer falschen Charge kommissioniert werden. Dies kann dadurch ausgelöst werden, dass die Kommissionierer mit ihren Gedanken nicht beim Kommissionieren sind. Dafür gibt es verschiedene Erklärungen, wie private Probleme oder die hohe Monotonie beim Kommissionieren:

„... wie gesagt, da spielt auch die Persönlichkeit eine Rolle mit, wie schnell bin ich, wie schnell erkenne ich, wie schnell lese ich und wie konzentriert bin ich bei der Arbeit. Kommt noch Tagesform mit dazu, hab ich gut geschlafen oder war ich gestern bis um 4 Uhr in der Disco." (Logistikleiter, UN 5)

---

[75]Vgl. Appelbaum et al. (2007), S. 587.
[76]Vgl. Appelbaum et al. (2007), S. 594.

Darüber hinaus wurden auch Fälle geschildert, in denen die Kommissionierer entweder eine Leseschwäche hatten oder die deutsche Sprache nicht korrekt beherrschten. Hierdurch können unbewusste Abweichungen vom Prozess in Form von Pickfehlern resultieren. Gleiches gilt für die Rechenfähigkeiten einiger Kommissionierer, durch die ebenfalls Pickfehler infolge unbewussten Abweichens resultieren können.

Ein weiterer Grund für deviantes Verhalten in der manuellen Kommissionierung sind *Verhaltensweisen anderer Kommissionierer*:

> *„Aber ich kann mich erinnern, dass ich als Azubi in dem Bereich eingesetzt war, und die waren stinkesauer, weil wir zu viel gemacht haben, weil wir ihnen den Akkord versaut haben."* (Logistikleiter, UN 5)

Dass Gruppen und andere Personen einen wesentlichen Einfluss auf das Auftreten devianter Verhaltensweisen haben, wurde bereits in Kapitel 2.5 gezeigt. Dies konnte auch in der manuellen Kommissionierung identifiziert werden:

> *„Wo ich persönlich aber noch hin will ist – das ist vielleicht jetzt ein bisschen salopp, wie ich das jetzt ausdrücke –, dass wir die Sensibilität für das Thema Qualität so in jedem Werker platzieren können, dass jeder einzelne nachher einen Kollegen, der sich nicht standardmäßig verhält, dass die den dazu aufrufen und selbst noch mal ermutigen, um den Standardprozess entsprechend einzuhalten. Das ist dann die hohe Kunst! Aber da bin ich noch nicht. Aber das kriegen wir hin!"* (Logistikleiter, UN 1)

Ein weiterer wichtiger Punkt sind dabei auftretende Ablenkungen, etwa wenn die Kommissionierer sich gegenseitig unterhalten:

> *„Klar, Privatgespräche sind immer drin. Man sieht auch mal den ein oder anderen (naja, im Kommissionierbereich nicht mit dem Handy), aber die unterhalten sich, dann gehen sie mal einen Kaffee trinken oder gehen mal eine Rauchen. Das ist ok!"* (Logistikleiter, UN 5)

Hierdurch kann allerdings vergessen werden, dass noch mehr SKUs aus dem jeweiligen Lagerfach zu kommissionieren sind, die aber bereits im IT-System quittiert worden sind. Auch wichtige (Sport-)Ereignisse rufen großen Redebedarf hervor. Darüber hinaus hat die Tätigkeit eines Kommissionierers sehr häufig Auswirkungen auf die folgenden Kommissionierer. Dies wird insbesondere deutlich, wenn vorgegebene Prozesse nicht eingehalten und (fast) leere Lagerfächer nicht gemeldet, SKUs in eine falsche Verpackung gelegt, Kartons zur Seite geschoben werden, ohne sie zurück zu legen, oder generell Fehler gemacht werden, die anschließend durch einen anderen

Mitarbeiter ausgebessert werden müssen. Der Kommissionierer aus UN 3 schilderte die Arbeit mit einem Kollegen, welcher „Computer" genannt wurde. Dieser halte sich nicht an die Vorgaben und lagere die Kartons mit den SKUs dort ein, wo er es gerade für richtig halte. Daher müssten ihn alle Kommissionierer fragen, wenn sie an die jeweilige SKU wollten. Der „Computer" merke sich die Lagerplätze und könne die anderen Kommissionierer dann entsprechend anweisen. Bei UN 7 wurde ein vergleichbarer Fall geschildert; nur konnte sich der dortige Kommissionierer die Regalplätze nicht merken, in die er die SKUs umsortiert hatte. Zusätzliche Zeiten können auch notwendig werden, wenn mehrere Kommissionierer nacheinander an einem Auftrag arbeiten und der erste Kommissionierer einen zu kleinen Versandkarton nutzt, der dann erst im weiteren Verlauf durch einen größeren ersetzt werden muss. Beim Nacheinanderarbeiten eines Auftrags kann es ebenfalls vorkommen, dass Kommissionierer unterschiedlich schnell arbeiten, wodurch Staus entstehen können.

Einen besonderen Einfluss auf die Leistung eines Kommissionierers hat die Leistung der anderen Kommissionierer. Sind die anderen Mitarbeiter sehr langsam, machen häufig Fehler oder bleiben der Arbeit oft fern, so wirkt sich dies meist negativ auf die Motivation und die Leistung der anderen Kommissionierer aus. Durch die Gruppe kann hingegen auch die Leistung einzelner Kommissionierer gesteigert werden:

„Wir hatten schon Leute, da wurde es mal interessant. Bei einem haben wir es extrem bemerkt. Der kam auch von einer anderen Abteilung, hat hier gearbeitet, hat eigentlich wenig Leistung gebracht. Bis dann irgendwann mal ein Kollege gesagt hat: ‚So! Eben reicht's! Geh mit, ich zeig dir, wie du zu arbeiten hast!' Und dann hat der, obwohl der andere schon ein halbes Jahr gearbeitet hat, seinen Rhythmus gehabt und nichts hingebracht hat, hat er dem gesagt, wie er sich besser organisiert und auf einmal ist der hoch gegangen [mit der Leistung]." (Lagerhausmanager, UN 5)

Aufgrund des Einflusses von Gruppen werden Kommissionierer auch so eingeteilt, dass sie nur mit jenen Kollegen in einem Kommissionierbereich arbeiten, mit denen sie sich auch gut verstehen. Andernfalls kann es wieder zu bewussten Abweichungen mit schlechten Absichten kommen. Dies gilt auch für den Fall, wenn Kommissionierer bewusst Ärger machen, z. B. in Form von lautem Geschrei oder lautem Gesang (UN 5). Ebenfalls kann es Kommissionierer verunsichern, wenn Kollegen sich in einer anderen Sprache unterhalten und nicht klar ist, worüber sie sprechen. Dies wurde als negativ bewertet und schlechte Absichten der jeweiligen Kollegen wurden unterstellt.

„Man muss versuchen, die Leute so einzuteilen, dass sie dort arbeiten, wo sie die größte Leistung bringen. Deshalb versuchen wir die Leute so einzuteilen, dass wir sie dort einteilen, wo sie am liebsten sind." (Lagerhausmanager, UN 5)

Was bereits in Kapitel 2.4.3 beschrieben wurde, konnte auch in der Fallstudie identifiziert werden: das Picker Blocking. Dabei wurden verschiedenste Arten von Blockierungen im Lager genannt. Hierzu zählte nicht nur die Vorgabe der Lagerleitung, leere Paletten im Gang liegen zu lassen (UN 6), sondern auch das Blockieren von Gängen, Regalfächern und Hilfsmitteln, bspw. durch einen im Weg stehen gelassenen Kommissionierwagen. Insbesondere wenn Produkte eine gewisse Zeit für Kunden nicht mehr verfügbar und dann wieder auf Lager waren, mussten diese Lagerfächer verstärkt abgelaufen werden, was zu Blockierungen führen konnte. Die Kommissioniererin von UN 7 beschrieb, dass lediglich erfahrene Kommissionierer die nötigen Kenntnisse hätten, um solchen Blockierungen aus dem Weg zu gehen, sich neu zu orientieren und dann in einem anderen Gang die Kommissionierung fortzusetzen. Erwähnt wurden auch bewusst hervorgerufene Blockierungen:

„Der muss ihn dann vorbei lassen. [...] Wenn die sich mal gegenseitig ärgern wollen, dann [klappt das] nicht, aber das ist normal." (Kommissionierer, UN 5)

In einem Lagerbereich aus UN 5 herrschte ein sehr gutes Arbeitsklima. Hier hatten die Verhaltensweisen der anderen Kommissionierer eine positive Wirkung in dem Sinne, dass sich gegenseitig geholfen wurde, wenn sich SKUs nicht sofort finden ließen oder Probleme auftauchten. Ferner wurden Blockierungen reduziert, da zwischen den Kommissionierern auf den Gabelstaplern eine enge Abstimmung bestand. Gerade durch den häufigen Umgang mit den Flurförderzeugen sind die Fähigkeiten der Kommissionierer sehr hoch, was teilweise auch auf die Geschwindigkeit, mit dem die Flurförderzeuge gefahren werden, zutrifft. Eine Abstimmung bei der Fahrt durch das Lager ist daher förderlich, um mögliche Unfälle zu vermeiden.

Wie bereits während der Ausführungen zum devianten Verhalten gezeigt, hat die *Arbeitsumgebung* einen wichtigen Einfluss auf deviantes Verhalten. Dies gilt gleichermaßen für die manuelle Kommissionierung. Hierzu zählen Faktoren, wie eine verwirrende Lagerplatzvergabe oder verwirrende Kommissionierlisten. Eine Kommissioniererin aus UN 4 sowie ein Kommissionierer aus UN 3 beschrieben, dass die Kommissionierlisten nicht auf die Lagerplätze abgestimmt wären, weil diese durch die Produktion erstellt würden (bei UN 3). Dadurch müssten sie ständig „kreuz und quer" oder „vor und zurück" laufen. Auch unklare Vorgaben hinsichtlich des Kommissionierprozesses im Speziellen, bspw. im Hinblick auf die zu wählende Kartongröße, können zu Maverick Picking führen. Auch kam es vor (UN 2), dass ein Kommissionierer einen Auftrag ausdruckte, aber nicht selbstständig bearbeiten konnte und weitere Informationen bzw. Abstimmungen notwendig waren. Da viele Redundanzen im Prozess vorhanden waren, mussten unterschiedliche Personen im Unternehmen kontaktiert werden, wodurch sich die benötigte Zeit zur Kommissionierung des Auftrags stark erhöhte.

Gerade auch im Hinblick auf die Kommissionierlisten wurde mehrfach angesprochen, dass es große Probleme mit papierbasierten Picklisten gebe. Dies wurde als „riesen Drama" und „riesen Katastrophe" (Logistikleiter, UN 1) beschrieben. Hierbei traten Probleme auf, dass die Positionen beim Laufen schlecht gelesen werden konnten, die Kommissionierer sich zu sehr darauf konzentrieren mussten, nicht in der Zeile zu verrutschen; oder beim Umblättern wurden Pickpositionen übersehen. Ein Kommissionierer gab an, dass papierbasierte Picklisten ausschließlich in solchen Kommissionierlagern Verwendung fänden, bei denen die Effizienz eine untergeordnete Rolle spiele. Dies konnte in der Fallstudie jedoch nicht bestätigt werden. Eine verwirrende bzw. als nicht logisch bewertete Lagerplatzvergabe oder Aufteilung des Raumes wurde ebenfalls beschrieben, nachdem ein Planungsfehler des Kommissionierbereichs gemacht worden war. Im Rahmen der Planung wurde vergessen, für die Statik wichtige Säulen in der Halle zu berücksichtigen. Dadurch konnten die Lagerfächer nicht wie geplant angeordnet werden, was zu einer als nicht logisch bewerteten Lagerplatzvergabe in diesem Teil des Kommissionierbereichs führte.

Darüber hinaus wurde angesprochen, dass die Beleuchtung teilweise zu dunkel sei, wodurch die Artikelnummern auf den SKUs nur sehr schlecht gelesen werden könnten. Vor allem im Verlauf eines Arbeitstages komme es dann vermehrt zu Verwechslungen von Zahlen bei Artikelnummern oder Chargen. Der Logistikleiter von UN 1 berichtete von einem Beispiel: Ausgangspunkt war die häufige Kommissionierung falscher Teile. Nach Rücksprache mit dem Kommissionierer habe sich herausgestellt, dass das Neonlicht in seinen Augen weh tue, er deshalb die Lampe stets ausmache und daher kleinere Schrauben beim Kommissionieren nicht mehr gesehen habe. Nachdem die Lampe ausgetauscht worden sei, sei dieses Problem behoben gewesen.

Auch der Boden in der Kommissionierung, insbesondere bei Betonböden, wurde als zu hart bewertet. Da Kommissionierer täglich eine Vielzahl an Kilometern laufen müssen, wirkt sich dies auf die individuelle Ermüdung aus. Ein Kommissionierer berichtete, dass laut Messungen mit einem Schrittzähler an einem durchschnittlichen Tag von einem Kollegen eine Strecke von bis zu 16 km zurückgelegt werden müsse. Im Hinblick auf die dabei auftretende Ermüdung wurde ein Leistungsabfall im Verlauf einer Arbeitswoche sowie im Laufe eines Tages beschrieben:

„Je länger der Tag, desto kürzer die Arme!" (Kommissionierer, UN 5)

Eine Unterstützung durch die IT kann in der Kommissionierung positive Folgen haben und gerade im Vergleich zu papierbasierten Picklisten die Effizienz steigern und Fehler reduzieren. Gleichzeitig wurde allerdings berichtet, dass das IT-System bei UN 5 gelegentlich die Anzeige nicht aktualisiere, wodurch Zeit verloren gehe; oder es werde eine falsche Menge an zu kommissionierenden SKUs am Lagerplatz angezeigt. Insbesondere, da sich dieser Umstand negativ auf die Leistungsberechnung der Kommissionierer auswirke, wurde dies als störend bewertet. Dieses Problem konnte jedoch nicht behoben werden.

Die Leistungsanreize, durch die in einer möglichst kurzen Zeit eine hohe Anzahl von SKUs kommissioniert werden sollten, führten zu einem wahrgenommenen Zeitdruck, durch den ebenfalls Fehler auftreten konnten bzw. die wahrgenommene Belastung beim Kommissionieren erhöht wurde. Ein Kommissionierer (UN 5) verglich die Situation in der Kommissionierung mit der eines Krieges. Ferner ist der Betriebsrat in den Expertengesprächen erwähnt worden. Dieser ist teilweise als sehr stark wahrgenommen worden (UN 5), wodurch die Kommissionierer dann mehr deviante Verhaltensweisen zeigten, da sie keine Kündigung oder sonstige Sanktionen befürchteten. Auch das Verhalten des Vorgesetzten hat Auswirkungen auf das Auftreten von devianten Verhaltensweisen.[77] Dies wurde insbesondere für Situationen geschildert, in denen der Vorgesetzte mit den Kommissionierern Smalltalk hielt.

Aus den genannten Ursachen von Maverick Picking resultieren unterschiedliche *Arten von Maverick Picking*. Hier konnten Pick- und Tourvariationen sowie ungeplante Pausen identifiziert werden.

Bei *Pickvariationen* traten ausgewählte Arten der Kommissionierfehler (vgl. Kapitel 2.4.1) auf. Dazu zählt, dass falsche SKUs gepickt wurden oder SKUs gefehlt haben bzw. die Anzahl der SKUs nicht der Menge auf dem Auftrag entsprochen hat. Insbesondere wenn SKUs mit einer falschen Bezeichnung oder an einem falschen Ort stehen, können Pickvariationen auftreten.

Tourvariationen zeigten sich im Betreten falscher Gänge, im Überspringen von Gängen oder darin, dass Kommissionierer ihrer eigenen Routenführung folgten. Letzteres hat zur Folge, dass Gänge von einer anderen Seite betreten werden als geplant oder dass scheinbare Abkürzungen genutzt werden.

Neben den gesetzlich vorgeschriebenen und geplanten Pausen machten die Kommissionierer auch eine Reihe *ungeplanter Pausen*. Dazu zählen Toilettengänge, Essens-, Kaffee-, Raucherpausen oder Pausen für Gespräche mit Kollegen sowie Unterbrechungen, in denen andere Kollegen beim Kommissionieren

---

[77]Vgl. Wimbush/Shepard (1994), S. 637 ff.

beobachtet wurden. Auch wurden Pausen, in denen die Kommissionierer durch ihr Smartphone abgelenkt waren, genannt. Ferner führen auch Blockierungen zu ungeplanten Pausen, bis die jeweilige Blockierung aufgelöst ist.

Zu den *Konsequenzen von Maverick Picking* zählen längere Durchlaufzeiten, ein niedrigeres Servicelevel, eine geringere Motivation sowie Unfälle, aber auch eine höhere Produktivität.

Von *längeren Durchlaufzeiten* wurde berichtet; diese kamen zustande, indem Nacharbeiten notwendig geworden waren oder sich die Kommissionierzeiten durch Abweichungen erhöht hatten.

Der möglicherweise *niedrigere Servicelevel* resultiert daraus, dass Kunden falsche SKUs oder SKUs in falscher Qualität oder Menge bekommen und diese retournieren. In einem Fall (UN 1) habe ein Kommissionierer ein falsches Teil in die Versandverpackung gelegt und an den Kunden gesendet, wodurch es bei diesem beinahe zu einem Bandstillstand gekommen sei. Dies habe der Kommissionierer allerdings nicht gewusst und die Auswirkungen daher nicht absehen können. Nach der Rückmeldung vom Kunden sei der Logistikleiter zu diesem Kommissionierer gelaufen und habe ihn bzgl. des falschen Picks befragen wollen. Daraufhin habe der Kommissionierer angemerkt, dass alles in Ordnung sei, er das richtige Teil schon zur Seite gelegt habe und wüsste, dass er eine falsche SKU versendet habe. Er hätte es als zeitlich günstiger eingeschätzt und das richtige Teil könne nun zum Kunden gesendet werden. Neben den Kundenbeschwerden können in solchen Fällen auch hohe Vertragsstrafen fällig werden. Dies kann insbesondere der Fall sein, wenn die Kommissionierer sich nicht über die Auswirkungen bewusst sind, wie im vorhergehenden Beispiel beschrieben.

Auch wurde von einer *geringeren Motivation* berichtet. Diese trete auf, wenn Kommissionierer sich über ein schlechtes Arbeitsklima oder über das selbstsüchtige Verhalten ihrer Kollegen beschwerten.

In einem Extremfall (UN 6) wurde von einem folgenschweren *Unfall* durch Maverick Picking berichtet. Zwei Kommissionierer hätten sich während der Nachtschicht zufällig im selben Gang mit ihren Mitfahr-Kommissionierstaplern getroffen und ein Gespräch begonnen. Dabei habe einer der beiden Kommissionierer seinen Fuß auf den Stapler des anderen gestellt und diesen bei Gesprächsende zu spät weggenommen. In dem Moment sei der Kollege losgefahren und habe dabei das Bein eingequetscht. Durch die Alarmierung, dass ein Mitarbeiter eingeklemmt sei, seien neben einem Krankenwagen auch die Polizei, die Feuerwehr und der Werkschutz alarmiert worden. Dies habe dazu geführt, dass die Kommissionierung für mehrere Stunden ausgesetzt werden musste. Zusätzlich sei daraufhin das Lager umgebaut worden und seit diesem Unfall dürfe dort nicht mehr als ein Mitfahr-Kommissionierstapler pro Gang kommissionieren. Hierfür seien umfangreiche Umbauten notwendig gewesen. Weitere Unfallursachen seien zu schnelles Verlassen eines Gangs, wodurch andere Kommissionierer angefahren werden könnten, oder wenn die Kurve nicht weit genug gefahren werde und dann Finger zwischen Wagen und Regal eingeklemmt würden.

Häufig wurde von Logistikleitern oder Lagerhausmanagern (z. B. bei UN 1, 2, 5 und 6) berichtet, dass Kommissionierer mitdenken und notwendige Abweichungen vom Soll-Prozess, sobald diese angezeigt seien, auch durchführen sollten. Hierdurch kam es bei UN 1 und 6 zu Abweichungen, die dann zum Standardprozess wurden, da die Leistung erhöht werden konnte. Bei UN 1 haben die Kommissionierer Abläufe der Vormontage direkt beim Kommissionieren durchgeführt, obwohl dies erst im Nachhinein der Kommissionierung erfolgen sollte. Allerdings konnte durch die neue, veränderte Vorgehensweise Zeit eingespart werden und es ergaben sich keinerlei Nachteile. Daher wurde dieser Prozess als Standard implementiert. Bei UN 6 bestand die ursprüngliche Situation beim Kommissionieren darin, dass erst auf der einen und auf dem Rückweg dann auf der anderen Seite des Gangs kommissioniert werden musste. Diese Vorgabe stammte noch aus einer Zeit, in der mehrere Stapler in einem Gang kommissionieren durften. Nachdem ein Kommissionierer dies infrage stellte, selbstständig veränderte, indem er zur selben Zeit von beiden Seiten kommissionierte und dies bei den „täglichen Stehungen" bzw. im „Ideenspeicher" vorstellte, wurde die Abweichung ebenfalls in einen Standardprozess umgewandelt und die Kommissionierlisten wurden entsprechend angepasst. Dies war zudem mit finanziellen Anreizen verbunden.

Um die Konsequenzen zu reduzieren, konnten einige *Maßnahmen zur Vermeidung von Maverick Picking* identifiziert werden. Unter *Veränderungen im Kommissionierablauf* wurden sowohl erfolgreiche als auch nicht erfolgreiche Maßnahmen gezählt. Die als am erfolgreichsten bewertete Maßnahme war der Wechsel von einer papierbasierten Pickliste zu einer papierlosen, IT-unterstützten Pickliste. Ferner wurden die Lagerplatzvergabe sowie die Wegeführung angepasst. Ersteres wurde bspw. bei UN 5 häufig durchgeführt, wenn besonders schwere SKUs auf einer Ebene weit oben gelagert wurden. Betont wurde, dass bei Veränderungen im Kommissionierablauf die Kommissionierer stets einbezogen würden, von Anfang an. Es wurde als wesentlich aussichtsreicher bewertet, wenn die Kommissionierer die Entscheidung zur Änderung des Kommissionierablaufs entschieden und selbst mitgestalten konnten.

Um deviantes Verhalten möglichst einzuschränken, wurden *Zwangsführungen der Kommissionierer* genutzt:

„Das Kommissioniersystem, welches wir hier haben, funktioniert in der Theorie. Das ist sehr gut in der Theorie. [...] Aber dennoch gibt es eben Lücken oder die Möglichkeit, dieses System zu umgehen." (Logistikleiter, UN 1)

Dazu zählte einerseits, Freiräume von Kommissionierern einzuschränken, um sicher zu gehen, dass die Abläufe möglichst effizient durchgeführt werden. Als erfolgreiche Zwangsführung wurden Vorgaben eingeführt, denen gemäß die Kommissionierer nach einer bestimmten Anzahl von kommissionierten Aufträgen einen Auftrag abarbeiten mussten, der ausschließlich wenige und schwere SKUs beinhaltete. Somit blieben die Aufträge nicht mehr bis zum Ende des Tages liegen und jeder Kommissionierer hatte den gleichen Anteil an unbeliebten Aufträgen abzuarbeiten.

Bei UN 1 wurde beschrieben, dass die Kommissionierer häufig das IT-System umgehen. Dies führte zu dem bereits erwähnten Beispiel, dass die Kommissionierer alle Lagerfächer abscannten und dadurch den Kommissionierauftrag im System als fertig quittierten. Zur Lösung dieses Problems wurde die Regelung eingeführt, dass die einzelnen Lagerplätze erst nach Ablauf einiger Sekunden eingescannt werden konnten. Diese Zwangsführung führte jedoch zu keiner Verbesserung der Situation, da erneut das System umgangen wurde. Das schnelle aufeinanderfolgende Scannen aller Lagerplätze wurde weiterhin vorgenommen, jedoch in etwas langsamerer Form.

Als meist erfolgreiche Maßnahme zur Vermeidung von Maverick Picking wurden *Anreize* eingeführt. Der Logistikleiter aus UN 2 beschrieb, dass der Anreiz, von einem Leiharbeitsverhältnis zu einer Festanstellung übernommen zu werden, bei einigen Kommissionierern nicht immer erfolgreich sei. Obwohl beschrieben worden ist, dass sich Kommissionierer bei einem Leistungslohn zu Einzelkämpfern entwickelten und teilweise ein hoher Druck wahrgenommen wurde, ist diese Maßnahme als erfolgreich im Hinblick auf die Reduzierung devianten Verhaltens bewertet worden. Ein wichtiger Grund dafür ist die Kombination finanzieller Anreize in Form von Leistungslohn mit einer Qualitätsprämie. Ohne die Kombination beider Maßnahmen würden lediglich möglichst viele SKUs in kurzer Zeit kommissioniert werden und die Fehlerquote würde steigen. Gleichzeitig muss jedoch angemerkt werden, dass in den Unternehmen, die dieses System nutzten (UN 5 und 6), Maverick Picking nicht komplett ausgeschlossen ist. Anreize führen maximal zu einer Reduktion devianten Verhaltens, können dieses aber nicht komplett verhindern. Eine komplette Vermeidung devianten Verhaltens konnte in keinem Unternehmen festgestellt werden und war häufig auch nicht das Ziel der Logistikleiter bzw. Lagerhausmanager.

Nachdem Maverick Picking mit all seinen identifizierten Ausprägungen beschrieben worden ist, soll anschließend noch kurz auf dessen Bedeutung eingegangen werden. Hier ist insbesondere wichtig, ob Maverick Picking ein zu vernachlässigendes Phänomen in der manuellen Kommissionierung darstellt oder ob es häufig auftritt und daher großen Einfluss auf die Effizienz manueller Kommissionierprozesse hat.

In den Expertengesprächen wurde deutlich, dass Maverick Picking häufig, nahezu täglich, in der manuellen Kommissionierung auftritt. Das Phänomen wurde insbesondere von den Logistikleitern und Lagerhausmanagern als wichtig und relevant bewertet. Dabei ist zu berücksichtigen, dass Maverick Picking sowohl positive als auch negative Auswirkungen hat. Die Ergebnisse der Fallstudie zeigen klar, dass dabei die negativen Folgen die positiven bei Weitem überwiegen. Deshalb wird versucht, Maverick Picking möglichst einzuschränken. Der Logistikleiter aus UN 1 bewertete die Vermeidung bestimmter Arten von Maverick Picking – insbesondere dass die Reihenfolge bei der Kommissionierung entsprechend des Auftrags eingehalten werden soll – sogar als oberste Priorität:

„Das ist der größte Knackpunkt. Die größte Nuss, die wir momentan zu knacken haben."

„Das ist ganz oben auf meiner ToDo-Liste." (Logistikleiter, UN 1)

Bei der Nachfrage, ob Auswirkungen von Teilaspekten von Maverick Picking quantifiziert werden können, konnte nur eine grobe Schätzung eines Lagerhausmanagers (UN 6) auf Basis vergangenheitsbezogener Daten aufgenommen werden. Hierdurch konnte ein Verlust von mehr als 10 % durch Maverick Picking aufgezeigt werden. Hierzu wurde die tatsächliche Pickleistung mit der theoretisch erreichbaren Pickleistung verglichen.

Bei den Unternehmen der Fallstudie wurde von Fehlerquoten zwischen 0,02 % und 0,5 % berichtet. Dabei ist anzumerken, dass dies lediglich die Fehler sind, die wirklich beim Kunden angekommen und retourniert oder von einer Qualitätskontrolle entdeckt worden sind. Die tatsächliche Quote von Abweichungen kann jedoch deutlich höher liegen, da viele Abweichungen nicht direkt zu Fehlern führen und infolgedessen nicht bemerkt oder festgehalten werden. Auch werden in diesen Zahlen nicht die Auswirkungen auf Aspekte, wie die Motivation oder Abwesenheitszeiten, berücksichtigt.

Auf Basis der Fallstudie können zwei Propositionen abgeleitet werden, die Ausgangspunkt für die Simulationsstudien sind und im weiteren Verlauf der Arbeit beantwortet werden. Die erste Proposition umfasst dabei die individuellen Auswirkungen von Maverick Picking bei einem Kommissionierer; wobei bei der zweiten Proposition die Auswirkungen für den Fall, dass mehrere Kommissionierer im Lager arbeiten, analysiert werden sollen.

Proposition I: Die verschiedenen Arten von Maverick Picking haben einen
wesentlichen Einfluss auf die individuellen Durchlaufzeiten und
somit auf die Effizienz in manuellen Person-zur-Ware-Kommissioniersystemen und eine Nichtbeachtung dieses Aspekts kann
zu Planungsfehlern führen.

Proposition II: Da häufig mehr als eine Person in einem Lager(-bereich)
arbeitet, müssen die Einflüsse durch weitere Mitarbeiter auf
die Durchlaufzeit kommissionierter Aufträge in manuellen
Person-zur-Ware-Kommissioniersystemen insbesondere bei
der Beurteilung der relativen Vorteilhaftigkeit einzelner Routenstrategien berücksichtigt werden, um Planungsfehler zu vermeiden.

Zur Beantwortung der Propositionen sollen im Folgenden eine geeignete
Methode identifiziert und die notwendigen (methodischen) Grundlagen erläutert
werden, um anschließend Daten sammeln zu können, damit die Propositionen
beantwortet werden.

Grundlagen für die simulationsbasierte Analyse zur Quantifizierung der Auswirkungen von Abweichungen und Blockiervorgängen in manuellen Person-zur-Ware-Kommissionierlagern

4

> *„It is well to remember the dictum that nobody solves the problem. Rather, everybody solves the model that he [or she] has constructed of the problem."*[1]

In der Fallstudie ist deutlich geworden, dass Maverick Picking einen wichtigen Einflussfaktor im Hinblick auf die Effizienz in der manuellen Kommissionierung darstellt. Offen bleibt jedoch, inwieweit sich bestimmte Arten von Maverick Picking auf die Effizienz auswirken. Eine Quantifizierung des Einflusses konnte durch die Fallstudie nicht vorgenommen werden. Dies soll daher anhand zweier Simulationsstudien durchgeführt werden. Die dafür nötigen Grundlagen sollen in diesem Kapitel erläutert werden. Da in diesem Kapitel Maverick Picking anhand zweier maßgeblicher Arten untersucht wird, soll im weiteren Verlauf der Arbeit von Abweichungen bzw. insbesondere von Abweichungen von der Routenführung sowie von Blockierungen gesprochen werden, um eine präzise Unterscheidung der beiden Arten vorzunehmen. Dementsprechend werden im Folgenden zwei Simulationsmodelle für die Analyse genutzt. Die dafür notwendigen Grundlagen im Bereich der Simulationsmodelle (Kapitel 4.1) sowie speziell im Bereich der agentenbasierten Simulation (Kapitel 4.4) werden im Folgenden aufgezeigt. Ferner werden eine geeignete Software für die Erstellung der Simulationsmodelle identifiziert und ausgewählt (Kapitel 4.5) sowie die konzeptionellen Modelle vorgestellt (Kapitel 4.2 und Kapitel 4.3). Anschließend erfolgt die Erläuterung ausgewählter Aspekte der Umsetzung der konzeptionellen Modelle in Simulationsmodellen (Kapitel 4.6). Die Darstellung der Validierung der beiden Simulationsmodelle bildet den Abschluss des Kapitels (Kapitel 4.7).

---

[1]Elmaghraby (1968), S. 305 (gefunden in Balci (1989), S. 65).

© Springer Fachmedien Wiesbaden GmbH 2018
T. Franzke, *Der Mensch als Faktor in der manuellen Kommissionierung,*
https://doi.org/10.1007/978-3-658-20469-3_4

95

4.1 Erläuterung der begrifflichen und methodischen Grundlagen zur Simulation und Modellierung

Zur Beantwortung der aus der Fallstudie abgeleiteten Propositionen gibt es mehrere Möglichkeiten.[2] Einerseits können Experimente in realen Kommissionierlagern vorgenommen werden, um die Auswirkungen von Abweichungen oder Blockierungen auf eine definierte Kenngröße zu untersuchen. Wie in der Fallstudie deutlich geworden ist, treten Abweichungen von der Routenführung und Blockierungen sehr unregelmäßig und vor allem zufällig auf. Daher können durch das Experimentieren an einem realen System mögliche relevante Auswirkungen unabsichtlich übersehen werden. Auch kann sich die Häufigkeit der auftretenden Abweichungen oder Blockierungen durch Beobachtung verändern. Vorstellbar wäre, dass die Kommissionierer durch die Beobachtung versuchen, weniger abzuweichen bzw. organisationale Vorgaben verstärkt einzuhalten. Für das Auftreten von Abweichungen oder Blockierungen gibt es keinen Referenzwert zum Vergleich. Daher kann nicht aufgezeigt werden, ob dieser Effekt des veränderten Verhaltens aufgetreten ist, und daher können die so gewonnenen Informationen nur eingeschränkt für verlässliche Aussagen über die Auswirkungen von Abweichungen und Blockiervorgängen auf die Effizienz in der manuellen Kommissionierung genutzt werden. Auch die qualitative Untersuchung hat sich zur Quantifizierung der Auswirkungen als weniger geeignet gezeigt, da Abweichungen oder Blockierungen teilweise unbeabsichtigt bzw. unbemerkt auftreten und dies rückwirkend durch die Kommissionierer bei einer Befragung teilweise nicht als solches wahrgenommen wird. Ferner gab ein Interviewpartner (Lagerhausmanager, UN 1) an, dass die Kommissionierer den gesamten Prozess der Kommissionierung nicht überschauen könnten. Eine zuverlässige Einschätzung über die Auswirkungen von Abweichungen oder Blockierungen ist deshalb nicht garantiert.

Bei der Analyse der Auswirkungen von Abweichungen und Blockierungen ist wichtig, gezielt einzelne Faktoren – wie ein erhöhtes oder verringertes Auftreten von Abweichungen – verändern zu können, ohne dabei gleichzeitig weitere Faktoren zu verändern. Vergleiche für die Auswirkungen dieser Effekte lassen sich erst ziehen, wenn bekannt ist, wie die Kenngröße mit und ohne Abweichungen oder Blockierungen ausfällt. Bei solchen Analysen müssen daher alle weiteren Rahmenbedingungen/Einflussfaktoren unverändert bleiben, um vergleichbare Ergebnisse zu erzielen. Dabei sollten die Daten über einen langen Zeitraum – mehrere

---

[2]Vgl. dazu z. B. Law (2013), S. 3 ff.; ten Hompel et al. (2011), S. 233 ff.

Tage oder Wochen – aufgenommen werden. In einem realen Kommissionierlager ist dies nur schwer bzw. gar nicht durch Experimentieren möglich. Als weiteres Analyseverfahren können Experimente[3] an Modellen vorgenommen werden. Dies kann sowohl an physischen Modellen (wie bspw. bei Flugzeugen in Windkanälen)[4] als auch an mathematischen Modellen erfolgen. Physische Modelle wurden jedoch als wenig geeignet bewertet, da es hier zu einer Anpassung des Verhaltens kommen kann und damit Ergebnisse möglich scheinen, die nicht auf die Realität übertragbar sind. Folglich verbleibt die Möglichkeit, die Propositionen auf Basis mathematischer Modelle zu analysieren. Besonders im Vergleich zwischen physischen und mathematischen Modellen überwiegen die Vorteile mathematischer Modelle, wie etwa des exakten Veränderns der Werte einzelner Einflussfaktoren mit einer Quantifizierung deren Einflusses auf die Zielgröße.

Aus diesem Grund sollen zur Untersuchung der Forschungsfrage *mathematische Modelle* gewählt werden. Mathematische Modelle werden in *analytische Lösungsverfahren* und *Simulationsmodelle* unterteilt. Gerade bei stochastischen Einflussgrößen, wie Abweichungen oder Blockierungen, zeigen sich Simulationsmodelle als besser geeignet.[5] Die Methode der Simulation hat Vorteile, die für die Analyse der Forschungsfragen von großer Bedeutung sind.[6] Diese umfassen eine detaillierte Analyse der Auswirkungen von Abweichungen und Blockierungen in einem angemessenen Kosten-Nutzen-Verhältnis über einen längeren Zeitraum mit exakter Bestimmung der jeweiligen Einflussfaktoren, sowohl die Anzahl als auch den Wert des jeweiligen Faktors – eine gute Möglichkeit, verschiedene Alternativen und deren Auswirkungen zu vergleichen.[7] Daher wird hier die Simulation als wissenschaftliche Methode ausgewählt.

---

[3]Unter Experimenten an Modellen soll hier die gezielte Veränderung von Inputgrößen verstanden werden, wodurch das durch das Modell resultierende Verhalten infolge der Veränderung der Outputgröße deutlich wird (vgl. Montgomery (2009), S. 1).

[4]Vgl. Bennett (1995), S. 3.

[5]Vgl. VDI 3633 Blatt 1 (2010), S. 5 f.

[6]Für eine Übersicht über Vor- und Nachteile der Methode sei hier auf Banks (1998, S. 10 ff.; 2000, S. 12 ff.) verwiesen.

[7]Vgl. Banks et al. (2005), S. 4; Manuj et al. (2009), S. 174 f.; Shannon (1976), S. 9; Tolk et al. (2013), S. 71.

Simulation umfasst das Nachbilden oder die Imitation eines bestimmten Systems mit seinen dynamischen Prozessen.[8] Erkenntnisse über das System werden erlangt, die auf die Realität übertragbar sind.[9] Dieses System kann entweder real oder physisch nicht vorhanden sein. Um ein System zu untersuchen und es in einem Modell darzustellen, sind Annahmen über das Verhalten dieses Systems notwendig, die in Form mathematischer oder logischer Beziehungen der Bestandteile eines Systems zu wählen sind. Diese werden anschließend in einem Modell zusammengefasst, um das System zu analysieren[10] sowie um Daten zu generieren.[11] Modelle sind Abstraktionen bestimmter Systeme, die mit entsprechenden Informationen über das System ausgestattet sind. Je nach Untersuchungszweck können Modelle desselben Systems verschieden sein.[12]

Ein *System*[13] besteht dabei aus vielen verschiedenen Einheiten (*Entitäten*), die miteinander in Beziehung stehen und interagieren können, sowie einer Grenze, um es von anderen Systemen, also der Systemumwelt, unterscheiden zu können.[14] Diese Entitäten beschreiben die Struktur des Systems[15] und besitzen verschiedene Eigenschaften, die auch als Attribute[16] bezeichnet werden.[17] Die äußere

---

[8]Vgl. Law (2013), S. 1; VDI 3633 Blatt 1 (2010), S. 3; Zeigler et al. (2000), S. 6; An dieser Stelle sei angemerkt, dass einige Autoren – wie Law, Balci, Banks oder Sargent – Teile ihrer Monografien oder anderer Veröffentlichungen im Vorfeld oder als verkürzte Version auf der Winter Simulation Conference (WSC) veröffentlicht haben (bspw. das Vorgehensmodell und ein Teil der Validierung aus vorhergehenden Auflagen von Law (2013, S. 246) ist in Law (2006; 2008; 2009) als Konferenzbeitrag publiziert); oder es wurden Beiträge der WSC anschließend in ähnlicher Form in Journals publiziert; bspw. Balci (1994a) im selben Jahr in erweiterter Form in Annals of Operations Research publiziert (vgl. Balci (1994b)). Auch wurden Beiträge teilweise mehrfach in nur gering veränderter Form in mehreren Jahren auf der WSC vorgestellt (vgl. Sargent (2007; 2013)). Der Vollständigkeit halber sollen alle Beiträge der WSC als Quellen angegeben werden.

[9]Vgl. VDI 3633 Blatt 1 (2010), S. 3.

[10]Vgl. Law (2013), S. 1.

[11]Vgl. Zeigler et al. (2000), S. 26.

[12]Vgl. Gordon (1972), S. 15.

[13]In der Definition wichtiger Grundbegriffe, wie System, Modell, Systemumwelt, besteht weitgehend Einigkeit in der Literatur (siehe auch Balci (1989), S. 64; Banks (1999), S. 8 ff.; Law (2013), S. 3; VDI 3633 Blatt 1 (2010), S. 4).

[14]Vgl. Gordon (1972), S. 11; Bennett (1995), S. 2.

[15]Vgl. Law (2013), S. 3.

[16]Die Elemente eines Systems werden auch als endogene Variablen bezeichnet (vgl. Kleijnen/van Groenendaal (1992), S. 11).

[17]Vgl. Gordon (1972), S. 11; Mitrani (1982), S. 8.

Erscheinung des Systems ist sein Verhalten[18] – wobei die einzelnen Bestandteile Wechselwirkungen oder eine gegenseitige Abhängigkeit aufweisen können.[19] Systeme transformieren ihren Input (bzw. Inputvariablen)[20] über einen Zeitverlauf zu einem Output (bzw. Outputvariablen).[21] Systeme können dabei verschiedene Zustände annehmen, welche sich über die Zeit ändern. Zustände und Übergänge von Zuständen beschreiben die Struktur eines Systems.[22] Ein System kann auch durch Veränderungen von außerhalb beeinflusst werden, also von der Systemumwelt. Wichtig ist dabei, die Abgrenzung zwischen System und Umwelt zu beachten bzw. im Vorfeld zu definieren.[23]

Alle Systeme können auf verschiedene Art und Weise untersucht werden. Meist werden sie mithilfe von Experimenten analysiert.[24] Es wird unterschieden, ob Experimente mit einem realen System durchgeführt werden sollen oder mit einem Modell des jeweiligen Systems. Dieses Modell kann sowohl physischer als auch mathematischer Natur sein. Im Falle der mathematischen Modelle gibt es die Varianten der analytischen Lösung oder der Simulation zu unterscheiden.[25] In Abhängigkeit der Komplexität des Systems können mathematische Verfahren für analytische Lösungen genutzt werden. Komplexere Systeme müssen hingegen simulationsbasiert untersucht werden. Dabei werden sie numerisch analysiert und es werden Prognosen über das Verhalten des Systems abgeleitet.[26] Ziel ist meist die Vorhersage des Verhaltens von Systemen.[27]

Bei der Analyse von Systemen wird unterschieden, ob es sich um eine Systemanalyse, eine Schlussfolgerung aus dem System oder um die Analyse des Designs eines Systems handelt. Bei der *Systemanalyse*, wie sie mit Computermodellen[28] erfolgen kann, werden vorhandene oder geplante Systeme analysiert. Ziel ist die

---

[18]Vgl. Zeigler et al. (2000), S. 1 f.

[19]Vgl. Gordon (1972), S. 11.

[20]Der Input eines Systems wird auch als exogene Variable bezeichnet (vgl. Kleijnen/van Groenendaal (1992), S. 12).

[21]Vgl. Kleijnen/van Groenendaal (1992), S. 11.

[22]Vgl. Gordon (1972), S. 11; Zeigler et al. (2000), S. 1 f.

[23]Vgl. Gordon (1972), S. 13.

[24]Vgl. Gordon (1972), S. 14.

[25]Vgl. Law (2013), S. 4.

[26]Vgl. Law (2013), S. 1.

[27]Vgl. Gordon (1972), S. 14.

[28]Im Folgenden soll synonym für den Begriff Computermodell der Begriff Simulationsmodell genutzt werden.

Untersuchung des Verhaltens. Bei den *Schlussfolgerungen über das System* ist ein System ebenfalls vorhanden und das Ziel besteht darin, Schlussfolgerungen aus dem beobachteten Verhalten zu ziehen. Im Falle der *Analyse des Designs eines Systems* ist das Ziel, ein die Vorgaben bestmöglich erfüllendes Systemdesign zu entwickeln und mit weiteren Design zu vergleichen.[29] Für die vorliegende Arbeit wird deshalb die Systemanalyse genutzt.

Zur Analyse von Systemen mithilfe der Simulation werden *Simulationsmodelle* genutzt. Ein Simulationsmodell ist definiert als ein mathematisches Modell, das mittels der Methode der Simulation computerbasiert analysiert wird.[30] Simulationsmodelle können dabei unterschieden werden nach: statischen – dynamischen, deterministischen – stochastischen, kontinuierlichen – diskreten Modellen. *Statische Modelle* repräsentieren ein System zu einem bestimmten Zeitpunkt oder Systeme, bei denen Zeit keine Rolle spielt (z. B. *Monte-Carlo-Modelle*). *Dynamische Modelle* repräsentieren Systeme, die sich über die Zeit entwickeln. *Deterministische Modelle* beinhalten keine zufälligen Komponenten; ihr Output ist daher von vornherein bestimmt und bei mehreren Ausführungen des Modells unveränderlich. *Stochastische Modelle* enthalten Zufallskomponenten, wodurch der Output bei mehreren Ausführungen veränderlich ist. *Kontinuierliche und diskrete Modelle* sind vergleichbar mit kontinuierlichen und diskreten Systemen.[31] Diskrete Systeme (z. B. eine Fabrik) verändern ihren Zustand zu bestimmten Zeitpunkten. Kontinuierliche/stetige Systeme (z. B. ein Flugzeug) verändern ihren Zustand kontinuierlich im Laufe der Zeit.[32] Ferner ist der Unterschied wichtig, ob es sich um eine Simulation mit definiertem Ende (*terminating simulation*) handelt; d. h., ein bestimmtes Ereignis legt die Länge eines Simulationslaufes fest (z. B. ein Kommissionierer gibt seinen fertig kommissionierten Auftrag ab); oder ob es eine Simulation ohne definierten Endzeitpunkt (*non-terminating* oder *steady-state simulation*) ist (z. B. Simulation einer Tankstelle, an der zu jeder Tageszeit neue Kunden zum Tanken ankommen).[33] Mischformen beider gibt es nicht.[34]

Die Zuordnung von terminating oder non-terminating-Simulation hat insbesondere Auswirkungen auf die Ergebnisauswertung der von der Simulation generierten

---

[29]Vgl. Zeigler et al. (2000), S. 12.

[30]Vgl. Law (2013), S. 5.

[31]Vgl. Bennett (1995), S. 3; Law (2013), S. 5 f.

[32]Vgl. Gordon (1972), S. 14; Law (2013), S. 3; Zeigler et al. (2000), S. 6.

[33]Vgl. Goldsman (2007), S. 33 ff.; Law (2013), S. 494 ff.

[34]Vgl. Law (2013), S. 496.

Daten. Bei einem Simulationsmodell mit definierter Simulationsdauer, bei dem die Replikationen unabhängig sind, können Punktschätzer, wie der Durchschnitt[35] mit Konfidenzintervallen, genutzt werden.[36] Bei Simulationsmodellen, die keinen definierten Endzeitpunkt haben, besteht die Schwierigkeit darin, das Einschwing-verhalten zu berücksichtigen. Dies kann an einem Beispiel verdeutlicht werden:[37] Wird ein Bankschalter simuliert, bei dem die Wartezeit bestimmt werden soll, und die Simulation beginnt mit dem Lauf genau zur Zeit der Öffnung des Schalters mit dem ersten Kunden, dann hat der erste Kunde eine Wartezeit von 0 Minuten. Auch die Wartezeit des zweiten Kunden, welche nur vom ersten Kunden abhängig ist, wird vermutlich gering ausfallen. Dies ist jedoch kein repräsentativer Wert, da War-tezeiten im weiteren Verlauf des Tages deutlich länger werden können und von den Wartezeiten der vorherigen Kunden abhängen. Somit kann das Ergebnis durch die ersten, nicht-repräsentativen Werte beeinflusst werden und die durch die Simulation ermittelten durchschnittlichen Wartezeiten sind ggf. geringer als in der Realität. Daher muss hier eine Zeitdauer bestimmt werden, ab der die Werte für die Auswer-tung der Zielgröße aufgenommen werden können.[38] Im genannten Beispiel kann dies erreicht werden, indem die Wartezeiten erst nach Anlauf einer Stunde aufge-nommen werden. Dies wird als Einschwingverhalten bezeichnet.

Die Anwendung der Methode der Simulation auf ein zu untersuchendes Pro-blem wird als *Simulationsstudie* bezeichnet. Sie beinhaltet denjenigen Prozess, der zur erfolgreichen Analyse eines Systems notwendig ist.[39] In einer Simulati-onsstudie werden Simulationsläufe durchgeführt; wobei ein Simulationslauf die Ausführung des jeweiligen Modells mit einer bestimmten Konfiguration von Para-metern über einen konkreten Zeitraum (*Modell- bzw. Simulationszeit*) bezeichnet.[40] Dabei werden verschiedene Größen, wie Zustands- und Ergebnisgrößen, erfasst,

---

[35]Die einzelnen, mit der Simulation ermittelten Werte sind hier unabhängig und identisch verteilt – wie der Wurf einer Münze oder eines Würfels –, wenn für jedes Simulationsex-periment neue Zufalzahlen genutzt werden. Hierdurch kann der Durchschnitt berechnet werden, wenn alle Werte verschiedener Beobachtungen bzw. Simulationsläufe addiert und die Summe durch die Anzahl der Beobachtungen geteilt wird (vgl. Law (2013), S. 229).

[36]Vgl. Banks et al. (2005), S. 390 ff.; Goldsman (2007), S. 33 ff.; Law (2013), S. 497.

[37]Beispiel in Anlehnung an Law (2013), S. 511.

[38]Da steady-state-Simulationen für die vorliegende Arbeit nicht weiter von Bedeutung sind, wird hier auf die ausführliche Darstellung der Auswertungsmöglichkeiten verzichtet. Diese können insbesondere in Law (2013, S. 511 ff.) nachgelesen werden.

[39]Vgl. Gordon (1972), S. 30; Law (2015), S. 66 ff.

[40]Vgl. VDI 3633 Blatt 1 (2014), S. 4.

gespeichert und ggf. statistisch ausgewertet.[41] Wichtig ist, dass ein einzelner Simulationslauf niemals repräsentativ für das zu simulierende System bzw. die Ergebnisgröße ist. Dies gilt für Simulationsmodelle, bei denen Zufallszahlen genutzt werden. Simulationsmodelle, die lediglich mit deterministischen Werten arbeiten, sollten – bei unveränderten Parameterwerten – die gleichen Werte für die jeweiligen Ergebnisgrößen ermitteln. Bei Simulationsmodellen, die Zufallszahlen nutzen, müssen hingegen mehrere Durchläufe durchgeführt werden –wobei sich die Zufallszahlen von Durchlauf zu Durchlauf verändern sollten. Die sonstigen Parameterwerte können unverändert bleiben. Eine solche Wiederholung des Simulationslaufes – also mit gleichen Parametern, aber veränderten Zufallszahlen – wird Replikation genannt.[42] Die Durchführung mehrerer Simulationsläufe mit der gezielten und systematischen Änderung von Parameterwerten zur Untersuchung des Modellverhaltens wird als *Simulationsexperiment* bezeichnet.[43] Das genaue Vorgehen hierfür – wie die Aufstellung von Experimentplänen, in welchen die systematische Kombination der Parameter bestimmt wird – wird im weiteren Verlauf näher betrachtet. Eine Erhöhung der Anzahl von Replikationen hat den Vorteil, dass die absolute Präzision[44] des Punktschätzers, wie des Durchschnitts, erhöht wird.[45] Bienstock und Manuj et al. betonen allerdings im selben Zusammenhang, dass nicht Ziel sein sollte, die Anzahl der Replikation so lange zu erhöhen, bis irgendwann signifikante Ergebnisse erzeugt werden.[46] Dies zeugt von einer fragwürdigen externen Validität des Simulationsmodells.

Für die Durchführung von Simulationsstudien finden sich in der Literatur eine Vielzahl von idealtypischen Vorgehensweisen, die im Folgenden kurz miteinander verglichen werden sollen und auf deren Basis ein eigenes Vorgehensmodell für die Simulationsstudien dieser Arbeit abgeleitet werden soll. Dies ermöglicht, dass

---

[41]Vgl. VDI 3633 Blatt 1 (2014), S. 4.

[42]Vgl. Rabe et al. (2008), S. 12; Robinson/Bhatia (1995), S. 65.

[43]Vgl. Rabe et al. (2008), S. 13; VDI 3633 Blatt 1 (2010), S. 3 f.; Im Unterschied zu Simulationsmodellen gibt es Optimierungsmodelle, die gelöst werden, anstatt viele Beobachtungswerte durch eine Vielzahl an Simulationsläufen mit systematischer Variation der Parameter zu sammeln, um anschließend eine gute Lösung auf Basis der analysierten Szenarien vorzuschlagen (vgl. Banks et al. (2005), S. 5). Allerdings sollen Optimierungsmodelle für die vorliegende Arbeit nicht genutzt werden, da im Fokus dieser Arbeit die Analyse verschiedener Szenarien für die Auswirkungen von Abweichungen und Blockierungen auf die Effizienz in der manuellen Kommissionierung steht.

[44]Die Präzision eines Punktschätzers kann durch das Konfidenzintervall bewertet werden (vgl. Law (2013), S. 229 f.).

[45]Vgl. Manuj et al. (2009), S. 186.

[46]Vgl. Bienstock (1996), S. 45; Manuj et al. (2009), S. 186.

das Vorgehensmodell einerseits direkt auf die Ziele dieser Arbeit ausgerichtet ist, andererseits jedoch auch die Erfahrungen anderer Autoren berücksichtigt werden können.[47] Im Folgenden soll das für die Arbeit genutzte Vorgehensmodell vorgestellt werden. In diesem wurden Phasen gewählt, an denen sich die Darstellung der Simulationsstudie orientiert (konzeptionelles Modell, Simulationsmodell, Ergebnisdarstellung sowie die darin inbegriffene Verifikation und Validierung).

Den meisten der ausgewählten Vorgehensmodelle ist gemeinsam,[48] dass Simulationsstudien stets iterative Prozesse sind (*trial and error approach*).[49] Dieser Prozess wird folglich nicht sequenziell durchgeführt. Zwischen verschiedenen Schritten im Vorgehensmodell sind Schleifen notwendig, um eventuelle Anpassungen vornehmen zu können.[50] Ziel der Vorgehensweisen ist, die Reproduzierbarkeit und Transparenz der Ergebnisse zu erhöhen, da bei Simulationsstudien keine fest vorgegebenen Kriterien existieren, ab wann eine Simulationsstudie publiziert werden kann; dies ist bspw. bei Strukturgleichungsmodellen anders.[51]

Abbildung 4.1 stellt das Vorgehensmodell[52] grafisch dar.[53] Den Ausgangspunkt bilden reale Systeme, also manuelle Person-zur-Ware-Kommissioniersysteme mit einem rechtwinkligen Lagerlayout. In Anlehnung an Balci ist dies keines von den Systemen, die abgeschlossen sind, sondern eines, das in ein

---

[47]Vgl. Sadowski (1989), S. 79; Sadowski/Grabau (1999), S. 65.

[48]Vgl. Balci (1986), S. 39; (1989), S. 62 ff.; (1990), S. 26; Banks (1999), S. 12; (2000), S. 15; Bennett (1995), S. 18 ff.; Davis (1992), S. 27; Gordon (1972), S. 30 f.; Law (2006), S. 58 ff.; (2008), S. 39; (2009), S. 24 ff.; (2013), S. 66 ff.; Law/McComas (1991), S. 22; Overstreet/Nance (1985), S. 190 ff.; Poole/Szymankiewicz (1977), S. 234 ff.; Rabe et al. (2008), S. 5 ff.; Robinson (2008a), S. 282; (2008b), S. 292; Robinson et al. (2015), S. 2812 ff.; Manuj et al. (2009), S. 176; Shannon (1976), S. 9 f.; ten Hompel et al. (2011), S. 239 ff.; VDI 3633 Blatt 1 (2010), S. 19; White/Ingalls (2015), S. 1754.

[49]Vgl. Poole/Szymankiewicz (1977), S. 4.

[50]Vgl. Law (2015), S. 66 f.; Robinson (2008a), S. 280.

[51]Vgl. Manuj et al. (2009), S. 173.

[52]Hier sei angemerkt, dass dies einen idealtypischen Verlauf darstellt, der bei der Umsetzung so nicht eingehalten wird (vgl. Sadowski/Grabau (1999), S. 63). Nichtsdestotrotz strukturiert das Vorgehensmodell den durchlaufenen Prozess bestmöglich und erhöht dadurch die Transparenz. Die verschiedenen Iterationen und Anpassungen im Laufe der Simulationsstudie werden nicht explizit mit aufgeführt, da sonst eine präzise Darstellung der wesentlichen Aspekte der Simulationsstudie nicht möglich wäre.

[53]Für die vorliegende Arbeit erfolgt keine Betrachtung des Projektmanagements einer Simulationsstudie (wie bspw. in Poole/Szymankiewicz (1977), S. 234 ff.), mit Phasen wie der Auswahl des Projektteams und/oder Trainingsmaßnahmen (vgl. Poole/Szymankiewicz (1977), S. 237 ff.).

größeres System, wie ein Lagerhaus, integriert ist.[54] Daher gibt es keinen fest definierten Rahmen bzw. keine Grenzen zur Systemumwelt. Auf Basis dieses Systems wird dann das konzeptionelle Modell erstellt. Dieses sollte jedoch klar definierte Grenzen aufweisen.

Die Grundlage einer Simulationsstudie oder eines Simulationsprojekts bildet die *Problemstellung*, die das zu untersuchende System zur Basis hat. Als einer der ersten Schritte soll die jeweilige Problemsituation verstanden werden. Hierzu gehört auch, kritisch zu prüfen, ob ein Simulationsmodell erstellt werden soll oder ob diesem eine analytische Lösung der Problemstellung vorzuziehen ist.[55] Sofern Letzteres möglich ist, soll die analytische Lösung vorgezogen werden (das hier genutzte Vorgehensmodell gilt dann nicht mehr).[56] Die Prüfung, ob eine analytische Lösung der in der vorliegenden Arbeit aufgestellten Problemstellung vorzuziehen ist, ist bereits weiter oben erfolgt und wird hier nicht mehr explizit aufgeführt. Dabei wurde gezeigt, dass als Methode die Simulation einer analytischen Lösung vorzuziehen ist. Daher erfolgt die Fortsetzung der Vorgehensweise für Simulationsstudien. Nach dieser Prüfung wird ein konzeptionelles Modell erstellt, welches in ein Simulationsmodell überführt werden soll. Anschließend werden mit dem Simulationsmodell Experimente durchgeführt, um Daten zum Verhalten des zu untersuchenden Systems zu erzeugen.

Das *konzeptionelle Modell* besteht aus allen relevanten Bestandteilen des zu untersuchenden Systems sowie deren Beziehungen zueinander (also den Eigenschaften des Systems) in einer vereinfachten Repräsentation. Das konzeptionelle Modell ist unabhängig von jeglichen Programmiercodes oder Softwarelösungen zu erstellen.[57] Ziel des konzeptionellen Modells ist, die Glaubwürdigkeit eines Simulationsmodells zu erhöhen, als Vorlage für die Entwicklung des Simulationsmodells genutzt zu werden und die Basis für die Verifikation und

---

[54]Vgl. Balci (1994b), S. 122.

[55]Vgl. Law (2015), S. 5; Mitrani (1982), S. 3.

[56]Aufgrund der technischen Entwicklungen sowie der Leistungsfähigkeit von Computern und der vorhandenen Simulationssoftware ist die Simulation für viele komplexe Fragestellungen aus der realen Welt zunehmend besser geeignet und sollte daher für die Analyse solcher Fragestellungen genutzt werden (vgl. Lucas et al. (2015), S. 294 ff.).

[57]Vgl. Robinson (2008a), S. 281; Es gibt verschiedene Gütekriterien für konzeptionelle Modelle (für einen Überblick siehe Robinson (2008a, S. 284 f.)). Da diese aber nur schwer operationalisierbar sind, weil sie sich entweder auf die subjektive Wahrnehmung des Modellierers oder des Kunden der Simulation beziehen (vgl. Robinson (2008a), S. 285 f.) oder schwer greifbare Konstrukte enthalten, wie Eleganz (vgl. Robinson (2008a), S. 285) oder Vollständigkeit und Transparenz (vgl. van der Zee/van der Vorst (2005), S. 91), werden sie für die vorliegende Arbeit nicht genutzt.

Validierung zu bilden.[58] Dabei wird es in einem Format angelegt, in dem es von allen Anspruchsgruppen des Simulationsprojekts verstanden wird.[59] Ziel dieser Phase ist die Beschreibung des Systemverhaltens[60] und zu entscheiden, was in das Modell aufgenommen wird.[61] Das Konzeptmodell kann während der gesamten Simulationsstudie kontinuierlich verändert und angepasst werden.[62] In Anlehnung an Robinson ist das konzeptionelle Modell – im Unterschied zu anderen Vorgehensmodellen – als eine übergeordnete Phase in Abbildung 4.1 dargestellt.[63] Wichtig ist, dass das konzeptionelle Modell keine Aussagen enthalten muss, die sich mit der Umsetzung des konzeptionellen Modells in das Simulationsmodell befassen.[64]

Um das konzeptionelle Modell aus den gesammelten Daten und Informationen über das zu simulierende System abzuleiten, müssen diese in einem ersten Schritt aufgenommen werden. Dazu muss das zu analysierende Problem definiert werden. Diese Schritte werden im Folgenden näher erläutert:

Phase Problemdefinition, Problemformulierung: Was ist das zu untersuchende Problem?

Im ersten Schritt ist erforderlich, ein Problem[65] zu formulieren oder eine Idee zu entwickeln, was überhaupt untersucht werden soll.[66] Das Problem kann seinen

---

[58]Vgl. Robinson (2008a), S. 284.

[59]Vgl. Arbez/Birta (2010), S. 290; Arbez/Birta (2010, S. 290 ff.) stellen ein eigenes Vorgehensmodell für die Erstellung von Konzeptmodellen und deren Umwandlung in Simulationsmodelle vor, sodass dies auch automatisch erfolgen soll. Da in der vorliegenden Arbeit jedoch lediglich zwei Simulationsmodelle erstellt werden, wird auf diese Möglichkeit nicht zurückgegriffen.

[60]Vgl. Arbez/Birta (2010), S. 291.

[61]Vgl. Robinson (2013), S. 377.

[62]Vgl. Robinson (2013), S. 380.

[63]Vgl. Robinson (2008a), S. 283; Rabe et al. (2008, S. 48) führen nach der Erstellung des konzeptionellen Modells noch die *Modellformalisierung* ein. Im Ergebnis der Modellformalisierung sollte eine Implementierung des formalen Modells ohne weitere fachliche Klärung möglich sein. In der vorliegenden Arbeit besteht keine Notwendigkeit, dies als zusätzliche Phase aufzunehmen. Ferner ist diese Anforderung auch in der Praxis selten anzutreffen (vgl. Rabe et al. (2008), S. 48).

[64]Vgl. Rabe et al. (2008), S. 47 f.

[65]Bis auf das Vorgehensmodell von Rabe et al. (2008, S. 5) sprechen alle Autoren der genutzten Vorgehensmodelle von Problem und nicht von einer Zieldefinition, wie Rabe et al. (2008, S. 5) dies tun. Daher soll auch in dieser Arbeit der Begriff der Problemformulierung genutzt werden.

[66]Vgl. Bennett (1995), S. 18; Für häufig auftretende Schwierigkeiten bei der Formulierung von Problemen und für Hinweise zur richtigen Problemformulierung siehe Balci/Nance (1985, S. 76 ff.), Watson (1976, S. 88 ff.) oder Woolley/Pidd (1981, S. 197 ff.).

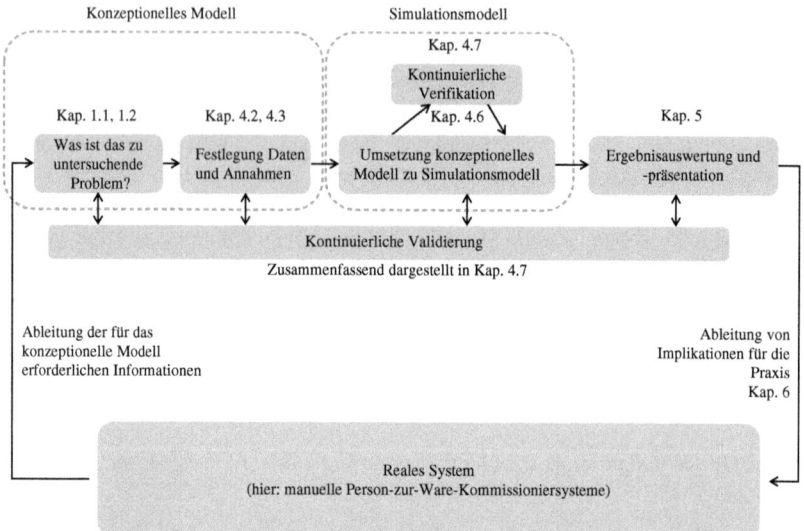

Abbildung 4.1 Vorgehensmodell zur Durchführung der Simulationsstudien (Quelle: Eigene Darstellung)

Ursprung sowohl in der Praxis als auch in der Forschung haben. Ferner werden in dieser Phase die durchzuführende Studie geplant sowie die Ziele und mögliche Hypothesen über das System aufgestellt. Auch sollte hier der Umfang des Modells klar definiert werden, Leistungskennzahlen abgeleitet und der Zeitrahmen aufgestellt werden. Bereits in dieser Phase kann die Auswahl der Simulationssoftware erfolgen. Sofern notwendig, können in dieser Phase Kick-off-Meetings mit den Experten aus der Praxis abgehalten werden. Bereits in der ersten Phase sollen abhängige und unabhängige Variablen des Modells definiert werden.

Phase Datensammlung: Festlegung der Daten und Annahmen für das Modell.
In dieser Phase sollen Informationen über das zu simulierende System gesammelt werden, d. h. Informationen über relevante Prozesse, Abläufe und die Systemstruktur. Dafür ist die Angabe notwendig, welche Daten in welcher Form (Art und Umfang) benötigt werden.[67] Dabei wird empfohlen, mehrere Datenquellen (Dokumente, Experten usw.) einzubeziehen und zu nutzen. Die Modellparameter, Wahrscheinlichkeitsverteilungen und Inputdaten für das Modell sollten in dieser Phase aufgenommen werden. Welche Werte den einzelnen Parametern zugewiesen wer-

---

[67]Vgl. Rabe et al. (2008), S. 51.

den, ist ein zentraler Punkt in einer Simulationsstudie, der Inhalt dieser Phase ist und mithilfe von Experten festgelegt werden kann. Ferner soll entschieden werden, wie detailliert das Modell sein soll und was in das Modell integriert wird. Hierzu ist notwendig, Annahmen zur Vereinfachung zu treffen.[68] Nur weil das Modell einen hohen Detailgrad aufweist, bedeutet dies noch nicht, dadurch genauere oder aussagekräftigere Ergebnisse zu erhalten.[69] Ferner kann unnötige Zeit für die Simulationsstudie verloren gehen.[70] Den richtigen Detailgrad für ein Modell zu bestimmen, ist eine Kunst,[71] die hauptsächlich auf Intuition und Erfahrung basiert.[72]

Einer der kritischsten Bereiche[73] bei einer Simulationsstudie ist die Modellierung des Inputs (der unabhängigen Variablen)[74] bzw. die Sammlung der Daten generell.[75] Hierfür gibt es, im Gegensatz zur Analyse des Outputs, für die eine Vielzahl von statistischen Methoden und Vorgehensweisen existieren, keine genauen Vorgaben und Vorgehensweisen bzw. der Prozess ist sehr subjektiv und weist große Unterschiede zwischen verschiedenen Simulationsstudien und -modellen auf.[76] Daher werden teilweise Vorgehensweisen bzw. Anforderungen an Simulationsstudien angegeben, die allerdings selten genutzt werden und in ihrer Umsetzung ebenfalls stark subjektiv sind.[77] Die Phase der Datensammlung kann

---

[68]Vgl. Robinson (2008a), S. 283.

[69]Vgl. Law (2013), S. 249 f.; Perera/Liyanage (2001), S. 188; Robinson (2008a), S. 284.

[70]Vgl. Perera/Liyanage (2001), S. 188.

[71]Vgl. Law (2015), S. 68.

[72]Vgl. Lehtonen/Seppälä (1997), S. 351.

[73]Kritisch insofern, als die Ergebnisse eines Simulationsmodells bzw. einer Simulationsstudie maßgeblich vom Input abhängen. Sollten dabei scheinbar ungeeignete Daten verwendet werden, beschreibt dies in der Informatik die Bezeichnung des *„garbage-in – garbage-out"* (alternativ auch: *„junk input, junk output"* (vgl. Balci (1989), S. 62) bzw. *„Garbage in, Hollywood out!"* (vgl. Roman (2005), S. 1 ff.)). Dies wird von Savage (2009, S. 356) widerlegt. Seinen Aussagen zufolge kann ein Modell trotz falscher Verteilungen bei den Inputdaten (garbage-in) valide Aussagen generieren. Demonstriert wird dies am Beispiel einer Leiter: Wenn ein Mensch an einer Leiter heraufsteigen will, so wird die Leiter zuvor meist mit kurzen ruckartigen Bewegungen geprüft, ob diese einen festen Stand hat. Diese Kräfte (Verteilung, Ansatzpunkte) sind allerdings stark verschieden von denen, die wirken, wenn der Mensch an der Leiter heraufklettert. Nichtsdestotrotz wird diese Methode von vielen Menschen – erfolgreich – genutzt und meist resultieren daraus valide Aussagen zur Standfestigkeit der Leiter. Demzufolge können mit einem guten Simulationsmodell trotzdem valide Erkenntnisse erzielt werden, auch wenn die Inputdaten (bzw. die Verteilung der Inputdaten) nicht den realen Daten entsprechen.

[74]Vgl. Manuj et al. (2009), S. 177.

[75]Vgl. Banks et al. (2005), S. 307 ff.; Johnson/Mollaghasemi (1994), S. 47; Sadowski/Grabau (1999), S. 62.

[76]Vgl. Lehtonen/Seppälä (1997), S. 357; Markowitz (1981), S. 3; Hatami (1990), S. 632.

[77]Vgl. Hatami (1990), S. 632 ff.; Perera/Liyanage (2001), S. 187 ff.

einen sehr großen Anteil an einer Simulationsstudie ausmachen;[78] besonders, wenn die Daten nicht in der gewünschten Form vorhanden sind und erst aufbereitet werden müssen. Die Aufbereitung der Daten kann die Filterung relevanter Daten, die Transformation von Daten in eine andere Struktur oder die Erzeugung statistischer Verteilungen aus aufgezeichneten Daten umfassen.[79] All dies kann die Dauer einer Simulationsstudie deutlich verzögern.[80]

Für den Input können – sofern vorhanden – Daten des realen Systems genutzt werden. Hier müssen die Daten meist mit großem Aufwand aufgenommen und für die Simulation aufbereitet werden. Sofern dies nicht möglich ist, da das zu analysierende System noch nicht existiert, die Aufnahme der Daten aus anderen Gründen, wie z. B. der fehlenden Zustimmung zur Datenaufnahme, nicht möglich ist oder das Zeitbudget nicht ausreicht, kann auf Expertenwissen zurückgegriffen werden, um geeignete Annahmen zu treffen. Im nächsten Schritt müssen dann Häufigkeitsverteilungen abgeleitet werden, welche die realen Daten bestmöglich widerspiegeln. Sofern nach der Abarbeitung dieser Schritte kein zufriedenstellendes Ergebnis vorliegt, kann der Prozess beliebig oft wiederholt werden.[81] Häufige Probleme bei der Datensammlung sind insbesondere eine schlechte Datenverfügbarkeit, Integration von zu vielen Details in das Simulationsmodell oder Schwierigkeiten bei der Identifikation geeigneter Quellen für die Datensammlung.[82] Ferner muss im konzeptionellen Modell der Output, also die Zielgröße (*performance measure* bzw. die abhängige Variable),[83] festgelegt/definiert werden.

Die Variablen und Parameter in einem Simulationsmodell müssen mit konkreten Zahlenwerten gefüllt werden, um Daten zu generieren. Diese Werte können entweder fest vorgegeben sein oder zufällig bestimmt werden. Die Zufallszahlengenerierung[84] ist dabei ein komplexer Prozess, der viele mögliche Algorithmen zur

---

[78]Rabe et al. (2008, S. 45) geben an, dass die Datensammlung und -aufbereitung bis zu 50 % des gesamten Projektaufwands einnehmen können. Eine Aufbereitung der Daten ist notwendig, da reale Produktions- und Logistikdaten meist nicht vollständig oder ausreichend aggregiert sind (vgl. Rabe et al. (2008), S. 46).

[79]Vgl. Rabe et al. (2008), S. 52.

[80]Vgl. Perera/Liyanage (2001), S. 187.

[81]Vgl. Banks et al. (2005), S. 307 ff.; Perera/Liyanage (2001), S. 187 ff.

[82]Vgl. Perera/Liyanage (2001), S. 189.

[83]Vgl. Manuj et al. (2009), S. 177 ff.

[84]Um Folgen von Beobachtungen, also die Werte für die Simulation, zu generieren, werden *Monte-Carlo-Methoden* verwendet. In Anlehnung an die Kasinos und insbesondere Roulettespiele in Monte Carlo beschreibt dieser Begriff, dass n Zahlen jeweils mit der gleichen Wahrscheinlichkeit erzeugt werden (vgl. Gordon (1972), S. 97). Im Folgenden sollen für die beiden Simulationsmodelle Zufallszahlen nach diesem Prinzip erzeugt werden, die nicht jedes Mal erneut als Monte-Carlo-Simulation ausgewiesen werden.

Erzeugung dieser Zufallszahlen umfasst.[85] Ein weiterer Anwendungsfall für Zufallszahlen ist die Erstellung von Szenarien. Hier können ausgewählte Parameterwerte
entsprechend der Szenarien höher oder niedriger gewählt werden, um die jeweiligen
Auswirkungen zu analysieren. Dabei können den entsprechend der Szenarien abzu-
leitenden Kriterien passende Zufallszahlen generiert werden. Die Generierung der
Zufallszahlen[86] kann manuell (z. B. durch mehrfaches Würfeln oder Werfen einer
Münze) oder automatisch (z. B. mithilfe eines mathematischen Berechnungsverfah-
rens oder eines Computers) erfolgen. Wichtig bei der Nutzung von Zufallszahlen ist
die Reproduzierbarkeit der Ergebnisse, welche mit den Zufallszahlen erstellt wurden.[87] Daher sollten die genutzten Zufallszahlen möglichst gespeichert werden.[88]
Im Folgenden stehen ausschließlich die computergenerierten, also die automatisch
erstellten Zufallszahlen, im Fokus.[89] Zufallszahlen haben meist einen Wert zwischen
0 und 1 und sind unabhängig sowie gleichmäßig verteilt (*independent uniform*).[90]

---

[85]Die Rand Corporation hat eine frei verfügbare Liste mit einer Million Zufallszahlen veröffentlicht, die bspw. für Simulationen genutzt werden können (vgl. RAND (2001)).

[86]Hier wird nicht zwischen Zufalls- und Pseudozufallszahl unterschieden. Da die Werte des
Zufallszahlengenerators bei Kenntnis des Seed-Wertes berechnet werden können, handelt
es sich in dieser Arbeit stets um Pseudozufallszahlen (vgl. Poole/Szymankiewicz (1977),
S. 230 f.).

[87]Liebl (1995, S. 26 f.) sowie Schmidt/Taylor (1970, S. 222) definieren, neben der Reproduzierbarkeit, weitere Kriterien für geeignete Zufallszahlengeneratoren, wie z. B. Unab-
hängigkeit (zwischen zwei Elementen einer Folge an Zufallszahlen), Gleichverteilung
(konstanter Verlauf der empirischen Verteilung der Zufallszahlen über das Intervall [0,1)),
Besetzungsdichte (Generatoren können nur eine endliche Anzahl generieren, müssen hingegen aber hinreichend viele verschieden Zufallszahlen generieren können) und Effizienz
(schneller, wenig speicherintensiver Algorithmus zur Erzeugung).

[88]Vgl. Kleijnen/van Groenendaal (1992), S. 18 f.

[89]Trotzdem gelten die folgenden Ausführungen auch für manuell erstellte Zufallszahlen; dies wird aber aufgrund des Aufwands für die enorm hohe Anzahl von notwendigen
Zufallszahlen im Bereich der Computersimulation nicht genutzt.

[90]Beispielsweise ist in der Programmiersprache Java die Methode Math().random implementiert, die auch in der vorliegenden Arbeit genutzt wird. Diese liefert automatisch eine
Zufallszahl X ($0 < X < 1$). Der Zufallszahlengenerator von Java basiert auf dem Linear-
Kongruenz-Algorithmus (der Algorithmus wird beschrieben in Knuth (1998, S. 10 f.)). Der
Seed-Wert kann übergeben werden, wodurch reproduzierbare Zufallszahlen erzeugt werden. Wenn kein Seed-Wert übergeben wird, fungiert die aktuelle Systemzeit als Basis für
den Zufallszahlengenerator (vgl. Krüger/Stark (2009), S. 385). Sollten zwei Aufrufe der
Funktion zur exakt selben Zeit durchgeführt werden, können gleiche Zufallszahlen resultieren, was eher unwahrscheinlich ist. Ein ähnlicher Zufallszahlengenerator im Bereich der
manuellen Kommissionierung wird bspw. in Petersen (1999, S. 1058) genutzt.

Der erste Wert an dem die Berechnung der Zufallszahlen beginnt wird als *Seed-Wert* bezeichnet. Wenn dieser bei einem Algorithmus zur Berechnung von Zufallszahlen gleich ist, sollten die durch den Computer bestimmten Zufallszahlen ebenfalls unverändert sein und können für verschiedene Simulationsläufe genutzt werden.[91] Aufgrund der hohen Komplexität der Erzeugung von Zufallszahlen, wurden geeignete Berechnungsmethoden (*Zufallszahlengeneratoren*) in Programmiersprachen oder Simulationssoftwarelösungen integriert.[92]

Phase Simulationsmodell/Programmierung: Übersetzung des konzeptionellen Modells in ein Simulationsmodell.
Auf Basis des konzeptionellen Modells wird in dieser Phase das Simulationsmodell programmiert. Dies bedeutet, die Vorgaben aus dem konzeptionellen Modell in ein Simulationsmodell zu übersetzen. Dazu existieren verschiedene Möglichkeiten, wie z. B. *Programmiersprachen* oder *Simulatoren* (wie *Simulationssoftwarelösungen*), worauf in Kapitel 4.5 näher eingegangen wird.

Hierbei wird die zuvor definierte Struktur der Elemente des Systems mit deren Eigenschaften und Beziehungen untereinander (z. B. mit den jeweiligen mathematischen Gleichungen) in eine Software übertragen.[93] Die Beziehung, die zwischen dem zu untersuchenden System und dem Simulationsmodell besteht, ist in Abbildung 4.2 schematisch dargestellt. Hier erfolgt auch die Verifikation, durch das *Debuggen*,[94] unterstützt durch den Simulator. Verifikation beschreibt die Überprüfung, ob das konzeptionelle Modell korrekt in ein Simulationsmodell überführt worden ist bzw. ob von der Beschreibungsart des konzeptionellen Modells in die Beschreibungsart des Simulationsmodells korrekt übertragen worden ist.[95] Beantwortet werden soll die Frage: „Ist das Modell richtig?"[96] Die

---

[91]Vgl. Modianos et al. (1984), S. 83; Ross (2006), S. 41 ff.

[92]Vgl. Gordon (1972), S. 102; Kleijnen/van Groenendaal (1992), S. 28.

[93]Welche Möglichkeiten hinsichtlich der Nutzung von (Simulations-)Software existieren, wird in Kapitel 4.5 näher erläutert.

[94]Debugging bezeichnet das Ausbessern eines Fehlers im Quellcode. Dieser Fehler wird auch als *bug* bezeichnet wird (vgl. Carson (2002), S. 52). Dies wird meist durch den Simulator in der Form unterstützt, dass dieser die Prüfung auf Fehler (die Funktionalität der Software dazu wird Debugger genannt) vornimmt und auf diese vor der Ausführung des Modells auf Fehler bei der Programmierung hinweist. Dies umfasst allerdings keine logischen Fehler; diese müssen durch geeignete Techniken (siehe Verifikation und Validierung in Kapitel 4.7) gefunden und ausgebessert werden.

[95]Vgl. Banks (1998), S. 22; Carson (2002), S. 52; Davis (1992), S. 4; Law (2013), S. 246; Rabe et al. (2008), S. 14.

[96]Vgl. Rabe et al. (2008), S. 14.

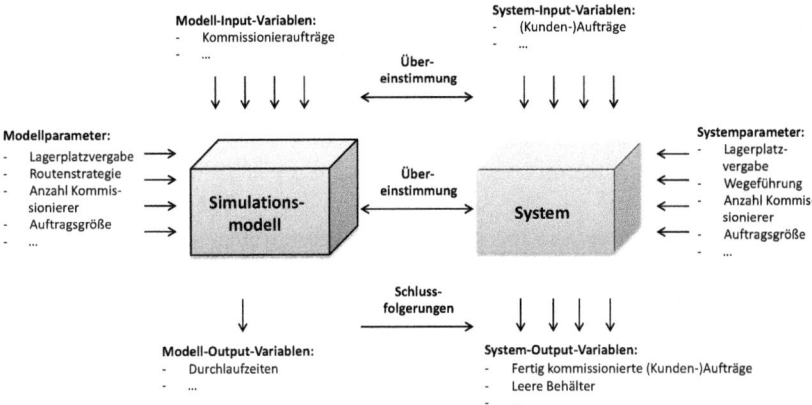

Abbildung 4.2 Beziehung zwischen System und Simulationsmodell (Quelle: Eigene Darstellung in Anlehnung an Balci (1994a), S. 122; Schmidt/Taylor (1970), S. 7)

Implementierung des konzeptionellen Modells in die Simulationsumgebung, also die Überprüfung des Programmcodes, ist meist unkompliziert durch die Überprüfung mithilfe der entsprechenden Funktionalität des jeweiligen Simulators (das sogenannte *Debugging*) möglich.[97] Folglich sollte die Verifikation vor der Validierung[98] durchgeführt werden und sie wird meist vor der Ausführung eines Simulationsmodells von der Simulationssoftware automatisch vorgenommen.

Wichtig ist, dass bei der Erstellung des Simulationsmodells mit einem einfachen Teil des gesamten Modells begonnen wird, welches dann sukzessive erweitert wird.[99] Dadurch werden Fehler bei der Programmierung leichter erkannt und

---

[97]Vgl. Law (2013), S. 246; Die vorliegende Arbeit folgt der Auffassung, dass das Simulationsmodell durch das Debuggen des Simulators verifiziert werden kann (vgl. Law (2013, S. 246); Robinson/Bhatia (1995, S. 64)). Hingegen umfasst lediglich die Definition der Verifikation von Rabe et al. (2008, S. 15) zusätzlich die Überprüfung von Phasenergebnissen während des gesamten Simulationsprojektes.

[98]Durch die Validierung soll die Frage: „Ist es das richtige Modell für die Aufgabenstellung?", beantwortet werden (vgl. VDI 3633 Blatt 1 (2010), S. 36).

[99]Vgl. Ross (2006), S. 110.

können schneller behoben werden. Eine weitere Möglichkeit ist, das Modell komplett, mit allen im Konzeptmodell definierten Bestandteilen, in ein Simulationsmodell zu übertragen und erst danach zu verifizieren. Treten hierbei Fehler nach der kompletten Implementierung auf, ist es unverhältnismäßig schwerer, diese zu identifizieren und auszubessern. Ferner erhöht dieses Vorgehen auch die Wahrscheinlichkeit von Fehlern, da die Komplexität einiger Modelle in der Gesamtheit schwer überschaubar ist. Der sukzessive Aufbau des Simulationsmodells ist ebenfalls eine Technik, die für die Validierung der beiden genutzten Simulationsmodelle angewendet und weiter unten im Kapitel näher beschrieben wird. Die Erstellung des Simulationsmodells kann bereits während der Erstellung des konzeptionellen Modells erfolgen und muss nicht erst nach Abschluss der vorherigen Schritte beginnen. Zu berücksichtigen ist, dass die Erstellung nicht ohne wichtige und notwendige Informationen über das zu untersuchende System aus den vorhergegangenen Schritten starten soll. Hier sollte ebenfalls die verwendete Software in die Dokumentation aufgenommen werden sowie – wenn notwendig – Hardware bzw. spezielle Hardware-Voraussetzungen.

Übergreifende Phase: Validierung des Simulationsmodells.[100]
Die Beziehung zwischen Modell, System sowie den Zielen oder dem Rahmen der Simulation ist die Validität.[101] Sie gibt an, inwieweit das Modell das

---

[100]Häufig werden in der Literatur Abkürzungen, wie V&V für Verifikation und Validierung genutzt (vgl. Rabe et al. (2008), S. 1; Robinson (1997), S. 53) bzw. VV&T (vgl. Balci (1994a), S. 215; (1994b), S. 121; (1995), S. 147; (1998), S. 41), bei dem das Testen explizit mit aufgenommen wurde, sowie VV&A (vgl. Balci (1997), S. 135; (1998), S. 41; Davis (1992), S. 1), bei dem die Akkreditierung des Simulationsmodells dazu zählt, und IV&V, bei der eine dritte Partei über die Verifikation und Validierung entscheidet (das „I" steht hier für *„independent"*) (vgl. Sargent (2007), S. 125; (2013), S. 13). An dieser Stelle soll dies nicht gemeinsam betrachtet werden, da die Verifikation ausschließlich bei der Erstellung des Simulationsmodells vorgenommen worden ist. Da das Testen implizit in allen Phasen vorhanden ist, wird keine explizite Nennung dessen vorgenommen. Ferner spielen Akkreditierung und eine externe Partei, die für Verifikation und Validierung verantwortlich ist, hier keine Rolle und werden ebenfalls nicht mit aufgenommen.

[101]Neben der Verifikation und Validierung wird meist noch die Akkreditierung von Simulationsmodellen in diesem Zusammenhang angeführt. Sie wird bei Simulationsmodellen für militärische Zwecke genutzt und umfasst eine offizielle Zertifizierung, sodass ein bestimmtes Simulationsmodell für den jeweiligen Zweck genutzt werden kann (vgl. Balci (1997), S. 135; (1998), S. 41; Davis (1992), S. 12 f.; Law (2013), S. 248; Rabe et al. (2008), S. 11).

nachzubildende System glaubhaft repräsentiert.[102] Hierbei wird unterschieden in *replizierende Validität, Vorhersagevalidität* und *strukturelle Validität*. Erstere wird angenommen, wenn das Verhalten des Modells und des Systems, unter Berücksichtigung akzeptabler Toleranzen, gleich ist – folglich muss die Beziehung zwischen Input und Output übereinstimmen. Vorhersagevalidität gibt die Eigenschaft des Modells an, unvorhergesehenes Verhalten des Systems zu prognostizieren. Hierfür ist die replizierende Validität Voraussetzung. Durch eine hohe strukturelle Validität kann sichergestellt werden, dass das Modell nicht nur beobachtete Daten des Systems wiedergibt, sondern auch alle Komponenten des Systems und deren Verhalten sowie die Änderungen der Zustände durch das Modell entsprechend abbildet.[103]

Durch eine Validierung wird in den seltensten Fällen die vollständige Korrektheit eines Modells[104] bewiesen, da nicht Ziel eines Simulationsmodells ist, das zu untersuchende System exakt nachzubilden.[105] Vielmehr soll die Validierung ein akzeptables Glaubwürdigkeitsniveau des Modells gewährleisten.[106] Diese dafür

---

Da dies in der vorliegenden Arbeit, wie häufig bei Simulationsprojekten im Bereich Produktion und Logistik (vgl. Rabe et al. (2008), S. 11), nicht gemacht wird, besteht auch kein Bedarf, die Simulationsmodelle akkreditieren zu lassen. Die Punkte, die ein Modell für eine Akkreditierung durchlaufen kann, sind bspw. in Law (2013, S. 248 ff.) aufgeführt.

[102]Vgl. Banks (1998), S. 22; Carson (2002), S. 52; Davis (1992), S. 6; Law (2013), S. 247; Rabe et al. (2008), S. 15.

[103]Vgl. Davis (1992), S. 7 f.; Zeigler et al. (2000), S. 31; Die verschiedenen Techniken der V+V werden allerdings nicht nach diesen Kategorien eingeordnet. Ferner garantieren diese Kategorien ebenfalls keine vollständige Validität eines Simulationsmodells, weshalb sie auch nicht explizit für diese Arbeit genutzt werden.

[104]George E. P. Box soll den häufig in diesem Zusammenhang zitierten Satz gesagt haben: „All models are wrong, but some are useful." (vgl. Box/Draper (1987), S. 424; Carson (2002), S. 53; Law (2013), S. 247; Rabe et al. (2008), S. 19).

[105]Vgl. Bennett (1995), S. 19; Carson (2002), S. 52; Robinson (1997), S. 53; In Anlehnung an Carson (2002, S. 52) soll hier die Formulierung, dass ein Simulationsmodell verifiziert und validiert sei, bedeuten, dass strukturierte Testverfahren durchgeführt wurden, um sicherzugehen, dass das Simulationsmodell das nachzubildende System auch angemessen (glaubhaft) repräsentiert.

[106]Vgl. van Horn (1971), S. 247 f.

vorzunehmenden Prüfprozesse sind iterativ, d. h., sie müssen erneut durchlaufen werden, wenn Änderungen am Simulationsmodell vorgenommen werden. Die Tests sind meist sehr subjektiv.[107] Auch ist wichtig, die Validierung während des gesamten Prozesses der Simulationsstudie durchzuführen,[108] weswegen sich die Validierung im Vorgehensmodell über mehrere Phasen erstreckt.

Wichtig ist noch, zu betonen, dass sich die vollständige Korrektheit eines Simulationsmodells meist nicht nachweisen lässt. Hingegen lässt sich die Fehlerhaftigkeit des Modells bereits durch nur einen einzigen Fehler beweisen. Dies gilt jedoch nicht für die Korrektheit, die selbst durch eine hohe Zahl systematisch durchgeführter Tests nicht abschließend bewiesen werden kann. Lediglich kann die Wahrscheinlichkeit für das Vorliegen eines korrekten Modells durch strukturierte Tests erhöht werden. Darüber hinaus können einem fehlerfreien Simulationsmodell wichtige Aspekte des realen Systems fehlen, weshalb zum fehlerfreien Funktionieren des Modells die Eignung hinzukommt, welche ebenfalls nachgewiesen werden muss. Die Korrektheit des Simulationsmodells gewährleistet hierbei nicht, dass nicht eventuell wichtige Aspekte des realen Systems fehlen.[109] Daher soll die Validierung systematisch und in kleinen Einzelschritten, unterstützt von geeigneten Testverfahren, vorgenommen werden.[110] Die oben aufgeführten Vorgehensmodelle sollen die Validierung ebenfalls unterstützen, weswegen die Nutzung solcher Vorgehensmodelle empfohlen wird.[111]

Ziel ist folglich nicht der formale Nachweis der Validität, sondern die Erhöhung der Glaubwürdigkeit[112] des Simulationsmodells, also wiederum eines

---

[107]Vgl. Balci (1989), S. 62 ff.; Banks (1998), S. 22.

[108]Vgl. Balci (1995), S. 148 ff.; Weitere wichtige Prinzipien für die Verifikation und Validierung, wie die Notwendigkeit zur Dokumentation der Aktivitäten zur Verifikation und Validierung, befinden sich in Balci (1995, S. 147 ff.; 1998, S. 345).

[109]Vgl. Balci (1995), S. 149; Law (2013), S. 247; Rabe et al. (2008), S. 1.

[110]Vgl. Balci (1989), S. 62; Rabe et al. (2008), S. 1.

[111]Vgl. Balci (1989), S. 62 oder die jeweiligen Autoren der einzelnen Vorgehensweisen.

[112]Die Glaubwürdigkeit garantiert allerdings nicht, dass das Simulationsmodell dadurch auch valide ist. Gleiches gilt für valide Modelle, die nicht zwingend glaubwürdig sein müssen (vgl. Law (2013), S. 247).

subjektiven Kriteriums.[113] Das Simulationsmodell soll dabei eine hinreichende Übereinstimmung zwischen Modell und zu untersuchendem System bieten.[114] Nach entsprechender Sicherstellung der Validität wird somit die Glaubwürdigkeit des Modells geschaffen.[115]

Zur Verifikation und die Validierung von Simulationsmodellen existieren eine Vielzahl von anwendbaren Techniken.[116] Die Vorgehensweisen lassen sich unterscheiden in subjektive (bzw. qualitative) und statistische (bzw. quantitative) Techniken.[117] Die Nutzung dieser Techniken ist jedoch abhängig vom jeweiligen Problem und muss individuell entschieden werden.[118] Für die vorliegende Arbeit sollen Techniken aus beiden Bereichen genutzt werden. Dabei erfolgt die kurze Beschreibung der jeweiligen Technik direkt bei deren Anwendung in Kapitel 4.7.

Phase Ergebnisauswertung und -präsentation:
Um die gewünschten Ergebnisse zu erhalten, müssen Experimente mit dem Simulationsmodell durchgeführt werden. Hierzu müssen diese Experimente in einem ersten Schritt geplant werden. Dazu gehören die Länge eines Simulationslaufes, die Bestimmung der eventuell vorhandenen Aufwärmphase sowie die Festlegung der Anzahl von Replikationen. Hierbei ist auf die jeweilige Dauer zur Durchführung eines Experiments zu achten, die eine Restriktion bei der Auswertung darstellen kann. Anschließend werden die Experimente durchgeführt und die

---

[113]Vgl. Carson (2002), S. 53; Fossett et al. (1991), S. 712; Law (2013), S. 248; Naylor/Finger (1967), S. B-93; Rabe et al. (2008), S. 2; Dies entspricht dem Vorgehen nach Popper, der – bezogen auf empirisch-wissenschaftliche Sätze – hervorhebt, dass nicht möglich sei, diese endgültig zu beweisen, sondern sie könnten nur wiederlegt (falsifiziert) werden (vgl. Popper (2005), S. 16 ff.). Gleiches gilt für die Validität von Simulationsmodellen: Diese können nicht endgültig als korrekt angenommen werden; vielmehr ist notwendig, sie auf mögliche Fehler zu überprüfen (vgl. Rabe et al. (2008), S. 19 ff.).

[114]Vgl. VDI 3633 Blatt 1 (2010), S. 36.

[115]Vgl. Law (2013), S. 248.

[116]Vgl. Balci (1997), S. 135 ff.; Balci (1998, S. 41 ff.) benennt 77 verschiedene Techniken.

[117]Vgl. Balci (1989), S. 67 f.; (1990), S. 30; Balci fasst die vorgeschlagenen Techniken in sechs Kategorien zusammen (vgl. Balci (1990), S. 30; (1994a), S. 217; (1994b), S. 131; (1995), S. 152): informal, statisch, dynamisch, symbolisch, zwingend, formell. Hierbei steigt der Grad der mathematischen Formalität von der Erstgenannten bis zur Letztgenannten stetig an (vgl. Balci (1994a), S. 217). Die darin aufgeführten Techniken werden in Balci (1994a) näher erläutert. Etwas später wurden die Techniken zur Verifikation und Validierung auf 77 erweitert (vgl. Balci (1997), S. 135 ff.; Balci (1998), S. 41 ff.). Da eine zusätzliche Kategorisierung der Techniken keine Vorteile bringt, soll dies für die vorliegende Arbeit nicht genutzt werden.

[118]Vgl. van Horn (1971), S. 248.

Ergebnisse der Simulationsläufe ausgewertet, um schließlich die zuvor aufgestellten Hypothesen zu beantworten.

Die Analyse des Outputs, also der Ergebnisse der Simulationsexperimente, hat zum Zweck, entweder die Leistung eines Gesamtsystems oder die Leistung mehrerer Alternativen eines Systemdesigns vorherzusagen.[119] Die Analyse des Outputs hängt maßgeblich von der Art der Simulation ab: Handelt es sich um eine Simulation mit festem Ende (*terminating simulation*), ist die Auswertung anders vorzunehmen im Vergleich zu einer kontinuierlichen Simulation (*steady-state* oder *transient simulation*). Im Folgenden soll sich lediglich auf die Auswertung von diskreten Simulationen mit fest definiertem Ende konzentriert werden. Im Ergebnis einer Simulationsstudie werden meist Leistungsindikatoren (*performance measures* oder *measures of effectiveness*) durch das Simulationsmodell bestimmt. Die Leistungsindikatoren ergeben sich aus einem Zusammenspiel von unveränderlichen (unkontrollierbaren Variablen, d. h., die Entscheidungsträger können auf diese Variablen keinen Einfluss nehmen, wie auf die Nachfrage) und veränderlichen Entscheidungsvariablen (direkt kontrollierbare, veränderliche Variablen, wie die Auftragsgröße für Kommissionieraufträge) innerhalb eines zu simulierenden Systems.[120]

Ist bei dem zu untersuchenden System eine große Anzahl von Einflussgrößen vorhanden, die eine ebenfalls enorm große Anzahl von Experimenten notwendig machen würden, kann dieser Aufwand durch die Anwendung der Methoden der *statistischen Versuchsplanung* (*design of experiments*) reduziert werden. Hierbei werden gezielte Experimente durchgeführt, um die Wirkung verschiedener Faktoren mit deren Wechselwirkungen auf die Ergebnisgröße darzustellen.[121] Dazu werden in einem ersten Schritt Versuchspläne erstellt, die mögliche Fehler bei der Umsetzung der Experimente reduzieren und gleichzeitig die Anzahl der notwendigen Experimente minimieren;[122] wobei die heutige Leistungsfähigkeit der Computersysteme ermöglicht, eine sehr große Zahl an Experimenten in vergleichsweise sehr kurzer Zeit durchzuführen. Daher ist nicht immer notwendig, die Anzahl der Experimente zu reduzieren.[123]

---

[119]Vgl. Banks et al. (2005), S. 383.

[120]Vgl. Banks et al. (2005), S. 390 ff.; Schmidt/Taylor (1970), S. 7.

[121]Vgl. Box et al. (2005), S. 7 ff.; Kleijnen/van Groenendaal (1992), S. 167 ff.; Law (2013), S. 629 ff.; Liebl (1995), S. 143 ff.; Montgomery (2009), S. 1 ff.; Schmidt/Taylor (1970), S. 516 ff.

[122]Vgl. Box et al. (2005), S. 7 ff.; Kleijnen/van Groenendaal (1992), S. 167 ff.; Law (2013), S. 629 ff.; Liebl (1995), S. 143 ff.; Montgomery (2009), S. 1 ff.

[123]Diese Aussage bezieht sich auf Ausführungen innerhalb eines Vortrages, der im Rahmen der 2015 Winter Simulation Conference in Huntington Beach (Kalifornien, USA), von Averill M. Law gehalten wurde (zugehöriger Beitrag ist veröffentlicht in Law (2015, S. 1810 ff.)).

Auch für die vorliegende Arbeit sollen Experimente für die Simulationsstudien genutzt werden. Rabe et al. schlagen dabei folgende Vorgehensweise vor:[124] In einem ersten Schritt sollen (Versuchs-)Pläne für die Experimente erstellt und Hypothesen abgeleitet werden; dies umfasst auch die Festlegung der Wertebereiche für die jeweiligen Parameter und die Anzahl von notwendigen Replikationen. Anschließend können die Experimente durchgeführt werden – wobei die Ergebnisse gespeichert werden sollten. Auf Basis dessen können dann Schlussfolgerungen für das reale System abgeleitet und die Hypothesen bestätigt bzw. widerlegt werden. Auch können dadurch Hinweise für Verbesserungen eines Systems oder quantitative Aussagen hinsichtlich der Auswirkungen von Einflussfaktoren auf die Ergebnisgröße abgeleitet werden. Die entsprechend des eben beschriebenen Vorgehens ermittelten Ergebnisse für die beiden Simulationsstudien werden in Kapitel 5 präsentiert und diskutiert.

Nach Vorstellung des Vorgehensmodells, das den Simulationsstudien dieser Arbeit zugrunde liegt, sollen die noch fehlenden Inhalte der Phasen ab Erstellung der konzeptionellen Modelle entsprechend Abbildung 4.1 erläutert werden. Die Problemstellung wurde bereits in Kapitel 1 identifiziert und explizit benannt. Daher folgt im weiteren Verlauf die Vorstellung der beiden konzeptionellen Modellen, die auf Basis der Problemstellung des zu untersuchenden Systems, also manueller Person-zur-Ware-Kommissioniersysteme, entwickelt wurden.

4.2 Entwicklung des konzeptionellen Modells zur Analyse der Auswirkungen von Abweichungen der vorgegebenen Routenführung auf die Durchlaufzeit in der manuellen Kommissionierung[125]

Wie zuvor beschrieben, enthält ein konzeptionelles Modell alle relevanten Bestandteile des zu untersuchenden Systems (Parameter, Annahmen usw.) mit deren Beziehungen zueinander, welche in das Simulationsmodell implementiert werden sollen. Diese und die sich daraus ergebenden notwendigen Anforderungen an das Simulationsmodell sollen im Folgenden abgeleitet und

---

[124]Vgl. Rabe et al. (2008), S. 50 ff.

[125]Die beiden konzeptionellen Modelle der Arbeit wurden bereits in ähnlicher Form für folgende Publikationen genutzt: Elbert et al. (2015a; 2015b; 2017) sowie in Franzke et al. (2015; 2017).

erläutert werden.[126] Ziel des ersten konzeptionellen Modells ist die Analyse von Abweichungen von der Routenführung in der manuellen Kommissionierung, entsprechend Proposition I.

Für die Erstellung des konzeptionellen Modells gibt es zwei Möglichkeiten: Einerseits kann sich das konzeptionelle Modell an einem real existierenden Kommissionierlager orientieren;[127] andererseits kann ein konzeptionelles Modell auf Basis der Literatur erstellt werden. Diese Vorgehensweise wird im Bereich der manuellen Kommissionierung sehr häufig angewendet[128] und soll für die vorliegende Arbeit genutzt werden. Da kein einheitliches Standardlayout[129] im Bereich der manuellen Kommissionierung gefunden werden konnte und sich einige Aspekte, wie die Anzahl der Gänge, zwischen den einzelnen Studien unterscheiden, sollen die notwendigen Parameter des Layouts der vorliegenden Arbeit aus mehreren bereits veröffentlichten Quellen abgeleitet werden. Ferner ergaben sich im Rahmen der Fallstudie keine Abhängigkeiten des Auftretens von Abweichungen von der Routenführung in Bezug auf das Layout, weswegen auf Basis der Fallstudie auch keine Restriktionen für das verwendete Layout bestehen.

Das Lagerlayout (siehe Abbildung 4.3) besteht aus einem rechtwinkligen Lagerbereich, wofür die optimale Routenstrategie entwickelt wurde,[130] mit 10 Gängen, in denen jeweils 100 SKUs (50 auf jeder Seite) gelagert sind.[131] Die Anzahl der Quergänge ist auf 2 beschränkt, welche sich an der oberen bzw. unteren Seite orthogonal

---

[126]Ferner wird in Studien im Bereich der Kommissionierung die Erfahrung der Autoren als Grundlage genutzt (bspw. in de Koster et al. (2007), S. 485; Hong (2014), S. 687; Jarvis/ McDowell (1991), S.93; Petersen/Aase (2004), S. 13). Daher soll hier ebenfalls die Erfahrung des Autors, welche durch eine Vielzahl von Lagerbesuchen im Rahmen verschiedener Forschungsprojekte (u. a. für die Fallstudie aus Kapitel 3) gewonnen wurde, einfließen und dies an entsprechender Stelle kenntlich gemacht werden.

[127]Wie bspw. in Dekker et al. (2004); Hagspihl/Visagie (2014).

[128]Beispielsweise in Furmans et al. (2012); Gue et al. (2006).

[129]Lediglich die Eigenschaft, dass die Lagerbereiche meist rechtwinklig sind, ist in vielen Publikationen zu finden (darunter auch in den im Folgenden zitierten) und kann als eine Art Standardfall angesehen werden.

[130]Vgl. Ratliff/Rosenthal (1983).

[131]Ähnliche Layouts wurden bspw. genutzt in Pan et al. (2012), S. 532; Petersen/Aase (2004), S. 13; Ein vergleichbares Lagerlayout wird auch in der VDI 3590 Blatt 3 (2002, S. 4) genutzt, was ebenfalls auf die hohe Praxisrelevanz rechtwinkliger Layouts schließen lässt. Auch Petersen et al. (2004, S. 536) wählten dieses generische Layout auf Basis einer Vielzahl von Lagerbesichtigungen der drei Autoren, also folglich aufgrund der hohen Praxisrelevanz.

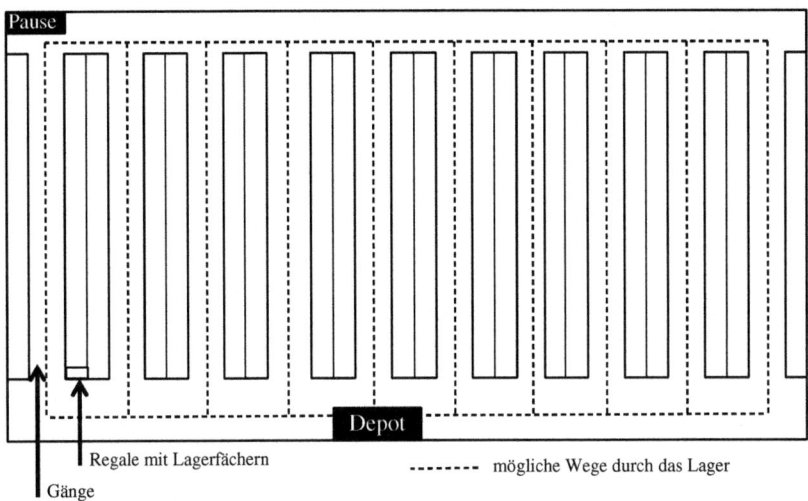

Abbildung 4.3 Layout des zugrunde liegenden Kommissionierbereichs (Quelle: Eigene Darstellung in Anlehnung an Elbert et al. (2017), S. 542)

zu den Gängen befinden.[132] SKUs auf der rechten und linken Seite sollen von der Mitte des Gangs aus für den Kommissionierer greifbar sein, d. h., es wird keine zusätzliche Zeit benötigt, um von einer auf die andere Seite zu gelangen.[133] Die Breite der Gänge ist hier von untergeordneter Bedeutung,[134] da lediglich ein Kommissionierer im Lager arbeitet und angenommen wird, dass jedes manuelle Kommissionierlager so entworfen wurde, dass mindestens ein Kommissionierer sich durch einen Gang bewegen kann. Das beschriebene Layout des Lagers bleibt in der vorliegenden Simulationsstudie unverändert und soll auch für das zweite Simulationsmodell als Grundlage genutzt werden.

In jedem Gang gibt es SKUs, die kommissioniert werden können. Sogenannte Laufgänge[135] werden nicht ins Layout eingefügt. Die SKUs sind voneinander

---

[132]In Anlehnung an Hsieh/Tsai (2006, S. 628), Petersen (1997, S. 1103), Petersen/Schmenner (1999, S. 485), Petersen (2002, S. 797), Petersen/Aase (2004, S. 13), Petersen et al. (2004, S. 536) wurden die Quergänge entsprechend angeordnet, da dies laut den Autoren in konventionellen Lagerlayouts häufig vorzufinden sei.

[133]Wie auch in Caron et al. (1998), S. 713; de Koster/van der Poort (1998), S. 477; Petersen et al. (2004), S. 537.

[134]Wie auch in Petersen/Schmenner (1999).

[135]Laufgänge sind definiert als „Platz für Bewegung bzw. Transport, der keinen Zugang zu den Beschickungs- bzw. Kommissionierflächen der Regale bietet" (DIN EN 15620:2008, S. 10).

unabhängig und stets in ausreichender Kapazität vorhanden.[136] Die Eigenschaften der SKUs, wie Gewicht und Größe, sollen für alle SKUs gleich sein.[137] Die Gänge sind jeweils 1 Meter breit und die Regalreihen sind 25 Meter lang sowie ebenfalls 1 Meter breit. Es wird angenommen, dass in jedem Regalfach unterschiedliche SKUs lagern; daher ist die Anzahl der SKUs gleich der Anzahl der Lagerplätze (1.000).[138] Die Maße der Regalfächer sind 1 Meter in der Tiefe sowie 0,5 Meter in der Breite. In der Praxis gibt es pro Pickplatz meist mehrere Möglichkeiten, SKUs einzusammeln. Hier können mehrere Behälter auf unterschiedlichen Ebenen stehen. Dies soll für die vorliegende Simulation jedoch keine Rolle spielen,[139] da angenommen wird, dass die gleiche Zeit für das Kommissionieren an einem beliebigen Lagerplatz für jede Ebene notwendig ist.

Der Kommissionierprozess startet und endet am Depot.[140] Es gibt genau ein Depot, mittig am unteren Ausgang vom fünften Gang angeordnet.[141] Ferner wird der in Kapitel 2.1 beschriebene Kommissionierprozess ergänzt und Abweichungen von der Routenführung werden zugrunde gelegt.[142] Kommissioniert wird nach dem Prinzip Person-zur-Ware.[143] Die Kommissionierer können – in Abhängigkeit der Routenstrategie – sowohl in den Gängen als auch außerhalb prinzipiell in alle Richtungen laufen, müssen allerdings auf den vorgegebenen Wegen bleiben (dies sind die gestrichelten Linien in Abbildung 4.3). Beschleunigungs- und Bremsvorgänge werden nicht berücksichtigt.[144] Die Geschwindigkeit ist konstant

---

[136]Die Wiederauffüllung von Lagerbeständen bzw. die Nachschubdisposition (vgl. Gudehus (2012), S. 741), das Entfernen von leeren Behältern und die dadurch anfallenden sonstigen Zeiten werden, wie in anderen Publikationen, nicht gesondert betrachtet (vgl. Brynzér et al. (1994), S. 128; de Koster et al. (2007), S. 488). Dies resultiert insbesondere daraus, dass die Wiederauffüllung in der Praxis häufig zu Zeiten durchgeführt wird, an denen nicht kommissioniert wird (vgl. dazu van den Berg et al. (1998), S. 98; de Koster et al. (2007), S. 488; Liu (1999), S. 997; Ruben/Jacobs (1999), S. 579).

[137]Wie auch in Jarvis/McDowell (1991), S. 94.

[138]Wie auch in Rubrico et al. (2008), S. 63 mit ebenfalls 1.000 SKUs.

[139]Wie auch in Hong et al. (2012b), S. 559; Hong (2014), S. 688; Gue et al. (2006), S. 861.

[140]Vgl. Chen et al. (2013), S. 78; Furmans et al. (2012), S. 4.

[141]Wie auch in Petersen (2002), S. 795 ff.; Petersen/Aase (2004), S. 13; Wäscher (2004), S. 325; Ferner weisen Roodbergen/Vis (2006, S. 805) nach, dass die zentrale Lage des Depots für rechtwinklige Lagerlayouts am besten geeignet ist, was auch Petersen/Schmenner (1999, S. 499 f.) für rechtwinklige Layouts gezeigt haben.

[142]Wie sich der Kommissionierprozess durch Abweichungen von der Routenführung ändert, wird bei der Beschreibung des Simulationsmodells ausgeführt.

[143]Vgl. de Koster et al. (2007); Kłodawski/Żak (2013), S. 43.

[144]Wie auch in Gue et al. (2006), S. 861; Hong et al. (2012b), S. 559.

auf 0,75 Meter pro Sekunde festgelegt. Eine für alle Kommissionierer gleiche Geschwindigkeit ist in der Realität möglich, wenn bspw. alle Mitarbeiter auf Flurförderzeugen fahren.[145] Die Zeiten für die Suche nach dem nächsten Lagerplatz sowie für Beschleunigungs- und Bremsvorgänge werden ebenfalls für die Analyse nicht betrachtet.[146]

Der Kommissionierwagen, der von den Kommissionierern mitgeführt wird und die kommissionierten SKUs transportieren soll, hat stets ausreichende Kapazitäten, um alle auf den Kommissionierlisten vermerkten SKUs zu transportieren;[147] dies sind maximal 50 SKUs pro Auftrag.[148] Die Kommissionierlisten stellen den Input bzw. den Ausgangspunkt dar, entsprechend dessen die Kommissioniertour ermittelt wird.[149] Die Zeit für einen Pickvorgang pro Auftragsposition ist konstant[150] und auf 20 Sekunden festgelegt.[151] Dabei gilt vereinfachend, dass jeweils nur eine SKU pro Lagerplatz entnommen wird.

Für die Simulation soll eine Leistungskennzahl bestimmt werden, durch welche die Einflüsse unterschiedlicher Parameter auf die Effizienz des manuellen Kommissionierlagers analysiert werden können.[152] Wie in Kapitel 2.2 beschrieben, ist die Reduktion der Wegzeit ein geeignetes Ziel von Lagerhausmanagern, um die Effizienz in Kommissionierlagern zu steigern. Daher soll die Wegzeit hier zur Leistungsmessung bzw. Quantifizierung des Einflusses von ausgewählten Parametern auf die Effizienz genutzt werden. Diese Kennzahl soll die Zeit für den Kommissionierprozess, das Picken, sowie zusätzliche Zeiten, welche durch die Berücksichtigung von Abweichungen entstehen, enthalten und im Folgenden als *Durchlaufzeit* bezeichnet werden.[153] Anforderung an das Simulationsmodell ist folglich, dass die Durchlaufzeit für jeden kommissionierten Auftrag bestimmt und

---

[145]Vgl. Hong et al. (2012b), S. 558.

[146]Wie in Gue et al. (2006), S. 861; Hong et al. (2012b), S. 559.

[147]Vgl. Pan et al. (2012), S. 529.

[148]Wie in Petersen/Aase (2004), S. 13.

[149]Vgl. Rubrico et al. (2008), S. 59.

[150]Wie auch in Chen et al. (2013), S. 78; Gue et al. (2006), S. 861; Hong et al. (2013), S. 1349; Jarvis/McDowell (1991), S. 94.

[151]Wie auch in Gue et al. (2006), S. 865; Pan et al. (2012), S. 532; Petersen et al. (2004), S. 537.

[152]Vgl. Brynzér et al. (1994), S. 127.

[153]In Anlehnung an Petersen et al. (2004, S. 537). Hier wurde ebenfalls die Durchlaufzeit (*total fulfillment time*) genutzt, die Wegzeiten und Pickzeiten enthält. Vereinfachend wurde in der Publikation von Petersen et al. (2004, S. 537) angenommen, dass bereits alle administrativen Zeiten dadurch berücksichtigt sind. Eine andere Möglichkeit nutzten Chen et al. (2013, S. 83), indem sie annahmen, dass sämtliche anderen Zeiten 0 Sekunden dauern.

gespeichert werden soll. Diese enthält den Einfluss der jeweiligen Parameter auf die Effizienz und ermöglicht eine Quantifizierung der Auswirkungen mit deren anschließender Analyse im Hinblick auf die Zielgröße. Um weitere Einflussfaktoren (wie Blockierungen) bei der Kommissionierung eines durchschnittlichen Auftrags auszublenden, soll lediglich ein Kommissionierer zur selben Zeit im Lager tätig sein. Die Durchlaufzeit eines einzigen Simulationslaufs wird als Beobachtung bezeichnet.[154] Die durchschnittliche Durchlaufzeit besteht somit aus einer Vielzahl von Beobachtungen. Wie hoch diese Anzahl genau ist, wird in Kapitel 5.1.1 bzw. 5.2.1 bei der Beschreibung des Aufbaus der Experimente erläutert und begründet.

Veränderliche Einflussfaktoren ergeben sich insbesondere aus den Haupteinflussgrößen auf die Durchlaufzeit. Wie in Kapitel 2.3 aufgezeigt, sind dies im Wesentlichen: die Layoutgestaltung, die Lagerplatzvergabe, Order batching, Zoning und die Routenstrategien. Wie bereits beschrieben, soll der Faktor des Lagerlayouts konstant bleiben, um die Anzahl der möglichen Simulationsläufe in einem Umfang zu halten, mit dem die Ergebnisse übersichtlich und präzise dargestellt werden können. Ferner ist dieser Faktor für bereits existierende Lagerbereiche meist konstant, da das Layout in der Praxis sehr schwer zu verändern ist, sofern das Lager nicht neu geplant bzw. umgebaut wird.

Als mögliche Lagerplatzvergabestrategie soll die zufällige Lagerplatzvergabe, als intuitivste und einfachste Strategie, gewählt werden. Diese hat eine hohe Raumausnutzung, was allerdings zu langen Wegen führen kann.[155] Ferner soll die klassenbasierte ABC-Verteilung genutzt werden. Die A-, B- und C-Zonen sollen wie folgt angeordnet werden: horizontal, diagonal und vertikal (für eine genauere Beschreibung der Strategien sei hier auf Kapitel 2.3.2 verwiesen). Diese Strategien haben zum Ziel, die Wegzeit zu reduzieren, da häufig zu kommissionierende SKUs möglichst nahe am Depot liegen. Ferner beeinflussen die Lagerplatzvergabestrategien die relative Vorteilhaftigkeit einzelner Routenstrategien.[156] Der Einfluss einer veränderten Lagerplatzvergabe auf die relative Vorteilhaftigkeit von Routenstrategien soll hier unter Berücksichtigung von Abweichungen von der Routenstrategie ebenfalls untersucht werden.

Die für den Faktor der Routenstrategien zugrunde gelegten Strategien ergeben sich aus den in Kapitel 2.3.2 vorgestellten: Return-, S-shape-, Midpoint-, Largest gap-, Composite-, Combined- sowie der optimalen Strategie. Diese sind

---

[154]Vgl. Mitrani (1982), S. 86.

[155]Vgl. de Koster et al. (2007), S. 488.

[156]Vgl. Petersen/Schmenner (1999), S. 499.

im Bereich der manuellen Kommissionierung am häufigsten genutzt und variieren von sehr einfachen bzw. intuitiven Routenstrategien (wie Return-, S-shape-Strategie) bis hin zu sehr komplexen Routenstrategien (wie Combined-, optimale Strategie).[157] Ziel ist, dass der Kommissionierer einen jeden Auftrag mit verschiedenen Routenstrategien (sowie weiteren veränderlichen Parametern) durchläuft und die Durchlaufzeiten dafür vom Simulationsmodell bestimmt werden.

Ein weiterer Ansatz zur Reduktion der Durchlaufzeiten ist das Order batching, also das Zusammenfassen mehrerer kleinerer Kundenaufträge zu einem größeren Kommissionierauftrag oder das Aufteilen eines größeren Kundenauftrags in mehrere kleinere Kommissionieraufträge. Im Simulationsmodell soll lediglich von Interesse sein, wie viele SKUs ein Kommissionierer pro Kommissioniertour einsammeln muss. Eine Aggregation von Aufträgen ist daher von untergeordneter Bedeutung und soll hier vernachlässigt werden. Es spielt keine Rolle, ob der jeweilige Kommissionierauftrag aus einem oder mehreren Kundenaufträgen abgeleitet worden ist. Durch die Anwendung dieser sogenannten Pick-by-order-Politik lässt sich der Einfluss der Routenstrategie untersuchen, ohne, dass mögliche weitere Zeiten – wie z. B. ein Umpacken der kommissionierten SKUs in kundenauftragsspezifische Verpackungen – berücksichtigt werden müssen.[158] Jeder Kommissionierer hat genau einen Auftrag zur selben Zeit im Lager zu kommissionieren.[159] Order batching ist somit für dieses Simulationsmodell von untergeordneter Bedeutung.[160] Gleiches gilt für die Aufteilung des Lagerbereiches in mehrere Zonen (Zoning). Da stets nur ein Kommissionierer zur gleichen Zeit im Lager kommissioniert, besteht das Lager lediglich aus einer einzigen Zone. Eine weitere Aufteilung in mehrere Zonen wird aufgrund der Anzahl von Kommissionierern nicht betrachtet.

Weiterhin werden die Auftragsgrößen verändert, da diese einen Einfluss auf die Effizienz verschiedener Routenstrategien haben.[161] In Anlehnung an Chen et al. sollen die Auftragsgrößen 10^{162} und 20 Positionen pro Auftrag gewählt werden.[163]

---

[157]In Anlehnung an Petersen/Schmenner (1999), S. 484.

[158]Vgl. Chen et al. (2016), S. 392.

[159]Wie in Pan et al. (2012), S. 529.

[160]Wie auch in Pan/Shih (2008), S. 385.

[161]Vgl. Petersen (1997), S. 1107.

[162]Die Auswahl unterschiedlicher Routenstrategien macht erst ab drei Positionen pro Auftrag einen merklichen Unterschied (vgl. Roodbergen (2001), S. 33), weshalb hier die kleinste Auftragsgröße deutlich größer und somit aus 10 Positionen pro Auftrag bestehen soll.

[163]Vgl. Chen et al. (2013), S. 83.

Zusätzlich soll eine deutlich größere Auftragsgröße analysiert werden, um einerseits die Auswirkungen vergleichsweise kleiner und andererseits großer Auftragslisten darstellen zu können. Hierfür wurde die Auftragsgröße 50 Positionen pro Auftrag gewählt.[164] Auftragsgrößen, die zwischen den eben genannten Zahlen liegen, sind nicht möglich.

Die Auftragslisten werden zufällig erstellt, bleiben allerdings über die verschiedenen Replikationen gleich, d. h., der Kommissionierer sammelt in jeder Replikation SKUs in der exakt gleichen Reihenfolge entsprechend der gewählten Routenstrategie ein, um vergleichbare Durchlaufzeiten zu erzielen.[165] Die Auftragslisten verändern sich nur, wenn die Anzahl von Positionen pro Auftrag geändert wird oder andere Lagerplatzvergabestrategien genutzt werden. Letzteres ist notwendig, da sonst die Änderung der Lagerplatzvergabestrategie keine Auswirkungen hätte, wenn sich nicht gleichzeitig die Auftragslisten anpassen würden und die Lage der zu kommissionierenden SKUs an die jeweilige Lagerplatzvergabe angepasst wird. Die Speicherung der Auftragslisten erfolgt für alle Lagerplatzvergabestrategien und Kommissionierer, sodass stets auf vorhandene Auftragslisten zurückgegriffen werden kann.[166]

Wie bereits aufgezeigt, hat der Faktor „Mensch" einen enormen Einfluss auf die Kommissionierung. Daher soll dieser, neben den variierenden Planungsansätzen, als veränderlicher Parameter in das Simulationsmodell einbezogen werden. Als ein Ergebnis der Fallstudie konnte gezeigt werden, dass die Ausprägungen von Abweichungen insbesondere Abweichungen von der Routenführung und ungeplante Pausen sind. Der Einfluss dieser Abweichungen soll nun mithilfe des Simulationsmodells quantifiziert werden. In der Fallstudie wurden ebenfalls Kommissionierfehler als Folge von Abweichungen identifiziert. Diese können bereits durch Qualitätskontrollen oder Retouren quantifiziert werden, weswegen sie nicht in diese Simulationsstudie aufgenommen wurden.

Da die Gründe für eine vom Kommissionierer veränderte Routenführung bereits in Kapitel 3.3 aufgezeigt und diskutiert worden sind, erfolgt hier ausschließlich die Beschreibung, welche Anforderungen an das Simulationsmodell für diese Art der Abweichungen gelten sollen. Ferner sind hier binäre Handlungsmöglichkeiten des Kommissionierers zugrunde gelegt:[167] eine Abweichung findet

---

[164]Wie auch bei Petersen/Aase (2004), S. 13.

[165]Vgl. Chen et al. (2013), S. 82.

[166]Die Beschreibung des Prozesses, in dem die Auftragslisten generiert werden, folgt in Kapitel 4.6.

[167]In Anlehnung an Epstein (2014), S. 6.

statt oder nicht. Verhaltensmodelle, wie bspw. von Epstein genutzt,[168] sollen hier nicht angewendet werden, da lediglich die Auswirkungen des abweichenden Verhaltens der Kommissionierer untersucht wird.

Veränderungen in der Routenführung können auftreten, wenn komplette *Gänge übersprungen*[169] oder wenn einzelne *SKUs übersprungen*[170] und somit die Vorgaben auf der Pickliste nicht eingehalten werden.[171] Tritt dies auf, dann sollen die ausgelassenen SKUs nachträglich kommissioniert werden, bevor der Kommissionierauftrag am Depot abgeschlossen wird.[172] Andernfalls, wenn unvollständig kommissionierte Aufträge abgeschlossen werden könnten, würden scheinbar positive Effekte durch eine reduzierte Durchlaufzeit für die unvollständig kommissionierten Aufträge die Ergebnisse verfälschen. Darüber hinaus können durch die beiden Kategorien weitere Abweichungen vom Soll-Prozess abgebildet werden, wie kaputte oder fehlende SKUs am Lagerplatz, wodurch ein Überspringen notwendig wird, oder ein durch Gegenstände blockierter Gang, der übersprungen werden muss.

Da bisher keine Hinweise über die Anzahl oder die Häufigkeit von Abweichungen von der Routenführung gefunden worden sind, wird dieser Faktor über die Wahrscheinlichkeit für das Auftreten von Abweichungen von der Routenführung implementiert. Zu Beginn des Simulationslaufes soll die Wahrscheinlichkeit festgelegt und im weiteren Verlauf variiert werden, um die unterschiedlichen Auswirkungen für die verschiedenen Arten von Abweichungen von der Routenführung analysieren zu können.

Das Bemerken übersprungener Gänge und SKUs kann prinzipiell zu jeder Zeit stattfinden. Jedoch wird angenommen, dass dies wahrscheinlicher ist, wenn der Kommissionierer bestimmte Orte erreicht, wie das Depot, an dem eine mögliche

---

[168]Vgl. Epstein (2014).

[169]Dies bezieht sich ausschließlich auf Gänge, in denen sich zu kommissionierende SKUs befinden. Wenn der Gang von vornherein nicht betreten werden muss und daher ausgelassen wird, zählt dies nicht als Überspringen im Sinne von Abweichungen und wird daher nicht in die Auswertung einbezogen.

[170]Aufgrund der Annahme, dass lediglich eine SKU pro Lagerplatz gepickt wird, entfällt die Möglichkeit, dass zu wenig SKUs gepickt werden und der Kommissionierer daher zwei- oder mehrmals an denselben Lagerplatz muss.

[171]Hier sei noch darauf hingewiesen, dass das Überspringen von Gängen das Überspringen von SKUs enthält. Diese sollen trotzdem als zwei getrennte Kategorien betrachtet werden, um die unterschiedlichen Auswirkungen präzise darstellen zu können.

[172]Dies kann in der Praxis durch eine Qualitätskontrolle, in Form eines weiteren Mitarbeiters oder einer Waage, erreicht werden.

Qualitätskontrolle auf die fehlenden SKUs hinweist, oder wenn der Kommissionierer am nächsten Pick ist und erneut auf die Kommissionierliste schauen muss. Auch wird angenommen, dass am Ende eines Gangs Abweichungen durch übersprungene SKUs bemerkt werden können. An welchen dieser drei genannten Orte dies möglich ist, soll ebenfalls im Vorfeld eines Simulationslaufes bestimmt werden.

Ferner wird berücksichtigt, dass Kommissionierer *(ungeplante) Pausen* machen.[173] Pausen sind insbesondere zur Erhaltung der Leistungsfähigkeit notwendig und daher von großer Wichtigkeit.[174] Sie sind deshalb auch meist gesetzlich vorgegeben. Hier sollen unter dieser Art der Abweichungen von der Routenführung allerdings Pausen verstanden werden, die ungeplant eingelegt werden und die Kommissioniertour unterbrechen. Die Auswirkungen dieser Unterbrechung sollen quantifiziert werden. Die Pausen können insbesondere Toiletten- oder Essenspausen umfassen[175] oder zum Rauchen genutzt werden.[176] Diese Pausen werden häufig nicht in die Planung des Kommissionierprozesses einbezogen, da das Auftreten von verschiedenen Faktoren, wie der Tagesform der Kommissionierer, abhängt und meist schwer vorhersehbar ist.

Es gilt die Annahme, dass Pausen nur außerhalb eines Gangs begonnen werden können, um die anderen Mitarbeiter nicht unnötig durch einen im Gang stehen gelassenen Kommissionierwagen zu stören. Ferner soll es einen Pausenbereich im Lagerbereich geben, der stellvertretend für einen Essensbereich, Toiletten oder einen Raucherplatz steht.[177] Für die Anordnung des Pausenbereiches existieren lediglich allgemeine Vorgaben, wie z. B. die geforderte Nähe zum Arbeitsplatz sowie die notwendige Nähe zu anderen Pausen-/Bereitschafts-/ Wasch-/ und Umkleideräumen sowie die Vorgabe, dass Pausenräume für die

---

[173]Hier ist zu berücksichtigen, dass unter der Kategorie „Abweichungen von der Routenführung" ebenfalls ungeplante Pausen inbegriffen sind (im Unterschied zur Verwendung dieses Begriffes in Elbert et al. (2017), bei dem Pausen nicht berücksichtigt wurden).

[174]Vgl. Wiendahl et al. (2014), S. 312; Dabei werden Pausen für Sport, Spiel und Freizeit (vgl. Wiendahl et al. (2014), S. 312) nicht berücksichtigt, da bisher kein Hinweis identifiziert werden kann, dass während der Kommissioniertätigkeit Pausen für Sauna-, Fitnessstudiobesuche oder Tennisspiele, wie sie von Wiendahl et al. (2014, S. 312) generell für Mitarbeiter empfohlen werden, vorgenommen werden.

[175]Vgl. Hagspihl/Visagie (2014), S. 174.

[176]Geraucht wird teilweise sogar direkt im Lager (vgl. de Koster (2012), S. 460).

[177]Bei mehr als 10 Mitarbeitern ist der Arbeitgeber zur Bereitstellung von Sanitär- und Pausenräumen verpflichtet (vgl. § 6 ArbStättV).

Kommissionierer leicht erreichbar und an einem ungefährdeten, über sichere Wege erreichbaren Ort positioniert werden sollen.[178] Die Zeit, um die Pausenräume zu erreichen, sollte 5 Minuten (zu Fuß oder mit betrieblich zur Verfügung gestellten Verkehrsmitteln) und die Wegstrecke 100 Meter nicht überschreiten[179] bzw. für Sanitärräume maximal ca. 45 Meter bzw. 150 Fuß von jedem Arbeitsplatz betragen.[180] Um diese Anforderungen zu erfüllen und weil der Pausenraum außerhalb der Kommissionierzone liegen sollte, um keine zusätzlichen Störungen zu verursachen, wird der Bereich für ungeplante Pausen in der oberen linke Ecke angeordnet (siehe Abbildung 4.3). Das Auftreten ungeplanter Pausen soll ebenfalls über die Wahrscheinlichkeit des Auftretens festgelegt werden. Dabei sollen die Pausenzeiten gleichverteilt zwischen 1 und 7 Minuten liegen, um möglichst alle Pausenaktivitäten abbilden zu können – angefangen beim Blick auf das Smartphone bis hin zu einer Raucherpause.[181]

Die eben aufgeführten Wertebereiche der einzelnen Parameter sind in Tabelle 4.1 zusammenfassend dargestellt.

4.3 Entwicklung des konzeptionellen Modells zur Analyse der Auswirkungen von Blockiervorgängen auf die Durchlaufzeit in der manuellen Kommissionierung

In Anlehnung an das in Kapitel 4.2 bereits beschriebene konzeptionelle Modell wird im Folgenden das konzeptionelle Modell zur Analyse des Einflusses von Blockierungen in manuellen Person-zur-Ware-Kommissioniersystemen erläutert.[182] Wie in Kapitel 2.4.3 aufgezeigt, gibt es bereits Veröffentlichungen zu diesem Thema. Bisher wurde allerdings eine umfassende und vergleichende Analyse der hier genutzten Routen- und Lagerplatzvergabestrategien nicht durchgeführt.[183]

---

[178]Vgl. § 6 Anhang 4 ArbStättV.

[179]Vgl. BAuA (2016), S. 4.

[180]Vgl. Heragu (2008), S. 87.

[181]Maximale Pausenzeiten sind in Anlehnung an Yung/Agyekum-Mensah (2012, S. 642) bestimmt worden.

[182]Dieses wurde bereits für die Veröffentlichungen Elbert et al. (2015a; 2015b) sowie Franzke et al. (2015; 2017) genutzt und orientiert sich an diesen.

[183]Mit Ausnahme der im Rahmen dieser Arbeit angefertigten Publikationen: Elbert et al. (2015a; 2015b); Franzke et al. (2015; 2017).

Tabelle 4.1 Übersicht der Stufen und Wertebereiche der Parameter für das konzeptionelle Modell zur Analyse der Auswirkungen von Abweichungen von der Routenführung (Quelle: Eigene Darstellung)

Faktor	Stufen	Ausprägungen
Anzahl Gänge		10
Anzahl SKUs im Lager		1.000
Anzahl Kommissionierer	1	1
Picks pro Position		1
Zeit für einen Pick		20 Sekunden
Laufgeschwindigkeit		0,75 Meter pro Sekunde
Auftragsgröße (Positionen pro Auftrag)	3	10, 20, 50
Routenstrategien	7	Return, S-shape, Midpoint, Largest gap, Composite, Combined, Optimal
Lagerplatzvergabestrategien	4	Zufällig, ABC-Verteilung (horizontal, vertikal, diagonal)
Wahrsch. für das Überspringen von einzelnen SKUs	21	0 % – 20 %
Wahrsch. für das Überspringen von Gängen	21	0 % – 20 %
Wahrsch. für das Überspringen von Gängen und einzelnen SKUs[a]	21	0 % – 20 %
Wahrsch. für ungeplante Pausen	11	0 % – 10 %

[a]Die Kombination aller drei Arten von Abweichungen von der Routenführung soll hier nicht betrachtet werden, da ungeplante Pausen einen deutlich höheren Einfluss haben und die durchschnittlichen Durchlaufzeiten kaum Unterschiede aufweisen zu den durchschnittlichen Durchlaufzeiten, wenn alle drei Arten von Abweichungen auftreten können.

Einige grundlegende Aspekte, wie das Lagerlayout oder die Routen- und Lagerplatzvergabestrategien, sollen für beide Simulationsmodelle gleich sein. Im Unterschied zum vorherigen Modell soll hier insbesondere die Anzahl der Kommissionierer variiert werden, um die Auswirkungen von Blockiervorgängen, die auftreten, wenn mehrere Mitarbeiter gleichzeitig im Lager kommissionieren,[184] vornehmen zu können. Die Berücksichtigung weiterer Mitarbeiter im Kommissionierlager ist in der Praxis ein häufig anzutreffender Fall, was in der qualitativen

---

[184]Vgl. Chen et al. (2016), S. 393.

Untersuchung als relevant herausgestellt worden ist. Daher soll der Einfluss von Blockierungen mehrerer Mitarbeiter beim Kommissionieren im zweiten Simulationsmodell analysiert werden. Zu beachten ist, dass sonstige Abweichungen von der Routenführung hier nicht möglich sind, um die Komplexität des Simulationsmodells auf einem geeigneten Niveau zu halten.

Auch hier wird das generische Lagerlayout[185] aus den aufgezeigten Gründen genutzt. Ferner findet ein generisches Kommissioniersystem häufig in Publikationen im Bereich des Picker Blocking Anwendung.[186] Folglich enthält das Lagerlayout für dieses konzeptionelle Modell die Eigenschaften: rechtwinkliges Layout, 10 Gänge, 1.000 SKUs, zwei Quergänge am oberen und unteren Ende der Gänge, Depot in der Mitte des Lagers.[187] Als weitere Faktoren sollen die bereits verwendeten Routenstrategien (Return-, S-shape-, Midpoint-, Largest gap-, Composite-, Combined- und die optimale Strategie) sowie die bekannten Lagerplatzvergabestrategien (zufällige, vertikale/horizontale/diagonale ABC-Lagerplatzvergabe) implementiert werden.

Ein zentraler Punkt bei der Analyse von Blockiervorgängen in manuellen Kommissionierlagern ist die Breite der Gänge. Diese hat großen Einfluss auf die Existenz von Blockiervorgängen.[188] Wie bereits aufgezeigt, ist die effiziente Auslastung der vorhandenen Fläche im Lager ein wichtiges Ziel im Bereich der Lagerung. Daher werden häufig schmale Gänge genutzt, um die Kapazität für zusätzliche Lagerplätze zu erhöhen. Eine genaue Breite der Gänge wird in der Literatur allerdings selten angegeben. Wesentlich wichtiger für die Simulation ist hingegen, ob den Kommissionierern ein Überholen generell möglich ist (bei breiten Gängen) oder nicht (bei schmalen Gängen). Eine genaue Benennung der Breite der Gänge ist dabei von untergeordneter Bedeutung. Im Rahmen der qualitativen Untersuchung sind Kommissionierlager besucht worden, die breite Gänge

---

[185]Ein rechtwinkliges Layout mit mehreren Gängen (und teilweise mehreren Quergängen) wird ebenfalls in Arbeiten im Bereich des Picker Blocking sowie in der Praxis am häufigsten genutzt und kann folglich als eine Art Standardfall angesehen werden (vgl. Grosse et al. (2014), S. 70). Ferner werden in der Picker-Blocking-Literatur noch folgende Lagerlayouts analysiert: Layouts, die ein Lager simulieren, mit einem Förderband in der Mitte des Lagers und dabei entweder eine Regalreihe (vgl. Hong et al. (2015a), S. 4) oder zwei Regalreihen aufweisen (jeweils eine über dem Förderband und eine darunter) (vgl. Hagspihl/Visagie (2014), S. 171), sowie ein kreisförmiges Layout (vgl. Hong et al. (2010), S. 3; (2013), S. 5; Hong (2014), S. 688; Parikh/Meller (2009), S. 234; (2010b), S. 396; Skufca (2005), S. 302) bzw. ein Vergleich mehrerer Arten von Layouts (vgl. Hong et al. (2015b), S. 864).

[186]Wie z. B. in Mowrey/Parikh (2014); Ruben/Jacobs (1999).

[187]Der Pausenbereich wurde hier entfernt.

[188]Weitere Einflussfaktoren, wie Normen, Vorgaben usw., wurden in Kapitel 2.4.3 diskutiert.

aufweisen. In diesen könnten sich die Kommissionierer zwar theoretisch überholen, dürfen dies aber aus sicherheitstechnischen Gründen teilweise nicht. Folglich spielt die exakte Angabe der Breite eines Gangs eine untergeordnete Rolle, da die Informationen wichtiger sind, ob es zu Blockierungen kommt und Kommissionierer sich nicht überholen dürfen.

Im vorliegenden Modell sollen die Auswirkungen von Blockierungen auf die Durchlaufzeit bei schmalen Gängen im Hinblick auf die Leistungskennzahl – wenn keine Blockierungen auftreten, aber sonst alle Parameter (Anzahl der Positionen pro Auftrag, Routenstrategie usw.) unverändert bleiben – analysiert werden. Die zuvor gewählte Leistungskennzahl für die Simulation – die Durchlaufzeit – wird auch in diesem Simulationsmodell genutzt. Zusätzlich soll die Anzahl von Blockierungen pro Durchlauf aufgenommen werden.

Der bereits beschriebene Kommissionierprozess soll hier beibehalten werden. Dieser gilt gleichermaßen für jeden Kommissionierer. Folglich sind keine individuellen Unterschiede für die Kommissionierer implementiert (jeder hat die gleichen Eigenschaften, wie Geschwindigkeit, Zeit pro Pick usw.).[189] Die einzige Ausnahme hiervon ist die zugewiesene Routenstrategie. Es soll möglich sein, dass verschiedenen Kommissionierern eine individuelle Routenstrategie zugewiesen werden kann (dies wird im Folgenden als Routenkombination bezeichnet).[190] Mitarbeiter, die leere Lagerplätze mit neuen SKUs wieder auffüllen, werden nicht gesondert betrachtet. Hier soll kein Unterschied zwischen Mitarbeitern, die kommissionieren, und Mitarbeitern, welche die SKUs wieder auffüllen, gemacht werden. Beide haben gleiche Eigenschaften, wie die Pickzeit, die als gleich mit der Zeit zum Wiederauffüllen des Lagerplatzes angenommen wird.

Die Kommissionierer starten ihre Touren zeitversetzt.[191] Durch die Verzögerung soll simuliert werden, dass nicht alle Kommissionierer zur selben Zeit sich ihren Kommissionierauftrag am Depot abholen. Dies stellt eine Art Stau am Depot dar – wobei die Kommissionierer auf ihren vorhergehenden Kollegen warten müssen, bis dieser seinen Auftrag aus dem System empfangen hat und seine Kommissioniertour beginnt. Dafür sind 18,5 Sekunden festgelegt; dies entspricht der Zeit, die ein Kommissionierer bis zum Betreten von Gang 1 benötigt. Ferner kann durch die Verzögerung verhindert werden, dass direkt am Eingang vom ersten Gang bereits eine Vielzahl von Blockierungen auftreten, wenn alle Kommissionierer zur selben Zeit starten würden. Nach Abschluss des Kommissioniervorgangs

---

[189]Wie auch in Hong et al. (2015a), S. 9.

[190]Vgl. Elbert et al. (2015b), S. 3937.

[191]Wie auch in Chen et al. (2013), S. 78 ff.; Chen et al. (2016), S. 392.

kehren alle Kommissionierer wieder zum Depot zurück. Anschließend beginnt ein neuer Simulationslauf.

Ein wesentlicher Unterschied zum vorher genannten Simulationsmodell ist, dass die Abweichungen vom Soll-Prozess hier ausschließlich durch Blockierungen mit anderen Kommissionierern hervorgerufen werden können. Dies soll dazu führen, dass in ihrer Tätigkeit blockierte Kommissionierer auf einen anderen Kommissionierer warten müssen, ihn vorbeilassen oder selbst aus dem Weg gehen sollen. Dabei sind nur Blockiervorgänge innerhalb eines Gangs möglich (in-the-aisle blocking und pick-column blocking, vgl. Kapitel 2.4.3). Dies können sowohl einfache, mehrfache als auch mehrfach entgegengesetzte Blockiervorgänge sein.[192] Eine Auswertung nach den jeweiligen Arten von Blockiervorgängen erfolgt nicht, da lediglich die generellen Effekte von Blockierungen auf die Durchlaufzeit von Interesse sind und bei Blockierungen mit mehreren Kommissionierern häufig verschiedene Arten von Blockierungen zur selben Zeit auftreten. Für die vorliegende Arbeit ist lediglich die durch Blockierungen zusätzlich benötigte Durchlaufzeit relevant – unabhängig davon, welche Art von Blockierungen aufgetreten ist.

Bei komplexeren Blockiervorgängen mit mehreren Kommissionierern sind Prioritätsregeln notwendig, um sogenannte Deadlocks[193] zu vermeiden.[194] In Anlehnung an Gue et al., welche die Prioritätsregel nutzen, demnach die Priorität auf Basis der noch zu kommissionierenden SKUs innerhalb des Gangs vergeben wird, soll in der vorliegenden Arbeit der Kommissionierer mit dem kürzesten Weg zur nächsten SKU bzw. zum Ausgang des jeweiligen Gangs Priorität bekommen.[195] Die häufig genutzte Prioritätsregel FCFS soll hier nicht verwendet werden, da diese sich meist auf den Fall bezieht, dass zwei oder mehr Kommissionierer zum selben Lagerplatz wollen. Bei einer Blockierung innerhalb eines Gangs müsste die FCFS-Regel somit angepasst werden und weitere Kriterien, wie bspw. die kürzeste Entfernung zum Ende des Gangs oder eine zufällige Prioritätsvergabe, müssten genutzt werden. Weiterhin haben alle Aufträge die

---

[192]Vgl. Furmans et al. (2012).

[193]In einem Deadlock können die jeweiligen Verhandlungspartner (hier die Kommissionierer) zu keinem Ergebnis kommen. Sie befinden sich in einem dauerhaften Wartezustand und die Simulation würde somit stehen bleiben (vgl. Ullenboom (2008), S. 590). Im vorliegenden Fall würden mehrere Kommissionierer darauf warten, dass der jeweils andere aus dem Weg geht, was ohne eine Prioritätsregel folglich nicht passieren würde – ein Deadlock wäre die Folge.

[194]Vgl. Furmans et al. (2012), S. 3 f.

[195]Vgl. Gue et al. (2006), S. 866.

Tabelle 4.2 Übersicht der Stufen und Wertebereiche der Parameter für das konzeptionelle Modell zur Analyse der Auswirkungen von Blockierungen (Quelle: Eigene Darstellung)

Faktor	Stufen	Ausprägungen
Anzahl Gänge		10
Anzahl SKUs im Lager		1.000
Picks pro Position	1	1
Zeit für einen Pick		20 Sekunden
Laufgeschwindigkeit		0,75 Meter pro Sekunde
Anzahl Kommissionierer	4	2, 5, 10, 15
Routenstrategien	7	Return, S-shape, Midpoint, Largest gap, Composite, Combined, Optimal
Lagerplatzvergabestrategien	4	Zufällig, ABC-Verteilung (horizontal, vertikal, diagonal)
Auftragsgröße (Positionen pro Auftrag)	3	10, 20, 50

gleiche Priorität, weshalb die Entscheidung anhand der Priorität eines Auftrags zur Verhinderung eines Deadlocks entfällt.

Im Gegensatz zum vorherigen Modell sollen alle Kommissionierer stets nach vorgegebener Kommissionierliste in der entsprechenden Reihenfolge kommissionieren. Treten Blockiervorgänge auf, kann dieser Prozess kurzzeitig unterbrochen werden und wird unmittelbar nach Auflösung der Blockierung wieder an der Stelle fortgesetzt, an welcher der Prozess unterbrochen worden ist. Eine proaktive Reaktion der Kommissionierer auf mögliche Blockierungen, wie es bspw. in Heath et al. der Fall ist,[196] ist hier nicht möglich. Somit wird angenommen, dass Kommissionierer nicht vorhersehen können, wo Staus und Blockierungen auftreten werden, und diese somit auch nicht proaktiv umgehen können.[197] Ein Hinweis, dass dies zuverlässig durch die Kommissionierer eingeschätzt werden kann, wurde nicht gefunden.[198]

Die eben aufgeführten Wertebereiche der einzelnen Parameter sind in Tabelle 4.2 zusammengefasst.

---

[196]Vgl. Heath et al. (2013).

[197]Vgl. Chen et al. (2016), S. 393.

[198]Lediglich in einem Expertengespräch (Lagerhausmanager, UN 6) wurde angemerkt, dass dies von den Kommissionierern genutzt wird; dies konnte allerdings im Rahmen der Fallstudie nicht bewiesen werden.

4.4 Auswahl des agentenbasierten Simulationsansatzes zur Quantifizierung des Einflusses von Abweichungen und Blockiervorgängen auf die Durchlaufzeit in der manuellen Kommissionierung

Auf Basis der Problemstellung und der konzeptionellen Modelle ergeben sich einige Anforderungen an das zu erstellende Simulationsmodell. Dies muss ermöglichen, mehrere Kommissionierer im Lager arbeiten zu lassen. Wichtig hierbei ist, dass den Kommissionierern individuelle Verhaltensweisen implementiert werden können. In Abhängigkeit bestimmter Ereignisse, wie die Ankunft an einem Ort, sollen Abweichungen von der Routenführung oder Blockierungen auftreten können. Dabei ist wichtig zu wissen, an welcher Position sich die Kommissionierer gerade befinden und welche Wege sie laufen bzw. auslassen. Auch soll die Animation als wichtige Validierungsmöglichkeit genutzt werden, was der zu wählende Simulationsansatz ermöglichen sollte.

Zur Auswahl stehen mehrere Simulationsansätze. Diese umfassen insbesondere den von Jay Forrester entwickelten systemdynamischen Ansatz,[199] den ereignisdiskreten Ansatz sowie den agentenbasierten Ansatz.[200] Beim *systemdynamischen Ansatz* werden verschiedene Differentialgleichungen hinterlegt, was ein kontinuierliches Verhalten des Modells hervorruft. Das heißt, dass das System sich über die Zeit entwickelt.[201] Durch sogenannte Feedbackschleifen können sich die Werte einzelner Variablen ändern. Wichtig ist, dass die einzelnen Bestandteile keine eigenen Verhaltensweisen haben können.[202] Daher kann dieser Ansatz für die vorliegende Arbeit nicht genutzt werden.

Ereignisdiskrete Simulationsmodelle bestehen aus verschiedenen Entitäten und Ressourcen, die entsprechend des Flusses von einer Quelle zu einer Senke

---

[199]Borshchev/Filippov (2004, S. 3 f.) führen ebenfalls den Ansatz der *Dynamic Systems* auf. Dieser wird meist für mechanische, elektrische, chemische oder andere technische Ingenieursdisziplinen genutzt und soll hier nicht angewendet werden. Für eine nähere Beschreibung des Ansatzes wird auf Borshchev/Filippov (2004) verwiesen.

[200]Vgl. Borshchev/Filippov (2004), S. 3 f.

[201]Vgl. Law (2013), S. 693.

[202]Vgl. Borshchev/Filippov (2004), S. 3 f.

gelangen können. Dabei werden sie geteilt/kombiniert, anderweitig modifiziert oder verbringen eine bestimmte Zeit in Warteschleifen. Die Zustände des Systems mit dessen Variablen werden dabei stets zu bestimmten Ereignissen verändert (bspw. Ankunft einer Ressource in einer Warteschleife).[203] Bei diesem Ansatz müsste das Systemverhalten im Vorfeld bestimmt und bekannt sein.[204] Da dies bei Abweichungen von der Routenführung und Blockierungen nicht der Fall ist, wird dieser Ansatz hier ebenfalls nicht genutzt.

Als eine Art Variation oder Sonderfall des ereignisdiskreten Simulationsansatzes werden *agentenbasierte Simulationsmodelle* betrachtet.[205] In agentenbasierten Simulationsmodellen gibt es Agenten als autonome Einheiten, die mit ihrer Umgebung interagieren können. Dabei kann die Umgebung auch aus weiteren Agenten bestehen, die bestimmte Eigenschaften haben und vorgegebene Regeln für ihr Verhalten befolgen.[206] Dies wird auch als *bottom-up-Ansatz* bezeichnet, da im Vorfeld nicht das gesamte Verhalten eines Systems, wie das Auftreten oder der Verlauf eines Staus, vorhanden sein muss. Stattdessen können lediglich relevante Aspekte der einzelnen Entitäten (Agenten) des Systems bekannt sein, wie der jeweilige Weg eines Autos mit einer bestimmten Geschwindigkeit und einem Fahrverhalten auf einer Straße zu einer bestimmten Zeit. Aus diesen Interaktionen der Entitäten des Systems entsteht das Verhalten des Systems, welches dann analysiert werden kann. Phänomene, die erst durch das Zusammenspiel einzelner Elemente des Systems entstehen, werden als *emergente Phänomene* bezeichnet und lassen sich insbesondere durch agentenbasierte Simulationsmodelle untersuchen.[207] Zusätzlich können Agenten im Verlauf der Zeit lernen und ihr Verhalten entsprechend der vorgegebenen Regeln anpassen. Die Veränderungen des Systems treten dabei ebenfalls zu bestimmten Zeitpunkten oder zu bestimmten Ereignissen auf, vergleichbar dem ereignisdiskreten Simulationsansatz. Der

[203]Vgl. Law (2013), S. 693.

[204]Vgl. Law (2013), S. 693.

[205]Vgl. Law (2013), S. 693 ff.

[206]Vgl. Epstein/Axtell (1996), S. 4 f.

[207]Vgl. Bonabeau (2002), S. 7280.

wesentliche Unterschied zum ereignisdiskreten Simulationsansatz besteht darin, dass die Agenten mit anderen Agenten und ihrer Umwelt interagieren.[208] Zusammenfassend bestehen agentenbasierte Simulationsmodelle im Wesentlichen aus drei Teilen: den Agenten mit ihren Eigenschaften und Verhaltensweisen, deren Beziehungen zu anderen Agenten sowie einer Umwelt, mit der die Agenten interagieren können.[209] Folglich erfüllt dieser Ansatz alle notwendigen Kriterien, bietet eine hohe Flexibilität zur Analyse der Problemstellungen und wird daher für die Simulationsstudien in dieser Arbeit ausgewählt.

Da es bisher keine einheitliche Definition für einen Agenten gibt,[210] sollen hier die wesentlichen Eigenschaften für dessen Beschreibung genutzt werden. Wichtig ist, dass der Agent sich in einer Umgebung befindet (*situated*), sich sein Zustand von Zeit zu Zeit ändert, der Agent also eine gewisse Flexibilität im Verhalten hat, d. h. situationsspezifisch reagiert, was er selbst bestimmt (*autonomes Handeln*). Ein Agent kann soziales Verhalten besitzen, seine Ziele verfolgen und ggf. anpassen (d. h. *rational zu handeln*) und er muss von anderen Agenten abgrenzbar sein.[211]

Im Hinblick auf die Verifikation und Validierung von agentenbasierten Simulationsmodellen gibt es ebenfalls eigene Vorgehensweisen, die speziell für Simulationsmodelle mit diesem Ansatz abgestimmt sind.[212] Diese Techniken umfassen aber im Wesentlichen die bereits in Kapitel 4.1 beschriebenen und haben nur wenige Unterschiede, wie die besondere Eignung der Animation bei agentenbasierten Simulationsmodellen. Daher wird hier nicht explizit auf die vorhandenen Vorgehensweisen eingegangen.

Im Folgenden soll der agentenbasierte Ansatz für den Einsatz in der manuellen Kommissionierung angewendet werden. Dies wurde bereits bspw. von Hagspihl und Visagie oder Heath et al. erfolgreich durchgeführt.[213] Dabei wird die Bezeichnung Kommissionierer synonym für einen Agenten genutzt; folglich verbirgt sich hinter jedem Kommissionierer ein Agent im Simulationsmodell.

---

[208]Vgl. Law (2013), S. 694.

[209]Vgl. Macal/North (2010), S. 152.

[210]Vgl. Gilbert/Troitzsch (1999), S. 158; Law (2013), S. 694.

[211]Vgl. Gilbert (2008), S. 5 ff.; Klügl (2001), S. 14 f.; Macal/North (2005), S. 3 f.; (2006), S. 74 f.; (2009), S. 87 f.; (2010), S. 152.

[212]Vgl. Gilbert (2008), S. 40 ff.; Heath et al. (2009), S. 12 f.; Klügl (2008); Niazi et al. (2009); Xiang et al. (2005).

[213]Vgl. Hagspihl/Visagie (2014); Heath et al. (2013).

4.5   Auswahl und Vorstellung von AnyLogic als Simulationssoftware zur Erstellung der agentenbasierten Simulationsmodelle

Nachdem bisher die Eignung einer Simulationsstudie zur Beantwortung der Propositionen I und II aufgezeigt worden ist, soll im Folgenden eine Simulationssoftware[214] zur Erstellung der Simulationsmodelle identifiziert werden.[215] Zur Entwicklung von Simulationsmodellen existieren drei Kategorien von Software.[216] Die flexibelste Lösung ist die Nutzung einer *Programmiersprache*, wie Java oder C++. Diese Programmiersprachen können für die Entwicklung einer Vielzahl von Softwarelösungen genutzt werden und bieten daher einen hohen Grad an Flexibilität. Eine weitere Möglichkeit bieten die auf die Entwicklung von Simulationsmodellen abgestimmten Softwarelösungen (*Simulationssoftwaresprachen*), wie GPSS[217]/H, SIMAN[218] V. Diese enthalten bereits vorgefertigte Bausteine oder Modellierungskonstrukte (Assign, Count usw.), welche die Entwicklung erleichtern[219] und die Nutzung ohne umfangreiche Programmierkenntnisse ermöglichen.[220] Simulationssoftwaresprachen

---

[214]Die Softwarelösung bzw. das Softwarewerkzeug, mit dem das jeweilige Modell erstellt und ausführbar gemacht wird, kann auch als Simulator bezeichnet werden (vgl. VDI 3633 Blatt 1 (2010), S. 4).

[215]Hier wird unterschieden zwischen sogenannten universellen Softwarelösungen (*general-purpose*) und anwendungsorientierter Software (*application-oriented*) bzw. auf einen bestimmten Zweck (*special-purpose*) abgestimmter Software (vgl. Law (2015), S. 181 f.). Universelle Softwarelösungen können für jeglichen Einsatzzweck genutzt werden. Sie bieten teilweise besondere Unterstützung für bestimmte Einsatzzwecke, wie im Bereich der Produktion. Anwendungsorientierte bzw. auf einen bestimmten Zweck abgestimmte Software wurde für eine vorher definierte Klasse an Anwendungsfällen erstellt. Hierunter fallen Softwarelösungen, die bspw. im Bereich Gesundheitswesen oder Produktionssysteme Anwendung finden (vgl. Law (2015), S. 183).

[216]Folgende Ausführungen in Anlehnung an Banks et al. (2005), S. 95 ff.

[217]Die Abkürzung GPSS steht für: General Purpose Simulation System. Dieses ist eine für die Entwicklung von Warteschleifenmodellen bzw. ereignisdiskrete Simulationsmodelle entwickelte Simulationssoftwaresprache (vgl. Crain (1997), S. 567 ff.).

[218]SIMAN steht für: SIMulation ANalysis – eine universelle Simulationssoftware für verschiedene Einsatzfelder, die sowohl diskrete als auch kontinuierliche sowie kombiniert diskrete und kontinuierliche Simulationsmodelle ermöglicht (vgl. Profozich/Sturrock (1995), S. 515).

[219]Vgl. Profozich/Sturrock (1995), S. 515 ff.

[220]Vgl. Crain (1997), S. 567.

beinhalten Modellbausteine, um die zu berechnenden Gleichungen auf relativ einfache Art in Computersprache zu übersetzen. Das Computerprogramm wandelt die so erstellten Beschreibungen in ein Programm um, welches die Simulation ausführt.[221] Ferner gibt es *Simulationsumgebungen* mit einer Vielzahl unterstützender Funktionen und Bibliotheken sowie einer grafischen Nutzeroberfläche zur Entwicklung von Simulationsmodellen, wie AnyLogic, Arena oder Simio.[222]

In der Literatur existiert eine Vielzahl von Kriterien, die bei der Auswahl einer Simulationssoftware berücksichtigt werden sollten. Hierunter fallen im Vorfeld schwierig zu bewertende Kriterien, wie die Geschwindigkeit von Ausführungen der Simulationssoftware, die Richtigkeit von Werbeaussagen über die zu nutzende Software, die Qualität des Kundendienstes oder die vorhandene Dokumentation zur Software.[223] Daher können nicht alle Kriterien für die Auswahl herangezogen werden. Wichtig ist, dass sich bei der Auswahl nicht nur auf ein einziges Kriterium fokussiert wird.[224]

Law definiert als wichtigstes Kriterium für die Erstellung von Simulationsmodellen die Flexibilität.[225] Dies bedeutet, dass die Komplexität des Modells beliebig gewählt und verändert werden kann. Dies kann durch die Erweiterung des Modells mithilfe von Programmiercode geschehen.[226] Die Benutzerfreundlichkeit wird, neben der Flexibilität, ebenfalls als sehr wichtig eingeschätzt, wie das Vorhandensein einer grafischen Nutzeroberfläche, Hilfen bei der Fehlerbeseitigung (Debugging-Funktionalität), Daten aus anderen Programmen (wie z. B. Microsoft Excel) importieren zu können, die Verknüpfung von diskreten und kontinuierlichen Modellen sowie die Kosten der Software.[227]

Zusätzlich zu den bisher aufgeführten Kriterien ist ein Kriterium mit besonderer Wichtigkeit[228] anzuwenden: die Überprüfung, ob die Hard- und Softwarevoraussetzungen erfüllt werden, da sonst die Simulationssoftware nicht ausgeführt

[221]Vgl. Gordon (1972), S. 36.

[222]Für eine ausführliche Diskussion von Vor- und Nachteilen der Nutzung von Programmiersprachen im Vergleich zu Simulationssoftwarelösungen wird auf Law (2015, S. 182 f.) verwiesen.

[223]Vgl. Banks et al. (2005), S. 99; Law (2015), S. 186.

[224]Vgl. Banks et al. (2005), S. 99.

[225]Vgl. Law (2013), S. 187.

[226]Vgl. Banks et al. (2005), S. 101.

[227]Vgl. Banks et al. (2005), S. 99 ff.; Law (2015), S. 187 ff.; Poole/Szymankiewicz (1977), S. 198 ff.

[228]Umgangssprachlich auch als „K.-o.-Kriterium" bezeichnet, da ohne die Erfüllung dieses Kriteriums die Software nicht genutzt werden kann.

werden kann.[229] Ferner ist notwendig – da es sich um agentenbasierte Simulationsmodelle handeln soll –, diesen Ansatz von der auszuwählenden Simulationssoftware zu unterstützen.

Für die vorliegende Aufgabenstellung wurde die Simulationsumgebung AnyLogic als geeignete Softwarelösung identifiziert, was im Folgenden näher erläutert werden soll: Neben den vielen vorgegebenen und bereits implementierten Bibliotheken und Funktionen können Erweiterungen in Form von Java-Code unterschiedlicher Komplexität implementiert werden. Eine hohe Flexibilität ist gegeben und die Software zeichnet sich durch eine übersichtliche sowie leicht verständliche grafische Nutzeroberfläche aus. Auch wurde sie in den Bereichen der Nutzerfreundlichkeit aufgrund der intuitiven Bedienbarkeit und der Unterstützung bei der Fehlerbehebung als sehr gut evaluiert. Letzteres prüft vor jeder neuen Ausführung des Simulationsmodells, ob Fehler oder Warnungen[230] im Modell vorliegen. Sollte dies vorkommen, so ermöglicht die Software eine schnelle Auffindung der Fehlerursache und somit ein schnelles Beheben des Fehlers. Ferner unterstützt AnyLogic den Im- und Export von Daten. Zu anderen Programmen, wie Microsoft Excel, existieren Schnittstellen, wodurch die Ergebnisse der Simulationsläufe gespeichert und mit zusätzlichen Programmen ausgewertet werden können. Eine Simulationssoftware soll ermöglichen, Daten zu speichern und anschließend extern auswerten zu lassen, um den Simulationslauf nicht stets neu starten zu müssen, wenn Daten neu genutzt oder ausgewertet werden sollen. Außerdem kann dadurch überprüft werden, ob mögliche Fehler entweder im Modell oder in der Auswertung auftauchen.[231] Neben diskreten Simulationsmodellen unterstützt AnyLogic auch die Erstellung kontinuierlicher Modelle. Ereignisdiskrete, systemdynamische, agentenbasierte Simulationsmodelle sowie Modelle, die eine Kombination der genannten Ansätze enthalten, sind möglich. Auch die Hard- und Softwareanforderungen können ohne weiteres erfüllt werden.

---

[229]Vgl. Law (2015), S. 189; Als Computer für die Erstellung der Simulationsmodelle wurde ein Lenovo ThinkPad mit Intel ® Core™ i5 Prozessor, 2,6 GHz, 6 GB Arbeitsspeicher (64-Bit-Betriebssystem) und Windows 7 genutzt.

[230]Der Unterschied zwischen Fehler und Warnung besteht darin, dass bei einem Fehler die Ausführung der Simulation abgebrochen wird bzw. ein Fehler zum Versagen des Modells führen kann. Warnungen hingegen weisen auf Stellen im Programmcode hin, durch die eine korrekte Ausführung des Programms durch den Compiler nicht gewährleistet werden kann (vgl. Schiedermeier (2013), S. 431). Der Compiler übersetzt das Programm, damit es auf einem Computer ausgeführt werden kann und untersucht es dabei vorher auf syntaktische und Kontextfehler (vgl. Watt/Brown (2000), S. 4).

[231]Vgl. Bratley et al. (1987), S. 33.

Ein besonderes Merkmal von AnyLogic ist die Unterstützung der Erstellung von agentenbasierten Simulationsmodellen durch sogenannte Zustandsdiagramme (*statecharts*). Abläufe, wie das Verhalten von Agenten oder die Interaktion mit anderen Agenten, können in einem solchen Diagramm implementiert werden. Ein Zustandsdiagramm setzt sich zusammen aus verschiedenen Zuständen[232] und Übergängen. Zustände können bspw. die Ausführung einer Anweisung/Tätigkeit, der Aufruf einer Funktion oder die Veränderung eines Wertes einer Variablen[233] sein.[234] Es gibt drei Formen von Zuständen: einfach, zusammengesetzt (*composite*) oder sogenannte History States. Ein *zusammengesetzter Zustand* hat einen eigenen Anfangszustand und zeichnet sich dadurch aus, dass er mehrere *einfache Zustände* sowie Übergänge enthält. Übergänge ermöglichen einen Wechsel zwischen zwei Zuständen, sofern die darin enthaltene Bedingung (zeit- und/ oder ereignisabhängig) wahr ist (bspw. Agent ist am Ziel angekommen, Zeit ist abgelaufen, Nachricht ist eingetroffen usw.). Dabei kann der Übergang von einem zum nächsten Zustand direkt oder über Verzweigungen (eine Art Knotenpunkt) erfolgen. Bei Verzweigungen muss mindestens ein Pfad existieren, bei dem die zu prüfende Bedingung wahr ist; der entsprechende Pfad wird dann gewählt und der dadurch ausgewählte Zustand betreten. Eine Besonderheit stellen interne Übergänge dar. Diese ermöglichen, dass eine Aktivität ausgeführt wird und ein Zustand nicht verlassen werden muss. Ein *History State* ist eine besondere Form von Zuständen; er enthält die Information, welcher Zustand zuletzt aktiv gewesen ist. Hierdurch kann nach einer möglichen Unterbrechung eines Prozesses leichter zum ursprünglichen Zustand gewechselt werden. Ferner besitzen

---

[232]Der Zustand eines Objekts ist definiert als die Kombination der aktuellen Werte seiner Attribute/Eigenschaften. Wird der Wert einer Variablen verändert, ändert sich folglich auch der Zustand des Objekts (bspw. Agent ist blockiert). Funktionen können dabei auch eigenständig Zustände eines Objekts ändern, wenn die Funktion eines Objekts ausgeführt wird (vgl. Metsker/Wake (2006), S. 229).

[233]Eine Variable dient zur Speicherung von Daten; diese können von der Simulationssoftware gelesen und geschrieben werden. Hierzu muss jede Variable deklariert werden. Dies erfolgt, indem der Datentyp (bspw. eine Zeichenkette (*string*)) vorangestellt wird und dahinter der Name der jeweiligen Variablen folgt. Die Werte können sich während des Programmablaufs verändern (vgl. Ullenboom (2008), S. 102 ff.). Der Unterschied zu Parametern besteht darin, dass Parameter zwar einen beliebigen Wert annehmen können, dieser aber während des Simulationslaufes nicht verändert wird.

[234]Hierbei wird unterschieden, ob der Code bei Eintritt oder bei Verlassen des jeweiligen Zustands ausgelöst werden soll.

Zustandsdiagramme genau einen Anfangspunkt[235] sowie einen Endzustand zwischen denen die verschiedenen Zustände und Übergänge eingefügt werden. Die Zustandsdiagramme können beliebig komplex ausgestaltet werden, da sie mithilfe von Java-Codes erweiterbar sind.[236]

Nachdem die Eignung und Vorteilhaftigkeit von AnyLogic aufgezeigt worden ist, soll in den folgenden Kapiteln die Nutzung von AnyLogic zur Erstellung der Simulationsmodelle und deren Verifikation und Validierung dargestellt werden.

4.6   Beschreibung der Umsetzung der konzeptionellen Modelle in Simulationsmodelle

Die hauptsächlich aus der Literatur abgeleiteten konzeptionellen Modelle müssen anschließend in Simulationsmodelle überführt werden. Dafür soll für jedes konzeptionelle Modell ein eigenes Simulationsmodell erstellt werden. Wie im vorherigen Kapitel bereits aufgezeigt, wird dafür die Software AnyLogic in der Version 7.2 verwendet. In diesem Kapitel soll ausschließlich auf ausgewählte Aspekte der Umsetzung der beiden konzeptionellen Modelle hin zu zwei Simulationsmodellen eingegangen werden. Eine ausführliche Beschreibung des jeweiligen konzeptionellen Modells mit anschließender ausführlicher Darstellung der Validierung des Simulationsmodells in Verbindung mit einer ausführlichen Beschreibung des Simulationsmodells würde zu viele Doppelungen aufweisen. Alle wichtigen Informationen über die Elemente des Modells mitsamt deren Beziehungen sind bereits in Kapitel 4.2 und Kapitel 4.3 enthalten. Durch die Verifikation und Validierung wird sichergestellt, dass die Implementierung entsprechend des konzeptionellen Modells erfolgte. Daher wird nur kurz auf wesentliche Aspekte des Simulationsmodells eingegangen, deren Implementierung nicht direkt aus dem konzeptionellen Modell hervorgeht, wie die Umsetzung der Abweichungen von der Routenführung und von Blockierungen.

Aufgrund der hohen Komplexität und des Umfangs der Modelle sind zwei Simulationsmodelle erstellt worden. Grundsätzlich ist eine parallele Analyse der Auswirkungen von Abweichungen von der Routenführung in Kombination mit Blockierungen möglich, d. h., wenn mehrere Kommissionierer im Lager arbeiten und diese sich sowohl blockieren als auch gleichzeitig von der Routenführung

---

[235]In AnyLogic wird der Anfangspunkt als „*Einsprungspunkt Zustandsdiagramm*" bezeichnet.
[236]Vgl. Borshchev (2013), S. 287 ff.

abweichen können. Allerdings wird sich in der vorliegenden Arbeit am Grundsatz orientiert, dass die Simulationsmodelle möglichst einfach mit so viel Komplexität wie nötig konzipiert werden, wie in Kapitel 4.1 aufgezeigt.

Beiden Simulationsmodellen ist gemeinsam, dass sie aus einer grafischen Nutzeroberfläche bestehen (siehe Abbildung 4.4 und Abbildung 4.5), auf der die jeweiligen Werte für die Parameter festgelegt werden können, die in Kapitel 4.2 und 4.3 ausführlich erläutert wurden.

Die eingegebenen Informationen sollen nach Betätigung des *Start-Buttons* vom Simulationsmodell eingelesen und verarbeitet werden. Dies geschieht in der Klasse *Main*[237], die in jedem AnyLogic-Modell standardmäßig enthalten ist. In dieser Klasse wird die Nachricht für den Beginn der Kommissionierung durch den

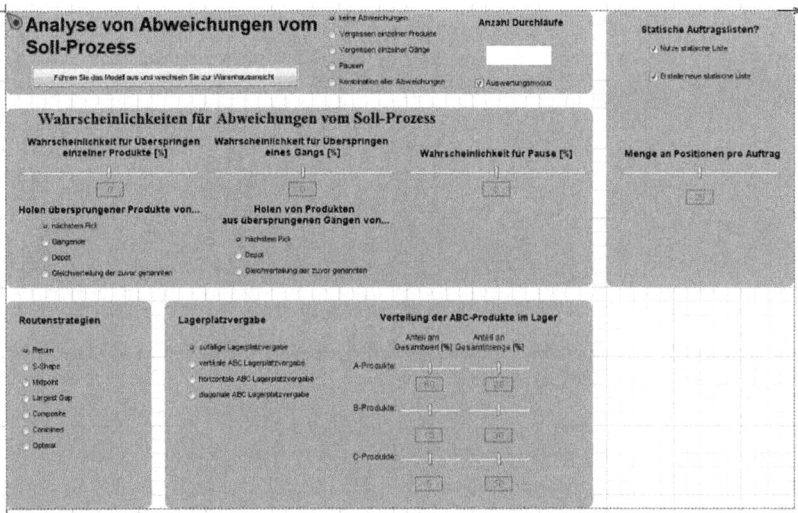

Abbildung 4.4 Nutzeroberfläche für das Simulationsmodell zur Analyse von Abweichungen von der Routenführung (Quelle: Eigene Darstellung aus AnyLogic)

---

[237]Eine Klasse in Java beinhaltet verschiedene Objekte und beschreibt deren Eigenschaften. Jedes Objekt ist eine Ausprägung einer Klasse. Die Eigenschaften eines Objekts sind Variablen oder Attribute und Funktionen (vgl. Ullenboom (2008), S. 179; Watt/Brown (2000), S. 231). Wäre die Spezies Mensch eine Klasse, wären einzelne Personen Objekte mit individuellen Eigenschaften (Größe, Geschlecht usw.) und Funktionen (Atmen, Denken, Laufen usw.). Die *Main*-Klasse ist in AnyLogic ein aktives Objekt (*ActiveObject*; die Basisklasse für alle AnyLogic-Modelle) sowie die Grundlage für alle Komponenten des Modells (vgl. Borshchev (2013), S. 63).

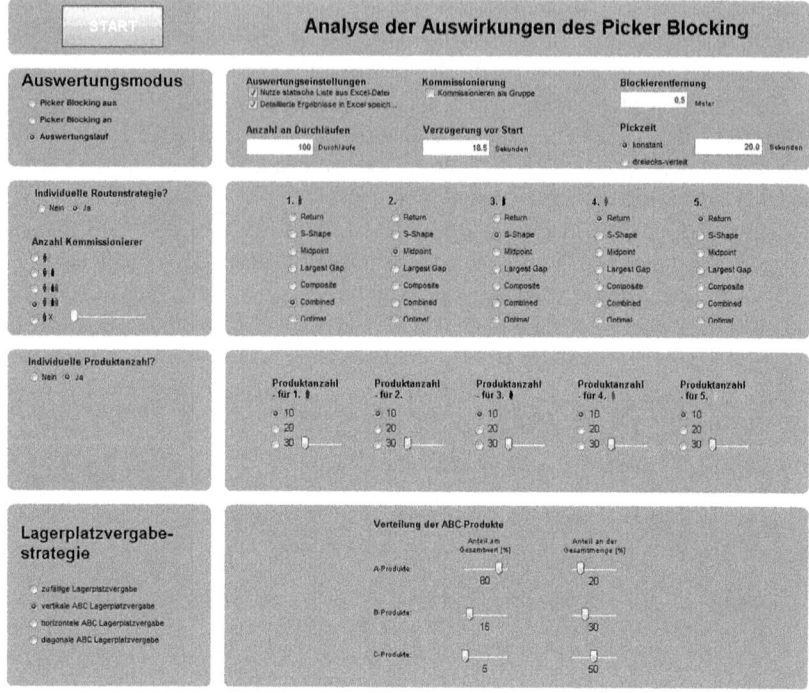

Abbildung 4.5 Nutzeroberfläche für das Simulationsmodell zur Analyse von Blockiervorgängen (Quelle: Eigene Darstellung aus AnyLogic)

Agenten an das entsprechende Zustandsdiagramm gesendet. Das Verhalten der Agenten ist in der Agentenklasse *Person* implementiert, welche in die *top-level-Klasse Main* integriert ist.[238] Jeder Kommissionierer ist als Agent eine Ausprägung der Klasse *Person* (dies wird auch als *Instanz* oder *Exemplar* bezeichnet).[239] Das Verhalten der Agenten wird durch Zustands-/Funktionsdiagramme sowie durch zusätzliche Funktionen innerhalb der Klasse gesteuert.[240] Alle anderen

---

[238]Vgl. Borshchev (2013), S. 63.

[239]Vgl. Ullenboom (2008), S. 179.

[240]Prinzipiell wäre möglich gewesen, das gesamte Verhalten nur über Funktionen zu implementieren. Hier wurde allerdings die Funktionalität von AnyLogic genutzt, durch welche die einzelnen Schritte und Zusammenhänge besser visualisiert werden können und daher auch besser nachvollziehbar sind. Dies ermöglicht insbesondere eine erleichterte Verifikation und Validierung der implementierten Lösung.

Funktionen, Variablen, Sammlungen und Parameter, die nicht spezifisch für den Agenten gelten, sind in der Klasse *Main* enthalten (dies gilt bspw. für das Einlesen oder Erstellen von Auftragslisten, die anschließend an die Klasse *Person* übergeben werden, oder für Layoutparameter, wie Anzahl und Größe der Gänge und Lagerplätze). Die drei weiteren Klassen, welche in beiden Modellen vergleichbar sind, sind die Klassen *L*, *L_opt* und *Sortierer*. Die Klasse *Sortierer* ordnet die zu kommissionierenden SKUs entsprechend der gewählten Routenstrategie. Anhand von X- und Y-Koordinaten kann durch Funktionen in der Klasse *Sortierer* ebenfalls ausgegeben werden, ob zwei SKUs im selben Gang bzw. unter- oder oberhalb der Lagermitte, im ganz äußeren rechten oder linken Gang liegen, sowie die niedrigste/höchste Gangnummer, aus der SKUs kommissioniert werden müssen.

Die Klasse *L* wird für die Berechnung der Route bei der Combined-Strategie genutzt. Bei dieser Routenstrategie wird der Weg durch das Lager vor dem Beginn der Kommissioniertour (also vor dem Loslaufen) berechnet (siehe Kapitel 2.3.2) und entschieden, ob der Gang komplett durchquert oder nur von einer Seite betreten und verlassen werden soll.[241] Dafür müssen alle geeigneten Kombinationen, entsprechend des Algorithmus, berechnet werden, um anschließend die kürzeste Route zu wählen. Die Funktionen in der Klasse dienen dazu, die berechneten Wege für die einzelnen Gänge zu speichern. Am Ende wird der Weg ermittelt, indem die Teilstrecken vom letzten zu besuchenden Gang bis zum ersten Gang mit zu kommissionierenden SKUs zusammengesetzt werden, sodass die kürzeste Route gewählt wird. Ähnlich erfolgt die Berechnung des Weges bei der optimalen Strategie in den Funktionen der Klasse *L_opt*.

Die Anzahl der Durchläufe ist zwar in beiden Simulationsmodellen variabel, soll aber aufgrund der besseren Vergleichbarkeit der einzelnen Durchläufe konstant gehalten werden. Die Auftragslisten stellen einen weiteren Inputparameter dar. In der Nutzeroberfläche kann deren Umfang ausgewählt werden. Dabei sind theoretisch Werte von 1 bis 1.000 Positionen pro Auftrag möglich. Die Auftragslisten können in einem Microsoft Excel-Dokument gespeichert werden,[242] was zu einer besseren Vergleichbarkeit der Ergebnisse führt, wenn stets die gleichen Aufträge mit unterschiedlich hohen Wahrscheinlichkeiten für Abweichungen oder mit variierender Anzahl von Kommissionierern durchlaufen werden. In der

---

[241]Vgl. Roodbergen/de Koster (2001), S. 1871 f.

[242]Ferner besteht die Möglichkeit, das Modell ohne die gespeicherten Auftragslisten ablaufen zu lassen. Dabei werden dynamisch und zufällig Auftragslisten generiert, die nicht gespeichert werden. Eine Wiederholung des gleichen Durchlaufs mit den Auftragslisten ist unter dieser Einstellung nicht möglich.

Excel-Datei können neue bzw. veränderte Auftragslisten gespeichert werden. Veränderungen umfassen dabei die Möglichkeit, zusätzliche Auftragslisten zu erstellen, Auftragslisten für weitere Kommissionierer hinzuzufügen oder Auftragslisten zu vergrößern. Als weiterer Parameter ist die Pickzeit einstellbar (deterministisch oder dreiecksverteilt mit einem Schwerpunkt auf 20 Sekunden).

Im Fall des Simulationsmodells zur Analyse von Blockierungen gibt es eine Besonderheit: Die Kommissionierer sollen sowohl die gleiche Routenstrategie als auch unterschiedliche Routenstrategien im selben Durchlauf verfolgen können. Daher verfügt die grafische Nutzeroberfläche über die Einstellmöglichkeit *individuelle Routenstrategie*, die für bis zu fünf Kommissionierer und für alle sieben implementierten Routenstrategien funktioniert.[243] Ferner kann die Anzahl der SKUs für jeden Kommissionierer variiert werden (Auswahlmöglichkeit: *individuelle Produktanzahl*); dies ist ebenfalls für bis zu fünf Kommissionierer möglich. Der *Kommissioniermodus* gibt an, ob die Kommissionierer, nachdem sie ihren jeweiligen Auftrag eingesammelt haben, am Depot warten sollen, bis alle weiteren Kommissionierer ihren Auftrag beendet haben (*Kommissionieren als Gruppe*), oder ob jeder Kommissionierer für sich die festgelegte Anzahl von Aufträgen kommissioniert (*individuelles Kommissionieren*).

Zusätzlich besteht die Möglichkeit, einen Auswertungsmodus zu aktivieren. Dieser ermöglicht einen Durchlauf mit den gleichen Parameterwerten mit Abweichungen von der Routenführung bzw. Blockierungen und anschließend einen Durchlauf mit unveränderten Werten und den gleichen Auftragslisten ohne Abweichungen von der Routenführung bzw. Blockierungen. Dies soll einen unkomplizierten Vergleich der (durchschnittlichen) Durchlaufzeiten ermöglichen. Die einzelnen Durchlaufzeiten können dabei stets in einem Microsoft Excel-Dokument gespeichert werden.

Nach Festlegung der Ausgangswerte für die Simulationsläufe in der Nutzeroberfläche erfolgt der Start des Simulationsexperiments (des Simulationslaufes/ der Replikation).[244] Die eingegebenen Informationen werden nun verarbeitet.

---

[243]Eine Erweiterung der Anzahl von Kommissionierern ist an dieser Stelle möglich, wurde aber nicht gewählt, da bereits bei fünf Kommissionierern und sieben Routenstrategien 16.807 Kombinationsmöglichkeiten vorhanden sind. Werden ferner noch weitere Parameter, wie die Lagerplatzvergabe, berücksichtigt, steigt die Anzahl durchzuführender Simulationsexperimente stark an.

[244]Hierbei handelt es sich um Simulationen mit fest definiertem Ende (terminating simulations; vgl. Law (2015), S. 494; siehe dazu auch Kapitel 4.1). Das Ereignis, welches das Ende eines Simulationslaufes definiert, besteht darin, dass der Agent, nachdem alle zu kommissionierenden SKUs eingesammelt worden sind, wieder am Depot angekommen ist bzw. alle Agenten mit dem fertigen Auftrag am Depot angekommen sind.

Dies erfolgt durch die Aktivierung des Buttons *Start* in der linken oberen Ecke. Zu Beginn erfolgt der Aufruf der Klasse *Main* des Modells. Die in der Nutzeroberfläche festgelegten Werte werden in diesem Schritt ausgelesen. In einem weiteren Schritt werden Auftragslisten generiert oder ausgelesen.[245] Sofern die Einstellung *Nutze statische Liste* ausgewählt worden ist, werden die Auftragslisten für die jeweiligen Kommissionierer aus dem Microsoft Excel-Dokument ausgelesen. Zu Beginn eines Durchlaufs kann es vorkommen, dass noch keine Auftragsliste in der Microsoft Excel-Datei für jeden Kommissionierer vorliegt. In diesem Fall wird die zugehörige Auftragsliste, entsprechend der Lagerplatzvergabestrategie und der vorher definierten Anzahl von Positionen pro Auftrag, erstellt und abgespeichert. Eine neue Auftragsliste wird auch erstellt, wenn die Option zur Nutzung der statischen Liste nicht aktiviert worden ist. Dies ist insbesondere der Fall, wenn Durchläufe gemacht werden, deren Ergebnisse anschließend nicht verglichen werden, wie dies der Fall bei einer Vorführung oder der visuellen Verfolgung des Pickprozesses zur Validierung ist.

Für die Erstellung der Auftragslisten wird eine Zufallszahl zwischen 0 und 1 erzeugt (bspw. 0,473); diese wird dann mit der Anzahl von Lagerplätzen multipliziert (1.000), woraus sich dann der Lagerplatz ergibt (hier: Nr. 473). Dieser Vorgang wiederholt sich so oft, bis die Anzahl der erzeugten Zahlen gleich der Anzahl der gewählten Auftragsgröße ist. Die Auftragsliste ist vom Datentyp eine *Sammlung*[246] und von der Sammlungsklasse ein *HashSet*. Ein HashSet ist eine ungeordnete Menge an Zahlen, d. h., es ist nicht möglich, ein Element an einer definierten Stelle ausgeben zu lassen (Indexe werden nicht mitgeführt). Ferner hat das HashSet die wichtige Eigenschaft, dass keine doppelten Werte vorkommen können.[247] Hierdurch wird sichergestellt, dass jeder Lagerplatz nur ein einziges Mal auf einer Auftragsliste steht, jedoch derselbe Lagerplatz mehrfach in unterschiedlichen Aufträgen enthalten sein kann.

Bei Wahl einer ABC-Lagerplatzvergabestrategie wird, wie bei der zufälligen Lagerplatzvergabe, eine Schleife durchlaufen, die solange Zufallszahlen erzeugt, bis die gewählte Auftragsgröße erreicht ist. Dafür muss vor Beginn der Simulation festgelegt werden, welchen Anteil am Gesamtwert der insgesamt bestellten

---

[245]Die Generierung der Auftragslisten erfolgt in Anlehnung an Petersen/Schmenner (1999, S. 484).

[246]Sammlungen ermöglichen nicht nur mehrere Informationen zusammenzufassen, sondern auch Eigenschaften nach bestimmten Kriterien zu verändern, wie bspw. die Reihenfolge (vgl. Sedgewick (2003), S. 137).

[247]Vgl. Ullenboom (2008), S. 661.

SKUs jeweils A–, B-, und C-SKUs haben sowie welchen Anteil an der Gesamt-menge im Lager die A-, B- und C-SKUs bekommen sollen. Die addierten Werte müssen jeweils 100 % für den Gesamtwert und die Gesamtmenge ergeben.[248] Für A-, B- und C-SKUs wird jeweils eine weitere Zufallszahl erzeugt, um zu prüfen, welche Art von SKU (A, B oder C) vorliegt. Beispielsweise wird für A-SKUs geprüft, ob die erzeugte Zufallszahl im Intervall zwischen 0 und dem für A-SKUs ausgewählten Anteil am Gesamtwert liegt. Ist dies nicht der Fall, wird auf Vorlie-gen eines B-SKUs geprüft; andernfalls wird das SKU im C-Bereich angeordnet. Bei der vertikalen ABC-Verteilung wird ebenfalls über eine Zufallszahl geprüft, ob das jeweilige SKU auf der rechten oder auf der linken Seite der Lagermitte angeordnet werden soll. Innerhalb der Klassen werden die SKUs zufällig verteilt.

Lagerplätze sind im Simulationsmodell durch graue Rechtecke dargestellt, auf denen die zu kommissionierenden SKUs farbig abgebildet liegen können. Durch die Rechtecke lässt sich die Position des jeweiligen Lagerplatzes – also des Ortes, an den der Kommissionierer laufen soll – berechnen.[249] Hier ist zu beachten, dass die SKUs nicht als eigene Objekte implementiert sind. Daher können die SKUs keine Eigen-schaften, wie Gewicht oder Größe, besitzen. Innerhalb eines Gangs werden die Posi-tionen der Rechtecke (Lagerplätze) herangezogen, um die zu besuchende Position zu errechnen (die X-Koordinate bleibt innerhalb eines Gangs gleich, da der Agent sich entweder bereits am Eingang des zu betretenden Gangs oder schon innerhalb dieses Gangs befinden muss und keine seitliche Bewegung vollzogen wird; die anzusteu-ernde Y-Koordinate ergibt sich dann aus der Y-Koordinate des unteren Endes eines Lagerplatzes zuzüglich der halben Höhe des Lagerplatzes, welche in der Variable *storageHeight* gespeichert ist). Der Kommissionierer läuft, wenn keine Abweichun-gen auftreten, dann bis zur Mitte des jeweiligen Lagerplatzes. Dies wird über das

---

[248]Dies wird automatisch gesteuert, da bei der Veränderung eines Wertes ein anderer ange-passt wird. Wird bspw. der Anteil für die B-SKUs am Gesamtwert erhöht, reduziert sich automatisch der Anteil am Gesamtwert der C-SKUs um den entsprechenden Wert. Nichts-destotrotz können die Werte für A-, B- und C-SKUs beliebig eingestellt werden, solange die Summe der drei Werte stets 100 % ergibt. Eine Ausnahme hiervon bildet die diagonale ABC-Verteilung; da sich sonst in einem Gang SKUs unterschiedlicher Klassen gegenüber-liegen würden, sind hier die Anteile bereits vorgegeben.

[249]Die Darstellung unterscheidet sich in den beiden Simulationsmodellen: Während im Modell zur Analyse der Abweichungen von der Routenführung die zu kommissionierenden SKUs gelb dargestellt sind bzw. rot, wenn sie bereits kommissioniert worden sind, so sind sie im Simulationsmodell zur Analyse von Blockiervorgängen in der Farbe des jeweiligen Agenten dargestellt (unsichtbar, wenn sie bereits kommissioniert wurden). Dies dient der Validierung des Modells.

entsprechende Zustandsdiagramm, das nach gewählter Routenstrategie und Abweichungsart ausgewählt wird, gesteuert. Beim Lagerplatz angekommen, wird über eine Transition sichergestellt, dass die eingestellte Pickzeit eingehalten wird. Nach Ablauf dieser Zeit (20 Sekunden) wird der nächste Schritt im Zustandsdiagramm ausgeführt.

Die Steuerung der Kommissionierer erfolgt anhand der blauen Linien, die im Simulationsmodell eingefügt wurden. Über den Befehl *moveTo*(X,Y) wird der Agent jeweils entlang des Anfangs oder Endes der eingezeichneten Linien koordiniert und verlässt diese Linien daher nie. Über die X-Koordinate kann die horizontale Bewegung und über die Y-Koordinate die vertikale Bewegung gesteuert werden. Außerhalb der Gänge können die für den *moveTo*()-Befehl notwendigen X- und Y-Koordinaten anhand der eingefügten Linien (siehe Abbildung 4.6) ermittelt werden. Diese dienen folglich zur Orientierung und geben die möglichen Wege der Kommissionierer vor, da sich dadurch kein Kommissionierer außerhalb dieser Linien bewegt.

Bis hierhin ist der Prozess für beide Simulationsmodelle vergleichbar (Festlegung der Werte für die einzelnen Variablen, Erstellung/Auslesen der Auftragslisten, Übergabe der Auftragslisten an den jeweiligen Agenten, Loslaufen des Agenten bis zum Lagerplatz). Nachdem der erste Agent losgelaufen ist, unterscheiden sich die weiteren Prozessschritte. Diese treten hauptsächlich beim Kommissionieren an sich auf, also innerhalb der Gänge oder davor (entweder werden SKUs oder Gänge übersprungen, ungeplante Pausen gemacht oder Blockierungen treten auf). Diese Unterschiede sind in beiden Simulationsmodellen hauptsächlich in der Klasse *Person* implementiert. Dies wird im Folgenden für beide Modelle getrennt voneinander beschrieben. Nachdem der allgemeine Kommissionierprozess ohne Abweichung kurz erläutert worden ist,[250] erfolgt die Beschreibung des Simulationsmodells zur Analyse von Abweichungen von der Routenführung sowie die Darstellung des Simulationsmodells zur Analyse von Blockiervorgängen in manuellen Kommissionierlagern.

Beim Loslaufen des Kommissionierers ohne Abweichungen von der Routenführung oder ohne Blockierungen ist zu diesem Zeitpunkt lediglich die Routenstrategie relevant, da alle anderen Parameter, wie Lagerplatzvergabe oder Auftragsgröße, bereits berücksichtigt worden sind. Das Simulationsmodell sortiert die erstellte oder ausgelesene Auftragsliste entsprechend der eingestellten Routenstrategie. Dies bedeutet, dass die Zahlen, die für einzelne Lagerplätze stehen, ab diesem Zeitpunkt nicht mehr zwangsläufig der Größe nach im HashSet angeordnet werden müssen, da bspw. bei der Midpoint-Strategie erst im oberen

---

[250]Dieser Teil ist für beide Simulationsmodelle noch gleich.

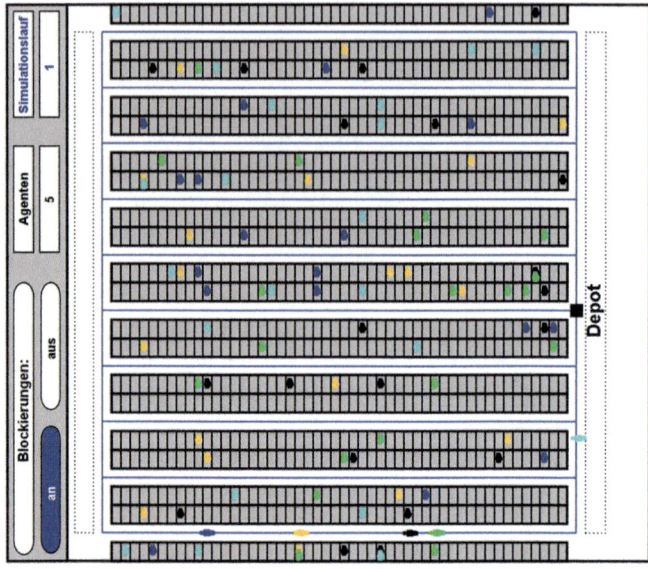

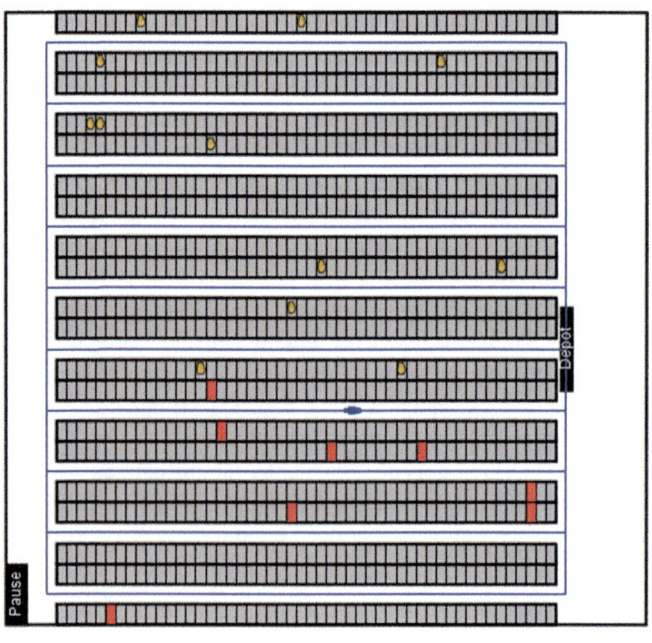

Abbildung 4.6 Umsetzung der Lagerlayouts in AnyLogic für das Simulationsmodell zur Analyse von Abweichungen von der Routenführung (links) und für das Simulationsmodell zur Analyse von Blockierungen (rechts) (Quelle: Eigene Darstellung aus AnyLogic)

Bereich der Gänge bzw. in der oberen Hälfte des Lagers kommissioniert wird, noch bevor andere SKUs in denselben Gängen auf der anderen Lagerhälfte eingesammelt werden können. Nachdem die Auftragsliste entsprechend sortiert worden ist, wird der erste zu besuchende Gang festgelegt, zu welchem der Kommissionierer läuft. Am Gangeingang angekommen, erfolgt die Bewegung zum ersten Artikel im Gang auf der Auftragsliste. Der Kommissionierer pickt diesen Artikel und sofern noch weitere zu kommissionierende Artikel im Gang sind, die sofort anschließend kommissioniert werden sollen, werden die zuvor genannten Schritte (laufe zum Lagerplatz und picke die SKU) entsprechend oft wiederholt. Nach diesen Schritten wird der Kommissionierer zum Gangausgang bewegt und der nächste zu betretende Gangeingang wird angesteuert. Sobald alle SKUs auf der Auftragsliste eingesammelt worden sind, steuert der Kommissionierer den unteren Gangausgang an und bewegt sich nach Ankunft am unteren Ausgang zum Depot.

Implementierung von Abweichungen von der Routenführung:
Wie bereits erwähnt, ist das Verhalten des Kommissionierers in den Zustandsdiagrammen in der Klasse *Person* integriert. In diesem Simulationsmodell gibt es unterschiedliche Zustandsdiagramme, da die Abläufe bei verschiedenen Routenstrategien (insbesondere im Vergleich von optimaler Strategie zu den Heuristiken) stark unterschiedlich sind und die Komplexität der einzelnen Zustandsdiagramme durch die Aufteilung in mehrere Zustandsdiagramme reduziert werden konnte. Die notwendigen Anweisungen für alle Heuristiken wurden in einem Zustandsdiagramm zusammengefasst. Weitere Zustandsdiagramme umfassen die Abläufe bei heuristischer Routenführung mit und ohne Abweichungen sowie die notwendigen Schritte bei der optimalen Strategie ohne Abweichungen von der Routenführung sowie mit Abweichungen von der Routenführung (jeweils eines für alle Abweichungen und eines für alle Abweichungen mit aktiviertem Auswertungsmodus).

Im Folgenden soll genauer auf die Implementierung der drei Abweichungsarten eingegangen werden: Überspringen von zu kommissionierenden SKUs, Überspringen von Gängen und ungeplante Pausen. Die Entscheidung, wann eine Abweichung stattfindet, wird ebenfalls über die Erzeugung von Zufallszahlen gesteuert. Nach Erzeugen der jeweiligen Zufallszahl wird geprüft, ob diese im Intervall zwischen 0 und der eingestellten Wahrscheinlichkeit für die jeweilige Abweichung liegt. Trifft dies zu, erfolgt eine Abweichung von der Routenführung.

Am Ende eines jeden Gangs wird geprüft, ob ungeplante Pausen gemacht werden sollen. Es wurde angenommen, dass die Kommissionierer bei Pausen keine weiteren Mitarbeiter unnötig aufhalten oder stören sollen, indem sie ihren

Kommissionierwagen im Gang stehen lassen. Daher ist die Prüfung für das Auftreten von ungeplanten Pausen nur am unteren und oberen Gangausgang möglich.[251] Das Überspringen von SKUs oder Gängen wird jeweils geprüft, bevor ein Gang betreten wird. Somit wird ausgeschlossen, dass solche Gänge betreten werden, die aufgrund von übersprungenen SKUs oder übersprungenen Gängen nicht hätten betreten werden sollen. Wenn SKUs oder Gänge übersprungen werden, so werden die jeweiligen Positionen auf eine gesonderte Kommissionierliste gesetzt. Die ausgelassenen SKUs können nach dem nächsten Pick, nach Ankunft am Gangausgang oder vom Depot aus nachträglich geholt werden. Die genannten Möglichkeiten sind in Abbildung 4.7 (für übersprungene SKUs) und Abbildung 4.8 (für übersprungene Gänge)[252] grafisch dargestellt.

Ferner ist möglich, eine Gleichverteilung der Optionen für den Ort, an dem die Abweichungen von der Routenführung bemerkt werden können, zu wählen. Der Ort wird dann anhand einer weiteren Zufallszahl festgelegt. Für jeden dieser drei Fälle wird eine weitere Kommissionierliste erstellt, welche diejenigen SKUs enthält, die von einer der genannten Positionen dann nachträglich eingesammelt werden; d. h., wird das ausgelassene SKU vom Depot eingesammelt, wird es auf die *Depot-Liste* gesetzt (gemeinsam mit allen anderen SKUs, die vom Depot aus eingesammelt werden müssen). Somit können bis zu drei zusätzliche Kommissionierlisten existieren: eine für das Holen übersprungener SKUs, die am Ende des Gangs bemerkt werden; eine weitere Liste für das Holen eines übersprungenen SKUs, das nach dem nächsten Pick bemerkt wird; und eine weitere Liste für das Holen übersprungener SKUs, die erst am Depot bemerkt werden.

Bemerkt der Kommissionierer die Abweichung von der Routenführung, werden die übersprungenen SKUs sofort und ohne weitere Abweichungen eingesammelt. Der eigentliche Pickprozess wird dabei für eine kurze Zeit unterbrochen und nun

---

[251]Das Auftreten ungeplanter Pausen kann in der Praxis prinzipiell zu jeder Zeit stattfinden und hätte hier keinen Unterschied gemacht, da die tatsächliche Zeitdauer für die Pause der relevante Einflussfaktor ist. Daher wurde vereinfachend angenommen, dass ungeplante Pausen jeweils nur am Gangein-/ausgang stattfinden können. Weitere Fehler oder Abweichungen, die durch eine Pause entstehen können (wie z. B. zu vergessen, die restlichen SKUs aus einem bestimmten Lagerfach zu greifen), sollen nicht berücksichtig werden und sind daher nicht implementiert worden.

[252]In diesem Fall gibt es lediglich zwei Orte, an denen die übersprungenen SKUs in ausgelassenen Gängen wieder eingesammelt werden können, da folglich ausgelassene Gänge nicht betreten werden und deshalb nicht möglich ist, die Abweichung am Ende des eigentlich übersprungenen Gangs zu bemerken. Dies ist nur möglich, wenn SKUs übersprungen werden und der jeweilige Gang trotzdem betreten worden ist.

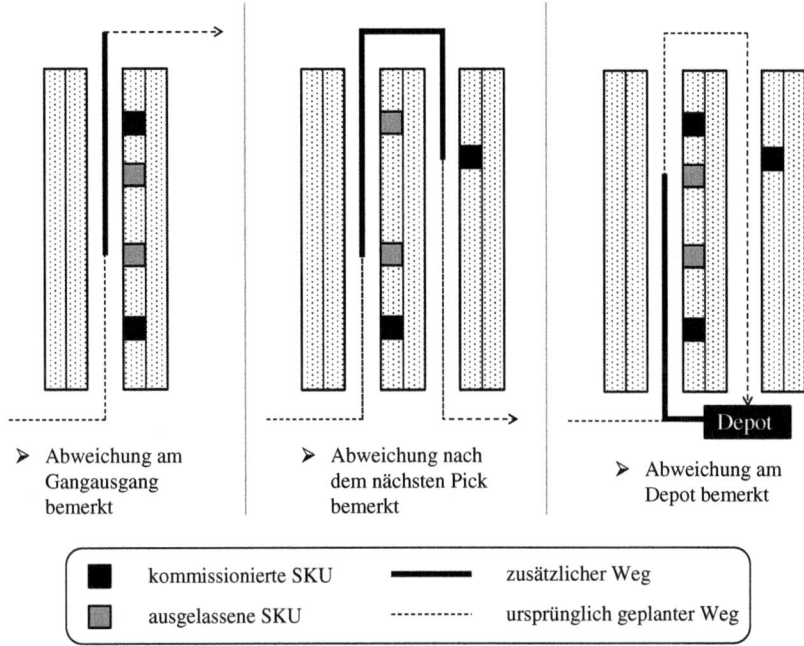

➢ Abweichung am
Gangausgang
bemerkt

➢ Abweichung nach
dem nächsten Pick
bemerkt

➢ Abweichung am
Depot bemerkt

■ kommissionierte SKU   ━━━ zusätzlicher Weg

■ ausgelassene SKU   ----------- ursprünglich geplanter Weg

Abbildung 4.7 Prozess des Kommissionierens übersprungener SKUs vom jeweiligen Ort, an dem die Abweichung von der Routenführung bemerkt wird (Quelle: Eigene Darstellung)

eine der genannten Auftragslisten verfolgt, bis alle fehlenden SKUs, die am jeweiligen Ort bemerkt wurden, kommissioniert worden sind.[253] Anschließend setzt der Pickprozess an der Stelle wieder ein, an der dieser unterbrochen worden ist (mit der ursprünglichen Auftragsliste). Hierbei ist unerheblich, ob die nachträglich einzusammelnden SKUs durch übersprungene SKUs oder übersprungene Gänge ausgelassen worden sind – der Prozess für das nachträgliche Kommissionieren ist für beide Fälle gleich. Werden (mehrere) Gänge übersprungen, wird – unabhängig von der gewählten Routenstrategie – eine Return-Strategie bei der nachträglichen Kommissionierung verfolgt. Die Vergleichbarkeit der Auswirkungen soll dadurch erhöht werden und es wird angenommen, dass der Kommissionierer selbstständig

---

[253]Als Sonderfall ist hier anzumerken, falls die letzte SKU aus dem letzten zu betretenden Gang übersprungen wird. Dieses kann hier nicht nach dem nächsten Pick nachträglich kommissioniert werden, weshalb nur noch ein Holen vom Ende des Gangs oder vom Depot aus möglich ist.

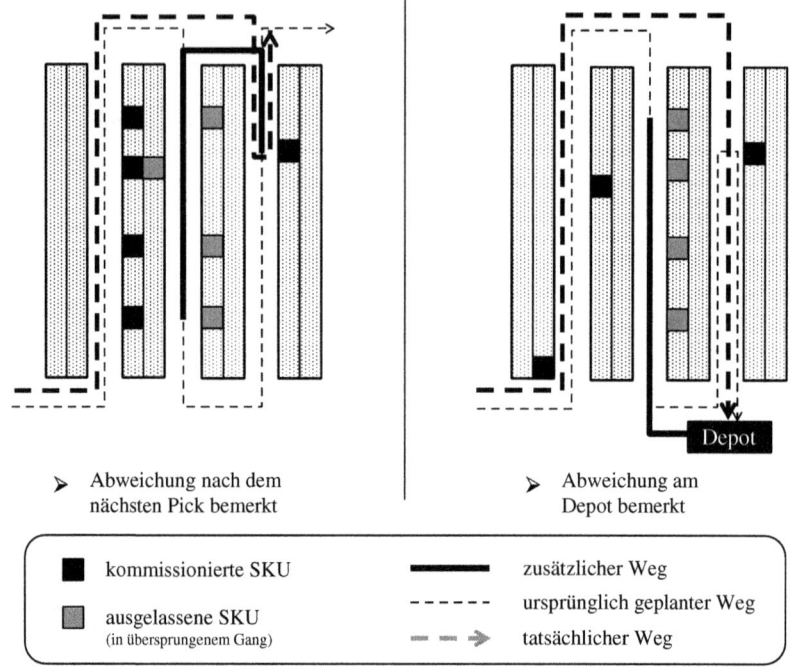

> Abweichung nach dem   > Abweichung am
  nächsten Pick bemerkt   Depot bemerkt

■ kommissionierte SKU   ▬▬▬ zusätzlicher Weg

▨ ausgelassene SKU   ------ ursprünglich geplanter Weg
  (in übersprungenem Gang)   ▬ ▬ ➤ tatsächlicher Weg

Abbildung 4.8 Prozess des Kommissionierens von SKUs aus übersprungenen Gängen vom jeweiligen Ort, an dem die Abweichung von der Routenführung bemerkt wird (Quelle: Eigene Darstellung)

den Weg zu den SKUs in den übersprungenen Gängen finden muss und dass dies am intuitivsten durch die Return-Strategie erfolgt.

Im Falle des Auftretens ungeplanter Pausen bewegt sich der Kommissionierer vom jeweiligen Ein- bzw. Ausgang eines Gangs zum Pausenplatz. Dies soll den Einfluss der Entfernung vom jeweiligen Pausenbereich berücksichtigen. Andernfalls hätte der Kommissionierer lediglich, ohne sich zu bewegen, an einem beliebigen Ort die Pausenzeit abwarten können. Ist der Kommissionierer am Pausenbereich angekommen, so wartet dieser zwischen 60 und 420 Sekunden (gleichverteilt). Anschließend begibt er sich zur letzten Position zurück, an welcher der ursprüngliche Kommissionierauftrag unterbrochen worden war. Der Prozess geht jetzt wie geplant weiter. Beim Zurückgehen vom Pausenbereich zum ursprünglichen Ort, um die Kommissioniertour am Kommissionierwagen fortzusetzen, treten keine weiteren Abweichungen auf. Dies gilt gleichermaßen für das

Kommissionieren ausgelassener SKUs. Diese werden, nachdem die Abweichung durch den Mitarbeiter bemerkt worden ist, stets korrekt und ohne weitere Abweichungen kommissioniert. Folglich beendet jeder Kommissionierer seine Tour mit einem vollständig eingesammelten Auftrag.

Implementierung von Blockierungen:
Im Simulationsmodell zur Analyse der Blockiervorgänge wird eine Nachricht an das Zustandsdiagramm gesendet, wodurch folgender Prozess ausgelöst wird: Der erste Kommissionierer beginnt seine Tour; anschließend laufen solange neue Kommissionierer los, bis die eingestellte Anzahl an Kommissionierern erreicht ist, d. h., bis die Zählvariable diesen Wert als obere Grenze erreicht; ab dem ersten Kommissionierer wird jeweils die Verzögerung berücksichtigt, d. h., alle weiteren Kommissionierer laufen erst nach Ablauf einer bestimmten Zeit los.[254]

Der Ablauf zum Kommissionieren wird über das Zustandsdiagramm *statechart_pickerBlocking* gesteuert. Der Ablauf und das zugehörige Zustandsdiagramm können in zwei Teile untergliedert werden: Auf der einen Seite befindet sich der Ablauf der Kommissionierung ohne Blockierungen, wohingegen auf der anderen Seite der Kommissionierablauf mit Blockiervorgängen hinterlegt ist. Je nach gewählter Einstellung (mit Picker Blocking, ohne Picker Blocking, Auswertungsmodus) wird der entsprechende Strang des Zustandsdiagramms durchlaufen.

Eine Blockierung soll grundsätzlich erlaubt sein, wenn der Kommissionierer sich in einem Gang befindet und sich zu einer SKU bewegt oder den Gang an der oberen bzw. unteren Seite verlassen will. Dabei müssen verschiedene Aspekte geprüft werden. Anhand der X-Koordinate kann festgestellt werden, ob sich mindestens zwei Kommissionierer im selben Gang befinden. Anschließend wird geprüft, ob der Abstand des jeweiligen Kommissionierers zu einem weiteren Kommissionierer kleiner ist als die eingangs gewählte Blockierentfernung. Ferner wird geprüft, ob die Ziele der sich möglicherweise blockierten Kommissionierer konkurrieren, d. h., ob eine Blockierung auftritt. Ein mögliches Ziel des Kommissionierers kann entweder die nächste angesteuerte Pickposition oder der Ein- bzw. Ausgang eines Gangs sein. Dabei wird jeweils das eigene Ziel des Kommissionierers mit dem des eventuell im Weg befindlichen Kommissionierers verglichen und geprüft, ob eine Blockierung auftritt.

Im Falle von Blockierungen kommt der blockierte Kommissionierer in den Zustand *blocked*. Dann wird geprüft, ob der Kommissionierer entweder warten

---

[254]Standardmäßig sind 18,5 Sekunden eingestellt: die Zeit, die ein Agent benötigt, um vom Depot zum Eingang von Gang 1 zu laufen.

muss, bis der ihn blockierende Kommissionierer seinen Pickvorgang beendet hat, oder ob notwendig ist, eine Priorität zwischen den Kommissionierern festzulegen. Priorität erhält der Kommissionierer, der den kürzesten Weg zum nächsten Ziel (Pick oder Gangein-/ausgang) hat. Dies kann sich ändern, wenn neue Kommissionierer zur Blockiersituation hinzukommen. Dann kann ein anderer Kommissionierer Priorität bekommen. Dies wird so lange wiederholt, bis sich die Blockiersituation aufgelöst hat.[255]

Befinden sich mehr als zwei Kommissionierer in einer Blockadesituation, werden folgende Aktionen ausgeführt: ermittle den Kommissionierer mit Priorität sowie die Anzahl der Kommissionierer ohne Priorität und gebe allen Kommissionierern, die keine Priorität bekommen, ein neues Ziel, das sich aus dem Ziel des Kommissionierers mit Priorität ergibt (d. h., sie machen dem Kommissionierer mit Priorität den Weg frei, sodass dieser zur nächsten SKU oder zum Ein- bzw. Ausgang des Gangs gelangen kann). Die bisherigen Ziele der einzelnen Kommissionierer werden zwischengespeichert und erst nach Auflösung der Blockierung weiterverfolgt. Der ursprüngliche (geplante) Kommissionierprozess setzt somit für eine gewisse Zeit aus.

Der *blocked*-Zustand kann beliebig oft, in Abhängigkeit von tatsächlichen Blockierungen, eingenommen werden. Bei Blockierungen mit mehreren Kommissionierern werden diese jeweils auf eine Liste geschrieben. Dabei besitzt jeder Kommissionierer eine solche Liste, auf der mindestens er selbst enthalten ist. Anschließend werden nach Bedarf weitere Kommissionierer auf die Liste gesetzt.[256] Kommen auf dem Weg zum (neuen) Ziel der Kommissionierer weitere Kommissionierer zur aktuellen Blockiersituation hinzu, so wird erneut eine Prüfung (wie oben beschrieben) vorgenommen und die Priorität evtl. neu verteilt. Alle Kommissionierer, die keine Priorität haben (es kann zur selben Zeit immer nur einen Kommissionierer mit Priorität geben), warten bzw. folgen dem Kommissionierer mit Priorität, bis die Blockiersituation aufgelöst wird, weil alle

---

[255]Ein Deadlock ist hier nicht möglich, da die Anzahl der Kommissionierer endlich sein muss und sich somit jede Blockiersituation irgendwann auflöst.

[256]Dies soll an einem kurzen Beispiel mit drei Kommissionierern verdeutlicht werden: Angenommen, Kommissionierer A wird von B geblockt und B wird von C geblockt, wobei C über alle anderen Priorität bekommen soll. Dann erfährt A über die Blockadeliste von B, welche C mit oberster Priorität aufgelistet hat, von diesem dritten Kommissionierer und der Blockade. A und B wird nun das Ziel von C vorgeschrieben, d. h., C kann durch seine Priorität das nächste Ziel ohne Blockierungen ansteuern, die anderen beiden Kommissionierer gehen aus dem Weg.

Kommissionierer, die nacheinander jeweils Priorität bekommen haben, ihr Ziel erreicht haben und dann nicht mehr den Weg im Gang blockieren.

Kann ein Gang nicht betreten werden, weil der Gangeingangsbereich[257] blockiert ist, müssen die Kommissionierer außerhalb des Gangs warten; diese Zone ist als gestricheltes Rechteck unter und über dem Kommissionierbereich in Abbildung 4.6 (rechts) dargestellt und soll hier als Wartebereich bezeichnet werden. Der neu hinzugekommene Kommissionierer muss dann den Wartebereich betreten. Mithilfe einer Funktion wird überprüft, ob sich der Kommissionierer oberhalb oder unterhalb der Lagermitte befindet; dies ist notwendig, um den Kommissionierer einer bestimmten Wartezone zuzuweisen. Die Wartezone ist dabei eine Sammlung (*HashMap*)[258] in der Klasse *Main*. Die Schlüsselwerte für die Wartezone sind insbesondere notwendig zur Überprüfung, ob der jeweils zu betretende Gang des Kommissionierers frei oder immer noch besetzt ist sowie generell für die Bestimmung, welcher Gang als nächstes vom Kommissionierer zu betreten ist. Die Überprüfung, ob der Kommissionierer die Wartezone verlassen kann, funktioniert durch den Zustand *checkingRelease* wie folgt:

Ist der Kommissionierer der Erste in der Wartezone, wird die Variable *firstIn-WaitingZone* als *true* gespeichert und die nächsten Zustände werden ausgeführt. Der Kommissionierer kann den Wartebereich verlassen, wenn er derjenige ist, der die Zone als Erster betreten hat (FIFO-Prinzip), und der Gangeingangsbereich wieder frei ist. Nur wenn beide Bedingungen erfüllt sind, kann der Wartebereich verlassen und der Kommissionierprozess fortgesetzt werden. Der jeweilige Kommissionierer wird aus dem *LinkedHashSet* (also der Wartezone) entfernt. Der nächste Kommissionierer hat dann die Möglichkeit, die Wartezone zu verlassen. Sollte der Kommissionierer nicht die Wartezone verlassen können, bleibt er im zusammengesetzten Zustand *waitingInZone* und es wird erneut geprüft, ob die Bedingungen für das Verlassen des Wartebereichs erfüllt sind.

Nachdem die Blockierungen aufgelöst worden sind und sobald der Kommissionierer alle zu kommissionierenden SKUs eingesammelt hat, bewegt er sich zum

---

[257]Der Eingangsbereich eines Gangs wird definiert als Bereich von oberer bzw. unterer Kante der blauen Linien aus Abbildung 4.6 (rechts) bis zum Ende der eingestellten Länge für den Gangeingangsbereich. Diese ist standardmäßig so voreingestellt, dass der Gangeingang vom Knotenpunkt bis zum ersten Lagerplatz reicht.

[258]HashMaps verbinden Schlüssel (hier: die Gangnummer) mit einem Wert (hier: die Kommissionierer in der Reihenfolge ihres Eintreffens). Schlüssel werden als *Integer-Variable* gespeichert *(currentAisleNumber)* und Werte sind vom Datentyp *Linked List*. Eine Linked List ist eine Liste, bei der jeder Wert einen Verweis auf den danach folgenden Wert enthält (vgl. Sedgewick (2003), S. 91). Sie enthalten in diesem Fall die Liste der Kommissionierer.

unteren Gangausgang des aktuell betretenen Gangs und geht auf direktem Wege zum Depot. Auf der Strecke vom unteren Gangausgang zum Depot können keine weiteren Blockierungen auftreten. Es wird auch hier angenommen, dass stets alle Aufträge vollständig kommissioniert worden sind, bevor der Kommissionierer am Depot ankommt. Wenn der letzte Kommissionierer am Depot angekommen ist, wird die Zeit von jedem Kommissionierer für das Kommissionieren seines Auftrages (ohne Verzögerung vor dem Start der Tour) gespeichert. Die individuell benötigte Durchlaufzeit pro Kommissionierer ergibt sich aus der aktuellen Zeit im Experiment bei Ankunft am Depot abzüglich der Zeit beim Loslaufen des jeweiligen Kommissionierers. Aus allen ermittelten Durchlaufzeiten wird am Ende der Durchschnitt über alle Kommissionierer für die Bestimmung der durchschnittlichen Durchlaufzeit berechnet.

Anschließend wird geprüft, ob der aktuelle Durchlauf mit Blockierungen durchgeführt worden ist. Ist dies der Fall und der Auswertungsmodus wurde aktiviert, wird der nächste Durchlauf mit identischen Auftragslisten und Parameterwerten, nur ohne Blockierungen, durchgeführt. Im Anschluss an jeden Durchlauf erfolgt die Prüfung, ob die gewählte Anzahl von Durchläufen erreicht worden ist. Ist sie erreicht, so wird die Simulation beendet und die Simulationsergebnisse – wie z. B. die Durchlaufzeit und die zugehörigen Parameter, wie die Anzahl von Kommissionierern oder die Anzahl von kommissionierten SKUs – werden in einem Microsoft Excel-Dokument gespeichert. Andernfalls startet ein neuer Durchgang mit den gleichen Werten und neuen Auftragslisten. Hierzu wird das Modell neu gestartet, die Anzeige der noch zu kommissionierenden SKUs wird aktualisiert (alte werden aus- und neue eingeblendet), die Zeit wird auf 0 gesetzt und die Kommissionierer starten nacheinander erneut ihre Tour vom Depot aus.

4.7   Verifikation und Validierung der beiden Simulationsmodelle

Ziel dieses Kapitels ist, die Verifikation und Validierung der Simulationsmodelle darzustellen. Die Verifikation wird durch die Debugging-Funktion von AnyLogic vor jeder Ausführung der Simulationsexperimente in AnyLogic durchgeführt.[259] Hier können Fehler gefunden werden, durch welche die Modellausführung unterbrochen wird. Durch diese Funktionalität können die Simulationsexperimente

---

[259]Die Debugging-Funktion überprüft die korrekte Semantik, also die korrekte Anwendung der Programmiersprache (vorgeschlagen von Balci (1994b), S. 135).

ohne eine fehlerfreie Programmierung der Simulationsmodelle nicht starten. Diese Überprüfung umfasst jedoch keine logischen Fehler, die durch die Validierung ausgeschlossen werden sollen. Wie bereits in Kapitel 4.1 erläutert, ist dabei nicht möglich, eine vollständige Korrektheit eines Simulationsmodells nachzuweisen. Vielmehr soll das Ziel darin bestehen, eine hohe Glaubwürdigkeit der beiden genutzten Simulationsmodelle zu erreichen.

Die folgenden Ausführungen beziehen sich auf beide Simulationsmodelle. Da beide Simulationsmodelle große Ähnlichkeiten aufweisen, sollen nicht alle Ergebnisse der Validierung doppelt aufgezeigt werden. Lediglich relevante Unterschiede, wie für die Implementierung der Abweichungsarten und Blockierungen, sollen getrennt erläutert werden; ist dies nicht der Fall, gilt die erfolgreiche Anwendung der verschiedenen Techniken der Validierung für beide Simulationsmodelle gleichermaßen. Da die Techniken hier lediglich als Hilfsmittel der strukturierten Überprüfung beider Simulationsmodelle dienen, jedoch kein Hauptbestandteil dieses Kapitels sind, erfolgt die Erläuterung dieser Techniken direkt bei ihrer Anwendung.[260]

Für die Validierung gibt es eine Vielzahl möglicher Techniken. Ein häufig genanntes Beispiel sind dabei die über 75 Techniken im Beitrag von Balci[261] bzw. die ca. 400 Indikatoren zur Akzeptanzbewertung von Balci et al.,[262] die theoretisch alle genutzt werden können. Auch wenn die grundsätzliche Regel für die Validierung „Je mehr, desto besser!"[263] lautet,[264] sollen aber, wie bspw. auch in Rabe et al. angeregt,[265] nicht alle vorhandenen Techniken angewendet werden. Die Glaubwürdigkeit der beiden Simulationsmodelle soll vielmehr durch die gezielte Anwendung ausgewählter Techniken erreicht werden.

---

[260]Eine Übersicht, in welcher Ablaufphase einer Simulationsstudie welche Techniken genutzt werden können, kann Balci (1997, S. 354 ff.) oder Rabe et al. (2008, S. 93 ff.) entnommen werden.

[261]Vgl. Balci (1998), S. 354.

[262]Vgl. Balci et al. (2000), S. 829.

[263]Vgl. Robinson (1997), S. 58.

[264]Die Anzahl der durchzuführenden Validierungsmaßnahmen wird häufig angesprochen, da diese nicht festgelegt ist und vom jeweiligen Budget/Umfang des Simulationsmodells abhängt (vgl. Roman (2005), S. 1 ff.). Auch steigt, ab einer gewissen – nicht näher quantifizierten – Menge durchgeführter Tests, der Nutzen in nur noch sehr geringem Maße (vgl. Davis (1992), S. 21; Sargent (2007), S. 124 f.; (2013), S. 12 f.).

[265]Vgl. Rabe et al. (2008), S. 94.

Einige der Techniken[266] konnten nicht genutzt werden; insbesondere weil beide Simulationsmodelle kein reales Kommissionierlager zur Grundlage haben.[267] Daher entfällt bspw. der Vergleich mit Daten aus der Vergangenheit.[268] Ferner musste auch nicht die Bestimmung einer Warm-up-Phase aufgenommen werden, die nicht in die Auswertung einfließen darf,[269] da es sich hier um Simulationen mit einem definierten Ende handelt.

Validierung des konzeptionellen Modells:
Zur Validierung des konzeptionellen Modells mit Aufgaben- und Zielbeschreibung wurden verschiedene Konsultationen mit Experten[270] aus Wissenschaft und Praxis (*peer assessments*)[271] zur Erhöhung der Augenscheinvalidität (*face validity*)[272] genutzt.[273] Hierbei wurde darauf geachtet, eine möglichst umfassende

---

[266]Dies umfasst den Test von Teilmodellen (vorgeschlagen von Balci (1994b), S. 145; Rabe et al. (2008), S. 106), da es hier keine Teilmodelle gibt, sowie die Validierung von Vorhersagen (auch *predicitve validation* genannt), bei der Vorhersagen über das Verhalten gemacht werden, mit dem Simulationsmodell überprüft und am realen System die Richtigkeit anschließend nachgewiesen werden kann (vgl. Balci (1994b), S. 140; Rabe et al. (2008), S. 109 f.; Sargent (2007), S. 129; (2013), S. 17).

[267]Eine weitere Technik, von Balci (1990, S. 33 ff.) vorgeschlagen, ist die Nutzung von *Analogien*. Hier überträgt dies der Autor bspw. aus dem Bereich der Pilotenausbildung, bei der die Absolventen nach Ablauf der Probezeit als Piloten erneut geprüft werden, auf Simulationsmodelle, um diese häufiger erneut zu evaluieren. Weitere 63 Analogien werden vorgeschlagen. Da diese Methode selbst in den über 70 vorgeschlagenen Techniken aus Balci (1998) nicht mehr auftaucht und auch sonst keine weiteren Beispiele gefunden werden konnten, die diese Technik nutzen, soll an dieser Stelle lediglich die Technik erwähnt werden.

[268]Technik vorgeschlagen von Davis (1992), S. 21; Law (2013), S. 251 ff.; Robinson/Bhatia (1995), S. 64; Robinson (1997), S. 57 f.; (1999), S. 7; Sargent (2007), S. 128; (2013), S. 16.

[269]Vgl. Robinson (1999), S. 21.

[270]Die Interaktion mit Experten beim jeweiligen Thema des Simulationsmodells sowie für Simulationen generell (sogenannte *subject-matter experts* (vgl. Law (2013), S. 68) zur Validierung des konzeptionellen Modells wird insbesondere von Robinson (1999, S. 2) vorgeschlagen. Hierfür gibt es keine formalen Vorgehensweisen (vgl. Robinson (1999), S. 13).

[271]Vgl. Balci (1990), S. 28.

[272]Vgl. Goerger et al. (2005), S. 39 ff.; Sargent (2007), S. 128; (2013), S. 16.

[273]Die informellen Techniken (vgl. Balci (1994), S. 130 ff.) haben häufig unterschiedliche Namen, zielen aber meist darauf ab, dass Teile der Simulationsstudie (Zielsetzung, Konzept-/Simulationsmodell usw.) von Experten oder dem Ersteller der Simulationsstudie kritisch geprüft werden. Diese Techniken werden als strukturiertes Durchgehen (*structured walk-through*) der Annahmen und der Modelle bezeichnet (vgl. Balci (1994b), S. 133; Law (2013), S. 252; Manuj et al. (2009), S. 177 ff.; Rabe et al. (2008), S. 104; Sargent (2007), S. 129; (2013), S. 17) sowie als Validierung im Dialog (vgl. Rabe et al. (2008), S. 109) oder Face Validation (vgl. Balci (1994b), S. 130 ff.). Diese umfassen ebenfalls die gemeinsame Diskussion des Simulationsmodells (inklusive des konzeptionellen Modells) mit Experten, welche, wie im Text beschrieben, durchgeführt wurde.

Anzahl von Experten zu integrieren, um die jeweiligen Wahrnehmungsverzerrungen (*Bias*) der Experten hinsichtlich der Validitätsbewertung gering zu halten.[274]
Die Experten auf wissenschaftlicher Seite wurden durch Präsentationen der Simulationsmodelle auf wissenschaftlichen Konferenzen, Tagungen und Doktorandenworkshops konsultiert.[275] Hier wurden Auszüge aus der vorliegenden Arbeit in Form von Beiträgen eingereicht. Meist erfolgte ein Begutachtungsprozess mit einem oder mehreren (inter-)nationalen Gutachtern. Nach positiver Rückmeldung hinsichtlich der Teilnahme erfolgte eine Präsentation des konzeptionellen Modells mit Ergebnissen aus den Simulationsläufen. Teilweise wurde das jeweilige Simulationsmodell in der Simulationsumgebung vorgestellt und die Animation für beispielhafte Simulationsläufe genutzt. Hinweise und Anregungen der Experten wurden, sofern möglich, eingearbeitet.

Die Experten aufseiten der Praxis wurden durch Präsentationen in Workshops und auf Tagungen konsultiert.[276] Hier wurden neben Vorträgen auch interaktive

---

[274]Vgl. Goerger et al. (2005), S. 39 ff.; Die Autoren analysierten u. a. im Hinblick auf mögliche Bestätigungsfehler (*confirmation bias*) in Georger et al. (2005, S. 41 ff.), bis zu welchem Ausmaß die konsultierten Experten von einer Hypothese abwichen, um die eigenen Erwartungen zu erfüllen – unabhängig von den mit der Simulation generierten und präsentierten Beweisen für die Richtigkeit der jeweiligen Hypothese.

[275]Das Modell zur Analyse von Abweichungen wurde auf einem Brown Bag Seminar (am 27.10.2015) an der TU Darmstadt vorgestellt. Das Brown Bag Seminar dient Doktoranden dazu, ihr Forschungsthema informell vor anderen wissenschaftlichen Mitarbeitern/ Doktoranden und Professoren vorzustellen, um in der anschließenden Diskussion Feedback zu erhalten; in jedem Seminar präsentiert ein Doktorand sein Forschungsthema. Dieses Modell wurde ferner auf dem 19. ELA-Doktorandenworkshop vor Doktoranden und Professoren von Universitäten aus ganz Europa vorgestellt. Das Modell zur Analyse von Blockierungen in der manuellen Kommissionierung wurde auf den Konferenzen 20. Internationales Symposium der Logistik (ISL), 16. ASIM Fachtagung Simulation in Produktion und Logistik sowie der 2015 Winter Simulation Conference präsentiert. Nähere Informationen zu den Inhalten der Publikationen finden sich im Auswertungsteil (Kapitel 5). Auf dem 21. BVL Doktoranden-Workshop wurde das Forschungsthema informell vorgestellt. Hier gab es keine festen Präsentationen mit anschließenden Diskussionsrunden, sondern Gespräche mit den teilnehmenden Doktoranden und Professoren hinsichtlich des Themas und des Vorgehens.

[276]Die beiden Modelle wurden in einem speziell für die Validierung, insbesondere der Ergebnisse, organisierten Workshop vorgestellt. Der mehrstündige Workshop fand am 06.06.2014 an der TU Darmstadt, in Kooperation mit der IHK Darmstadt Rhein Main Neckar, statt. An diesem Workshop nahmen ca. 30 Vertreter aus der Praxis teil, deren Tätigkeit in Zusammenhang mit der manuellen Kommissionierung stand. Die Teilnehmer kamen von unterschiedlichen Hierarchieebenen: vom Logistikleiter bzw. Lagerhausmanager bis zum Vertreter aus operativen Ebene der Kommissionierung bzw. Teilnehmer, die selbst kommissioniert und anschließend Führungspositionen im jeweiligen Unternehmen

Präsentationen des Simulationsmodells ermöglicht, bei denen die Experten aus der Praxis das Simulationsmodell zur Analyse von Blockiervorgängen eigenständig starten und die Parameter verändern konnten. In den anschließenden Diskussionsrunden wurden durch die Praxispartner mögliche Erweiterungen des Modells, wie z. B. die Berücksichtigung von Artikelgewichten, vorgeschlagen. Um die Komplexität des Modells nicht stark zu erhöhen, wurden lediglich die für die Untersuchung relevanten Faktoren in die Modelle aufgenommen. Zusätzlich wurden die hohe Bedeutung und Relevanz des Themas durch die Experten betont, ebenso wie die sehr gute Eignung der Modelle, um die Themenstellung abzubilden.

Nachdem die gewählte Problemstellung, die konzeptionellen Modelle und die Simulationsmodelle durch die Experten aus der Wissenschaft und aufseiten der Praxis als glaubwürdig eingestuft worden sind, soll im Folgenden näher auf die valide Übersetzung der konzeptionellen Modelle zu Simulationsmodellen eingegangen werden (*Konsistenzprüfung*).[277]

Bei der Implementierung der Simulationsmodelle wurde schrittweise vorgegangen:[278] Zuerst wurde ein einfacher Prototyp erstellt, der das Lagerlayout darstellt und einem Kommissionierer ermöglicht, je nach Ziel, zu gewünschten Lagerpositionen zu gelangen. Dies wurde schrittweise ausgebaut,[279] wodurch die heuristischen Routenstrategien, die optimale Strategie, die Lagerplatzvergabestrategien und weitere Aspekte des konzeptionellen Modells sukzessive implementiert wurden. Während der Implementierung erfolgten stets Testläufe, vor denen das Simulationsmodell durch den Debugger bei AnyLogic verifiziert worden war. Sofern alle aufgetretenen Programmierfehler behoben wurden, konnte die

---

übernommen hatten. Die Vertreter kamen dabei aus Branchen, wie Spedition, Logistik, Biotech, Verteidigung, Chemie, Pharma, Konsumgüter, Handel, Automobil (inklusive Zulieferer), produzierende Unternehmen und Beratung. Auch wurde das Modell für die Blockierungen auf dem 1. Darmstädter Logistics Summit (am 12.05.2016) auf einem interaktiven Bildschirm vorgestellt, an dem die Teilnehmer selbst das Simulationsmodell bedienen konnten, um Simulationsexperimente und Testläufe zu starten. Zusätzlich wurden im Rahmen einer Präsentation auf der Veranstaltung beide Simulationsmodelle mit ausgewählten Ergebnissen erläutert. Das Modell für die Analyse von Blockiervorgängen wurde auf der 16. ASIM Fachtagung Simulation in Produktion und Logistik vorgestellt, auf der neben Teilnehmern aus der Wissenschaft auch verschiedene Vertreter aus der Praxis an der Präsentation mit anschließender Diskussion teilnahmen.

[277]Vorgeschlagen u.a. von Balci (1994b), S. 134.

[278]Vgl. Kelton et al. (2013), S. 17.

[279]Diese Technik wird auch als *Bottom-up-Test* bezeichnet (vgl. Balci (1994b), S. 138).

implementierte Logik überprüft werden. Hierzu gab es einerseits die Möglichkeit, die *trace-Funktion* zu nutzen;[280] diese ermöglicht die Ausgabe von Werten von Variablen oder Parametern in der Konsole. Dadurch kann die Ausführung des Codes des Simulationsmodells exakt nachverfolgt werden, wie etwa die Prüfung, welcher Gang als nächstes betreten werden muss, welche SKUs noch zu kommissionieren sind oder ob eine Abweichung von der Routenführung aufgetreten ist. Diese Technik wurde häufig und intensiv während der gesamten Implementierung genutzt und ist äußerst wichtig für die Validierung der beiden Simulationsmodelle.

Eine weitere wichtige Technik zur Validierung insbesondere von agentenbasierten Simulationsmodellen ist die *Animation*.[281] Im Hinblick auf die Nutzung dieser Technik wurde die grafische Nutzeroberfläche erstellt.[282] Ferner bringt der Kommissionierprozess eine herausragende Eignung zur Animation mit. Aufgrund der sich ständig wiederholenden Tätigkeiten können diese mithilfe der Animation sehr gut nachverfolgt werden. Hierdurch wurden wichtige Aspekte des Simulationsmodells validiert. Dies umfasste die korrekte Implementierung bzw. Darstellung des Lagerlayouts mit den 10 Gängen, 1.000 SKUs und dem mittig angeordneten Depot. Durch die Animation konnte verfolgt werden, dass der Kommissionierer ausschließlich die vorgegebenen Wege nutzt. Auch kann so geprüft werden, dass der Beginn und das Ende einer jeden Tour am Depot liegt. Manuell wurden verschiedene Werte, wie die Anzahl der Kommissionierer oder die Auftragsgröße, geändert und die Auswirkungen (*Ursache-Wirkungs-Beziehungen*)[283] durch die Animation geprüft. Dies wurde insbesondere

---

[280]Vorgeschlagen zur Verifizierung des Modells von Balci (1994b), S. 140 f.; Law (2013), S. 252 f.; Rabe et al. (2008), S. 106; Robinson (1997), S. 57; (1999), S. 17; Sargent (2007), S. 129; (2013), S. 17.

[281]Vorgeschlagen u. a. von Balci (1994b), S. 146; Davis (1992), S. 21; Law (2013), S. 255 ff.; Robinson/Bhatia (1995), S. 64; Sargent (2007), S. 128; (2013), S. 16; An dieser Stelle sei auf die Kritikpunkte dieser Technik hingewiesen (vgl. Rabe et al. (2008), S. 95). Zu diesen zählt, dass Fehler lediglich im betrachteten Zeitabschnitt visuell überprüft und ermittelt werden können; seltene Fehler bleiben deshalb eventuell unentdeckt. Ferner kann die Betrachtung des Simulationsmodells nur in bestimmten Zeitabschnitten genutzt werden, um unerwartete Ergebnisse im Moment deren Auftretens nachvollziehen bzw. Fehler gezielt identifizieren zu können.

[282]In Anlehnung an die *Animation Guidelines* aus Swider et al. (1994), S. 638 f.

[283]Vorgeschlagen u. a. von Balci (1994b), S. 147 oder Carson (2002), S. 56; In Simulationsmodellen, bei denen es klar definierte Regeln gibt, sind Ursache-Wirkungs-Beziehungen sehr gut nachvollziehbar, da tatsächlich eine bestimmte Ursache (Erhöhung der Anzahl von Positionen pro Auftrag) eine Auswirkung (Steigerung der Durchlaufzeiten) haben kann. In der Realität ist dies dagegen nicht ohne weiteres möglich (vgl. Taleb (2008), S. 131 ff.).

für die Gehgeschwindigkeit, die Verzögerung beim Start der Kommissionierer, die Anzahl der Kommissionierer, Pausenzeiten und die Pickzeit durchgeführt. Die Simulationsmodelle verhielten sich auch hier wie vorgesehen bzw. wie vorhergesagt. Dies bedeutet bspw., dass die Kommissionierer sich schneller bewegt haben, wenn die Gehgeschwindigkeit erhöht worden war (ohne dabei die Simulationsgeschwindigkeit zu verändern). Aufgrund der intuitiven Ergebnisse dieser Überprüfungen sollen diese hier nicht weiter aufgeführt werden. Ferner wurde ebenfalls überprüft, ob die beiden Simulationsmodelle, wenn diese mit gleichen Parametern mehrfach gestartet wurden, stets exakt die gleichen Durchlaufzeiten bestimmten (*Festwerttest*).[284] Da das Simulationsmodell an zwei Stellen mit Zufallszahlen arbeitet (zur Generierung von Aufträgen und zur Entscheidung über Abweichungen), müssen dafür konstante Werte genutzt werden, da sich ansonsten das Ergebnis mit jedem Durchlauf geringfügig ändern kann. Um diesen Test korrekt durchzuführen, wurden die Auftragslisten konstant gehalten und die Wahrscheinlichkeiten für Abweichungen auf 0 % eingestellt.[285]

Überprüfung der Lagerplatzvergabe (Auftragslisten):
Ein weiterer wichtiger Aspekt der Simulationsmodelle, der ebenfalls mithilfe von Animationen validiert wurde, war die Lagerplatzvergabe. Diese wird durch die Auftragslisten im Simulationsmodell umgesetzt. Anhand des Lagerplatzes einer Auftragsposition kann bestimmt werden, ob diese zufällig über das ganze Lager verteilt angeordnet werden soll oder sich auf bestimmte Bereiche konzentrieren soll, um der jeweiligen Lagerplatzvergabestrategie zu entsprechen. Die Auftragslisten stellen den Input des Simulationsmodells dar.[286] Die dafür notwendigen Verteilungen ergeben sich aus den Lagerplatzvergabestrategien (siehe Kapitel 2.3.3) und werden beispielhaft anhand der Mengenverteilung der zu kommissionierenden SKUs pro Gang für 1.000 Aufträge mit 20 Positionen pro Auftrag in Abbildung 4.9 und Abbildung 4.10 dargestellt. Die im Microsoft Excel-Dokument gespeicherten Aufträge konnten durch manuelle Berechnung

---

[284]Vorgeschlagen u. a. von Rabe et al. (2008), S. 99.

[285]Die Überprüfung, wie das Modell den Input in den Output transformiert, wird auch als *Blackbox-Test* bezeichnet (vgl. Balci (1994b), S. 137 f.).

[286]Auch hier ist wieder zu berücksichtigen, dass die beiden Simulationsmodelle keine realen Daten zur Grundlage haben. Dies muss bei der Validierung der Daten, wie sie bspw. bei Robinson (1997, S. 56; 1999, S. 6) vorgeschlagen wird, berücksichtigt werden. Somit entfällt bspw. die zusätzliche Datenaufbereitung oder der Ausgleich fehlender oder fehlerhafter Daten.

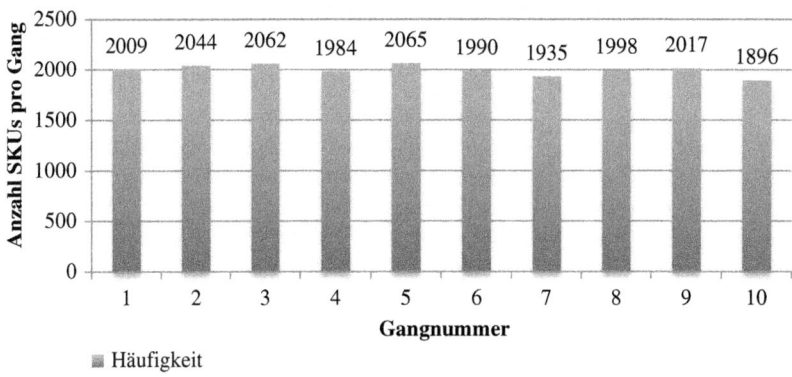

Abbildung 4.9 Verteilung der zu kommissionierenden SKUs auf die 10 Gänge für 1.000 beispielhafte Aufträge mit jeweils 20 Positionen pro Auftrag bei zufälliger Lagerplatzvergabe (Quelle: Eigene Darstellung)

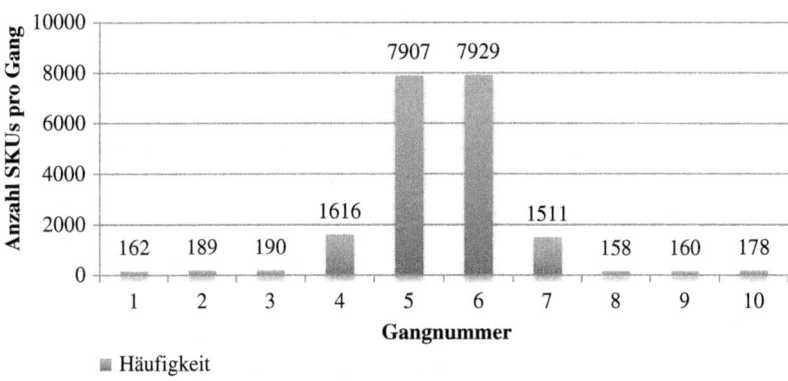

Abbildung 4.10 Verteilung der zu kommissionierenden SKUs auf die 10 Gänge für 1.000 beispielhafte Aufträge mit jeweils 20 Positionen pro Auftrag bei vertikaler ABC-Verteilung (Quelle: Eigene Darstellung)

oder Veränderung überprüft werden; ebenso, ob sich die Lagerplätze an der richtigen Position befinden. Auch die Anzahl der Positionen pro Auftrag wurde verändert und die Auswirkungen dadurch auf Plausibilität geprüft. Hier eignete sich der *Grenzwerttest*,[287] bei dem die Anzahl von Positionen pro Auftrag auf 1 und auf 1.000 gestellt wurde. Beide Varianten funktionierten in der Simulation fehlerfrei.

---

[287]Vorgeschlagen von Balci (1994b), S. 151; Rabe et al. (2008), S. 100; Sargent (2007), S. 128; (2013), S. 16.

Bei der zufälligen Lagerplatzvergabe sollten die Gänge möglichst gleichmäßig ausgenutzt werden, d. h., jeder Lagerplatz hat die gleiche Wahrscheinlichkeit, auf einem Auftrag zu stehen, und über alle Aufträge gesehen sollte die Anzahl der zu kommissionierenden SKUs über alle Gänge ungefähr gleich verteilt sein, wie in Abbildung 4.9 erkennbar. Analog dazu stellt dies die Abbildung 4.10 für die vertikale ABC-Verteilung dar, bei der sich die meisten zu kommissionierenden SKUs in den Gängen 5 und 6 befinden sollten (ca. 80 % der SKUs; bei 20.000 Positionen folglich ca. 16.000 SKUs), 15 % (ca. 3.000 SKUs) in den Gängen 4 und 7 sowie die restlichen 5 % (ca. 1.000 SKUs) in den Gängen 1, 2, 3, 8, 9 und 10.

Überprüfung der Routenstrategien:
Insgesamt sind sieben Routenstrategien implementiert worden. Davon können die Return- und die S-shape-Strategie durch die Animation validiert werden, da diese beiden Strategien sehr gut nachvollziehbar sind. Dies gilt in gewissem Umfang auch für die Midpoint-Strategie, bei welcher der Kommissionierer sich nicht über die Gangmitte hinaus bewegen darf. Bei allen weiteren Routenstrategien müssen zusätzliche Techniken herangezogen werden. Eine wichtige Technik hierfür ist die der Nutzung der trace-Funktion, um nachvollziehen zu können, welche SKU als nächste kommissioniert wird und wie die Routenführung zwischen SKUs berechnet worden ist. Auch können Wegstrecken ausgegeben werden, die dann manuell nachgerechnet wurden. Somit konnte in einem aufwendigen Prozess der Ablauf einer jeden Routenstrategie für eine Vielzahl von Beispielen validiert werden.

Zusätzlich wurden Durchläufe ohne Abweichungen oder Blockierungen durchgeführt (*Festwerttest*).[288] Die Ergebnisse in Form der durchschnittlichen Durchlaufzeiten für die Kommissionierung von Aufträgen mit 20 Positionen pro Auftrag sind in der folgenden Abbildung 4.11 dargestellt.

In Anlehnung an Law wird das Simulationsmodell mit vereinfachten Bedingungen ausgeführt werden (hier: ohne Berücksichtigung von Abweichungen oder Blockierungen), bei denen die Ergebnisse bereits bekannt sind.[289] Dies soll hier anhand der durchschnittlichen Durchlaufzeiten für die Routenstrategien ausgewertet werden. Wie in Kapitel 2.3.2 aufgezeigt, ist die optimale Strategie jene Strategie, die zu den kürzesten durchschnittlichen Durchlaufzeiten führt. Dies kann nicht nur in der obigen Darstellung gezeigt werden, sondern zusätzlich wurden für bis zu 10.000

---

[288]Ein Festwerttest kann durchgeführt werden, wenn aus einem stochastischen ein deterministisches Modell gemacht wird, also die Variablen feste Werte haben (vgl. Rabe et al. (2008), S. 99).

[289]Vgl. Law (2013), S. 254.

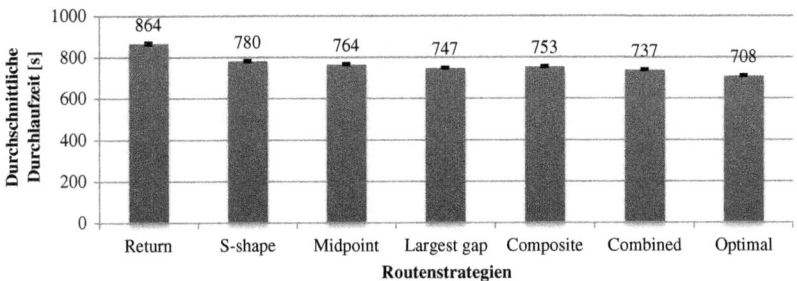

Abbildung 4.11 Durchschnittliche Durchlaufzeiten (mit Konfidenzintervallen) für die Routenstrategien ohne Abweichungen oder Blockierungen (Quelle: Eigene Darstellung)

einzelne Aufträge die Durchlaufzeiten der optimalen Strategie mit denen der besten Heuristik (Combined-Strategie) verglichen. Dabei waren die Durchlaufzeiten der optimalen Strategie immer mindestens gleich lang oder besser gleich denen der Combined-Strategie. Es ist durchaus möglich, dass Heuristiken in bestimmten Fällen (bspw. wenn die Anzahl von zu kommissionierenden SKUs so hoch ist, dass jeder Gang komplett durchlaufen werden muss) zu gleichen Durchlaufzeiten führen im Vergleich zur optimalen Strategie. Allerdings darf der Fall, dass die optimale Strategie ohne Abweichungen/Blockierungen zu längeren Durchlaufzeiten als bei einer Heuristik ohne Abweichungen/Blockierungen führt, nicht auftreten, was durch die Analyse der hohen Anzahl von Aufträgen sichergestellt worden ist.

Weiterhin können die Durchlaufzeiten der Composite- und der Combined-Strategie verglichen werden. Beide basieren auf der Kombination der Return- und der S-shape-Strategie; wobei der kürzeste Weg bei der Combined-Strategie bereits vor dem Loslaufen des Kommissionierers berechnet wird; bei der Composite-Strategie wird dies lediglich für benachbarte Picks durchgeführt. Folglich soll die Combined-Strategie zu Durchlaufzeiten führen, die immer mindestens gleich oder besser denen der Composite-Strategie sind.

Die Largest gap-Strategie, als Weiterentwicklung der Midpoint-Strategie, soll zu kürzeren Zeiten führen als die Midpoint- und die Return-Strategie,[290] was anhand der Abbildung 4.11 dargestellt werden kann. Ferner kann gezeigt werden,

---

[290]Vgl. Hall (1993), S. 79; Der Vergleich mit anderen Modellen bzw. mit den Ergebnissen anderer Simulationsmodelle wird von Davis (1992, S. 22), Law (2013, S. 268), Rabe et al. (2008, S. 110), Robinson/Bhatia (1995, S. 64), Robinson (1997, S. 58; 1999, S. 18) und Sargent (2007, S. 128) vorgeschlagen. Ähnlich ist auch die Technik der Überprüfung von Annahmen über das Verhalten des Simulationsmodells (vgl. Balci (1994b), S. 150).

dass für den Fall von weniger als 3,8 Picks pro Gang (hier durchschnittlich zwei Picks pro Gang) die Largest gap-Strategie zu kürzeren durchschnittlichen Durchlaufzeiten führt als die S-shape-Strategie, wie von Hall nachgewiesen worden ist.[291] Auch Petersen und Schmenner haben gezeigt, dass besonders die Vorteilhaftigkeit der S-shape- und der Return-Strategie von einer variierenden Größe der Aufträge abhängt.[292]

Darüber hinaus wurden die Routenstrategien in Abhängigkeit der Lagerplatzvergabestrategien und der Auftragsgrößen untersucht. Hierdurch konnte anhand der Durchlaufzeiten nachgewiesen werden, dass die Return-Strategie vorteilhafter bei einer horizontalen ABC-Verteilung abschneidet,[293] die relative Vorteilhaftigkeit der S-shape-Strategie bei einer vertikalen ABC-Verteilung zu kürzesten durchschnittlichen Durchlaufzeiten im Vergleich mit den durchschnittlichen Durchlaufzeiten für diese Routenstrategie mit allen Lagerplatzvergabestrategien führt und sich die Durchlaufzeiten der S-shape-Strategie an die der optimalen Strategie für große Auftragsgrößen (hier: 50 Positionen pro Auftrag) annähern, wodurch diese somit zur Heuristik wird, deren relative Vorteilhaftigkeit in Bezug auf kurze durchschnittliche Durchlaufzeiten stark steigt (am Beispiel der zufälligen Lagerplatzvergabe). Auch ist die Composite-Strategie für die vertikale, horizontale und diagonale ABC-Vergabe besser als die Return-, die S-shape-, die Midpoint- und die Largest gap-Strategie.[294] Kürzere durchschnittliche Durchlaufzeiten als bei der Composite-Strategie werden lediglich bei der Combined- und der optimalen Strategie erreicht.

Ferner können Vermutungen bestätigt werden, die sich aus der Kombination einer Routenstrategie mit einer Lagerplatzvergabestrategie ergeben. Dazu gehört, dass die S-shape-Strategie – deren Vorteil besteht, wenn entweder viele SKUs gepickt oder wenige Gänge betreten werden müssen – in diesen Fällen zu kürzeren durchschnittlichen Durchlaufzeiten führt als bspw. bei Anwendung einer horizontalen oder diagonalen ABC-Verteilung. Gleiches gilt für die Return-Strategie, die deutlich besser bei der horizontalen oder vertikalen ABC-Verteilung als bei der zufälligen oder vertikalen ABC-Verteilung abschneidet. Grundsätzlich gilt, dass ABC-Verteilungen im Vergleich zur zufälligen Lagerplatzvergabe die durchschnittlichen Durchlaufzeiten für alle Routenstrategien reduzieren, was schließlich die Intention hinter der Entwicklung klassenbasierter

---

[291]Vgl. Hall (1993), S. 86.

[292]Vgl. Petersen/Schmenner (1999), S. 500.

[293]Vgl. Petersen/Schmenner (1999), S. 494.

[294]Vgl. Petersen/Schmenner (1999), S. 494.

Lagerplatzvergabestrategien ist. Folglich kann gezeigt werden, dass die Glaubwürdigkeit für die korrekte Implementierung der Lagerplatzvergabe- und Routenstrategien gegeben ist, da die große Anzahl durchgeführter Tests jeweils zu den erwarteten Ergebnissen geführt hat.

Überprüfung der Implementierung von Abweichungen von der Routenstrategie:
Die Validierung der Abweichungen von der Routenstrategie und von Blockierungen soll, aufgrund der Komplexität dieser beiden Bereiche, getrennt betrachtet werden. Wie alle anderen Bestandteile der Simulationsmodelle auch wurden die Abweichungen schrittweise (je Abweichungsart für die Heuristiken sowie anschließend je Abweichungsart für die optimale Strategie) implementiert. Da verschiedene Zustandsdiagramme für die Routenstrategien mit und ohne Abweichungen erstellt worden sind, erfolgt zuerst der Test, ob die Durchlaufzeiten für den Fall ohne Abweichungen und den Fall einer Abweichungswahrscheinlichkeit von 0 % gleich sind. Ferner wurde auch hier die Animation genutzt, um zu überprüfen, wie die Kommissionierer sich bei Abweichungen verhalten. Dazu sind die SKUs, welche noch zu kommissionieren sind und welche bereits kommissioniert wurden, in verschiedenen Farben dargestellt. So kann nachvollzogen werden, welche SKUs bzw. Gänge übersprungen, wann diese nachträglich kommissioniert und ob alle SKUs der Auftragsliste vollständig eingesammelt wurden. Durch die trace-Funktion kann evaluiert werden, wann welche Prüfung hinsichtlich möglicher Abweichungen von der Routenstrategie auftritt und welches Ergebnis entsprechend umgesetzt wurde. Zusätzlich wurden Tests durchgeführt, in denen die Wahrscheinlichkeiten für Abweichungen variierten, um zu überprüfen, ob mehr SKUs übersprungen bzw. mehr Pausen gemacht werden, wenn die Wahrscheinlichkeit des Auftretens der jeweiligen Abweichungsarten steigt. Da für den Fall der Abweichungen von der Routenführung noch keine Hinweise, wie die relative Vorteilhaftigkeit der einzelnen Routenstrategien ausfällt, gefunden werden konnten, kann dies nicht zur Prüfung herangezogen werden. Auch wurde getestet, dass die (durchschnittlichen) Durchlaufzeiten steigen, wenn die Wahrscheinlichkeiten für Abweichungen von der Routenführung steigen (*Sensitivitätsanalysen*)[295]. Die Ergebnisse dieser Sensitivitätsanalysen finden sich im Ergebnisteil (Kapitel 5.1.2). Bei der Validierung der Durchlaufzeiten ausgewählter Heuristiken, wie der S-shape- oder der Composite-Strategie, mit Abweichungen von der Routenführung trat der Sonderfall auf, dass in einigen Ausnahmefällen die Durchlaufzeit mit Abweichungen von der Routenführung geringer ist als die der ursprünglich geplanten Route. Darauf wird in Kapitel 5.1.2 näher eingegangen.

---

[295]Vgl. Balci (1994b), S. 140 f.; Rabe et al. (2008), S. 102; Robinson (1999), S. 21; Sargent (2007), S. 128; (2013), S. 17.

Überprüfung der Implementierung von Blockierungen:
Insbesondere die Animation wurde bei der Überprüfung der Implementierung von Blockierungen im Lager genutzt. Dies eignet sich besonders, wenn lediglich eine geringe Anzahl von Kommissionierern, wie zwei oder drei, sich gegenseitig blockieren. Die Entscheidungen des Simulationsmodells, wer Priorität bekommt und wer folglich seinen ursprünglich geplanten Kommissionierprozess fortsetzt, kann durch die Nutzung der trace-Funktion nachvollzogen werden. Diese eignet sich auch, um das Verhalten der Blockiervorgänge bei mehreren Kommissionierern zu prüfen. Einfache Ursache-Wirkungsbeziehungen, wie die Erhöhung der Anzahl von Kommissionierern und die daraus resultierende Erhöhung der Anzahl von Blockierungen und der (durchschnittlichen) Durchlaufzeiten, wurden ebenfalls getestet (Sensitivitätsanalysen, Ergebnisse siehe Kapitel 5.2.2).

Nachdem alle Tests erfolgreich durchgeführt worden sind, können die Glaubwürdigkeit der Simulationsmodelle und somit die Validität angenommen werden. Daher sollen die beiden Simulationsmodelle im Folgenden für die durchzuführenden Simulationsexperimente genutzt werden.

Darstellung und Analyse der Simulationsexperimente/-ergebnisse hinsichtlich des Einflusses von Abweichungen von der Routenführung sowie von Blockiervorgängen auf die Durchlaufzeit in manuellen Kommissionierlagern

5

Nachdem bereits die theoretischen Grundlagen für die Beantwortung der Forschungsfrage definiert sowie die methodischen Grundlagen für das qualitative und quantitative Forschungsdesign aufgezeigt und bereits Ergebnisse aus der Fallstudie präsentiert worden sind, folgen in diesem Kapitel die Erläuterung der Simulationsexperimente sowie die Darstellung deren Ergebnisse.

Deren Präsentation ist zweigeteilt: Beginnend mit der Simulationsstudie zur Analyse der Abweichungen von der Routenstrategie in Kapitel 5.1, beinhaltet Kapitel 5.2 die Ergebnisse der Simulationsstudie zur Analyse von Blockierungen. In einem ersten Schritt werden für jede Simulationsstudie die Abläufe der Simulationsexperimente ausführlich erläutert und Hypothesen aufgestellt. Die Hypothesen ergeben sich aus den beiden in Kapitel 3.3 abgeleiteten Propositionen und sollen anschließend beantwortet werden. Ferner beinhaltet der nächste Schritt im Anschluss an die Präsentation der Simulationsexperimente die Ergebnisdarstellung für das jeweilige Simulationsmodell. Ausgewählte Parameter, die im Rahmen der konzeptionellen Modelle identifiziert wurden, sollen innerhalb dieser Simulationsstudien systematisch variiert werden, um deren Einfluss auf die (durchschnittlichen) Durchlaufzeiten analysieren zu können. Den Abschluss des Kapitels bildet die zusammenfassende Darstellung der wichtigsten Ergebnisse in Kapitel 5.3.

© Springer Fachmedien Wiesbaden GmbH 2018
T. Franzke, *Der Mensch als Faktor in der manuellen Kommissionierung,*
https://doi.org/10.1007/978-3-658-20469-3_5

5.1 Erläuterung der Simulationsexperimente und Präsentation ihrer Ergebnisse zur Analyse von Abweichungen von der Routenführung in manuellen Kommissionierlagern

Als Ergebnis der Fallstudie wurden zwei Propositionen abgeleitet. Ziel dieses Kapitels ist die Beantwortung von Proposition I:

P I: Die verschiedenen Arten von Maverick Picking haben einen wesentlichen Einfluss auf die individuellen Durchlaufzeiten und somit auf die Effizienz in manuellen Person-zur-Ware-Kommissioniersystemen und eine Nichtbeachtung dieses Aspekts kann zu Planungsfehlern führen.

Da bislang keine Hinweise bzgl. einer möglichen Quantifizierung der Auswirkungen von Abweichungen in der Literatur im Bereich der manuellen Kommissionierung gefunden werden konnten, soll in diesem Kapitel der Einfluss ausgewählter Abweichungsarten, auf Basis des hierfür eigens entwickelten Simulationsmodells, quantifiziert werden. In einem ersten Schritt (Kapitel 5.1.1) werden, auf Grundlage der Proposition I, Hypothesen für die durchzuführenden Simulationsexperimente erstellt. Anschließend wird der Aufbau der Simulationsexperimente erläutert. In Abschnitt 5.1.2 erfolgt die Darstellung der Ergebnisse der Simulationsexperimente. Die Darstellung orientiert sich an den zuvor abgeleiteten Hypothesen und hat deren Beantwortung zum Ziel.

5.1.1 Erläuterung des Aufbaus sowie des Ablaufs der Simulationsexperimente und Ableitung der Hypothesen

Zur Quantifizierung des Einflusses von Abweichungen in manuellen Kommissionierlagern sollen verschiedene Simulationsexperimente durchgeführt werden. Hierzu werden für die sieben gewählten Routenstrategien (Return-, S-shape-, Midpoint-, Largest gap-, Composite-, Combined- und die optimale Strategie) die Auswirkungen von ausgewählten Abweichungen untersucht (Überspringen von SKUs, Überspringen von Gängen, kombiniertes Auftreten von übersprungenen Gängen und SKUs sowie ungeplante Pausen). Wie im konzeptionellen Modell beschrieben, sind die Abweichungen über ihre mögliche Auftretenswahrscheinlichkeit implementiert. Diese wird für verschiedene Parameterkonfigurationen, wie eine veränderliche Routen- und Lagerplatzvergabestrategie oder die Auftragsgröße, schrittweise erhöht.

Da in diesem Modell das Auftreten der Abweichungen über zufällig generierte Zahlen erfolgt, müssen mehrere Replikationen mit der gleichen Parameterkonfiguration gemacht werden. Hierfür gibt es keine festen Vorgaben und dies wird je nach Simulationsmodell und zu simulierendem System unterschiedlich gehandhabt. Law und McComas empfehlen, 3–5 Replikationen für jede Parameterkonfiguration durchzuführen und anschließend den Durchschnitt aus diesen Replikationen als Leistungsindikator zu nutzen.[1] Hier sind dies die Durchlaufzeiten für 1.000 unterschiedliche Aufträge, welche fünf Mal mit den gleichen Werten, jedoch unterschiedlichen Zufallszahlen repliziert werden.[2] Anschließend ergibt sich die durchschnittliche Durchlaufzeit für eine Parameterkonfiguration. Die durchschnittliche Durchlaufzeit gibt somit Aufschluss darüber, wie viel Zeit ein Kommissionierer durchschnittlich mit der jeweiligen Parameterkonfiguration im vorliegenden Kommissioniersystem unter Berücksichtigung von Abweichungen von der Routenführung für einen durchschnittlichen Auftrag benötigt.

Neben der Erhöhung der Anzahl von Replikationen besteht die Möglichkeit, die Anzahl der Beobachtung von n Subintervallen für die jeweiligen Parameterkonfigurationen durch die Verringerung der Länge von Teilintervallen sowie die Verlängerung der Simulationszeit und dadurch der Subintervalle zu erhöhen;[3] wobei die Nutzung mehrerer Replikationen empfohlen wird, da diese im Vergleich zu den anderen beiden Möglichkeiten unabhängige Beobachtungen erzeugen, die eine bessere Auswertung ermöglichen.[4] Dabei soll das Konfidenzniveau einen Grenzwert, der einem praktischen Niveau an Genauigkeit entspricht, nicht überschreiten; andernfalls muss die Anzahl von Replikationen erhöht werden. Für das erwähnte Niveau konnten keine exakten Vorgaben gefunden werden, da dies in Abhängigkeit vom simulierten System gewählt werden soll. Bienstock nutzt einen Grenzwert von 5 %.[5] Im Bereich der Kommissionierung verwenden Roodbergen und de Koster einen Grenzwert für den relativen Fehler von lediglich

---

[1]Vgl. Law/McComas (1991), S. 25.

[2]Eine durchschnittliche Durchlaufzeit umfasst folglich die vollständige Bearbeitung von 5.000 Kommissionieraufträgen mit entweder 50.000 SKUs bei 10 Positionen pro Auftrag, 100.000 kommissionierter SKUs bei 20 Positionen pro Auftrag oder 250.000 kommissionierter SKUs bei 50 Positionen pro Auftrag, die für die Berechnung einer durchschnittlichen Durchlaufzeit herangezogen werden. Im Unterschied dazu bezeichnet die Durchlaufzeit lediglich die Zeit für das Kommissionieren eines einzelnen Auftrags.

[3]Vgl. Bienstock (1996), S. 44.

[4]Vgl. Bienstock (1996), S. 44.

[5]Vgl. Bienstock (1996), S. 46.

1 %.[6] Mentzer und Gomes haben einen Grenzwert von 1,5 % gewählt – also das Konfidenzintervall zum jeweiligen Durchschnitt durfte nicht mehr als 1,5 % des jeweiligen Durchschnittswerts betragen.[7] In der vorliegenden Arbeit übersteigt der Grenzwert mit der Auswahl von 1.000 Aufträgen pro Durchlauf und fünf Replikationen 1,5 % nicht und liegt meist deutlich unter 1 % des jeweiligen Durchschnittswertes. Folglich kann dies als ausreichend bewertet werden.

Als weitere Möglichkeit zur Bestimmung der Simulationsdauer kann ein definiertes Zeitintervall, wie ein Arbeitstag, für die Bestimmung des Simulationszeitraums genutzt werden.[8] Die Ergebnisse hängen in diesem Simulationsmodell jedoch nicht von den vorhergehenden Aufträgen ab, sondern jeder Auftrag ist am Ende eines Durchlaufes komplett abgeschlossen. Eine Verlängerung bzw. Verzögerung von Auftrag x+1 – aufgrund einer verlängerten Durchlaufzeit von Auftrag x oder einer nachträglichen Kommissionierung einer übersprungenen SKU aus Auftrag x während der Kommissionierung von Auftrag x+1 – ist in der Simulation nicht möglich. Daher reicht es aus, die Anzahl von zu simulierenden Aufträgen frei zu wählen, ohne sich dabei an einem realen Kommissionierlager zu orientieren. Ferner konnten keine einheitlichen Werte gefunden werden, wie viele Picks ein Kommissionierer pro Stunde, Schicht oder Arbeitstag kommissionieren kann – was in hohem Maße vom Kommissioniersystem bzw. den Eigenschaften der SKUs abhängt. Daher soll hier der Wert von 1.000 Aufträgen genutzt werden.

Für den idealen Fall, dass alle Vorgaben bei der Kommissionierung korrekt umgesetzt werden, können Aussagen hinsichtlich der Effizienz der Prozesse bei der Nutzung von Routen- und Lagerplatzvergabestrategien für unterschiedliche Auftragsgrößen vergleichsweise zuverlässig abgeleitet werden. Die optimale Strategie führt dann immer mindestens zu gleichen oder zu geringeren Durchlaufzeiten als alle anderen Heuristiken und ist stets die Routenstrategie mit der relativen Vorteilhaftigkeit gegenüber allen anderen untersuchten Routenstrategien. Anders ist dies im Falle von Abweichungen. Wie bereits aufgezeigt, wird vermutet, dass die optimale Strategie dann ihre Vorteilhaftigkeit verliert und zu längeren Durchlaufzeiten führt als andere Routenstrategien. Da die optimale Strategie ohne Abweichungen von der Routenstrategie allerdings meist zu deutlich geringeren Durchlaufzeiten führt, ergeben sich hieraus die Hypothesen 1a und 1b:

---

[6]Vgl. Roodbergen/de Koster (2001), S. 1878.
[7]Vgl. Mentzer/Gomes (1991), S. 211.
[8]Vgl. Kleijnen/van Groenendaal (1992), S. 187.

H1a: Die optimale Strategie behält auch bei Abweichungen von der Routenführung anfangs ihre Vorteilhaftigkeit im Vergleich zu den Heuristiken,
führt aber nur bis zu einer gewissen Wahrscheinlichkeit für Abweichungen zu kürzeren durchschnittlichen Durchlaufzeiten als die heuristischen
Routenstrategien.

H1b: Der Grenzwert, ab dem die optimale Strategie nicht mehr zu kürzesten
durchschnittlichen Durchlaufzeiten führt, ist insbesondere abhängig von
der Auftragsgröße, der Abweichungsart und der Lagerplatzvergabestrategie.

Für die Abweichungen von der Routenführung sind drei Möglichkeiten implementiert: Erstens können SKUs oder – zweitens – ganze Gänge übersprungen
werden oder es können, drittens, ungeplante Pausen durchgeführt werden. Die
drei Arten haben unterschiedliche Auswirkungen auf die durchschnittlichen
Durchlaufzeiten. Daraus ergeben sich die Hypothesen 2a und 2b:

H2a: Ungeplante Pausen haben den größten negativen Effekt auf die durchschnittlichen Durchlaufzeiten, gefolgt vom Überspringen von SKUs. Die
geringsten Anstiege in den durchschnittlichen Durchlaufzeiten sind für
das Überspringen von Gängen zu erwarten.

H2b: Bei kombiniertem Auftreten der Abweichungsarten von übersprungenen
Gängen und SKUs sind diese Durchlaufzeiten nur geringfügig höher als
die für übersprungene SKUs ermittelten.

Treten Abweichungen von der Routenführung auf und werden SKUs übersprungen, müssen diese nachträglich kommissioniert werden, um am Depot einen kompletten Auftrag abgeben zu können. Hierbei sind verschiedene Orte denkbar, an
denen die Abweichung bemerkt wird. Kann der Ort, an dem Abweichungen mit
hoher Wahrscheinlichkeit bemerkt werden, festgelegt werden, wie dies etwa mit
einer Qualitätskontrolle möglich ist, so ergibt sich Hypothese 3:

H3: Das Holen übersprungener SKUs nach dem nächsten Pick hat die geringsten Anstiege der durchschnittlichen Durchlaufzeit zur Folge. Anschließend
folgt das Holen übersprungener SKUs am Ende des Gangs vor dem nachträglichen Kommissionieren ab dem Depot. Dies gilt für übersprungene
SKUs, die sowohl durch die Abweichungsart „Überspringen von SKUs"
als auch durch die Abweichungsart „Überspringen von Gängen" ausgelassen worden sind.

Zur Prüfung dieser Hypothesen sollen im nächsten Abschnitt Simulationsexperimente durchgeführt werden. Aufgrund der Stufen der einzelnen Faktoren, wie Routen- oder Lagerplatzvergabestrategie, ergeben sich ca. 31.000 Experimente, in denen mehr als 828 Mio. Picks simuliert wurden. Mithilfe der statistischen Versuchsplanung hätte diese Anzahl deutlich reduziert werden können. Jedoch wurden bereits die relevanten Faktoren für diese Simulationsstudie im Vorfeld ermittelt und die vergleichsweise kurze Rechenzeit des Computers ermöglicht eine hohe Anzahl von Experimenten in einer vertretbaren Zeit.

5.1.2 Darstellung und Auswertung der Ergebnisse der Simulationsexperimente

Nach Erläuterung des Ablaufs der Experimente sollen in diesem Abschnitt die Ergebnisse der Simulationsläufe dargestellt und diskutiert werden. In der Literatur wird ausgesagt, dass Abweichungen insbesondere bei der optimalen Routenstrategie auftreten, da diese als schwer nachvollziehbar und teilweise verwirrend für den Kommissionierer beschrieben wird (siehe Kapitel 2.4.2). Aus diesem Grund wird von der Nutzung der optimalen Strategie abgeraten, da sonst Durchlaufzeiten erhöht werden und die optimale Strategie nicht mehr zu kürzesten Durchlaufzeiten im Vergleich zu den Heuristiken führen soll. Bisher fehlen allerdings genaue Daten, die diese Aussage bestätigen, widerlegen oder aufzeigen, bis wann dies der Fall ist. Daher sollen im Folgenden Abweichungen für die optimale Strategie angenommen und, im Vergleich dazu, die durchschnittlichen Durchlaufzeiten der Heuristiken ohne Abweichungen analysiert werden. Die Auftragslisten sind dabei für jede Routenstrategie identisch. Abbildung 5.1 zeigt die Ergebnisse mit den Schnittpunkten, ab wann die optimale Strategie mit Abweichungen zu längeren durchschnittlichen Durchlaufzeiten führt als die jeweilige Heuristik.

In der Abbildung wird deutlich, dass die optimale Strategie, in Abhängigkeit der Art der Abweichung, zu längeren durchschnittlichen Durchlaufzeiten führen kann als die Heuristiken. Hierdurch kann Hypothese 1a bestätigt werden, dass die optimale Strategie mit Abweichungen lediglich bis zu einem Grenzwert zu kürzesten durchschnittlichen Durchlaufzeiten führt. Bis zu diesem Grenzwert hingegen behält sie die relative Vorteilhaftigkeit im Vergleich aller untersuchten Routenstrategien, außer bei der Return-Strategie, bei der kein Grenzwert ermittelt werden konnte. Mit Ausnahme von ungeplanten Pausen ist der dafür notwendige Grenzwert einer Wahrscheinlichkeit von mehr als 5 % für das kombinierte Auftreten von übersprungenen Gängen und SKUs sehr hoch. In Fällen, in denen Abweichungen auftreten, ist die optimale Strategie im Hinblick auf minimale

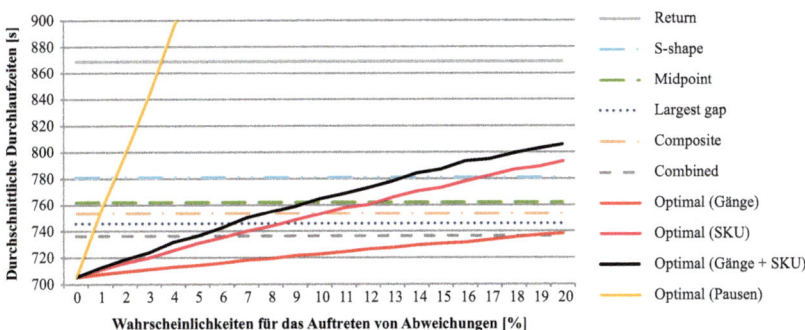

Abbildung 5.1 Durchschnittliche Durchlaufzeiten der Heuristiken ohne Abweichungen und der optimalen Strategie mit Abweichungen (Quelle: Eigene Darstellung in Anlehnung an Elbert et al. (2017), S. 546)

Durchlaufzeiten nicht mehr optimal. An dieser Stelle sei darauf hingewiesen, dass die optimale Strategie bereits nicht mehr optimal ist, wenn Abweichungen generell auftreten – unabhängig davon, ob die durchschnittlichen Durchlaufzeiten nach wie vor geringer sind als die der Heuristiken. Daher soll im Folgenden unterschieden werden zwischen den Begriffen „optimale Strategie" und „optimale Strategie mit Abweichungen".[9] Der erste Begriff umfasst die Routenführung, die entsprechend des Algorithmus von Ratliff und Rosenthal ermittelt worden ist und in der Form vom Kommissionierer vollständig eingehalten wird.[10] Der zweite Begriff bezeichnet jene Routenführung, die sich für die Gestaltung des Weges grundsätzlich am Algorithmus von Ratliff und Rosenthal orientiert, jedoch mindestens eine Abweichung enthält – unabhängig davon, welche Art von Abweichung auftritt.[11] Gleiches gilt analog für die Bezeichnung der heuristischen Routenstrategien mit und ohne Abweichungen, da durch Abweichungen eventuell Wegstrecken gelaufen werden, die so in der Routenstrategie nicht vorgesehen sind. Beispielhaft sei hier die S-shape-Strategie angeführt: Wenn unter befolgen dieser Routenstrategie eine SKU übersprungen wird, was direkt beim nächsten Pick im selben Gang bemerkt wird, dann dreht der Kommissionierer im Gang um und geht zur übersprungenen SKU. Ein Wenden im Gang ist bei der

---

[9]In Anlehnung an Elbert et al. (2017).

[10]Vgl. Ratliff/Rosenthal (1983), S. 507 ff.

[11]Vgl. Ratliff/Rosenthal (1983), S. 507 ff.

S-shape-Strategie sonst nicht vorgesehen (mit Ausnahme des letzten zu betretenden Gangs, bei dem dieser Fall auftreten kann), was dazu führt, dass eigentlich
keine reine S-shape-Strategie mehr verfolgt wird; dies wird durch den Zusatz
„mit Abweichungen" kenntlich gemacht.

Für den aufgezeigten Fall (siehe Abbildung 5.1) von 20 Positionen pro Auftrag und einer zufälligen Lagerplatzvergabe wird deutlich, dass „Überspringen
von Gängen" die geringsten negativen Auswirkungen auf die durchschnittlichen
Durchlaufzeiten hat. Hier hat das Simulationsmodell für die optimale Strategie
mit Abweichungen kürzeste durchschnittliche Durchlaufzeiten bis zu einer Wahrscheinlichkeit von 20 % für das Auftreten von übersprungenen Gängen ermittelt.
Anders verhält sich dies, wenn SKUs übersprungen werden: In diesem Fall führt
die optimale Strategie mit Abweichungen bereits ab einer Wahrscheinlichkeit von
7 % zu längeren durchschnittlichen Durchlaufzeiten als die Combined-Strategie,
welche die beste Heuristik ist.[12] Wenn übersprungene Gänge und SKUs im selben Durchlauf (kombiniert) auftreten können, führt die optimale Strategie mit
Abweichungen bereits ab einer Wahrscheinlichkeit von 6 % zu längeren durchschnittlichen Durchlaufzeiten als die Combined-Strategie. Im Falle des Auftretens
ungeplanter Pausen reicht bereits eine Wahrscheinlichkeit von 1 % aus, um bei
der optimalen Strategie mit Abweichungen auf längere durchschnittliche Durchlaufzeiten als bei der Combined-Strategie zu kommen.

Die geringen Auswirkungen bei übersprungenen Gängen lassen sich damit
begründen, da bei übersprungenen Gängen zuerst Wege eingespart werden, weil
die Gänge folglich nicht betreten werden und keine Strecken zwingend mehr
als zwei Mal[13] abgelaufen werden müssen. Anders verhält sich dies beim Überspringen von SKUs: Hier kann es häufig passieren, dass der Kommissionierer an
dem Lagerplatz, an dem sich eine zu kommissionierende SKU befindet, vorbei-
läuft und infolgedessen später wieder an diesen Ort zurückkehren muss. Folglich
entsteht eine ineffiziente Routenführung, durch welche die durchschnittlichen
Durchlaufzeiten stärker ansteigen.

Obwohl die beiden Arten von Abweichungen (übersprungene Gänge und
übersprungene SKUs) nicht komplett getrennt werden können, haben sie dennoch unterschiedliche Auswirkungen. Das Überspringen von Gängen beinhaltet logischerweise, dass auch die SKUs, welche in diesem Gang gelagert sind,

---

[12]Beste Heuristik ist hier gleichzusetzen mit der Heuristik, die zu kürzesten durchschnittlichen Durchlaufzeiten im Vergleich mit allen anderen Heuristiken führt.

[13]Ratliff/Rosenthal (1983, S. 507 ff.) zeigen auf, dass es nicht optimal sein kann, wenn eine
Strecke, zur Kommissionierung eines Auftrags, mehr als zweimal gelaufen wird.

übersprungen werden (d. h. ein Überspringen von SKUs). Gleichzeitig kann, sofern alle SKUs in einem Gang ausgelassen werden, die Abweichungsart „Überspringen von SKUs" in diesem speziellen Fall gleichgesetzt werden mit der Abweichungsart „Überspringen von Gängen". Letzteres ist jedoch ein Spezialfall und kommt, in Abhängigkeit von der Auftragsgröße und der Wahrscheinlichkeit für das Auftreten von Abweichungen, selten vor. Aufgrund der unterschiedlichen Auswirkungen beider Arten von Abweichungen sollen diese jedoch weiterhin getrennt betrachtet werden.

Der negative Einfluss ungeplanter Pausen auf die Durchlaufzeiten resultiert insbesondere aus den hohen Pausenzeiten (1–7 Minuten). Gerade bei der optimalen Strategie, die sehr kurze Durchlaufzeiten ermöglicht, kann sich die zusätzliche notwendige Durchlaufzeit bereits bei einer einzigen Pause stark erhöhen. Bei einer durchschnittlichen Durchlaufzeit für die optimale Strategie von ca. 705 Sekunden,[14] was ca. 12 Minuten entspricht, hat eine ungeplante Pause von bis zu 7 Minuten einen enormen Einfluss auf die Durchlaufzeit. Ferner sollten ungeplante, spontan durchgeführte Pausen reduziert werden, da durch Pausen weitere Fehler entstehen, bspw. wenn vergessen wurde, dass noch weitere SKUs aus einem Fach kommissioniert werden müssen – was in der Fallstudie deutlich geworden ist (bspw. bei UN 4 aus der Fallstudie in Kapitel 3).

Kritik an der optimalen Strategie zielt auf die verwirrende Routenführung ab, die insbesondere bei der Return- oder der S-shape-Strategie nicht gegeben ist, da letztere sehr intuitiv sind. Wird nun die optimale Strategie mit Abweichungen mit einer der beiden intuitiv sehr gut nachvollziehbaren Routenstrategien verglichen, so wird deutlich, dass die optimale Strategie mit Abweichungen nur beim Auftreten ungeplanter Pausen zu längeren durchschnittlichen Durchlaufzeiten führt als die Return-Strategie. Im Vergleich mit S-shape-Strategie sind sehr hohe Wahrscheinlichkeiten für das Auftreten von Abweichungen notwendig, damit die durchschnittlichen Durchlaufzeiten der optimalen Strategie mit Abweichungen höher sind als die der S-shape-Strategie ohne Abweichungen (für die Kategorie „Übersprungene Gänge": > 20 %; für die Kategorie „Übersprungene SKUs": > 16 %; für die Kategorie „Kombination aus übersprungenen Gängen und SKUs": > 13 %). Folglich kann die Aussage aus der Literatur für das vorliegende Beispiel spezifiziert werden, dass Abweichungen für die optimale Strategie auftreten können, jedoch die Vorteilhaftigkeit nur im Falle von ungeplanten Pausen bereits bei geringen Wahrscheinlichkeiten für Abweichungen verloren geht. An dieser Stelle kann nicht bewertet werden, ob eine Wahrscheinlichkeit für das

---

[14]Der Wert ist Abbildung 5.1 entnommen.

Auftreten von Abweichungen von 6 % oder 7 % – die notwendig ist, damit die optimale Strategie mit Abweichungen zu längeren durchschnittlichen Durchlaufzeiten führt als alle anderen untersuchten Heuristiken – als hoch oder niedrig für die Kommissionierpraxis einzustufen ist. Nichtsdestotrotz kann eine generelle Ablehnung der optimalen Strategie beim Auftreten von Abweichungen für das vorliegende Beispiel widerlegt werden.

Darüber hinaus sei angemerkt, dass auch heuristische Routenstrategien zu möglicherweise verwirrenden Wegen durch das Lager führen können. Insbesondere wird dies deutlich an der Midpoint-Strategie, bei welcher der Kommissionierer den Gang ausschließlich bis zur Mitte betreten soll. Für den Fall der Midpoint-Strategie ist vorstellbar, dass Kommissionierer nicht notwendigerweise nachvollziehen können, eine weitere, direkt hinter der Mitte des Gangs liegende SKU auf der Auftragsliste nicht sofort mitzunehmen, sondern erst, wenn der Gang von der anderen Seite betreten wird, obwohl der Weg von der aktuellen Position bis zu dieser SKU kürzer scheint. Hieraus können Abweichungen auch bei Heuristiken und daher möglicherweise längere durchschnittliche Durchlaufzeiten resultieren.

Auftreten von Abweichungen mit der gleichen Wahrscheinlichkeit für alle Routenstrategien im Vergleich zu einem Benchmark:
Für den Fall, dass Abweichungen für alle Routenstrategien auftreten, soll im Folgenden aufgezeigt werden, wie sich die relative Vorteilhaftigkeit aller Routenstrategien mit Abweichungen verhält, im Vergleich zu einem Benchmark. Als Benchmark fungiert die S-shape-Strategie ohne Abweichungen. Diese Routenstrategie wurde einerseits als Benchmark genommen, weil sie in hohem Maße intuitiv ist, sodass eine Abweichung aufgrund der Komplexität des Weges nicht vorstellbar ist; und andererseits aufgrund der Tatsache, dass sie sehr häufig in der Praxis eingesetzt wird. Die Ergebnisse sind in der Abbildung 5.2 für 20 Positionen pro Auftrag und eine zufällige Lagerplatzvergabe dargestellt.

Wie in der Abbildung ersichtlich, stellt die S-shape-Strategie erst ab einer Wahrscheinlichkeit für das Auftreten von übersprungenen SKUs von 7–8 % die Heuristik mit den kürzesten durchschnittlichen Durchlaufzeiten dar. Die Wahrscheinlichkeit von 7–8 %, die notwendig ist, damit die S-shape-Strategie die beste Heuristik wird, scheint vergleichsweise groß und deutet eher darauf hin, dass komplexere Routenstrategien für das untersuchte Lagerlayout besser geeignet sind, auch wenn Abweichungen auftreten.

Mit einer ansteigenden Wahrscheinlichkeit für das Überspringen von SKUs schwankt die relative Vorteilhaftigkeit der heuristischen Routenstrategien. Dies wird insbesondere für die Combined-Strategie deutlich, die zu Beginn zu

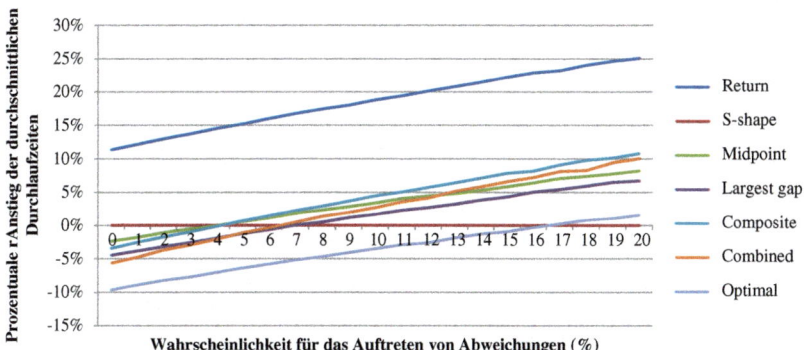

Abbildung 5.2 Prozentuale Anstiege der durchschnittlichen Durchlaufzeiten mit einer steigenden Wahrscheinlichkeit für das Auftreten von übersprungenen SKUs im Vergleich zum Benchmark (Quelle: Eigene Darstellung in Anlehnung an Elbert et al. (2017) S. 548)

kürzesten durchschnittlichen Durchlaufzeiten führt, jedoch ab einer Wahrscheinlichkeit für das Überspringen von SKUs von 6 % zu längeren durchschnittlichen Durchlaufzeiten als die Largest gap-Strategie führt. Ferner wird deutlich, dass die Anstiege aller Routenstrategien mit Abweichungen ähnlich sind.

Die Wahrscheinlichkeit für das Auftreten übersprungener SKUs muss in diesem Fall mindestens 17 % betragen, damit die optimale Strategie mit Abweichungen zu längeren durchschnittlichen Durchlaufzeiten als die S-shape-Strategie führt. Im Vergleich zu den anderen Heuristiken mit Abweichungen führt die optimale Strategie mit Abweichungen hier stets zu kürzeren durchschnittlichen Durchlaufzeiten für die gleiche Wahrscheinlichkeit von Abweichungen.

Analyse des Verhaltens der Routenstrategien bei unterschiedlichen Abweichungsarten:

Wie bereits gezeigt, verhalten sich die Routenstrategien bei verschiedenen Arten von Abweichungen und Wahrscheinlichkeiten für das Auftreten von Abweichungen unterschiedlich. Daher soll im Folgenden gezielt analysiert werden, wie die prozentualen Anstiege der durchschnittlichen Durchlaufzeiten für die untersuchten Routenstrategien ausfallen, wenn die Wahrscheinlichkeiten für das Auftreten von Abweichungen für jede Routenstrategie einzeln erhöht werden. Die Ergebnisse für die zufällige Lagerplatzvergabe sind in Abbildung 5.3 dargestellt.

Die teils stark schwankenden Anstiege der durchschnittlichen Durchlaufzeiten verhalten sich in Abhängigkeit der Art der Abweichung und der

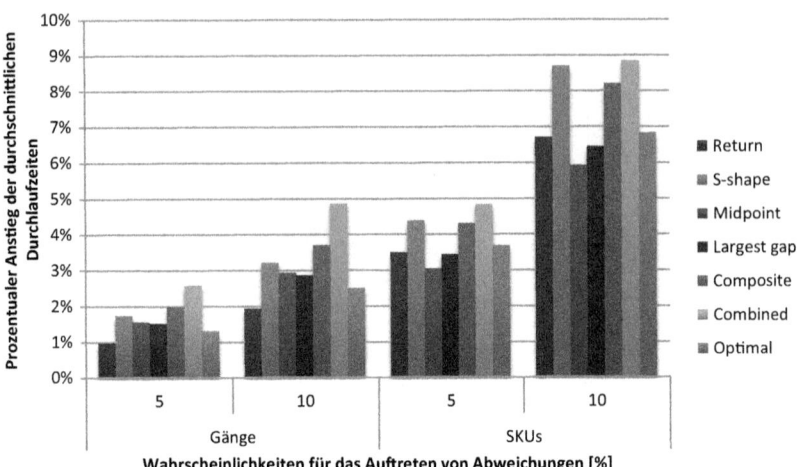

Abbildung 5.3 Prozentuale Anstiege der durchschnittlichen Durchlaufzeiten bei steigender Wahrscheinlichkeit für Abweichungen von der Routenführung (Quelle: Eigene Darstellung in Anlehnung an Elbert et al. (2017) S. 548)

Auftretenswahrscheinlichkeit der Abweichung individuell. Ferner kann gezeigt werden, dass eine Auftretenswahrscheinlichkeit von 5 % oder 10 % für übersprungene Gänge die Durchlaufzeit nur vergleichsweise gering erhöht. Der prozentuale Anstieg der durchschnittlichen Durchlaufzeit reicht nicht annähernd an die jeweiligen Prozentwerte der Wahrscheinlichkeit für das Auftreten der Abweichungen heran. Beim Überspringen von SKUs fällt der prozentuale Anstieg zwar deutlich höher aus, erreicht jedoch auch in diesem Fall nicht die Höhe der jeweiligen Prozentwerte der Wahrscheinlichkeiten für das Auftreten von Abweichungen.

Beim Überspringen von Gängen erzielt die Return-Strategie mit Abweichungen, welche in fast allen untersuchten Fällen zu den längsten durchschnittlichen Durchlaufzeiten führt, hingegen die geringsten prozentualen Anstiege. Eine mögliche Erklärung hierfür ist, dass bei der Return-Strategie alle Gänge einzeln betreten werden. Der Übergang zum nächsten zu betretenden Gang erfolgt – unabhängig, ob ein Gang übersprungen wird oder nicht – immer nach demselben Prinzip. Erhöht wird lediglich der horizontale Weg auf dem Quergang vor den jeweiligen Gangeingängen, was eine vergleichsweise geringe Erhöhung der durchschnittlichen Durchlaufzeiten bewirkt. Im Vergleich dazu wurden die höchsten prozentualen Anstiege für die Combined–Strategie mit Abweichungen ermittelt. Bei dieser Strategie wird der kürzeste Weg zwischen zwei benachbarten SKUs berechnet.

Werden SKUs übersprungen, ist der so ermittelte Weg hinfällig und wird durch einen meist längeren Weg ersetzt, bei dem Teilstrecken mehrfach abgelaufen werden müssen.

Können SKUs übersprungen werden, so hat ebenfalls die Return-Strategie mit Abweichungen vergleichsweise geringe prozentuale Anstiege erzielt. Hierbei sei angemerkt, dass die Return-Strategie meist zu sehr hohen durchschnittlichen Durchlaufzeiten führt, bei denen eine Verlängerung der Durchlaufzeit folglich prozentual geringer ausfällt als bei anderen Routenstrategien, die eine deutlich geringere durchschnittliche Durchlaufzeit ohne Abweichungen erzielen und bei denen die zusätzliche benötigte Zeit vielleicht ähnlich ausfällt, aber daher einen wesentlich höheren prozentualen Anteil einnimmt. Ähnlich geringe prozentuale Anstiege wurden für die optimale Strategie mit Abweichungen bestimmt. Die geringsten prozentualen Anstiege ergaben sich für die S-shape-Strategie mit Abweichungen.

Durchschnittliche Durchlaufzeiten bei Variation der Lagerplatzvergabe:
Nachdem die Auswirkungen der unterschiedlichen Arten von Abweichungen für die zufällige Lagerplatzvergabe analysiert worden sind, sollen im Folgenden die Auswirkungen bei veränderter Lagerplatzvergabe erläutert werden. Ein Wechsel von der zufälligen hin zu einer klassenbasierten Lagerplatzvergabe hat zum Ziel, die Durchlaufzeiten zu reduzieren, da häufig zu kommissionierende SKUs nahe am Depot angeordnet werden. Folglich treten vermehrt Abweichungen in diesem Bereich auf, wenn dort mehr SKUs lagern, die prinzipiell übersprungen werden können. Die durchschnittlichen Durchlaufzeiten für die Kombination beider Abweichungsformen „übersprungene Gänge" und „übersprungene SKUs" für alle untersuchten Routenstrategien sind in der folgenden Tabelle dargestellt (siehe Tabelle 5.1; je dunkler der Grauton der einzelnen durchschnittlichen Durchlaufzeiten, desto höher sind die durchschnittlichen Durchlaufzeiten im Vergleich zu den anderen durchschnittlichen Durchlaufzeiten).

Tabelle 5.1 beinhaltet die durchschnittlichen Durchlaufzeiten für die aufgeführten Routen- und Lagerplatzvergabestrategien für eine Wahrscheinlichkeit des kombinierten Auftretens übersprungener Gängen und SKUs von 10 % für eine Auftragsgröße von 20 Positionen pro Auftrag. Angenommen wird, dass Abweichungen von der Routenführung mit der gleichen Wahrscheinlichkeit für alle Routen- und Lagerplatzvergabestrategien auftreten. Zusätzlich zu den Ergebnissen in Tabelle 5.1 wurden die durchschnittlichen Durchlaufzeiten für alle Auftragsgrößen, Arten von Abweichungen und Wahrscheinlichkeiten für das Auftreten von Abweichungen (jeweils in 5er-Schritten für die Wahrscheinlichkeiten) analysiert. Die Tendenz der durchschnittlichen Durchlaufzeiten aus Tabelle 5.1

Tabelle 5.1 Durchschnittliche Durchlaufzeiten [s] der Routenstrategien mit Abweichungen (Kombination aus übersprungenen Gängen und SKUs) (Quelle: Eigene Darstellung)

Routenstrategien	Lagerplatzvergabestrategien			
	zufällig	ABC vertikal	ABC horizontal	ABC diagonal
Return	935	707	661	669
S-shape	863	653	838	777
Midpoint	823	662	718	717
Largest gap	808	652	718	710
Composite	833	643	661	665
Combined	828	645	661	666
Optimal	764	608	651	651

ist für die durchschnittlichen Durchlaufzeiten anderer Wahrscheinlichkeiten für das Auftreten von Abweichungen und für Auftragslisten mit 10 und 50 Positionen gleich. Wie bereits an der Färbung der Zellen erkennbar, führt die vertikale ABC-Lagerplatzvergabe zu kürzesten durchschnittlichen Durchlaufzeiten (mit Ausnahme der Return-Strategie mit Abweichungen, bei der die horizontale ABC-Lagerplatzvergabe zu geringeren durchschnittlichen Durchlaufzeiten führt). In ca. 85 % aller analysierten Fälle führte die vertikale ABC-Lagerplatzvergabe zu kürzesten durchschnittlichen Durchlaufzeiten für alle Routenstrategien mit Abweichungen im Vergleich zu den durchschnittlichen Durchlaufzeiten für die jeweiligen Routenstrategien mit anderen Lagerplatzvergabestrategien. In Kombination mit der optimalen Strategie mit Abweichungen können im vorliegenden Fall geringste durchschnittliche Durchlaufzeiten erzielt werden. Dies gilt allerdings nicht für den Fall, wenn ungeplante Pausen auftreten können. Hierbei sind die durchschnittlichen Durchlaufzeiten der Combined-Strategie mit Abweichungen deutlich geringer. Selbst die Composite- und die S-shape-Strategie mit Abweichungen führen dann zu kürzeren durchschnittlichen Durchlaufzeiten als die optimale Strategie mit Abweichungen. Für eine Wahrscheinlichkeit von 10 % für das Auftreten ungeplanter Pausen führt die optimale Strategie mit Abweichungen bei einer vertikalen ABC-Lagerplatzvergabe zu längeren durchschnittlichen Durchlaufzeiten als die Largest gap- und sogar die Return-Strategie (beide mit

Abweichungen). Auch in diesem Fall verliert die optimale Strategie ihre relative Vorteilhaftigkeit im Vergleich zu den untersuchten Routenstrategien mit Abweichungen. Stets die längsten durchschnittlichen Durchlaufzeiten wurden für die zufällige Lagerplatzvergabe ermittelt. Lediglich die intuitiv unpassende Kombination aus horizontaler ABC-Lagerplatzvergabe mit einer S-shape-Strategie[15] mit Abweichungen führt zu ähnlich hohen durchschnittlichen Durchlaufzeiten wie dieselbe Routenstrategie mit Abweichungen bei zufälliger Lagerplatzvergabe. Ein Wechsel weg von der zufälligen Lagerplatzvergabe hin zu einer ABC-Lagerplatzvergabe scheint daher für das untersuchte Lagerlayout eine Möglichkeit darzustellen, die durchschnittlichen Durchlaufzeiten zu senken. Dabei ist zweitrangig, welche ABC-Lagerplatzvergabe gewählt wird.[16] Die durchschnittlichen Durchlaufzeiten bei allen ABC-Lagerplatzvergabestrategien sind für keine der analysierten Routenstrategien mit Abweichungen höher als bei der zufälligen Lagerplatzvergabe. Dies gilt für fast alle Auftragsgrößen sowie Arten und Wahrscheinlichkeiten für das Auftreten von Abweichungen. Einzige Ausnahme ist die Kombination von S-shape-Strategie und horizontaler ABC-Lagerplatzvergabe bei Auftreten ungeplanter Pausen (5 %): Diese Kombination führt zu einer geringfügig höheren durchschnittlichen Durchlaufzeit im Vergleich zur zufälligen Lagerplatzvergabe (lediglich 8 Sekunden mehr bei horizontaler ABC-Lagerplatzvergabe).

Unterschiedliche Wahrscheinlichkeit für das Auftreten von Abweichungen je Lagerplatzvergabe:
Nachdem bis hierhin die Prämisse der gleichen Wahrscheinlichkeit für Abweichungen für alle Routen- und Lagerplatzvergabestrategien gegolten hat, soll dies nun für die Lagerplatzvergabestrategien variiert werden. Eine unterschiedliche Wahrscheinlichkeit für Abweichungen je Lagerplatzvergabestrategie ist vorstellbar, wenn durch die Umsortierung der SKUs vermehrt ähnlich aussehende SKUs nebeneinander gelagert und infolgedessen häufiger verwechselt werden. Ferner

---

[15]Die geringe Eignung für eine Kombination dieser beiden Strategien resultiert daraus, dass die horizontale ABC-Lagerplatzvergabe die SKUs fast gleichmäßig über alle Gänge am Eingang auf der Seite des Depots platziert und die S-shape-Strategie vorgibt, jeden Gang, der betreten wird, komplett zu durchlaufen. Folglich kann die Kombination dazu führen, dass gerade bei größeren Auftragslisten stets alle Gänge komplett durchlaufen werden müssen, obwohl die meisten zu kommissionierenden SKUs lediglich am Eingang des Gangs liegen.

[16]Ähnliches berichtet Roodbergen (2012, S. 154 f.) für den Fall ohne Abweichungen, aber mit einem Layout mit mehreren Quergängen.

konnten keine Hinweise gefunden werden, dass die Wahrscheinlichkeit für das Auftreten von Abweichungen für die zufällige und die klassenbasierten Lagerplatzvergabestrategien gleich sein muss. Daher soll kurz auf die Ergebnisse einer unterschiedlichen Wahrscheinlichkeit eingegangen werden.

Die Unterschiede zwischen den durchschnittlichen Durchlaufzeiten, die für die zufällige Lagerplatzvergabe generiert wurden, und den durchschnittlichen Durchlaufzeiten, die bei einer der vier ABC-Verteilungen bestimmt wurden, sind meist sehr groß. Die klassenbasierten Lagerplatzvergabestrategien ermöglichen aufgrund ihrer Besonderheit der aggregierten Anordnung von SKUs einer Klasse auch bei Berücksichtigung von Abweichungen, die durchschnittlichen Durchlaufzeiten im Vergleich zur zufälligen Lagerplatzvergabe deutlich zu senken. Selbst im Vergleich der durchschnittlichen Durchlaufzeiten mit einer höheren Wahrscheinlichkeit für das Auftreten von Abweichungen bei einer ABC-Verteilung (hier bspw. von 5 % auf 10 %) sind die durchschnittlichen Durchlaufzeiten für die zufällige Lagerplatzvergabe noch immer höher. Folglich scheinen die klassenbasierten Lagerplatzvergabestrategien robuster gegenüber Abweichungen zu sein als die zufällige Lagerplatzvergabe.

Grenzwerte, ab wann die optimale Strategie mit Abweichungen nicht mehr zu kürzesten durchschnittlichen Durchlaufzeiten führt:
Nachdem bereits aufgezeigt worden ist, ab welcher Wahrscheinlichkeit für das Auftreten von Abweichungen die optimale Strategie mit Abweichungen nicht mehr zu kürzesten durchschnittlichen Durchlaufzeiten führt, soll die Analyse im Folgenden auf alle Lagerplatzvergabestrategien ausgeweitet werden. Tabelle 5.2 enthält die jeweiligen Prozentwerte, ab welcher Wahrscheinlichkeit für das Auftreten von Abweichungen (hier: für das Überspringen von SKUs und 20 Positionen pro Auftrag) die optimale Strategie mit Abweichungen zu längeren durchschnittlichen Durchlaufzeiten führt als die jeweilige heuristische Routenstrategie ohne Abweichungen.[17]

Auf Basis von Tabelle 5.2 kann für Hypothese 1b angenommen werden, dass der Grenzwert, ab dem die optimale Strategie mit Abweichungen nicht mehr zu kürzesten durchschnittlichen Durchlaufzeiten führt, von der Lagerplatzvergabestrategie abhängt. Dies kann auch für eine variierende Auftragsgröße und unterschiedliche

---

[17]Die Werte ergeben sich aus dem direkten Vergleich der durchschnittlichen Durchlaufzeiten der optimalen Strategie mit Abweichungen und denen der jeweiligen Heuristik. Dabei ist die Lagerplatzvergabestrategie für beide Routenstrategien stets gleich, d. h., beim Vergleich der Return-Strategie mit zufälliger Lagerplatzvergabe wurde die durchschnittliche Durchlaufzeit der optimalen Strategien mit Abweichungen und ebenfalls einer zufälligen Lagerplatzvergabe als Vergleichswert genutzt.

Tabelle 5.2 Wahrscheinlichkeiten für das Auftreten von Abweichungen für die optimale Strategie mit Abweichungen (Überspringen von SKUs), ab wann die heuristischen Routenstrategien (ohne Abweichungen) zu kürzeren durchschnittlichen Durchlaufzeiten führen (Quelle: Eigene Darstellung)

Routenstrategie	Lagerplatzvergabestrategie			
	zufällig	ABC vertikal	ABC horizontal	ABC diagonal
Return	-[a]	-	4 %	7 %
S-shape	17 %	9 %	-	-
Midpoint	20 %	16 %	19 %	20 %
Largest gap	9 %	12 %	19 %	18 %
Composite	11 %	7 %	3 %	4 %
Combined	7 %	5 %	3 %	3 %

[a]Der Querstrich bedeutet hier, dass das Simulationsmodell stets kürzere durchschnittliche Durchlaufzeiten für die optimale Strategie mit Abweichungen ermittelt hat (bis zu einer Wahrscheinlichkeit von 20 %).

Art von Abweichungen (siehe Tabelle 5.3) ebenfalls gezeigt werden. Anhand der Ergebnisse aus Tabelle 5.2 wird deutlich, dass bei der Combined-Strategie, welche die beste Heuristik ohne Abweichungen darstellt, die geringsten Wahrscheinlichkeiten für das Auftreten von Abweichungen für die optimale Strategie notwendig sind, damit die Combined-Strategie zu kürzeren durchschnittlichen Durchlaufzeiten führt. Auch kann gezeigt werden, dass es Fälle gibt, in denen die Heuristiken für keine der untersuchten Abweichungswahrscheinlichkeiten zu kürzeren durchschnittlichen Durchlaufzeiten führen im Vergleich zur optimalen Strategie mit Abweichungen. Hier sind Wahrscheinlichkeiten für das Auftreten von Abweichungen von (deutlich) mehr als 20 % für die Return- und die S-shape-Strategie notwendig. Diese Fälle können lediglich bei bewusst schädigendem Verhalten angenommen werden, was hier in der Simulation allerdings nicht abgebildet werden soll. Mit Ausnahme des Auftretens ungeplanter Pausen sind insbesondere für die S-shape- und die Return-Strategie häufig Wahrscheinlichkeiten für das Auftreten von Abweichungen größer als 20 % notwendig, damit die optimale Strategie mit Abweichungen zu längeren durchschnittlichen Durchlaufzeiten führt.

Wird die Auftragsgröße auf 50 Positionen pro Auftrag verändert, so muss bei übersprungenen Gängen die Wahrscheinlichkeit für Abweichungen ansteigen, damit die optimale Strategie mit Abweichungen nicht mehr diejenige Routenstrategie ist, die zu kürzesten durchschnittlichen Durchlaufzeiten führt. Bei lediglich 10 Positionen pro Auftrag führt die optimale Strategie mit Abweichungen bereits

Tabelle 5.3 Prozentualer Anstieg der durchschnittlichen Durchlaufzeiten der Routenstrategien ohne Abweichungen hin zu den durchschnittlichen Durchlaufzeiten der Routenstrategien bei maximaler Abweichwahrscheinlichkeit (Quelle: Eigene Darstellung)

Art der Abweichung	Lagerplatzvergabestrategie			
	zufällig	ABC vertikal	ABC horizontal	ABC diagonal
Überspringen von SKUs	ca. 9 % – 21 %	ca. 9 % – 16 %	ca. 7 % – 18 %	ca. 7 % – 17 %
Überspringen von Gängen	ca. 1 % – 9 %	ca. 1 % – 7 %	ca. 2 % – 6 %	ca. 2 % – 4 %
Überspringen von Gängen und SKUs	ca. 10 % – 20 %	ca. 10 % – 18 %	ca. 9 % – 18 %	ca. 8 % – 16 %
Ungeplante Pausen	ca. 19 % – 90 %	ca. 12 % – 42 %	ca. 23 % – 112 %	ca. 19 % – 85 %

bei einer geringeren Wahrscheinlichkeit für Abweichungen als in Tabelle 5.2 angegeben nicht mehr zu den kürzesten durchschnittlichen Durchlaufzeiten. Ein Überspringen von Gängen bei einer kleinen Auftragsgröße ist nachteiliger, da somit durchschnittlich nur für eine SKU umgedreht werden muss, was sich stärker auf die (durchschnittlichen) Durchlaufzeiten auswirkt. Bei 50 Positionen pro Auftrag können durchschnittlich fünf Picks in einem vergessenen Gang kommissioniert werden, weswegen die (durchschnittlichen) Durchlaufzeiten geringer ansteigen. Generell muss die Wahrscheinlichkeit für übersprungene Gänge vergleichsweise hoch sein, damit die optimale Strategie mit Abweichungen ihre relative Vorteilhaftigkeit im Vergleich zu den heuristischen Routenstrategien verliert. Dies gilt für alle Lagerplatzvergabestrategien. Bei einer vertikalen ABC-Verteilung führt die optimale Strategie mit Abweichungen bis zu einer Wahrscheinlichkeit von 20 % stets zu kürzesten durchschnittlichen Durchlaufzeiten – unabhängig von der Auftragsgröße und im Vergleich zu den Heuristiken ohne Abweichungen.

Bei 50 Positionen pro Auftrag und übersprungenen SKUs ist bereits eine geringere Wahrscheinlichkeit für die Auftragsgröße ausreichend, um die relative Vorteilhaftigkeit der optimalen Strategie mit Abweichungen zu verlieren. Genau das Gegenteil tritt bei 10 Positionen pro Auftrag auf. Müssen mehr SKUs kommissioniert werden, sind folglich potenziell mehr SKUs vorhanden, die übersprungen werden können. Analog dazu gilt dies, wenn die Auftragsgrößen kleiner sind, weniger SKUs kommissioniert werden müssen und daher weniger SKUs übersprungen werden können.

Können Gänge und SKUs in einem Durchlauf übersprungen werden, ergeben sich ähnliche Grenzwerte wie in Tabelle 5.2 angegeben. Bei ungeplanten Pausen liegt der Grenzwert – unabhängig von der Lagerplatzvergabestrategie – stets bei 1 %. Bereits ab einer solch geringen Wahrscheinlichkeit führt die optimale Strategie mit Abweichungen zu längeren durchschnittlichen Durchlaufzeiten als ausgewählte heuristische Routenstrategien. Hierfür wurde die Prämisse abgeleitet, dass Pausen in Abhängigkeit der Routenstrategie verstärkt auftreten. Ist dies nicht der Fall und können ungeplante Pausen für alle Routenstrategien auftreten, dann zeigen die Ergebnisse, dass die Auswirkungen für die optimale Strategie mit Abweichungen deutlich stärker sind und die durchschnittlichen Durchlaufzeiten stärker ansteigen lassen im Vergleich zu den Heuristiken mit Abweichungen.

Auswirkungen unterschiedlicher Arten von Abweichungen bei veränderlicher Lagerplatzvergabe:
Im Folgenden soll aufgezeigt werden, wie sich eine zunehmende Wahrscheinlichkeit auf das Auftreten von Abweichungen bei unterschiedlichen Lagerplatzvergabestrategien auswirkt. Hierzu wurden die prozentualen Anstiege der durchschnittlichen Durchlaufzeiten für alle Routenstrategien ohne Abweichungen hin zu den durchschnittlichen Durchlaufzeiten für alle Routenstrategien mit Abweichungen (alle Arten) von 20 % (bzw. 10 % für ungeplante Pausen) berechnet, d. h. der prozentuale Anstieg der durchschnittlichen Durchlaufzeiten ohne Abweichungen hin zu den durchschnittlichen Durchlaufzeiten für die jeweilige Kombination an Routen- und Lagerplatzvergabestrategie für eine Wahrscheinlichkeit von 20 % für das Auftreten von Abweichungen (bzw. 10 % für ungeplante Pausen). Angegeben sind jeweils die minimal und maximal möglichen Werte aller Routenstrategien. Die Ergebnisse sind in Tabelle 5.3, nach Art der Abweichung geordnet, dargestellt.

Die Daten in Tabelle 5.3 bestätigen Hypothese 2a, demnach die größten negativen Auswirkungen durch ungeplante Pausen entstehen. Ferner wird deutlich, dass die geringsten Auswirkungen bei übersprungenen Gängen bestimmt worden sind. Hypothese 2b besagt, dass das kombinierte Auftreten übersprungener Gänge und SKUs vergleichbare Auswirkungen hat wie das alleinige Überspringen von SKUs. Dies kann ebenfalls durch Tabelle 5.3 bestätigt werden. Hierbei ist zu beachten, dass das kombinierte Auftreten von übersprungenen Gängen und SKUs teilweise geringere prozentuale Anstiege ermöglicht als das alleinige Überspringen von SKUs. Hier wirken sich übersprungene Gänge in der Kombination folglich positiv auf die durchschnittlichen Durchlaufzeiten aus. Auf Basis der Ergebnisse wird ferner deutlich, dass „Überspringen von SKUs" die größten prozentualen Anstiege bei der zufälligen Lagerplatzvergabe aufweist. Hierbei können die durchschnittlichen Durchlaufzeiten stärker (ca. 21 %) als die maximal mögliche Wahrscheinlichkeit für Abweichungen ansteigen (20 %). „Überspringen von SKUs" hat bei der S-shape-Strategie meist die größten negativen Auswirkungen, da bei dieser Routenstrategie die Gänge stets komplett durchlaufen werden müssen – auch wenn lediglich ein SKU in dem jeweiligen Gang zu kommissionieren ist. Die geringsten Auswirkungen wurden für die Return-Strategie bestimmt. Generell scheinen die ABC-Lagerplatzvergabestrategien die negativen Auswirkungen übersprungener SKUs am besten ausgleichen zu können: Hier wurden die geringsten prozentualen Anstiege der durchschnittlichen Durchlaufzeiten, im Vergleich mit der zufälligen Lagerplatzvergabe, bestimmt. Ein möglicher Grund dafür ist, dass die meisten zu kommissionierenden SKUs im A-Bereich liegen und dort entsprechend häufiger SKUs übersprungen werden. Folglich reduzieren sich der Bereich und die zu laufenden Wege, aus dem die ausgelassenen SKUs nachträglich eingesammelt werden müssen.

Wie bereits aufgezeigt, führt die Form der Abweichung „Überspringen von Gängen" zu den geringsten negativen Auswirkungen. Dies wird an den geringsten prozentualen Anstiegen der durchschnittlichen Durchlaufzeit über sämtliche Abweichungsarten hinweg deutlich. Hier führt eine Erhöhung der Wahrscheinlichkeit für das Auftreten von Abweichungen auf 20 % für die diagonale ABC-Lagerplatzvergabe lediglich zu einem prozentualen Anstieg der durchschnittlichen Durchlaufzeiten von ca. 2 % – 4 %. Die geringsten Auswirkungen wurden für die optimale Strategie mit Abweichung bestimmt und die größten prozentualen Anstiege ergaben sich für die Combined-Strategie mit Abweichungen.

Für die Abweichungsart „ungeplante Pausen" ergaben die durchschnittlichen Durchlaufzeiten, dass eine Wahrscheinlichkeit für das Auftreten dieser Art der Abweichung von lediglich 10 % zu einem Anstieg der durchschnittlichen Durchlaufzeiten bis zu ca. 112 % führen kann (für die optimale Strategie mit Abweichungen). Deutlich geringere Anstiege der durchschnittlichen Durchlaufzeiten ergaben sich für die heuristischen Routenstrategien, wie die Return- oder die Combined-Strategie mit Abweichungen. Ebenfalls geringste Anstiege in den durchschnittlichen Durchlaufzeiten wurden bei der Kombination von übersprungenen Gängen und SKUs für die Return-Strategie ermittelt. Die höchsten Anstiege wurden für die S-shape-Strategie mit Abweichungen bzw. bei der zufälligen und vertikalen ABC-Lagerplatzvergabe für die Combined-Strategie mit Abweichungen bestimmt. Im Vergleich der Lagerplatzvergabestrategien ergaben sich ähnliche prozentuale Anstiege der durchschnittlichen Durchlaufzeiten aller Routenstrategien mit Abweichungen für diese Art der Abweichung (Kombination aus übersprungenen Gängen und SKUs).

Die Hinweise aus der Literatur hinsichtlich Abweichungen der Routenführung deuten darauf hin, dass Abweichungen vermehrt bei der optimalen Strategie auftreten. In der Fallstudie ist hingegen deutlich geworden, dass Abweichungen für alle Routenstrategien auftreten können, da die aufgezeigten Ursachen nicht nur in einer möglicherweise verwirrenden oder schwer nachvollziehbaren Routenführung liegen, sondern dass auch das Verzählen am Lagerplatz oder beschädigte SKUs zu Abweichungen führen können – obwohl die Ursache nichts mit der eigentlichen Routenführung zu tun haben muss. Nichtsdestotrotz bleibt offen, ob bei einer optimalen Strategie tatsächlich vermehrt Abweichungen auftreten. Daher soll im Folgenden aufgezeigt werden, wie sich die relative Vorteilhaftigkeit aller Routenstrategien verhält, wenn Abweichungen mit gleicher Wahrscheinlichkeit bei allen Routenstrategien auftreten können.

Gleiche Wahrscheinlichkeit für Abweichungen bei allen Routenstrategien:
Unter dieser Prämisse behält die optimale Strategie ihre relative Vorteilhaftigkeit im Vergleich zu allen untersuchten Routenstrategien. Hypothese 1a lässt sich somit nicht auf den Fall erweitern, in welchem Abweichungen mit gleicher Wahrscheinlichkeit für alle Routenstrategien auftreten. In diesem Fall gibt es – mit Ausnahme von ungeplanten Pausen – keinen Grenzwert, bei dem die optimale Strategie ihre relative Vorteilhaftigkeit gegenüber den anderen Routenstrategien verliert (bis 20 %). Beim Auftreten ungeplanter Pausen verliert die optimale Strategie mit Abweichungen hingegen ihre relative Vorteilhaftigkeit und führt mit zunehmender Wahrscheinlichkeit für ungeplante Pausen teilweise (bspw. bei diagonaler ABC-Lagerplatzvergabe und 10 Positionen pro Auftrag) zu längeren durchschnittlichen Durchlaufzeiten als alle heuristischen Routenstrategien. Eine mögliche Erklärung hierfür ist erneut der relativ hohe Anteil der Pausenzeiten im Vergleich zu den relativ geringen durchschnittlichen Durchlaufzeiten der optimalen Strategie, der zu einem entsprechend deutlich höheren prozentualen Anstieg führen kann.

In Abbildung 5.4 können drei unterschiedliche Fälle der prozentualen Anstiege der durchschnittlichen Durchlaufzeiten der heuristischen Routenstrategien mit Abweichungen im Vergleich zur optimalen Strategie mit Abweichungen identifiziert werden. Mit zunehmender Wahrscheinlichkeit für Abweichungen können stets ähnliche prozentuale Anstiege aufgezeigt werden (bei der Return-Strategie), die prozentualen Anstiegen können mit zunehmender Wahrscheinlichkeit ebenfalls ansteigen (bei der S-shape-, der Composite- oder der Combined-Strategie) oder absinken (bei der Midpoint- oder der Largest gap-Strategie).

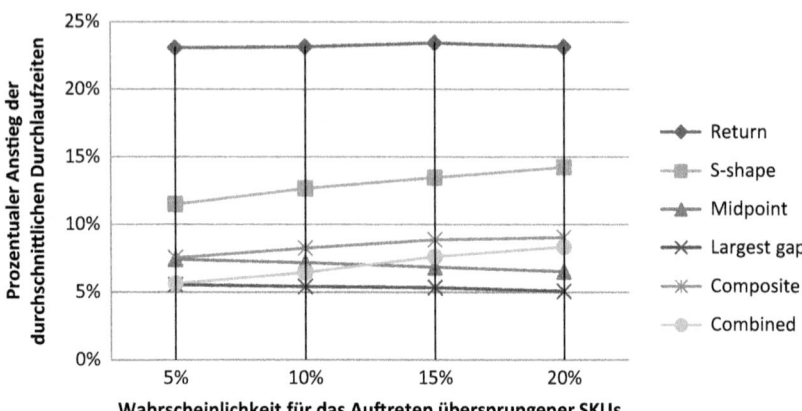

Abbildung 5.4 Prozentuale Anstiege der durchschnittlichen Durchlaufzeiten für die heuristischen Routenstrategien mit Abweichungen (Überspringen von SKUs) im Vergleich zu den durchschnittlichen Durchlaufzeiten der optimalen Strategie mit Abweichungen (gleiche Wahrscheinlichkeit für Abweichungen für alle Routenstrategien) (Quelle: Eigene Darstellung)

Unterschiedliche Wahrscheinlichkeiten für das Auftreten von Abweichungen für die optimale Strategie und die Heuristiken:
Anschließend soll analysiert werden, ob die optimale Strategie mit Abweichungen ihre relative Vorteilhaftigkeit verliert, wenn die Wahrscheinlichkeiten für das Auftreten von Abweichungen unterschiedlich hoch für die optimale Strategie im Vergleich zu den Heuristiken ausfallen können. Die Ergebnisse sind in Abbildung 5.5 dargestellt.

Bei 5 %, 10 % bzw. 15 % höherer Wahrscheinlichkeit für das Auftreten von Abweichungen behauptet die optimale Strategie in fast jedem Fall ihre relative Vorteilhaftigkeit gegenüber den Routenstrategien. Nur bei einem Unterschied von 10 % bzw. 15 % führen die durchschnittlichen Durchlaufzeiten, insbesondere der Combined- und der Largest gap-Strategie mit/ohne Abweichungen, zu kürzeren durchschnittlichen Durchlaufzeiten. Hauptsächlich ist das der Fall, wenn keine Abweichungen für die Heuristiken auftreten. Ist dies hingegen nicht der Fall, sind die durchschnittlichen Durchlaufzeiten der Heuristiken (in dem Fall der Largest gap- und der Combined-Strategie) nur minimal geringer – auch wenn bei der optimalen Strategie 10 % höhere Wahrscheinlichkeiten für das Auftreten übersprungener Gängen angenommen werden.

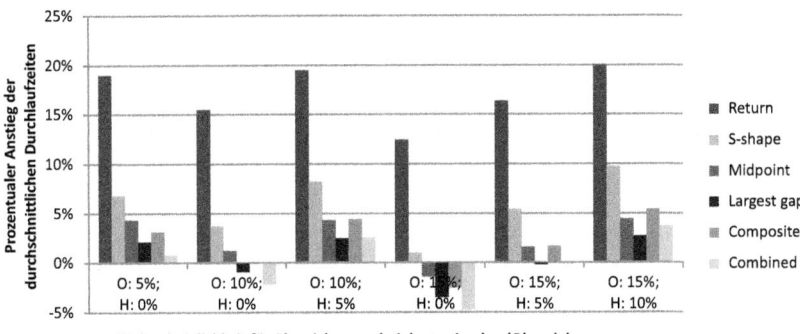

Abbildung 5.5 Prozentuale Anstiege der durchschnittlichen Durchlaufzeiten der Heuristiken mit der jeweiligen Wahrscheinlichkeit für Abweichungen zur optimalen Strategie mit der angegebenen Wahrscheinlichkeit für Abweichungen (Quelle: Eigene Darstellung in Anlehnung an Elbert et al. (2017) S. 548)

Unabhängige Variation der Wahrscheinlichkeit für das Auftreten übersprungener Gänge und/oder SKUs:
Bisher ist, wenn ein Überspringen von Gängen und SKUs während ein und desselben Durchlaufs möglich war, angenommen worden, dass die Wahrscheinlichkeit für das Auftreten der beiden Arten der Abweichungen für beide gleich ist. Diese Prämisse soll nun verändert werden. Dabei wird aufgezeigt, wie die durchschnittlichen Durchlaufzeiten bei einem unterschiedlichen Anstieg der jeweiligen Art von Abweichungen reagieren. Dabei wurde die Wahrscheinlichkeit schrittweise um jeweils 5 % erhöht. Die Ergebnisse für 20 Positionen pro Auftrag und eine zufällige Lagerplatzvergabe sind in Abbildung 5.6 dargestellt. In dieser ist die optimale Strategie mit Abweichungen im Vergleich zur besten Heuristik mit und ohne Abweichungen dargestellt.

Auch in diesem Fall zeigt sich erneut, dass die optimale Strategie mit Abweichungen ihre relative Vorteilhaftigkeit behält, wenn Abweichungen für die Heuristiken ebenfalls auftreten und die Wahrscheinlichkeiten für Abweichungen bei beiden Routenstrategien gleich sind. Die beiden Flächen, welche die durchschnittlichen Durchlaufzeiten für die optimale und die Largest gap-Strategie mit Abweichungen darstellen, verlaufen nahezu parallel, wenn die Wahrscheinlichkeit für Abweichungen ansteigt. Erst bei vergleichsweise großen Unterschieden in der Auftrittswahrscheinlichkeit für Abweichungen bei optimaler und heuristischer Routenstrategie erhält die heuristische Routenstrategie die relative

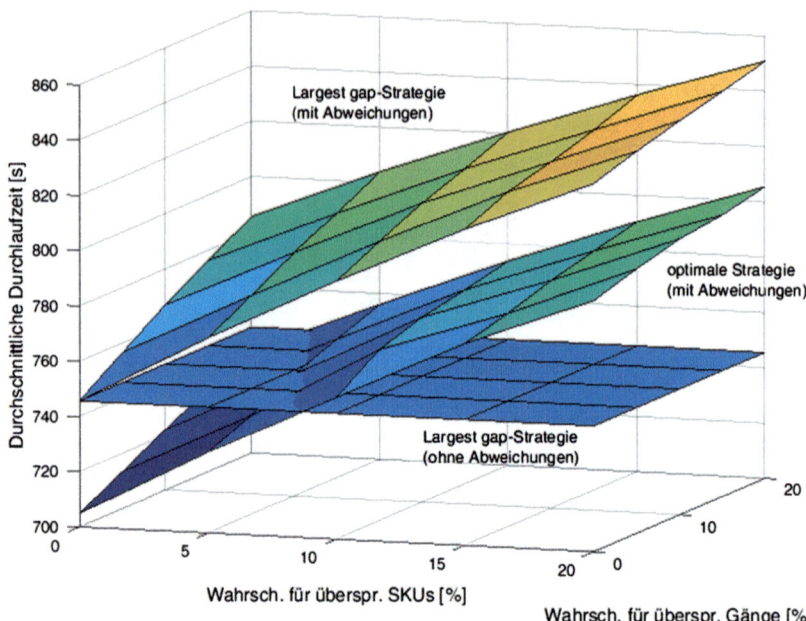

Abbildung 5.6 Durchschnittliche Durchlaufzeiten für die optimale Strategie mit Abweichungen sowie der Largest gap-Strategie mit und ohne Abweichungen (Quelle: Eigene Darstellung in Anlehnung an Elbert et al. (2017) S. 548)

Vorteilhaftigkeit. Anhand der Schnittlinie zwischen der Fläche von optimaler Strategie mit Abweichung und der Largest gap-Strategie ohne Abweichungen kann gezeigt werden, dass auch hier eine wesentlich höhere Wahrscheinlichkeit für das Auftreten von übersprungenen Gängen im Vergleich zum Auftreten übersprungener SKUs notwendig ist, damit die durchschnittlichen Durchlaufzeiten der optimalen Strategie mit Abweichungen nicht mehr am geringsten sind. Analog dazu verhalten sich die durchschnittlichen Durchlaufzeiten, wenn die Auftragsgrößen auf 10 reduziert oder auf 50 erhöht werden. Bei 10 Positionen pro Auftrag ist lediglich eine höhere Wahrscheinlichkeit für Abweichungen notwendig, um für die Largest gap-Strategie kürzere durchschnittliche Durchlaufzeiten zu generieren. Bei 50 Positionen pro Auftrag sind folglich geringere Wahrscheinlichkeiten für Abweichungen ausreichend, ab denen die kürzesten durchschnittlichen Durchlaufzeiten für die beste Heuristik ermittelt werden. Bei beiden Auftragsgrößen ist die optimale Strategie mit Abweichungen die Routenstrategie, die bei gleicher Wahrscheinlichkeit für Abweichungen bei allen Routenstrategien zu kürzesten durchschnittlichen Durchlaufzeiten führt. Dies wurde bis zu einer Wahrscheinlichkeit von 20 % überprüft.

Auswirkungen unterschiedlicher Positionen für das Holen ausgelassener SKUs:
In Hypothese 3 wird vermutet, dass ein nachträgliches Kommissionieren ausgelassener SKUs von unterschiedlichen Orten variierenden Einfluss auf die Verlängerung der (durchschnittlichen) Durchlaufzeit hat. Für die S-shape- und die optimale Strategie bei einer zufälligen Lagerplatzvergabe kann Hypothese 3 bestätigt werden. Im Folgenden wird gezeigt, dass der Ort des Bemerkens einer Abweichung Einfluss auf die Verzögerung der Durchlaufzeit hat. Dabei kann gezeigt werden, dass die Reihenfolge: Holen nach dem nächsten Pick, am Ende des Gangs, sowie die Gleichverteilung aller Möglichkeiten und als letztes die Möglichkeit, das Holen vom Depot, den Grad der negativen Auswirkungen auf die Durchlaufzeit angeben. Bei übersprungenen Gängen ist die Reihenfolge für die beiden analysierten Routenstrategien unterschiedlich.

Werden Gänge oder SKUs übersprungen, können die Abweichungen an unterschiedlichen Positionen bemerkt werden. Wie in Kapitel 4.6 gezeigt, ist dies beim Überspringen von Gängen entweder nach dem nächsten Pick, am Depot oder an einer der beiden Positionen möglich – wobei die Abweichung mit gleicher Wahrscheinlichkeit an beiden Orten bemerkt werden kann. Werden SKUs übersprungen, kann dies entweder ausschließlich nach dem nächsten Pick, am Ende des gerade betretenen Gangs (in dem das übersprungene SKU lagert), am Depot oder mit gleicher Wahrscheinlichkeit an einem der drei Positionen bemerkt werden. Die Gründe für die Auswahl dieser Positionen werden in Kapitel 4.6 ausgeführt. Bisher kann nicht bewertet werden, ob ein Bemerken von Abweichungen an einer dieser Positionen unterschiedliche Auswirkungen hat im Vergleich zum Bemerken von Abweichungen an einer anderen Position. Würde dieser Effekt existieren, wäre denkbar, dass zusätzliche Qualitätskontrollen installiert oder Kommissionierer angehalten werden, die Kommissionierliste an festgelegten Orten erneut zu prüfen. Daher soll im Folgenden die Auswirkung des Bemerkens fehlender SKUs von der jeweiligen Position für einen beispielhaften Fall aufgezeigt werden. Die beiden folgenden Abbildungen enthalten dabei die durchschnittlichen Durchlaufzeiten für das Kommissionieren von 1.000 zufällig generierten Aufträgen mit 20 Positionen pro Auftrag,[18] einer Wahrscheinlichkeit für das Auftreten

---

[18]Die Auftragslisten sind identisch mit denen, die für die bereits erörterten Auswertungen bei zufälliger Lagerplatzvergabe genutzt worden sind.

von Abweichungen von konstant 10 % (5 Replikationen) und für die Routenstrategien S-shape und optimal (siehe Abbildung 5.7 für das Holen übersprungener
SKUs von einer der aufgeführten Positionen; siehe Abbildung 5.8 für das Holen
von SKUs aus übersprungenen Gängen von einer der aufgeführten Positionen).

Die Positionen, an denen übersprungene SKUs bemerkt und anschließend
nachträglich eingesammelt werden, haben unterschiedliche Auswirkungen auf die
durchschnittlichen Durchlaufzeiten. Dies wurde für die S-shape und die optimale
Strategie jeweils mit Abweichungen gezeigt. Dabei resultieren die größten durchschnittlichen Durchlaufzeiten beim Holen übersprungener SKUs vom Depot aus
–unabhängig von der analysierten Routenstrategie. Die durchschnittlichen Durchlaufzeiten für das Holen übersprungener SKUs nach dem nächsten Pick oder vom
Ende des Gangs aus sind ähnlich hoch. Insbesondere das Bemerken nach dem
nächsten Pick kann zu kurzen Zusatzwegen führen. Teilweise ist diese Position
sehr nahe an einer übersprungenen SKU, wodurch nur geringe Wegstrecken mehrfach gelaufen werden müssen. Daraus ergibt sich eine vergleichsweise geringe
zusätzlich benötigte Durchlaufzeit für das Kommissionieren der vergessenen
SKU. Hier wäre in der Praxis zu prüfen, inwiefern an den beiden genannten Positionen eventuelle Qualitätskontrollen die Auswirkungen von Abweichungen reduzieren können. Eine Qualitätskontrolle ausschließlich am Depot scheint weniger
geeignet, da von dort aus der Weg zu den übersprungenen SKUs meist deutlich
weiter ist als vom Ende des Gangs her oder nach dem nächsten Pick. Dem muss
in der Praxis der zusätzliche Aufwand für die erneute Prüfung gegenübergestellt
werden, der in dem genutzten Simulationsmodell nicht implementiert wurde.

Beim Holen von SKUs aus übersprungenen Gängen sind die Unterschiede in
den durchschnittlichen Durchlaufzeiten für alle möglichen Positionen und die

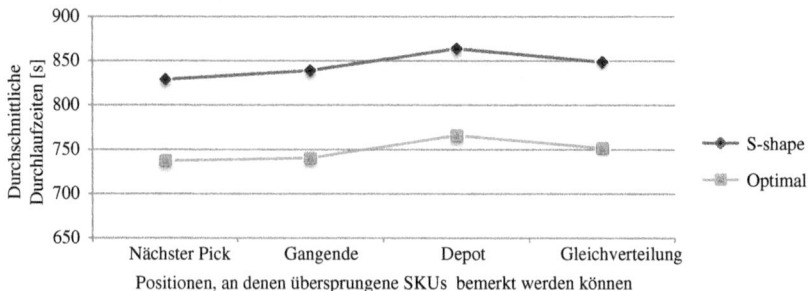

Abbildung 5.7 Durchschnittliche Durchlaufzeiten beim Holen übersprungener SKUs von
unterschiedlichen Positionen (Quelle: Eigene Darstellung)

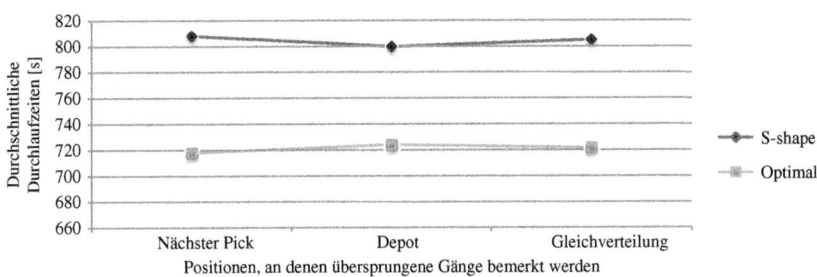

Abbildung 5.8 Durchschnittliche Durchlaufzeiten beim Holen von SKUs aus übersprungenen Gängen von unterschiedlichen Positionen (Quelle: Eigene Darstellung)

beiden analysierten Routenstrategien mit Abweichungen ähnlich; auch wenn das Holen vergessener SKUs aus übersprungenen Gängen bei der optimalen Strategie erneut höhere durchschnittliche Durchlaufzeiten generiert. In diesem Fall scheinen die Positionen, an denen die Abweichungen bemerkt werden, eine geringe Relevanz für mögliche Reduktionen der Durchlaufzeit zu besitzen. Wenn SKUs aus übersprungenen Gängen nachträglich kommissioniert werden müssen, können teilweise mehrere SKUs gleichzeitig nachträglich eingesammelt werden. Dadurch muss der Kommissionierer – im Unterschied zum individuellen Holen übersprungener SKUs – nicht für jede ausgelassene SKU umdrehen. Hierdurch wird vermieden, dass ein Kommissionierer mehr als zwei oder drei Mal in einen Gang gehen muss, wodurch sich wiederum Wegstrecken einsparen lassen.

Bemerkenswert ist, dass die durchschnittlichen Durchlaufzeiten der S-shape-Strategie beim Holen vergessener SKUs aus übersprungenen Gängen vom Depot niedriger sind als beim Holen nach dem nächsten Pick. Gerade die S-shape-Strategie ist sehr unflexibel, da sie fast komplett unabhängig von jeglichem anderen Einflussfaktor, wie z. B. Auftragsgröße oder Lagerplatzvergabe, stets die gleichen Wege generiert. Daher soll im Folgenden geprüft werden, ob positive Effekte im Sinne einer reduzierten Durchlaufzeit durch Abweichungen möglich sind. Roodbergen und de Koster haben hier bereits ein erstes Beispiel angeführt:[19] Für die Combined-Strategie haben sie einen Fall aufgezeigt, in welchem vorteilhaft ist, von der geplanten Route abzuweichen.

---

[19]Vgl. Roodbergen/de Koster (2001), S. 1877.

Reduktion der Durchlaufzeit durch Abweichungen:

Ein Beispiel, in welchem kürzere Durchlaufzeiten durch Abweichungen möglich sind, soll im Folgenden kurz skizziert werden. Den Ausgangspunkt soll die Wegeführung bei Verfolgung einer S-shape-Strategie bilden, mit einem Auftrag, in welchem vier SKUs kommissioniert werden sollen (siehe Abbildung 5.9). Die blau-gestrichelte Linie in Abbildung 5.9 stellt die anhand der S-shape-Strategie ermittelte Routenführung dar. Wird nun allerdings die SKU im ersten zu betretenen Gang vergessen, ändert sich die Routenführung (siehe rote Linie in Abbildung 5.9). Angenommen, der Kommissionierer bemerkt den Fehler am Depot – bspw. durch eine Qualitätskontrolle – und kommissioniert dann nachträglich das fehlende SKU, so ist in diesem Fall der zusätzliche Weg geringer als der übersprungene Weg, der nicht abgelaufen werden musste, da der erste Gang bzw. die erste SKU übersprungen wurde. In diesem Fall wurde allerdings die Zeit, die der Kommissionierer am Depot benötigt, um die fehlende SKU zu bemerken, nicht betrachtet. Bei ausschließlicher Betrachtung der Wegstrecke kann hier also eine kürzere Durchlaufzeit erreicht werden.

Während bei der optimalen Strategie eine Reduzierung durch Abweichungen im Vergleich zur ursprünglich geplanten Wegstrecke ausgeschlossen werden kann, ist dies bei den Heuristiken dagegen nicht der Fall. Für 1.000 Aufträge mit fünf Replikationen und verschiedenen Abweichungswahrscheinlichkeiten wurde untersucht, ob eine Reduzierung der jeweiligen Durchlaufzeit[20] erreicht werden kann.[21] Dazu wurden die Durchlaufzeiten der Heuristik ohne Abweichung als Vergleichswert genutzt. Tabelle 5.4 enthält die prozentualen Anteile sowie die absoluten Werte, wie häufig das Simulationsmodell bei 5.000 Durchläufen kürzere Durchlaufzeiten durch Abweichungen ermittelt hat, im Vergleich zu den Durchlaufzeiten, die ohne Abweichungen bestimmt worden sind.

Im Ergebnis wird deutlich, dass die Reduktion der gesamten Durchlaufzeit für einen Auftrag durch Abweichungen einen Ausnahmefall darstellt. Eine gezielte Nutzung von Abweichungen scheint daher nicht sinnvoll, um diese positiven Effekte zu nutzen. Bei der S-shape-Strategie scheint dieser Effekt die größten positiven Auswirkungen zu erzielen, da hier die meisten Fälle identifiziert wurden. Voraussetzung für das Erzielen kürzerer Durchlaufzeiten durch Abweichungen ist, dass der Weg durch das nachträgliche Kommissionieren aus

---

[20]Eine Reduzierung der *durchschnittlichen* Durchlaufzeit kann nicht erreicht werden, da, wie im weiteren Verlauf aufgezeigt wird, kürzere Durchlaufzeiten durch Abweichungen lediglich seltene Ausnahmen bleiben.

[21]Auch hier wurden die Auftragslisten für die zufällige Lagerplatzvergabe genutzt, die bereits für die Ergebnisse aus den vorherigen Ausführungen in diesem Kapitel die Grundlage gebildet hatten.

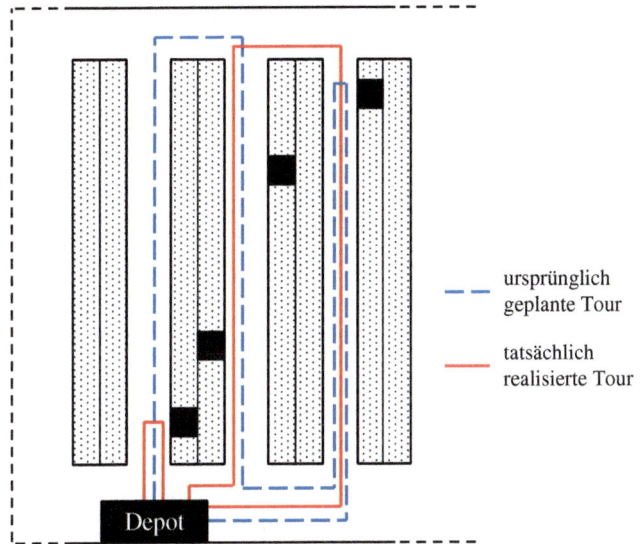

Abbildung 5.9 Ausschnitt aus dem Lagerlayout mit einem beispielhaften Kommissionierauftrag (Quelle: Eigene Darstellung in Anlehnung an Elbert et al. (2017) S. 549)

übersprungenen Gängen geringer ist als der ursprünglich geplante Weg. Ferner darf sich in der Praxis durch das Überspringen die restliche Strecke nicht in dem Maße erhöhen, dass dieser zusätzliche Weg und der zusätzliche Weg, um das übersprungene SKU zu holen, größer sind als die ausgelassene Strecke der ursprünglich geplanten Wegstrecke. Zusätzlich deuten die Werte der Tabelle 5.4 darauf hin, dass der vorteilhafte Sonderfall mit steigender Wahrscheinlichkeit von Abweichungen bis zu 10 % zunehmend häufiger auftritt. Für andere Arten von Abweichungen (Überspringen von SKUs, Kombination aus übersprungenen Gängen und SKUs sowie ungeplante Pausen) konnte kein solcher Fall für keine der Routenstrategien identifiziert werden, in welchem die Durchlaufzeit durch eine Abweichung reduziert wurde.

Folglich konnte aufgezeigt werden, dass bei der Auswahl der Routen- und Lagerplatzvergabestrategie die Berücksichtigung von Abweichungen wichtig ist, um Planungsfehler zu vermeiden (Proposition 1). Insbesondere die relative Vorteilhaftigkeit einzelner Heuristiken ändert sich bei auftretenden Abweichungen und schwankt insbesondere für die Heuristiken stark. Nachdem der Einfluss ausgewählter Arten von Abweichungen in Form übersprungener Gänge und

Tabelle 5.4 Prozentualer Anteil sowie Anzahl der Durchläufe, bei denen das Simulations-modell kürzere Durchlaufzeiten für die Durchgänge mit übersprungenen Gängen im Vergleich zu den Durchläufen ohne Abweichungen ausgegeben hat (Quelle: Eigene Darstellung)

Routen-strategie	Wahrscheinlichkeit für das Auftreten übersprungener Gänge					
	1 %	2 %	3 %	4 %	5 %	10 %
S-shape	ca. 1 % (61)	ca. 3 % (126)	ca. 4 % (175)	ca. 4 % (207)	ca. 5 % (235)	ca. 7 % (341)
Largest gap	ca. 0,02 % (1)	ca. 0,04 % (2)	ca. 0,14 % (7)	ca. 0,18 % (9)	ca. 0,14 % (7)	ca. 0,14 % (7)
Composite	ca. 0,6 % (29)	ca. 1 % (52)	ca. 1,6 % (82)	ca. 1,9 % (93)	ca. 2 % (102)	ca. 3,2 % (160)
Combined	ca. 0,04 % (2)	ca. 0,08 % (4)	ca. 0,12 % (6)	ca. 0,22 % (11)	ca. 0,3 % (15)	ca. 0,26 % (13)

SKUs sowie ungeplanter Pausen auf die durchschnittlichen Durchlaufzeiten untersucht worden ist, soll im nächsten Abschnitt der Fokus auf Blockierungen liegen. Auch sie sollen im Hinblick auf ihren Einfluss auf die durchschnittlichen Durchlaufzeiten analysiert werden.

5.2   Erläuterung der Simulationsexperimente und Präsentation ihrer Ergebnisse zur Analyse der Auswirkungen von Blockierungen in manuellen Kommissionierlagern

In diesem Kapitel soll die zweite aus der Fallstudie abgeleitete Proposition analysiert werden, um diese Proposition anschließend beantworten zu können:

P II: Da häufig mehr als eine Person in einem Lager(-bereich) arbeitet, müssen die Einflüsse durch weitere Mitarbeiter auf die Durchlaufzeit kommissionierter Aufträge in manuellen Person-zur-Ware-Kommissioniersystemen insbesondere bei der Beurteilung der relativen Vorteilhaftigkeit einzelner Routenstrategien berücksichtigt werden, um Planungsfehler zu vermeiden.

Nachdem die Auswirkungen ausgewählter Abweichungen von der Routenführung auf die Durchlaufzeiten aufgezeigt worden sind, soll nun in diesem Teil der Arbeit die Analyse der Auswirkungen von Blockierungen auf die Durchlaufzeiten und somit auf die relative Vorteilhaftigkeit der ausgewählten Routenstrategien erfolgen.

Als ein wichtiges Ergebnis der Fallstudie wurde deutlich, dass Störungen durch weitere Mitarbeiter im Lager, wie andere Kommissionierer oder Nachschubfahrer, zu Blockierungen führen können. Darüber hinaus hat der Anwendungsfall, dass mehrere Kommissionierer im selben Lagerbereich arbeiten, große praktische Relevanz, da in vielen Lagerbereichen mehr als ein Kommissionierer zur selben Zeit arbeitet. Auch bei den Unternehmen aus der Fallstudie arbeiteten Kommissionierer nur in Ausnahmefällen alleine in einem Lager(-bereich).

In Abschnitt 5.2.1 werden, analog zum Kapitel 5.1, Hypothesen abgeleitet, nach denen sich die Gestaltung und Durchführung der Simulationsexperimente richtet. Zusätzlich erfolgt in diesem Abschnitt die Erläuterung des Aufbaus und der Durchführung der Simulationsexperimente. In Kapitel 5.2.2 sollen die Ergebnisse, entsprechend den abgeleiteten Hypothesen, präsentiert und analysiert werden. Ziel ist, zu untersuchen, wie sich die relative Vorteilhaftigkeit der Routenstrategien verhält, wenn Blockierungen auftreten, und ob der gezielte Einsatz von Routenstrategien eine Abschwächung der negativen Einflüsse von Blockierungen auf die Durchlaufzeit ermöglichen kann.

5.2.1 Erläuterung des Aufbaus sowie des Ablaufs der Simulationsexperimente und Ableitung der Hypothesen

Bei den gewählten Routenstrategien handelt es sich um diejenigen Strategien, die in der Praxis am häufigsten genutzt werden bzw. in der Literatur im Bereich der Kommissionierung am häufigsten Verwendung finden. Hierbei ist zu betonen, dass die Routenstrategien jeweils nur für einen Kommissionierer im Lager entworfen wurden. Für diesen Fall können also vergleichsweise zuverlässige Aussagen abgeleitet werden, welche Routenstrategie für das jeweilige Kommissioniersystem am geeignetsten ist (siehe Kapitel 2.3.2). Anders verhält es sich jedoch, wenn mehrere Kommissionierer parallel im selben Lager(-bereich) arbeiten oder weitere Mitarbeiter, wie Nachschubfahrer, dort ihre Tätigkeit ausüben. Daher soll im Folgenden untersucht werden, wie sich die relative Vorteilhaftigkeit der Routenstrategien bei Blockierungen durch andere Mitarbeiter beim Kommissionieren verhält. Diese vergleichende Analyse ist für die sieben hier genutzten Routenstrategien und vier Lagerplatzvergabestrategien bislang noch nicht durchgeführt worden. Insbesondere ist noch offen, inwieweit die optimale Strategie, die im Falle ohne Blockierungen stets den kürzesten Weg ermitteln kann und folglich auch kürzeste Durchlaufzeiten ermöglicht, ihre Vorteilhaftigkeit auch beim Auftreten von Blockierungen behält. Erste Ergebnisse der Studien im Bereich des

Picker Blocking deuten für einige der untersuchten Routenstrategien darauf hin, dass sich die relative Vorteilhaftigkeit der Routenstrategien, aufgrund möglicher Blockierungen der Mitarbeiter, ändern kann (siehe Studien im Bereich Picker Blocking in Kapitel 2.4.3). Der Faktor Blockierungen hat folglich einen großen Einfluss auf die Bewertung der relativen Vorteilhaftigkeit der Routenstrategien. Nichtsdestotrotz führt die optimale Strategie im Vergleich zu den Heuristiken meist zu (deutlich) geringeren Durchlaufzeiten, was deren negative Auswirkungen durch zusätzliche benötigte Zeiten aufgrund von Blockierungen abfangen kann. Dies führt zu Hypothese 4:

H4:   Auch unter Berücksichtigung von Blockierungen im manuellen Person-zur-Ware-Kommissionierlager führt die optimale Strategie zu kürzesten durchschnittlichen Durchlaufzeiten im Vergleich zu den analysierten Routenstrategien.

Ferner hat die Lagerplatzvergabe einen entscheidenden Einfluss auf die Durchlaufzeit in der manuellen Kommissionierung. Im einfachsten Fall werden alle SKUs zufällig im Lager verteilt. Dadurch ist die Auslastung des Lagerbereiches zwar maximal, jedoch sind die Wege der Kommissionierer sehr weit, da im Rahmen einer Tour meist durch den kompletten Lagerbereich gelaufen werden muss. Um die Wege zu reduzieren, können häufig kommissionierte SKUs nahe am Depot gelagert werden, wodurch die Durchlaufzeiten pro Auftrag infolge kürzerer Wege sinken; jedoch steigt dann die Zahl der Blockierungen an. Hierdurch können zwar die Wegzeiten reduziert, allerdings die Anzahl von Blockierungen zugleich erhöht werden, was zu Hypothese 5 führt:

H5:   In Abhängigkeit der Routenstrategie kann die Durchlaufzeit bei einem Wechsel von zufälliger zu einer klassenbasierten Lagerplatzvergabestrategie, trotz einer höheren Anzahl an Blockierungen, reduziert werden.[22] Die Lagerplatzvergabe hat folglich einen entscheidenden Einfluss auf die relative Vorteilhaftigkeit einzelner Routenstrategien, auch unter Berücksichtigung von Blockiervorgängen.

---

[22]Hier können Blockierungen keine positiven Folgen haben, da die Vorgaben für den Ablauf einer Kommissioniertour stets eingehalten werden müssen. Durch Blockierungen wird diese nur für die Zeit der Blockierung unterbrochen und dadurch insgesamt verzögert. Eine Verkürzung des Weges – wie es bei Abweichungen gezeigt wurde – ist hier somit nicht möglich. Blockierungen führen im vorliegenden Simulationsmodell folglich immer zu längeren Durchlaufzeiten.

Unabhängig von der Art der Blockierung treten Blockierungen in Abhängigkeit der Routen- und Lagerplatzvergabestrategie unterschiedlich häufig auf. Da sie bei strikter Befolgung der Vorgaben relativ gut vorhersehbar sind, wäre möglich, die Anzahl von Blockierungen als mögliches Entscheidungskriterium für oder gegen eine Routen- oder Lagerplatzvergabestrategie zu nutzen. Nichtsdestotrotz kann allerdings aufgrund der Anzahl von Blockierungen nicht auf die Länge der Blockierungen bzw. die zusätzlich benötigte Durchlaufzeit geschlossen werden. Daraus folgt Hypothese 6:

H6:   Die Entscheidung für oder gegen eine Routenstrategie, um kürzeste durchschnittliche Durchlaufzeiten zu erreichen, kann nicht auf Basis der Häufigkeit von Blockierungen getroffen werden.

Blockierungen im Lager entstehen, wenn zwei oder mehr Kommissionierer in einem Gang mit unterschiedlicher Geschwindigkeit laufen (bspw. weil ein Kommissionierer aufgrund eines zu kommissionierenden SKUs am entsprechenden Lagerplatz für die Zeit des Pickvorgangs stehenbleiben muss und seine Geschwindigkeit auf null reduziert), mindestens zwei Kommissionierer in entgegengesetzter Richtung im selben Gang laufen oder mindestens zwei Kommissionierer zur selben Zeit an denselben Lagerplatz wollen. Diese Situationen können häufiger auftreten, wenn jede Tour der Kommissionierer auf Basis derselben Routenstrategie berechnet wird, die individuellen Wege ähnlich sind und keine Aufteilung der Kommissionierer im Lager ermöglicht wird. Dies führt zu Hypothese 7:

H7:   Eine Abweichung von der Prämisse, dass alle Kommissionierer stets dieselbe Routenstrategie verfolgen, kann die durchschnittliche Durchlaufzeit, im Vergleich zur Durchlaufzeit, wenn alle Kommissionierer dieselbe Routenstrategie verfolgen, reduzieren.

Im Folgenden sollen die Auswirkungen von Blockierungen im dafür entwickelten Simulationsmodell analysiert werden. Dabei werden die Parameter der Routenstrategie (Return-, S-shape-, Midpoint-, Largest gap-, Composite-, Combined- und optimale Strategie) und die Lagerplatzvergabestrategie (zufällige, vertikale, horizontale und diagonale ABC-Lagerplatzvergabe), die Anzahl von Kommissionierern (2, 5, 10 und 15 Kommissionierer) sowie die Auftragsgrößen (10, 20 und 50 Positionen pro Auftrag) variiert. Das für die Auswertung im Bereich des Picker Blocking genutzte Simulationsmodell enthält keine Zufallszahlen im Verhalten der Kommissionierer bei der Durchführung von Simulationsexperimenten; d. h., bei mehreren Ausführungen des Simulationsmodells mit den gleichen Parameterwerten bleiben die Durchlaufzeiten unverändert, da die Kommissionierer stets dieselben

Verhaltensregeln beim Auftreten von Blockierungen befolgen. Lediglich die Aufträge werden zufällig generiert, bleiben jedoch bei mehreren Ausführungen des Simulationsmodells (z. B. mit unterschiedlichen Routenstrategien) unverändert, um die Vergleichbarkeit zwischen den einzelnen Durchläufen zu gewährleisten. Eine mehrfache Ausführung der Simulationsexperimente mit unveränderten Werten ist daher nicht notwendig; d. h. die Anzahl der Replikationen ist auf eins festgelegt.

Die Anzahl der zu kommissionierenden Aufträge für eine Parameterkonfiguration mit konstanten Werten ist hier auf 100 festgelegt (d. h., dass 100 verschiedene Aufträge mit den gleichen Parameterwerten, wie Anzahl der Kommissionierer, Auftragsgröße usw., durchlaufen werden). Lediglich für die unterschiedlichen Strategien zur Anordnung der SKUs im Lager müssen neue Aufträge genutzt werden –andernfalls hätte die Veränderung der Lagerplatzvergabe keinen Einfluss. Die Wahl von 100 Aufträgen ist ausreichend, um die Konfidenzintervalle vergleichsweise kleinzuhalten.[23] Das Simulationsmodell bestimmt für jeden Kommissionierer die jeweilige Durchlaufzeit für jeden Auftrag und bildet anschließend den Durchschnitt der Durchlaufzeiten aller Kommissionierer eines Simulationslaufes. Die Verzögerung beim Start des Kommissionierers 2, 3, …, 15 wird in den Durchschnittswert nicht mit einberechnet.

5.2.2 Darstellung und Auswertung der Ergebnisse der Simulationsexperimente

Nach der Beschreibung der Simulationsexperimente bzw. der Hypothesen erfolgt in diesem Teil die Präsentation der Ergebnisse. Als erstes soll der Einfluss des Picker Blocking bei zufälliger Lagerplatzvergabe auf die sieben analysierten Routenstrategien dargestellt werden. Anschließend wird der Faktor der Lagerplatzvergabestrategien variiert und die Durchlaufzeiten werden zusätzlich für die klassenbasierten Lagerplatzvergabestrategien analysiert. Im letzten Schritt wird geprüft, inwiefern Kombinationen von Routenstrategien, bei denen jeder Kommissionierer eine individuelle Routenstrategie verfolgt, zu kürzeren Durchlaufzeiten führen können. Die individuelle Vergabe von Routenstrategien an die Kommissionierer im selben Durchlauf soll im weiteren Verlauf der Arbeit als Routenkombination bezeichnet werden.[24]

---

[23]Die Konfidenzintervalle mit dem Konfidenzniveau von 95 % liegen bei 10 Positionen pro Auftrag zwischen 1,0 % und 2,6 %, bei 20 Positionen pro Auftrag zwischen 0,83 % und 2,0 % sowie bei 50 Positionen pro Auftrag zwischen 0,6 % und 1,9 % von der jeweiligen durchschnittlichen Durchlaufzeit.

[24]Vgl. Franzke et al. (2017), S. 841.

Vergleich der Routenstrategien:

Abbildung 5.10 stellt die durchschnittlichen Durchlaufzeiten der Routenstrategien für den Fall mit Blockierungen dar. Eine durchschnittliche Durchlaufzeit steht dabei für die Zeit, die ein Kommissionierer für das Kommissionieren eines durchschnittlichen Auftrags (hier mit 20 Positionen) benötigt. Dafür haben im Modell mehrere Kommissionierer (2, 5, 10 und 15) jeweils 100 Aufträge mit stets 20 Positionen pro Auftrag bearbeitet. Aus den Durchlaufzeiten lässt sich anschließend für jede Parameterkonfiguration der Durchschnitt berechnen. Die Lagerplatzvergabe soll vorerst nur zufällig erfolgen. Die Auswirkungen einer veränderten Lagerplatzvergabe werden weiter unten aufgezeigt und diskutiert. Ferner werden keine extremen Fälle betrachtet.[25]

Wie in Abbildung 5.10 erkennbar,[26] wurden die kürzesten durchschnittlichen Durchlaufzeiten für die optimale Strategie ermittelt. Dies bestätigt Hypothese 4 für die zufällige Lagerplatzvergabe, in der vermutet worden ist, dass die optimale Strategie trotz auftretender Blockierungen zu kürzesten durchschnittlichen Durchlaufzeiten führt. Zu betonen ist, dass die optimale Strategie ihre relative Vorteilhaftigkeit in Bezug zu den untersuchten Heuristiken gerade auch im Fall der Berücksichtigung von Blockierungen beibehält. Die Heuristik, die zu den kürzesten durchschnittlichen Durchlaufzeiten führt, ist hier die Largest gap-Strategie. Die Vorteilhaftigkeit der Largest gap-Strategie wird dadurch unterstützt, dass der jeweils zu betretende Gang bei dieser Strategie zweigeteilt ist, da Gänge bis zur größten Lücke zwischen zwei benachbarten Picks betreten werden. Dies bedeutet, dass Gänge häufig von oben und von unten betreten werden. Das Lager wird also im vorliegenden Fall gedanklich horizontal geteilt. Ferner können Gänge übersprungen werden, wodurch sich die Kommissionierer stärker auf den Lagerbereich verteilen. Auch ist zu erkennen, dass die Combined-Strategie zu längeren durchschnittlichen Durchlaufzeiten führt als die Largest gap-Strategie. Ohne Berücksichtigung von Blockierungen würde die Empfehlung zur Reduktion der Durchlaufzeiten auf Basis der Routenstrategien für die Nutzung der

---

[25]Während eines Expertengesprächs, das im Rahmen der Fallstudie durchgeführt wurde, beschrieb der befragte Logistikleiter von UN 6 einen Fall, in dem das Aufeinandertreffen zweier Mitarbeiter in einem Gang zu einem Unfall geführt habe, der nicht nur einen umfangreichen zeitlichen Stillstand des Lagers hervorgerufen, sondern auch den teilweisen Umbau dieses Lagers und die Anpassung der Vorgaben bzw. Richtlinien zur Folge gehabt haben (vgl. Kapitel 3.3). Der Einfluss solcher außergewöhnlich großen Verzögerungen der Durchlaufzeit durch Blockierungen soll hier jedoch nicht untersucht werden.

[26]Die genauen Werte können in Tabelle 5.5 nachgelesen werden.

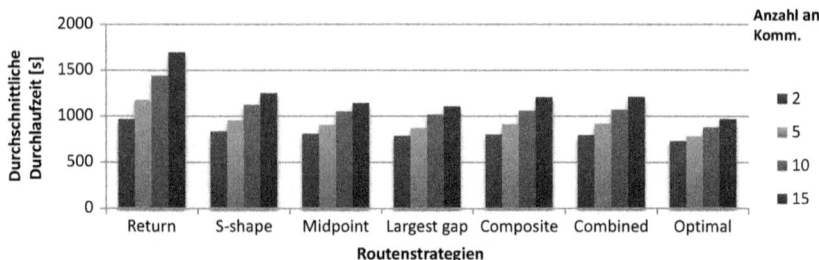

Abbildung 5.10 Durchschnittliche Durchlaufzeiten der sieben untersuchten Routenstrategien bei zufälliger Lagerplatzvergabe und variierender Anzahl an Kommissionierern (Quelle: Eigene Darstellung)

Combined-Strategie ausfallen. Im vorliegenden Fall kann dies zu Planungsfehlern führen, woraus eine verringerte Effizienz infolge erhöhter Durchlaufzeiten resultieren würde.

Aufgrund der Besonderheit der Return-Strategie, dass hierbei die Gänge nur von einer Seite betreten und verlassen werden dürfen, führt dies zu einer deutlich geringeren Eignung im Vergleich zu den anderen Routenstrategien. Die Kommissionierer treffen somit häufig aufeinander und müssen dann in die entgegengesetzte Richtung laufen. Zusätzlich wird eine Seite des Gangs als möglicher Ausgang nicht genutzt, was zu einer hohen Anzahl von Blockierungen und langen durchschnittlichen Durchlaufzeiten führt. Daher kann diese Strategie nur für den Fall empfohlen werden, dass das Betreten und Verlassen eines jeden Gangs ausschließlich von einer Seite möglich ist, weil ein Durchkommen auf der anderen Seite des Gangs durch eine Wand oder eine andere Absperrung nicht möglich ist. Ferner ist zu berücksichtigen, dass der Weg, wenn ein anderer Mitarbeiter vorbeigelassen werden soll, bei der Return-Strategie im Vergleich mit anderen Strategien deutlich länger sein kann. Dies ist der Fall, wenn ein Mitarbeiter am oberen Ende des Gangs ein SKU kommissionieren muss und einen anderen Kommissionierer vorbeilassen will, dieser aber nur am unteren Ende den Gang verlassen kann. Die dadurch erhöhten Durchlaufzeiten fallen bei anderen Routenstrategien geringer aus, da beide Ausgänge genutzt werden können.

Dies kann mithilfe der folgenden Abbildung 5.11 gezeigt werden; sie enthält mögliche Wege, wie ein Gang bei der optimalen Strategie betreten werden kann. Der betreffende Gang kann entweder komplett (Abbildung 5.11a), nur von oben (Abbildung 5.11b) oder unten (Abbildung 5.11c) sowie von unten und oben (Abbildung 5.11d) durchlaufen oder ausgelassen werden (Abbildung 5.11e).

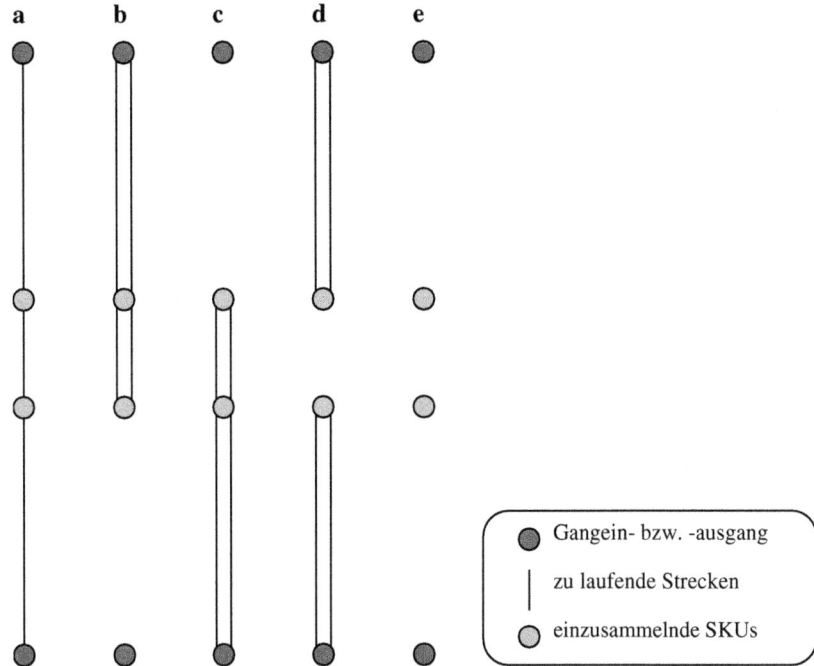

Abbildung 5.11 Mögliche Routenführung innerhalb eines Gangs für die optimale Strategie (Quelle: Eigene Darstellung in Anlehnung an Ratliff/Rosenthal (1983), S. 514)

Bei den intuitiven Strategien, wie der S-shape- und der Return-Strategie, sind die Möglichkeiten stark eingeschränkt. Bei der S-shape-Strategie ist lediglich ein komplettes Durchqueren des Gangs (Abbildung 5.11a) oder ein Auslassen des Gangs (Abbildung 5.11e) möglich.[27] Bei der Return-Strategie können die Gänge entweder nur von oben oder nur von unten (Abbildung 5.11b oder c) oder komplett ausgelassen (Abbildung 5.11e) werden. Daher entstehen gerade bei der optimalen Strategie Wege, die häufig je Auftrag sehr unterschiedlich ausfallen können. Die individuelleren Wege der optimalen Strategie scheinen folglich einen positiven Einfluss auf die durchschnittlichen Durchlaufzeiten zu haben.

---

[27]Mit Ausnahme des letzten Gangs, in dem ein Umkehren im Gang möglich sein kann (in Abhängigkeit der Anzahl an zu betretenden Gängen), wie es in Abbildung 5.11b oder c dargestellt ist – je nach Lage des Depots.

Veränderung der Auftragsgröße bei unterschiedlichen Routenstrategien:
Wird für die zuvor genutzte Parameterkonfiguration die Auftragsgröße verändert
und auf 10 Positionen pro Auftrag reduziert, führt auch weiterhin die optimale
Strategie zu kürzesten durchschnittlichen Durchlaufzeiten und die Largest gap-
Strategie bleibt die beste Heuristik[28] (siehe Tabelle 5.5). Die weiteren Ergebnisse
bei einer veränderten Auftragsgröße sollen im Folgenden näher analysiert
werden.

Die S-shape-Strategie wurde in Kapitel 2.3.2 als diejenige Routenstrategie identifiziert, die sehr intuitiv, daher einfach zu implementieren und folglich in der Praxis sehr häufig zu finden ist. Im Vergleich zu den untersuchten
Routenstrategien im vorliegenden Lager führt diese Routenstrategie für 10 und
20 Positionen pro Auftrag jedoch in keinem Fall zu kürzesten durchschnittlichen
Durchlaufzeiten. Hier kann eine vergleichsweise einfache Steigerung der Effizienz im Lager erzielt werden, indem die Kommissionierer nicht mehr der S-shape-
Strategie, sondern einer anderen Routenstrategie, insbesondere der analytischen
Lösung (optimale Strategie), folgen. Dies gilt sowohl im Fall mit als auch ohne
Abweichungen. Bei kleineren Auftragsgrößen (hier: 10 und 20 Positionen) führt
die S-shape-Strategie im Vergleich zur jeweils besten Routenstrategie für unter-
schiedliche Parameterkonfigurationen, wie verschiedene Auftragsgrößen oder
Anzahl der Kommissionierer, zu längeren durchschnittlichen Durchlaufzeiten.
Dass die S-shape-Strategie gerade bei einer kleineren Anzahl von Positionen pro
Auftrag nicht die beste Heuristik ist, gilt ebenfalls, wenn keine Blockierungen
auftreten. Bei dieser Anzahl von Positionen pro Auftrag müssen durchschnittlich
lediglich ein oder zwei SKUs pro Gang kommissioniert werden. Trotzdem besagt
die Vorgabe, dass alle Gänge komplett durchquert werden müssen – was für diese
geringe Anzahl von Picks pro Gang zu längeren durchschnittlichen Durchlaufzeiten führen kann. Ferner ist ein Überspringen des Gangs bei dieser Strategie im
Vergleich zu größeren Auftragslisten (hier: 50 Positionen pro Auftrag) häufiger
möglich. Dies kann zu verlängerten durchschnittlichen Durchlaufzeiten führen,
da beim Überspringen eines Gangs bereits im nächsten Gang ein anderer Kommissionierer in die entgegengesetzte Richtung laufen kann (dann entstehen ggf.
sogenannte zweifach entgegengesetzte Blockiervorgänge; siehe Kapitel 2.4.3).
Es muss dann erst geprüft werden, wer Priorität bekommt und wer auszuweichen

---

[28]Mit dem Begriff „beste Heuristik" ist hier diejenige Heuristik mit/ohne Abweichung
gemeint, die zur kürzesten durchschnittlichen Durchlaufzeit für alle untersuchten Heuristiken führt.

Tabelle 5.5   Übersicht über die durchschnittlichen Durchlaufzeiten [s] (Quelle: Eigene Darstellung)

Anz. Pos. pro Auftr.	Anz. Komm.	Zufällige Lagerplatzvergabe							ABC diagonal						
		Return	S-shape	Midpoint	Largest gap	Composite	Combined	Optimal	Return	S-shape	Midpoint	Largest gap	Composite	Combined	Optimal
10	2	557	513	473	463	474	468	433	404	458	431	430	393	393	382
	5	632	568	507	502	514	511	461	490	542	521	527	480	482	460
	10	746	655	550	541	579	573	498	640	678	639	660	612	620	581
	15	825	720	586	**573**	625	630	**536**	795	784	772	811	739	776	732
20	2	964	831	807	786	799	794	731	736	790	745	753	703	708	651
	5	1175	956	906	872	913	921	787	996	963	974	982	924	944	792
	10	1444	1122	1049	**1015**	1057	1069	878	1349	1221	1242	1292	1176	1260	1014
	15	1696	1247	1139	**1102**	1203	1207	968	1676	1400	1475	1575	1390	1506	1238
50	2	1997	1475	1746	1619	1490	1518	1452	1643	1567	1632	1625	1518	1548	1369
	5	2744	**1590**	2072	1916	1617	1735	1585	2255	2036	2175	2198	1948	2155	1560
	10	3691	1740	2441	2244	1767	2002	1783	3174	2499	2796	3014	2340	2785	1869
	15	4587	**1848**	2719	2509	1877	2173	1930	4025	2721	3138	3745	2686	3302	2152

Anz. Pos. pro Auftr.	Anz. Komm.	ABC vertikal							ABC horizontal						
		Return	S-shape	Midpoint	Largest gap	Composite	Combined	Optimal	Return	S-shape	Midpoint	Largest gap	Composite	Combined	Optimal
10	2	459	400	396	388	**383**	384	*350*	388	502	426	425	386	386	377
	5	598	517	499	475	493	495	*409*	446	550	474	478	442	**440**	428
	10	819	706	666	600	698	660	*497*	541	642	548	568	532	**531**	499
	15	1026	857	778	731	865	801	*567*	629	712	602	631	635	620	574
20	2	771	679	727	680	**651**	658	*592*	718	833	740	736	708	708	674
	5	1025	888	986	893	**844**	872	*653*	930	948	890	890	913	895	788
	10	1378	1120	1326	1178	1070	1173	*761*	1197	1120	1077	1120	1157	1146	960
	15	1743	1415	1698	1508	1342	1429	*852*	1428	1279	1260	1332	1365	1372	1134
50	2	1603	1415	1621	1515	**1383**	1395	*1269*	1637	1468	1587	1586	1588	1597	1387
	5	2059	1818	2103	2015	1757	1764	*1353*	2442	1598	2145	2158	2233	2297	1686
	10	2779	2373	2659	2676	2236	2253	*1495*	3620	**1737**	2900	3020	2861	3132	2094
	15	3502	2744	3331	3379	2677	2734	*1622*	4504	1866	3479	3765	3253	3688	2483

Je dunkler die Hintergrundfarbe einer Zelle, desto höher fallen die durchschnittlichen Durchlaufzeiten in der Zeile; kürzeste durchschnittliche Durchlaufzeiten für Heuristiken fett und unterstrichen hervorgehoben, niedrigste durchschnittliche Durchlaufzeiten kursiv und mit fetter Rahmenlinie hervorgehoben.

hat. Gegebenenfalls wird somit durch das Überspringen eines Gangs die gesamte Durchlaufzeit für diesen einen Auftrag durch die Blockierung erhöht.

Bei größeren Auftragslisten (hier: 50 Positionen pro Auftrag) ist die optimale Strategie lediglich bis zu einer Anzahl von fünf Kommissionierern die Routenstrategie mit den kürzesten durchschnittlichen Durchlaufzeiten. Anschließend führt die S-shape-Strategie, die auch die beste Heuristik für jede Anzahl von Kommissionierern bei Aufträgen mit 50 Positionen ist, zu kürzeren und somit zu kürzesten durchschnittlichen Durchlaufzeiten. Bei 50 Positionen pro Auftrag und folglich durchschnittlich fünf Picks pro Gang müssen alle Kommissionierer mit hoher Wahrscheinlichkeit sämtliche Gänge betreten. Das heißt, es werden die Gänge meist in derselben Reihenfolge und in derselben Richtung abgelaufen, was Blockierungen reduzieren kann.[29]

Vergleich der durchschnittlichen Durchlaufzeiten der Heuristiken untereinander sowie mit denen der optimalen Strategie:
Im direkten Vergleich der S-shape- mit der optimalen Strategie bei zufälliger Lagerplatzvergabe kann gezeigt werden, dass während im Fall von 2 Kommissionierern und 50 Positionen pro Auftrag die durchschnittlichen Durchlaufzeiten der optimalen Strategie ca. 1,6 % geringer als die der S-shape-Strategie sind, dieser Unterschied für den Fall von 5 Kommissionierern lediglich ca. 0,3 % beträgt. Im Fall von 10 Kommissionierern sind die durchschnittlichen Durchlaufzeiten für die optimale Strategie dann bereits um ca. 2,5 % höher als die der S-shape-Strategie und im Fall von 15 Kommissionierern um ca. 4,5 % höher. Diese Entwicklung ist in Abbildung 5.12 grafisch dargestellt. Die Simulation ermittelte folglich kürzere durchschnittliche Durchlaufzeiten für die S-shape-Strategie bei 50 Positionen pro Auftrag. In diesen identifizierten Fällen verliert die optimale Strategie ihre relative Vorteilhaftigkeit im Vergleich zur S-shape-Strategie. Folglich kann Hypothese 4 nicht für alle Kombinationen aus optimaler Strategie und jeder Lagerplatzvergabestrategie bestätigt werden. Allerdings führt sie im Fall von 10 und 20 Positionen pro Auftrag zu kürzeren durchschnittlichen Durchlaufzeiten als die S-shape-Strategie. Im weiteren Verlauf wird gezeigt, dass bei Berücksichtigung weiterer Lagerplatzvergabestrategien die optimale Strategie stets die kürzesten durchschnittlichen Durchlaufzeiten ermöglicht.

Werden die durchschnittlichen Durchlaufzeiten der Heuristiken mit denen der optimalen Strategie verglichen, so kann gezeigt werden, dass für 10 und 20 Positionen pro Auftrag die durchschnittlichen Durchlaufzeiten der Heuristiken meist

---

[29]Siehe dazu auch Rubrico et al. (2008), S. 63.

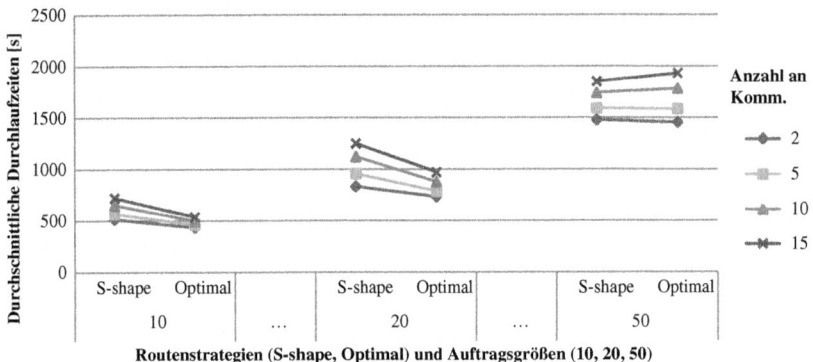

Abbildung 5.12 Vergleich der durchschnittlichen Durchlaufzeiten der S-shape-Strategie und der optimalen Strategie (Quelle: Eigene Darstellung)

deutlich mit mehr als 10 % über denen der optimalen Strategie liegen. Anders ist dies bei 50 Positionen pro Auftrag: Hier sind die durchschnittlichen Durchlaufzeiten der S-shape-, Composite- und Combined-Strategie ähnlich denen der optimalen Strategie. Dadurch, dass bei 50 Positionen pro Auftrag an vergleichsweise vielen Lagerfächern im gesamten Lagerbereich SKUs kommissioniert werden müssen, haben die Routenstrategien keinen so stark unterschiedlichen Einfluss mehr auf die durchschnittlichen Durchlaufzeiten. Zu erwähnen ist, dass für 50 Positionen pro Auftrag und 10 oder 15 Kommissionierern sogar die Vorteilhaftigkeit der Composite-Strategie gegenüber der optimalen Strategie eintritt. Das Simulationsmodell hat kürzere durchschnittliche Durchlaufzeiten für die Composite-Strategie im Vergleich zur optimalen Strategie ausgegeben, die allerdings im Vergleich zu denen der S-shape-Strategie, also der besten Heuristik, geringfügig höher sind (ca. 1,5 % höher).

Die Vorteilhaftigkeit im Vergleich zu den anderen Routenstrategien bei der Midpoint- und der Largest gap-Strategie gerade bei 10 und 20 Positionen pro Auftrag wird durch die häufig gemachten Gangwechsel unterstützt. Diese Heuristiken haben die geringsten durchschnittlichen Durchlaufzeiten für Aufträge mit 10 oder 20 Positionen (außer wenn 2 Kommissionierer die Midpoint-Strategie verfolgen; hier sind stets die Composite- und die Combined-Strategie vorteilhaft). Bei 50 Positionen pro Auftrag – also wenn die Wahrscheinlichkeit hoch ist, dass in allen Gängen SKUs kommissioniert werden müssen – zeigt die S-shape-Strategie ihre Vorteilhaftigkeit. Ferner ist zu erwähnen, dass hier die hohe Flexibilität der optimalen Strategie genutzt werden kann. Entsprechend der jeweiligen

Auftragsgröße kann diese Strategie entweder zu häufigen Gangwechseln führen, also ähnlich der Midpoint-/Largest gap-Strategie, oder das komplette Durchlaufen eines Gangs, ähnlich wie bei der S-shape-Strategie, ermöglichen.

Bei 50 Positionen pro Auftrag und unter Berücksichtigung des Picker Blocking ist die S-shape-Strategie die Heuristik mit den kürzesten durchschnittlichen Durchlaufzeiten. Die einzige Ausnahme wurde für den Fall mit 2 Kommissionierern bestimmt: In diesem Fall sind die kürzesten durchschnittlichen Durchlaufzeiten der Composite-Strategie (hier: in Verbindung mit der vertikalen ABC-Verteilung) um ca. 2,3 % geringer als die kürzesten durchschnittlichen Durchlaufzeiten für die S-shape-Strategie (hier: ebenfalls in Kombination mit der vertikalen ABC-Verteilung). In diesem Fall ist folglich die Composite-Strategie die beste Heuristik. Bei 50 Positionen pro Auftrag führen für andere Parameterkonfigurationen generell lediglich die Composite- und die Combined-Strategie zu durchschnittlichen Durchlaufzeiten, die nahe an denen der S-shape-Strategie liegen (ca. 1,02 % – ca. 1,7 % länger bei der Composite- und ca. 3 % – ca. 18 % länger bei der Combined-Strategie). Die Largest gap- und die Midpoint-Strategie führen bei 50 Positionen pro Auftrag zu bis zu ca. 47 % höheren durchschnittlichen Durchlaufzeiten. Bei einer zufälligen Lagerplatzvergabe und einer stark schwankenden Auftragsgröße scheint die Composite-Strategie gut geeignet, da für diese Routenstrategie durchschnittliche Durchlaufzeiten ermittelt wurden, die für alle Auftragsgrößen stets nahe an denen der jeweils besten Heuristik liegen – unabhängig von der Auftragsgröße. Welche die jeweils beste Heuristik ist, schwankt dagegen und ändert sich, wenn die Auftragsgröße variiert wird, wie für den Fall ohne Blockierungen (siehe Kapitel 2.3.2).

Quantifizierung der Auswirkung durch eine veränderte Anzahl von Kommissionierern:

Ferner soll analysiert werden, welche Auswirkungen die Erhöhung der Anzahl von Kommissionierern im Lager auf die einzelnen Routenstrategien unter Berücksichtigung von Blockierungen hat. In Abbildung 5.13 sind die prozentualen Anstiege bei Erhöhung der Anzahl von Kommissionierern (also bei Erhöhung von 2 auf 5 Kommissionierer, von 5 auf 10 usw.) bei zufälliger Lagerplatzvergabe dargestellt.[30] Für eine Auftragsgröße von 20 Positionen pro Auftrag und mit einer variierenden Anzahl von Kommissionierern kann so aufgezeigt werden, wie unterschiedlich der Einfluss von Blockierungen auf die (durchschnittlichen) Durchlaufzeiten einer jeden Routenstrategie ausfällt.

---

[30]Die absoluten Werte können in Tabelle 5.5 nachgelesen werden.

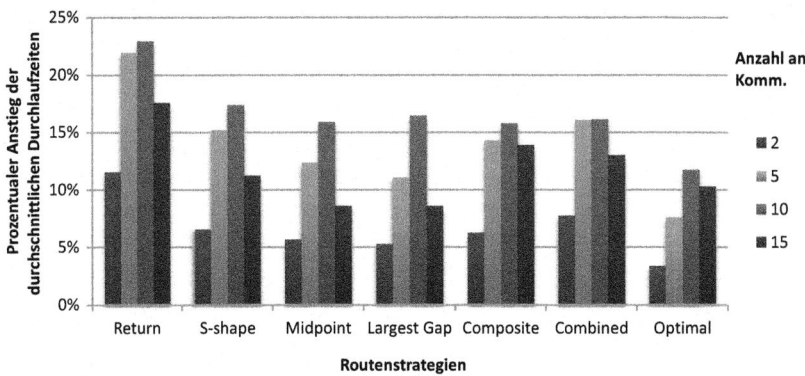

Abbildung 5.13 Prozentuale Anstiege der durchschnittlichen Durchlaufzeiten bei der stufenweisen Erhöhung der Anzahl an Kommissionierern (Quelle: Eigene Darstellung)

Aus den Ergebnissen wird deutlich, dass die optimale Strategie die geringsten prozentualen Anstiege bei Erhöhung der Anzahl von Kommissionierern ermöglicht, mit Ausnahme des Anstiegs von 10 auf 15 Kommissionierer, bei denen sowohl die Midpoint- als auch die Largest gap-Strategie einen geringeren Anstieg aufweisen. Trotzdem sind die durchschnittlichen Durchlaufzeiten für die optimale Strategie (teilweise deutlich) geringer als bei den beiden genannten Heuristiken. Folglich setzen sich die kürzesten durchschnittlichen Durchlaufzeiten bei der optimalen Strategie einerseits aus den geringsten Durchlaufzeiten ohne Berücksichtigung von Blockierungen und andererseits aus einem vergleichsweise geringen Anstieg der Durchlaufzeit durch die auftretenden Blockierungen bei Erhöhung der Anzahl von Kommissionierern im Lager zusammen.

Am Beispiel der optimalen Strategie werden die Auswirkungen des Anstiegs der Anzahl von Kommissionierern deutlich. Während aus einer Verdoppelung der Kommissioniererzahl im Lager von 1 auf 2 (und somit bei einer deutlichen Erhöhung der Pickfrequenz) lediglich ca. 3 % längere durchschnittliche Durchlaufzeiten resultieren, führt die Erhöhung von 2 auf 5 Kommissionierer (eine um 150 % erhöhte Anzahl) zu ca. 10 % längeren durchschnittlichen Durchlaufzeiten. Wird die Anzahl erneut verdoppelt (von 5 auf 10 Kommissionierer) beläuft sich der Anstieg der durchschnittlichen Durchlaufzeiten bereits auf 18 %. Wenn weiterhin die Anzahl um 50 % (von 10 auf 15 Kommissionierer) erhöht wird, beträgt der Anstieg der durchschnittlichen Durchlaufzeit ca. 27 %. Diese tendenzielle Entwicklung ist unabhängig von der Routenstrategie und Auftragsgröße bei zufälliger Lagerplatzvergabe erkennbar.

Den Vorteil eines vergleichsweise geringen Anstiegs durch die Erhöhung der Anzahl von Kommissionierern kann insbesondere die Midpoint-Strategie, für welche sehr geringe Anstiege bei Erhöhung der Anzahl von Kommissionierern bestimmt wurden, nicht nutzen, um kürzeste durchschnittliche Durchlaufzeiten zu ermöglichen. Sie scheint für das Picker Blocking relativ robust zu sein, was durch die Aufteilung des Lagers in zwei Hälften und die dadurch stärker auftretende Streuung der Kommissionierer hervorgerufen werden kann. Allerdings sind die einzelnen (durchschnittlichen) Durchlaufzeiten der Kommissionierer ohne Picker Blocking relativ hoch, was dazu führt, dass diese Strategie unter Berücksichtigung von Blockierungen – wenn die Durchlaufzeiten noch zusätzlich durch längere Zeiten bei Blockierungen erhöht werden – nicht zu kürzesten oder zumindest vergleichsweise kurzen durchschnittlichen Durchlaufzeiten führt. Die Möglichkeit bei der Largest gap-Strategie (im Vergleich zur Midpoint-Strategie), den Gang nicht bis zur Mitte zu betreten, sondern von der größten Lücke zwischen zwei SKUs abhängig zu machen, ist ein möglicher Grund, dass für die Largest gap-Strategie stets geringere durchschnittliche Durchlaufzeiten generiert wurden als bei der Midpoint-Strategie. Die Unterschiede sind jedoch meist gering und schwanken: bei 10 Positionen pro Auftrag zwischen 0,91 % und 2,36 %, bei 20 Positionen pro Auftrag zwischen 2,24 % und 3,72 % sowie bei 50 Positionen pro Auftrag zwischen 2,79 % und 8,08 % höheren durchschnittlichen Durchlaufzeiten für die Midpoint-Strategie.

In der Abbildung ist ebenfalls zu erkennen, dass die Return-Strategie stets zu den größten prozentualen Anstiegen führt. Da diese Strategie mit und ohne Berücksichtigung von Picker Blocking zu den längsten durchschnittlichen Durchlaufzeiten sowie zu den stärksten prozentualen Anstiegen führt, kann sie für das vorliegende Lagerlayout unter den gegebenen Bedingungen keinesfalls empfohlen werden.

Veränderung der Lagerplatzvergabe:

Nachdem sich für die zufällige Lagerplatzvergabe und die untersuchten Parameter die optimale Strategie als die am besten geeignetste Routenstrategie herausgestellt hat, soll im Folgenden die Lagerplatzvergabe variiert werden, um zu prüfen, ob die relative Vorteilhaftigkeit der optimalen Strategie bei anderen Lagerplatzvergabestrategien erhalten bleibt und ob die durchschnittlichen Durchlaufzeiten durch den Wechsel von der zufälligen hin zu einer anderen Lagerplatzvergabestrategie reduziert werden können. Zu den klassenbasierten Lagerplatzvergabestrategien gehören die vertikale, horizontale und diagonale ABC-Verteilung (siehe Kapitel 2.3.3). Hierbei sollen erneut auch alle weiteren Faktoren (die sieben Routenstrategien, die variierende Anzahl von Kommissionierern – 2, 5, 10, 15 – sowie die drei Auftragsgrößen – 10, 20, 50) systematisch variiert werden, um die unterschiedlichen durchschnittlichen Durchlaufzeiten vom Simulationsmodell ermitteln zu lassen.

Die Kombination aus der optimalen Strategie und der vertikalen ABC-Verteilung führt hier bei variierender Anzahl von Kommissionierern und 20 Positionen pro Auftrag stets zu den kürzesten durchschnittlichen Durchlaufzeiten. Folglich kann Hypothese 5 für die optimale Strategie bestätigt werden. Dieses Ergebnis bestätigt ferner die Hypothese 4 unter Berücksichtigung von Blockierungen. Die relative Vorteilhaftigkeit der optimalen Strategie ändert sich auch nicht, wenn die Anzahl der Positionen pro Auftrag auf 10 verringert oder auf 50 erhöht wird. Einzige Ausnahme: Bei 15 Kommissionierern und 10 Positionen pro Auftrag führt die Kombination aus optimaler Strategie und zufälliger Lagerplatzvergabe zu kürzesten durchschnittlichen Durchlaufzeiten. Dies macht lediglich einen Unterschied von ca. 31 Sekunden pro kommissioniertem Auftrag aus – was einem Anstieg der durchschnittlichen Durchlaufzeiten von 5,5 % von der zufälligen hin zur vertikalen ABC-Verteilung entspricht. Die durchschnittlichen Durchlaufzeiten sind in Tabelle 5.5 zusammengefasst; wobei die Farbe der Zellen umso dunkler ist, je höher die jeweilige durchschnittliche Durchlaufzeit ausfällt.[31]

Bei Wahl einer unpassenden Kombination aus Lagerplatzvergabe- und Routenstrategie kann die Effizienz im Vergleich zu einer besseren Kombination sinken und die Durchlaufzeiten fallen (deutlich) höher aus. Der negative Einfluss einer veränderten Lagerplatzvergabestrategie kann insbesondere an der horizontalen ABC-Verteilung gezeigt werden. Beim Wechsel zur diagonalen ABC-Verteilung (für 10 Positionen pro Auftrag und 15 Kommissionierer) resultieren im Unterschied zur zufälligen Lagerplatzvergabe, bei sonst gleichen Parameterwerten, ca. 37 % längere durchschnittliche Durchlaufzeiten. Folglich kann Hypothese 5 nicht für alle Routenstrategien und alle Lagerplatzvergabestrategien bestätigt werden. Um durch klassenbasierte Lagerplatzvergabestrategien reduzierte durchschnittliche Durchlaufzeiten zu erzielen, ist eine genaue Analyse der Kombination aus Routen- und Lagerplatzvergabestrategie notwendig.

Zu berücksichtigen ist, dass für alle Kombinationen (sofern die Anzahl von Kommissionierern gleich bleibt) die Menge an kommissionierten SKUs gleich ist. Lediglich die Verteilung der SKUs im Lagerbereich oder der Weg durch das Lager ändern sich, wodurch trotzdem hohe Auswirkungen auf die durchschnittlichen Durchlaufzeiten ermittelt wurden. Hier kann eine einfache Steigerung der

---

[31]Die durchschnittlichen Durchlaufzeiten in Tabelle 5.5 können dabei nur für die jeweilige Auftragsgröße und Anzahl von Kommissionierern für verschiedene Routen- und Lagerplatzvergabestrategien verglichen werden (zeilenweise). Bei Erhöhung der Auftragsgröße oder der Anzahl von Kommissionierern steigt natürlich auch die Durchlaufzeit an, was einen Vergleich der Zeiten für verschiedene Auftragsgrößen und die unterschiedliche Anzahl von Kommissionierern nicht ohne weiteres ermöglicht.

Effizienz im Lager durch leicht umzusetzende Maßnahmen, wie eine Änderung der im Einsatz befindlichen Routenstrategie, erzielt werden.

Bei der Betrachtung der besten Heuristik bei unterschiedlicher Lagerplatzvergabe für eine veränderliche Anzahl von Kommissionierern und Auftragsgrößen schwankt ebenfalls die relative Vorteilhaftigkeit der einzelnen Heuristiken. Dies soll für den Fall einer Auftragsgröße von 10 Positionen pro Auftrag gezeigt werden: Hier führen Kombinationen mit der Composite-Strategie (2 Kommissionierer, vertikale ABC-Verteilung), der Combined-Strategie (5 und 10 Kommissionierer, horizontale ABC-Verteilung) sowie der Largest gap-Strategie (15 Kommissionierer, zufällige Lagerplatzvergabe) zu kürzesten durchschnittlichen Durchlaufzeiten. Wie bereits zuvor in diesem Kapitel sowie in Kapitel 2.3.2 erwähnt, ist die Combined-Strategie für das genutzte Lagerlayout eigentlich diejenige Strategie, die für alle Heuristiken stets zu kürzesten Durchlaufzeiten führen sollte – auch wenn die vertikale, horizontale und diagonale ABC-Lagerplatzvergabe berücksichtigt werden. Analog zum Auftreten von Abweichungen kann sich dies ändern, wenn mehrere Kommissionierer parallel im selben Lagerbereich arbeiten und Blockierungen auftreten. Dann führt die Combined-Strategie lediglich in zwei Fällen zu kürzesten durchschnittlichen Durchlaufzeiten von allen Heuristiken: bei 5 und 10 Kommissionierern, in Kombination mit der horizontalen ABC-Verteilung und für 10 Positionen pro Auftrag. Somit scheint die vorausschauende Berechnung der kürzesten Wegstrecke, wie sie bei der Combined-Strategie vorgenommen wird, unter Berücksichtigung von Blockierungen keinen großen Vorteil zu bieten und die vereinfachte Ermittlung der kürzesten Strecke zwischen zwei Picks (wie es bei der Largest gap- und der Composite-Strategie gemacht wird) führt in vielen Fällen zu kürzeren durchschnittlichen Durchlaufzeiten (siehe Tabelle 5.5).

Insbesondere im Fall von 20 Positionen pro Auftrag wird dies deutlich, da die Combined-Strategie ausschließlich im Fall ohne Blockierungen zu kürzesten durchschnittlichen Durchlaufzeiten führt. Andernfalls sind die Composite-Strategie (kürzeste durchschnittliche Durchlaufzeiten für 2 und 5 Kommissionierer, vertikale ABC-Verteilung) sowie die Largest gap-Strategie (kürzeste durchschnittliche Durchlaufzeiten für 10 und 15 Kommissionierer, zufällige Lagerplatzvergabe) besser geeignet, da die Simulation für diese Routenstrategien kürzere durchschnittliche Durchlaufzeiten ermittelt hat. Wird die Anzahl von Positionen pro Auftrag auf 50 erhöht, so ist es lediglich die Composite-Strategie von den zuvor genannten als Routenstrategie geeignet, um bei 2 Kommissionierern und einer vertikalen ABC-Verteilung zu kürzesten durchschnittlichen Durchlaufzeiten zu führen. In allen anderen Fällen (für 5, 10 und 15 Kommissionierer) führt die S-shape-Strategie mit

der zufälligen Lagerplatzvergabe (bei 5, 15 Kommissionierern) oder der horizontalen ABC-Verteilung (bei 10 Kommissionierern) zu kürzeren durchschnittlichen
Durchlaufzeiten im Vergleich zu den untersuchten Heuristiken.

Anschließend wird analysiert, ob der Wechsel von einer zufälligen Lagerplatzvergabe hin zu einer klassenbasierten für das untersuchte Kommissioniersystem zu geringeren durchschnittlichen Durchlaufzeiten führen kann. Wie bereits
gezeigt werden konnte, reduziert ein Wechsel von der zufälligen hin zu einer klassenbasierten Lagerplatzvergabe für die optimale Strategie die durchschnittlichen
Durchlaufzeiten um bis zu ca. 22 % für 10 Positionen pro Auftrag, um bis zu ca.
20 % für 20 Positionen pro Auftrag und für 50 Positionen pro Auftrag um bis zu
ca. 16 %. Die einzige Ausnahme bildet der Fall von 10 Positionen pro Auftrag
und 15 Kommissionierern: Hier ist die durchschnittliche Durchlaufzeit bei zufälliger Lagerplatzvergabe im Vergleich zur vertikalen ABC-Verteilung geringer. In
einem weiteren Fall (bei 10 Kommissionierern und vertikaler ABC-Verteilung)
sind die durchschnittlichen Durchlaufzeiten bei der optimalen Strategie nur minimal geringer als bei einer zufälligen Lagerplatzvergabe (um ca. 0,1 %).

Dies gilt jedoch nicht für die Heuristiken. Hier ermittelte das Simulationsmodell
insbesondere für 10 und 15 Kommissionierer höhere durchschnittliche Durchlaufzeiten beim Wechsel von der zufälligen auf die vertikale ABC-Verteilung. Somit lässt
sich schlussfolgern: Wenn die Anzahl der Kommissionierer hoch ist (hier: 10, 15),
dann erweist sich die zufällige Lagerplatzvergabe im Vergleich zu allen untersuchten Lagerplatzvergabestrategien und für die Nutzung der heuristischen Routenstrategien als am besten geeignet. Ferner führt die Kombination aus den untersuchten
Routenstrategien mit zufälliger Lagerplatzvergabe in der Mehrzahl der Fälle zu kürzeren durchschnittlichen Durchlaufzeiten als die ABC-Verteilungen (siehe Abbildung 5.14); Ausnahmen bilden insbesondere die optimale und die Return-Strategie.
Hier sind ABC-Verteilungen besser geeignet. In Abbildung 4.11 sind die prozentualen Veränderungen beim Wechsel von einer zufälligen hin zu einer klassenbasierten
Lagerplatzvergabe für alle Routenstrategien grafisch zusammengefasst.

**Unterschied zwischen den durchschnittlichen Durchlaufzeiten der optimalen
Strategie und denen der Heuristiken:**
Da die optimale Strategie in der Praxis selten eingesetzt wird, sollen hier die
durch die Simulation ermittelten Unterschiede zwischen der jeweils kürzesten
durchschnittlichen Durchlaufzeit für alle Heuristiken mit den vier verschiedenen
Lagerplatzvergabestrategien im Vergleich zu den kürzesten durchschnittlichen
Durchlaufzeiten, die für die optimale Strategie über alle Lagerplatzvergabestrategien

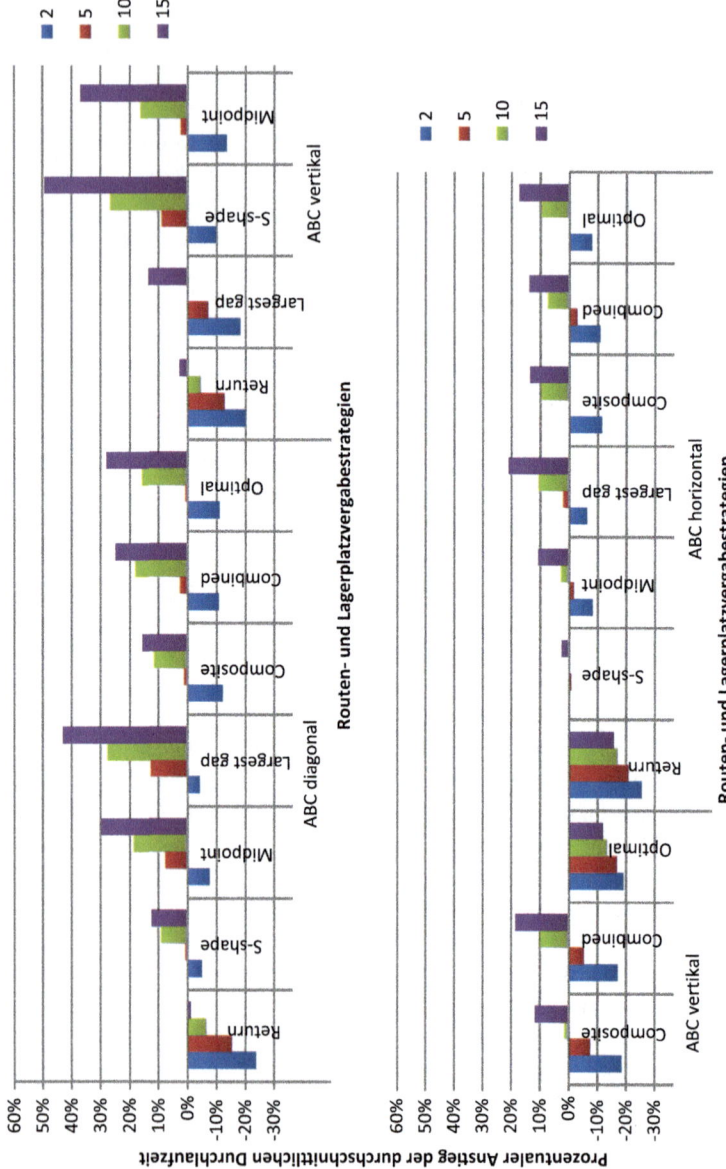

Abbildung 5.14 Prozentuale Veränderungen der durchschnittlichen Durchlaufzeiten bei einem Wechsel von der zufälligen hin zu einer klassenbasierten Lagerplatzvergabe (Quelle: Eigene Darstellung)

Tabelle 5.6 Prozentuale Anstiege der durchschnittlichen Durchlaufzeiten für die beste Kombination aus Heuristik und Lagerplatzvergabe im Vergleich zur jeweils besten Kombination aus optimaler Strategie und Lagerplatzvergabe (Quelle: Eigene Darstellung)

Anzahl Kommis-sionierer	10 Positionen pro Auftrag			20 Positionen pro Auftrag		50 Positionen pro Auftrag	
	Largest gap + zuf. LPV[a]	Com-posite +ABC vertikal	Com-bined +ABC horizon-tal	Largest gap + zuf. LPV	Com-posite +ABC vertikal	S-shape + zuf. LPV bzw. ABC horizon-tal	Com-posite +ABC vertikal
2		+ ca. 9 %			+ ca. 10 %		+ ca. 9 %
5			+ ca. 8%	+ ca. 29 %		+ ca. 18 %	
10			+ ca. 7%	+ ca. 33%		+ ca. 16 %	
15	+ ca. 7%			+ ca. 29 %		+ ca. 14 %	

LPV: Lagerplatzvergabestrategie.

ermittelt wurden, aufgezeigt werden.[32] Hierdurch soll dargestellt werden, wie vorteilhaft die optimale Strategie im Vergleich zu den heuristischen Routenstrategien für das zugrunde gelegte Kommissioniersystem ist. Bei 10 Positionen pro Auftrag ergeben sich erhöhte durchschnittliche Durchlaufzeiten für die Heuristiken von ca. 7 % – 9 % und 10 % – 33 % bei 20 Positionen pro Auftrag sowie von 9 % – 18 % bei 50 Positionen pro Auftrag (siehe Tabelle 5.6). Hier wird deutlich, dass der Wechsel einer Kombination aus Routen- und Lagerplatzvergabestrategie nicht nur

---

[32]Petersen/Schmenner (1999, S. 499) haben den Unterschied in Form von höheren Durchlaufzeiten für die Heuristiken im Vergleich zur optimalen Strategie als *Solution Gap* bezeichnet und dies für den Fall ohne Blockierungen untersucht: Neben einem Solution Gap von 10 % für die Midpoint-, Largest-gap- und Composite-Strategie berichteten die Autoren von einem Solution Gap von 30 % für die S-shape- und die Return-Strategie im Vergleich zur optimalen Strategie. Beim Vergleich der besten Heuristik mit der optimalen Strategie wurde ein Solution Gap von 3 % ermittelt (alle Werte wurden für den Fall, dass keine Abweichungen oder Blockierungen auftreten, bestimmt). Die in der Tabelle 5.6 angegebenen Solution Gaps sind lediglich für die jeweils beste Heuristik im Vergleich zur durchschnittlichen Durchlaufzeit, die für die optimale Strategie mit entsprechender Lagerplatzvergabestrategie ermittelt wurde, und dabei für die Largest-gap- und die Composite-Strategie deutlich höher sowie für die S-shape-Strategie geringer.

die Durchlaufzeit senken, sondern ggf. sogar stark erhöhen kann (bspw. sind die durchschnittlichen Durchlaufzeiten für die Composite-Strategie in Verbindung mit einer vertikalen ABC-Lagerplatzvergabe um ca. 9 % länger als die durchschnittlichen Durchlaufzeiten der optimalen Strategie bei einer vertikalen Lagerplatzvergabe). Vor allem unterstreichen die Ergebnisse, dass sich eine optimale Strategie mit entsprechender Kombination der Lagerplatzvergabestrategie für das untersuchte Lagersystem sehr gut eignet, um kürzeste durchschnittliche Durchlaufzeiten, trotz auftretender Blockierungen, zu erzielen.

Ist im untersuchten Lagerlayout die Routenstrategie bereits fest vorgegeben und soll geprüft werden, ob eine Änderung der Lagerplatzvergabe die Effizienz steigern kann, so ist diese Entscheidung lediglich bei der optimalen Strategie unkompliziert zu treffen, bei der die vertikale ABC-Verteilung (mit einer Ausnahme: bei 15 Kommissionierern und 10 Positionen pro Auftrag) kürzeste durchschnittliche Durchlaufzeiten ermöglicht. Stehen aber lediglich heuristische Routenstrategien zur Auswahl, wechselt die relative Vorteilhaftigkeit der Kombination aus Lagerplatzvergabe und Routenstrategie für unterschiedliche Auftragsgrößen und Anzahl von Kommissionierern kontinuierlich, was eine Planung der Kommissionierprozesse deutlich erschwert. Bei 10 Positionen pro Auftrag ermöglicht die horizontale ABC-Verteilung in Verbindung mit der Composite- und der Combined-Strategie geringste durchschnittliche Durchlaufzeiten. Stärker schwankt dies bei 20 Positionen pro Auftrag: Hier konnte keine Lagerplatzvergabestrategie gefunden werden, die mit einer bestimmten Routenstrategie für jede Anzahl von Kommissionierern stets kürzeste durchschnittliche Durchlaufzeiten ermöglicht. Bei 50 Positionen pro Auftrag zeigt sich die zufällige Lagerplatzvergabe (in Verbindung mit der S-shape- oder der Composite-Strategie) als gut geeignet.

Ferner können Kombinationen aus Routen- und Lagerplatzvergabestrategie, die intuitiv sehr gut aufeinander abgestimmt erscheinen, bei der Berücksichtigung von Blockierungen nicht grundsätzlich empfohlen werden. Dies verdeutlicht sich an der Kombination aus horizontaler ABC-Verteilung und einer Return-Strategie. Werden SKUs entsprechend der horizontalen ABC-Verteilung im Lager verteilt, liegen die A-SKUs am Gangeingang auf der Seite zum Depot. Hier bietet die Eigenschaft der Return-Strategie den Vorteil, dass innerhalb eines Gangs nach dem letzten Pick, welcher bei der horizontalen ABC-Verteilung relativ weit am Anfang des Gangs liegt, umgedreht und der Gang wieder verlassen wird. Daher sind die daraus resultierenden Wege vergleichsweise gering. Diese Kombination führt allerdings lediglich im Fall von 10 Positionen pro Auftrag zu geringen durchschnittlichen Durchlaufzeiten. Im Vergleich zur Kombination mit den kürzesten durchschnittlichen Durchlaufzeiten (optimale Strategie mit vertikaler ABC-Verteilung) führt diese intuitiv gut geeignete Kombination aus Routen- und

Lagerplatzvergabestrategie (Return-Strategie mit horizontaler ABC-Verteilung) im Fall von 10 Positionen pro Auftrag zu ca. 11 % – ca. 17 % verlängerten durchschnittlichen Durchlaufzeiten. Werden die Aufträge größer, so steigen die durchschnittlichen Durchlaufzeiten weiter an. Bei 20 Positionen pro Auftrag ergibt dies bereits ca. 21 % – ca. 68 % längere und bei 50 Positionen pro Auftrag zwischen ca. 29 % – ca. 178 % längere durchschnittliche Durchlaufzeiten im Vergleich zur optimalen Strategie mit vertikaler ABC-Verteilung. Ähnliche Aussagen ermöglichen die durchschnittlichen Durchlaufzeiten für die Kombination aus einer vertikalen ABC-Verteilung und der S-shape-Strategie, die ebenfalls intuitiv gut kombiniert werden können, da die A-SKUs sich auf weniger Gänge konzentrieren und innerhalb der Gänge auf die gesamte Länge verteilt sind. Hier sind die durchschnittlichen Durchlaufzeiten für zehn Positionen pro Auftrag zwischen ca. 14 % – ca. 60 %, bei 20 Positionen pro Auftrag ca. 15 % – ca. 66 % und bei 50 Positionen pro Auftrag zwischen ca. 11 % – ca. 69 % höher als im Vergleich zur optimalen Strategie mit vertikaler ABC-Verteilung.

Optimale Strategie als Benchmark:
Da die optimale Strategie in den meisten Fällen zu kürzesten durchschnittlichen Durchlaufzeiten geführt hat, soll diese nun als Benchmark genutzt werden. Abbildung 5.15 stellt die prozentualen Anstiege der durchschnittlichen Durchlaufzeiten im Vergleich zum Benchmark dar. Der Referenzwert des Benchmarks ist die jeweils kürzeste durchschnittliche Durchlaufzeit für die jeweilige Auftragsgröße und eine bestimmte Anzahl von Kommissionierern, die für eine Kombination aus Routen- und Lagerplatzvergabestrategie ermittelt worden ist. Dies ist die Kombination aus optimaler Routenstrategie und vertikaler ABC-Verteilung sowie in einem Fall – bei Aufträgen mit 10 Positionen und 15 Kommissionierern – mit zufälliger Lagerplatzvergabe. Beispielsweise ist der Benchmarking-Wert für 2 Kommissionierer die durchschnittliche Durchlaufzeit der optimalen Strategie mit vertikaler ABC-Verteilung bei 20 Auftragspositionen. Anschließend wurde für 2 Kommissionierer und 20 Auftragspositionen für jede andere Kombination aus Routen- und Lagerplatzvergabestrategie die prozentuale Veränderung der durchschnittlichen Durchlaufzeit berechnet und in die Grafik eingefügt.

Hier wird deutlich, dass für die zufällige Lagerplatzvergabe die prozentualen Anstiege der durchschnittlichen Durchlaufzeiten vergleichsweise konstant ausfallen – selbst wenn die Anzahl von Kommissionierern erhöht wird. Anders ist dies bei den klassenbasierten Lagerplatzvergabestrategien, die besonders bei zunehmender Anzahl von Kommissionierern deutlich höhere prozentuale Anstiege erzielen. Als mögliche Erklärung kann hier die Entstehung von Bereichen, die besonders stark frequentiert sind bzw. in denen die A-SKUs lagern, angeführt werden.

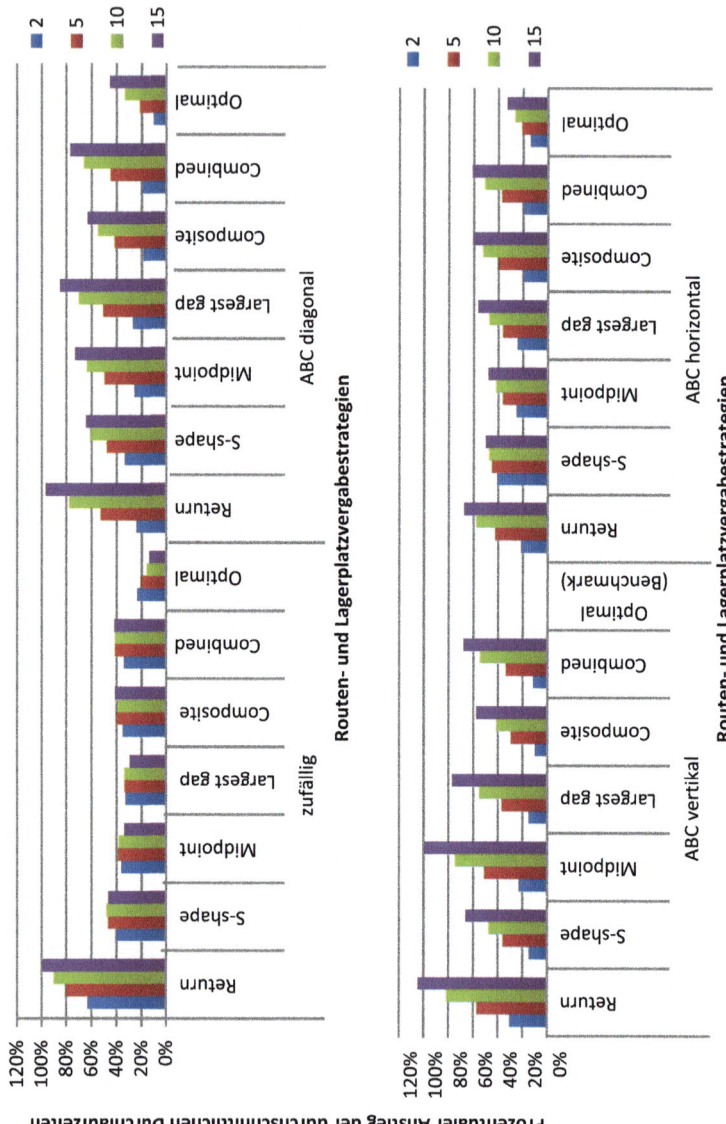

Abbildung 5.15 Prozentuale Anstiege der durchschnittlichen Durchlaufzeiten im Vergleich zum Benchmark (Quelle: Eigene Darstellung)

Durch sie erhöht sich die Anzahl von Blockierungen und folglich die (durchschnittliche) Durchlaufzeit. Diese Entwicklung wird durch eine zunehmende Anzahl von Kommissionierern verstärkt. Bei den klassenbasierten Lagerplatzvergabestrategien scheint die Auswahl einer passenden Routenstrategie für die Erzielung einer minimalen Erhöhung der durchschnittlichen Durchlaufzeit im Vergleich zur kürzest möglichen durchschnittlichen Durchlaufzeit besondere Bedeutung zu haben, wohingegen bei zufälliger Lagerplatzvergabe mit allen Routenstrategien, außer der Return-Strategie, ähnliche prozentuale Anstiege erzielt werden.

Bei Aufträgen mit 10 Positionen pro Auftrag sinken die prozentualen Anstiege der durchschnittlichen Durchlaufzeit für die zufällige Lagerlatzvergabe. Ferner fallen sie geringer aus als im vorher aufgeführten Fall. Besonders bei der horizontalen ABC-Verteilung sind die prozentualen Anstiege der durchschnittlichen Durchlaufzeit für alle Routenstrategien sehr gering (bspw. liegen die prozentualen Anstiege für die Return-, die Composite-, die Combined- und die optimale Strategie meist unter 10 %).

Bei der Kommissionierung von Aufträgen mit 50 Positionen erhöhen sich die prozentualen Anstiege der durchschnittlichen Durchlaufzeiten mit einer steigenden Anzahl von Kommissionierern für die klassenbasierten Lagerplatzvergabestrategien ebenfalls. Bei der zufälligen Lagerplatzvergabe sind hier allerdings nur für die S-shape-, die Composite- und die optimale Strategie die prozentualen Anstiege stets relativ konstant; bei allen weiteren Routenstrategien erhöhen sie sich ebenfalls deutlich – im Gegensatz zur tendenziellen Entwicklung bei der zufälligen Lagerplatzvergabe bei kleineren Auftragsgrößen.

Folglich kann keine generelle Empfehlung einer einzigen heuristischen Routenstrategie für sämtliche Lagerplatzvergabestrategien bzw. für eine einzige Lagerplatzvergabestrategie für alle heuristischen Routenstrategien abgeleitet werden, mit der sich stets möglichst geringe durchschnittliche Durchlaufzeiten erzielen lassen könnten.

Einfluss der Lagerplatzvergabe auf den Anstieg der durchschnittlichen Durchlaufzeiten für ausgewählte Routenstrategien:
Abschließend soll der Einfluss der Lagerplatzvergabe auf den Anstieg der durchschnittlichen Durchlaufzeiten der Routenstrategien betrachtet werden (siehe Abbildung 5.16). Zur besseren Übersichtlichkeit wurden hier die Routenstrategien Return, Midpoint und Composite entfernt.

Ein Datenpunkt stellt die durchschnittliche Durchlaufzeit für die Kommissionierung eines durchschnittlichen Auftrags pro Kommissionierer dar. Hier ist ein Wechsel der Vorteilhaftigkeit der Largest gap-Strategie im Vergleich zur

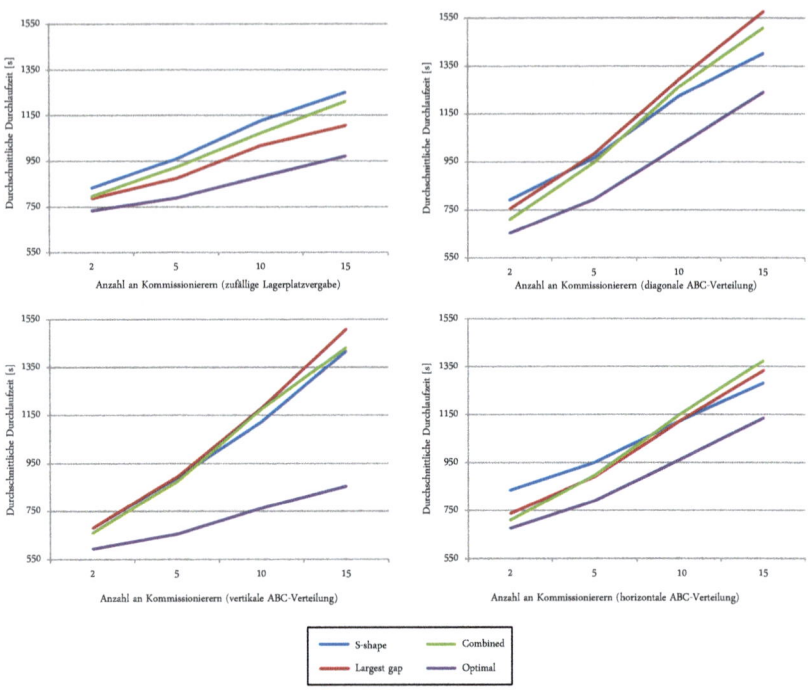

Abbildung 5.16   Durchschnittliche Durchlaufzeiten für ausgewählten Routen- und Lager-platzvergabestrategien (Quelle: Eigene Darstellung)

Combined-Strategie bereits ab 2 Kommissionierern für die horizontale ABC-Verteilung sowie im Vergleich zwischen diagonaler ABC-Verteilung und zufäl-liger Lagerplatzvergabe erkennbar. Ferner wird deutlich, dass die optimale Strategie den Abstand zu den durchschnittlichen Durchlaufzeiten der Heuris-tiken vergrößert, wenn die Anzahl von Kommissionierern im Lager ansteigt. In Abbildung 5.16 wird erneut die relative Vorteilhaftigkeit der anderen Strategien im Vergleich zur häufig vorzufindenden S-shape-Strategie deutlich. Lediglich für die zufällige Lagerplatzvergabe bleibt die relative Vorteilhaftigkeit der vier Rou-tenstrategien stets gleich. Bei allen anderen (klassenbasierten) Lagerplatzverga-bestrategien ändert sich dies mit dem Anstieg der Anzahl von Kommissionierern. Ferner wird deutlich, dass die Durchlaufzeiten bei klassenbasierten Lagerplatz-vergabestrategien stärker ansteigen als die durchschnittlichen Durchlaufzeiten bei einer zufälligen Lagerplatzvergabe. Interessant ist, dass die Heuristiken sich bei einer vertikalen ABC-Verteilung sehr ähnlich verhalten und hier kaum Unterschiede ermittelt werden können. Wie zuvor erwähnt, ist die optimale Strategie auch bei vorhandenen Blockierungen die beste Strategie und verzeichnet nicht nur die kürzesten durchschnittlichen Durchlaufzeiten, sondern auch die geringsten Anstiege bei zunehmender Anzahl von Kommissionierern im Vergleich zu den Heuristiken.

Betrachtung der Häufigkeit von Blockierungen:
Da bislang lediglich die (durchschnittlichen) Durchlaufzeiten betrachtet worden sind, sollen im Folgenden die durchschnittliche Anzahl von Blockierungen kurz erläutert und deren Auswirkungen aufgezeigt werden. Tabelle 5.7 enthält die hierfür vom Simulationsmodell ermittelten Werte: Je dunkler die Farbe der einzelnen Zellen, desto mehr Blockiersituationen traten unter der jeweiligen Parameterkonfiguration während der Kommissionierung auf.

In Tabelle 5.7 ist die jeweils geringste durchschnittliche Anzahl von Blockierungen hervorgehoben. Dabei wird erneut deutlich, dass die geringste Anzahl jeweils für die optimale Strategie ermittelt wurde – außer bei 50 Positionen pro Auftrag, bei denen die S-shape-Strategie zu einer geringeren durchschnittlichen Anzahl von Blockierungen führt. Wie zuvor bei den durchschnittlichen Durchlaufzeiten beschrieben, ist hier keine einzelne heuristische Routenstrategie im Vergleich zu den anderen heuristischen Routenstrategien besser im Sinne einer geringeren Anzahl von Blockierungen. Die geringsten Blockierhäufigkeiten für die Heuristiken wurden für die S-shape-, die Midpoint- und die Largest gap-Strategie ermittelt. Wie intuitiv vermutet werden kann, sind meist die niedrigsten Blockierungen für die zufällige Lagerplatzvergabe ermittelt worden, welche die Ausnutzung des kompletten Lagerbereichs zum Ziel hat. Lediglich bei der optimalen Strategie führt die vertikale ABC-Verteilung, welche gleichzeitig kürzeste durchschnittliche Durchlaufzeiten ermöglicht, zur geringsten durchschnittlichen Anzahl von Blockierungen. Für die heuristischen Routenstrategien ist die einzige Ausnahme der Fall mit einer Auftragsgröße von 50 Positionen. Dann bestimmte das Simulationsmodell die geringste durchschnittliche Anzahl von Blockierungen im Vergleich zu allen Heuristiken für die S-shape-Strategie in Verbindung mit einer horizontalen ABC-Verteilung. Bei dieser Lagerplatzvergabestrategie werden die häufig zu kommissionierenden SKUs gleichmäßig auf den unteren Eingangsbereich des jeweiligen Gangs verteilt. Folglich müssen bei der S-shape-Strategie alle Kommissionierer mit hoher Wahrscheinlichkeit alle Gänge betreten. Das wiederum reduziert die Anzahl von Blockierungen.

Dass die niedrigste Anzahl von Blockierungen generell sowie für die Heuristiken teilweise für die klassenbasierte Lagerplatzvergabe bestimmt wurde, ist von

Tabelle 5.7 Durchschnittliche Anzahl an Blockierungen für die Kommissionierung von 100 Aufträgen mit der jeweiligen Parameterkonfiguration (Quelle: Eigene Darstellung)

Anz. Pos. pro Auftr.	Anz. Komm.	zufällige Lagerplatzvergabe							ABC diagonal						
		Return	S-shape	Midpoint	Largest gap	Composite	Combined	Optimal	Return	S-shape	Midpoint	Largest gap	Composite	Combined	Optimal
10	2	5	4	3	2	3	3	2	6	4	5	5	5	6	4
	5	43	34	22	24	29	29	21	53	45	53	44	53	52	46
	10	177	144	80	82	125	115	70	229	188	177	169	211	229	192
	15	370	301	158	150	223	233	147	507	388	420	453	487	550	435
20	2	15	9	7	7	9	10	4	15	13	12	14	13	13	6
	5	113	74	58	51	72	87	36	139	115	125	124	121	133	71
	10	454	290	241	200	285	283	149	615	471	482	516	560	636	335
	15	1093	593	453	396	608	650	337	1416	1179	1113	1278	1244	1300	910
50	2	47	7	30	20	11	16	8	39	30	35	36	31	37	11
	5	386	52	204	173	64	154	72	309	353	310	289	361	449	106
	10	1701	195	744	557	235	509	363	1401	1315	1168	1443	1289	1891	556
	15	4051	404	1521	1230	453	963	750	3334	2870	2230	3319	2850	4036	1285

Anz. Pos. pro Auftr.	Anz. Komm.	ABC vertikal							ABC horizontal						
		Return	S-shape	Midpoint	Largest gap	Composite	Combined	Optimal	Return	S-shape	Midpoint	Largest gap	Composite	Combined	Optimal
10	2	9	7	6	5	6	7	4	5	4	3	3	3	5	4
	5	75	71	60	48	71	69	43	42	32	29	31	40	40	35
	10	397	359	265	260	293	306	165	158	141	116	114	184	186	143
	15	930	1050	637	641	687	833	359	315	282	223	215	317	328	292
20	2	15	14	14	10	10	13	4	15	10	12	11	15	15	10
	5	129	142	141	116	153	135	33	123	76	92	88	136	126	75
	10	612	592	652	643	518	810	184	455	318	330	388	497	478	292
	15	1496	2068	2181	2138	1574	2098	437	1019	731	752	728	954	1051	736
50	2	31	24	40	30	20	24	4	42	6	34	34	41	43	14
	5	232	295	302	287	234	249	37	393	52	275	281	438	509	145
	10	1130	1765	1354	1445	1321	1424	169	1793	185	1206	1283	1687	2346	672
	15	2801	3705	4303	4798	3577	3812	473	4066	472	2622	3108	3535	4113	1648

Je dunkler die Hintergrundfarbe einer Zelle, desto höher fallen die durchschnittlichen Blockierhäufigkeiten in der Zeile aus; kürzeste durchschnittliche Blockierhäufigkeiten für die Heuristiken sind fett und unterstrichen hervorgehoben, niedrigste durchschnittliche Blockierhäufigkeiten sind fett/kursiv und mit fetter Rahmenlinie hervorgehoben.

Bedeutung, da die Nutzung von klassenbasierten Lagerplatzvergabestrategien –
wenn mehrere Kommissionierer parallel im Lagerbereich arbeiten – häufig nicht
empfohlen wird, weil eine erhöhte Anzahl von Blockierungen und somit längere
Wartezeiten in den Bereichen, in denen die A- oder B-SKUs lagern, prognosti-
ziert werden.[33] Dies scheint jedoch bei ausgewählten ABC-Lagerplatzvergabestrategien, wie der horizontalen und vertikalen ABC-Verteilung, keinen großen
Einfluss auf die gesamte Anzahl von Blockierungen zu haben – allerdings gilt
diese Aussage nur in Kombination mit der entsprechenden Routenstrategie. Am
Beispiel der vertikalen ABC-Verteilung kann gezeigt werden, dass diese lediglich in Kombination mit der optimalen Strategie zur geringsten durchschnittlichen
Anzahl von Blockierungen führt. Bei den heuristischen Routenstrategien, wie
Return-, S-shape-, Midpoint- und Largest gap-Strategie, fallen die Blockierhäu-
figkeiten für die klassenbasierte Lagerplatzvergabestrategie deutlich höher aus.

Weiterhin wird deutlich, dass die optimale Strategie für jede Lagerplatzvergabestrategie im Vergleich zu den heuristischen Routenstrategien stets eine
vergleichsweise geringe durchschnittliche Anzahl von Blockierungen ermöglicht. Auch kann gezeigt werden, dass diejenige Kombination aus Routen- und
Lagerplatzvergabestrategie, die zur geringsten durchschnittlichen Anzahl von
Blockierungen führt, nicht notwendigerweise auch die Kombination ist, die
kürzeste durchschnittliche Durchlaufzeiten erzielt. Dies kann anhand der obigen Tabelle und der Blockierhäufigkeiten für die zufällige Lagerplatzvergabe
verdeutlicht werden. Weiter oben im Kapitel wurde aufgezeigt, dass sich die
durchschnittlichen Durchlaufzeiten beim Wechsel von der zufälligen hin zu einer
klassenbasierten Lagerplatzvergabestrategie reduzieren lassen. Genau umgekehrt
ist der Zusammenhang, wenn es um die Reduktion der durchschnittlichen Anzahl
von Blockierungen geht. Folglich ist die durchschnittliche Anzahl von Blockierungen kein geeignetes Zielkriterium, wenn es um eine Reduktion der Zeiten
in der manuellen Kommissionierung geht. Somit kann Hypothese 6 bestätigt
werden, dass die Anzahl von Blockierungen kein ausreichendes Kriterium für die
Auswahl einer Routenstrategie für das vorliegende Kommissionierlager ist, wenn
das Ziel geringste durchschnittliche Durchlaufzeiten sind.

Zusammenfassend kann gezeigt werden, dass unter der Berücksichtigung von
Blockierungen die Heuristiken ihre relative Vorteilhaftigkeit bei unterschiedlichen Rahmenbedingungen, wie variierende Auftragsgröße oder Anzahl von Kommissionierern im Lager, ständig verändern. Jedoch bleibt die Vorteilhaftigkeit
der optimalen Strategie, auch bei mehreren Kommissionierern im Lager, in der

---

[33]Siehe dazu bspw. Gudehus (2012), S. 794.

Mehrzahl aller untersuchten Fälle erhalten. Dies gilt insbesondere für den Fall der Kombination mit entsprechender Lagerplatzvergabe, sodass die durchschnittlichen Durchlaufzeiten möglichst gering ausfallen. Folglich kann die optimale Strategie als Benchmark angesehen werden, da sie nicht nur ohne, sondern auch mit Blockierungen die kürzesten durchschnittlichen Durchlaufzeiten ermöglicht. In Kombination mit der vertikalen ABC-Verteilung führte sie im Vergleich zu allen untersuchten Kombinationen aus Routen- und Lagerplatzvergabestrategien zu kürzesten durchschnittlichen Durchlaufzeiten (mit Ausnahme bei 10 Positionen pro Auftrag und 15 Kommissionierern, wo die zufällige Lagerplatzvergabe zu etwas kürzeren durchschnittlichen Durchlaufzeiten führte). Ferner wurde deutlich, dass die Wahl einer Routen- oder Lagerplatzvergabestrategie nicht isoliert getroffen werden sollte. Andernfalls können Planungsfehler entstehen, welche die Effizienz manueller Kommissionierprozesse deutlich senken können. Dies gilt insbesondere auch für die Berücksichtigung von Blockierungen, die in die Entscheidung für oder gegen eine Kombination aus Routen- und Lagerplatzvergabestrategie einfließen sollte.

Routenkombinationen für 2 Kommissionierer:
Die Auswahl einer geeigneten Routenstrategie für die Kommissionierer in einem Lagerbereich ist aufgrund der Vielzahl von Möglichkeiten zur Ermittlung der Wege für die Kommissionierer komplex. Zusätzlich besteht ein hoher Grad an Unsicherheit hinsichtlich der zu erwartenden Auftragsstruktur und der Nachfrage der Kunden. Daher stellt dies eine Herausforderung für den Planer der Kommissionierprozesse dar. Wie bereits aufgezeigt wurde, ist die S-shape-Strategie dabei die häufigste im Einsatz befindliche Strategie. Hierdurch kann die Komplexität stark reduziert werden, da diese Strategie sehr intuitiv ist und ohne großen Einarbeitungsaufwand oder IT-Unterstützung umgesetzt werden kann. Steht jedoch das Ziel im Fokus, die Durchlaufzeiten zu minimieren, um die Effizienz der Kommissionierprozesse zu erhöhen, kann, wie in Kapitel 2.3.2 aufgezeigt, die Routenstrategie verändert werden. Dies kann zu geringeren Durchlaufzeiten, insbesondere aufgrund kürzerer Wegen, führen. Dabei folgen meist alle Kommissionierer der Wegstrecke (ohne Berücksichtigung von Abweichungen oder Blockierungen), die nach derselben Routenstrategie ermittelt wird. Im Folgenden soll diese Prämisse verändert werden.

In der vorliegenden Arbeit wird dies durch Kombinationen aus verschiedenen Routenstrategien, kurz: Routenkombinationen, erzielt.[34] Routenkombinationen

---

[34]In Anlehnung an Elbert et al. (2015b), S. 3937; Franzke et al. (2017), S. 841.

treten auf, wenn jeder Kommissionierer eine eigene Routenstrategie während desselben Simulationslaufes verfolgt. Im Gegensatz zum Befolgen einer Routenstrategie für alle Kommissionierer, bei der sich die tatsächliche Wegstrecke prinzipiell unterscheiden kann, soll im Folgenden die Art der Ermittlung der Wegstrecke variiert werden. Dabei soll analysiert werden, inwieweit die durchschnittlichen Durchlaufzeiten für die Kommissionierung verschiedener Aufträge im Simulationsexperiment gesenkt werden können, wenn Routenkombinationen mit mehreren Routenstrategien genutzt werden. Die dabei ermittelten durchschnittlichen Durchlaufzeiten sollen dann mit den Ergebnissen der ursprünglichen Vergabe einer einzigen Routenstrategie für alle Kommissionierer verglichen werden. Im Folgenden soll dabei auch der Begriff der Routenkombination genutzt werden, wenn lediglich eine Routenstrategie für alle Kommissionierer zugewiesen wird. Die jeweiligen Routenstrategien, die für eine Routenkombination genutzt wurden, werden an entsprechender Stelle explizit benannt.

Die Routenkombinationen werden für eine steigende Anzahl von Kommissionierern untersucht. Beginnend mit 2 Kommissionierern sollen die durchschnittlichen Durchlaufzeiten für die bereits genutzten Routenstrategien (Return-, S-shape-, Midpoint-, Largest gap-, Composite-, Combined- und die optimale Strategie) sowie die Lagerplatzvergabestrategien (zufällig, ABC horizontal, vertikal, diagonal) für 10, 20 und 50 Positionen pro Auftrag präsentiert werden.

In Tabelle 5.8 sind die durchschnittlichen Durchlaufzeiten für 20 Positionen pro Auftrag für alle untersuchten Routenkombinationen dargestellt; je dunkler die Färbung der Zellen, desto höher fällt die durchschnittliche Durchlaufzeit aus. Die Ergebnisse für 10 und 50 Positionen pro Auftrag weisen in der Tendenz kaum Unterschiede zu den hier dargestellten Ergebnissen auf und sollen daher nicht explizit aufgeführt werden.

Im Ergebnis wird deutlich, dass für alle Lagerplatzvergabestrategien die Routenkombination, bei der beide Kommissionierer die optimale Strategie verfolgen, stets zu kürzesten durchschnittlichen Durchlaufzeiten führt. Dies ändert sich nur, wenn die Auftragsgrößen auf 10 reduziert oder auf 50 Positionen erhöht werden (siehe Tabelle 5.9). Generell bestehen alle Routenkombinationen, die zu kürzesten durchschnittlichen Durchlaufzeiten führen, mindestens einmal aus einer optimalen Strategie. Ferner führen alle Routenkombinationen, bei denen mindestens eine Routenstrategie die optimale Strategie ist, stets zu sehr kurzen durchschnittlichen Durchlaufzeiten. Dabei ist unerheblich, ob Kommissionierer 1 oder 2 den Weg der optimalen Strategie abläuft.

Hier können die durchschnittlichen Durchlaufzeiten nur in einigen Fällen durch die Nutzung von Routenkombinationen gesenkt werden. Tabelle 5.9 enthält diese Fälle und zeigt den prozentualen Unterschied zwischen der Routenkombination mit mehreren Routenstrategien, die zu kürzesten durchschnittlichen

Tabelle 5.8 Durchschnittliche Durchlaufzeiten [s] für die jeweilige Routenkombination für die zufällige Lagerplatzvergabe, diagonale, vertikale und horizontale ABC-Lagerplatzvergabe (Reihenfolge von oben nach unten) (Quelle: Eigene Darstellung)

		Kommissionierer 1 – Routenstrategie						
		Return	S-shape	Midpoint	Largest gap	Composite	Combined	Optimal
Kommissionierer 2 – Routenstrategie	Return	988	905	837	831	871	858	803
	S-shape	924	849	800	800	831	841	761
	Midpoint	853	798	824	809	791	788	755
	Largest gap	847	793	808	796	787	782	747
	Composite	893	829	789	784	816	813	751
	Combined	876	834	778	**776**	816	808	742
	Optimal	799	759	752	744	745	737	*736*

		Kommissionierer 1 – Routenstrategie						
		Return	S-shape	Midpoint	Largest gap	Composite	Combined	Optimal
Kommissionierer 2 – Routenstrategie	Return	737	736	672	667	727	724	666
	S-shape	745	778	702	698	728	737	694
	Midpoint	678	707	751	736	674	674	661
	Largest gap	676	705	764	747	669	668	656
	Composite	728	719	667	663	713	713	660
	Combined	724	727	666	**662**	712	711	660
	Optimal	664	695	659	658	653	656	*659*

		Kommissionierer 1 – Routenstrategie						
		Return	S-shape	Midpoint	Largest gap	Composite	Combined	Optimal
Kommissionierer 2 – Routenstrategie	Return	768	726	669	677	717	713	679
	S-shape	736	668	657	671	661	658	652
	Midpoint	675	644	721	688	**642**	647	644
	Largest gap	679	652	696	691	654	657	643
	Composite	726	665	656	669	651	651	653
	Combined	725		648	658	651	650	638
	Optimal	677	639	630	633	642	631	*592*

		Kommissionierer 1 – Routenstrategie						
		Return	S-shape	Midpoint	Largest gap	Composite	Combined	Optimal
Kommissionierer 2 – Routenstrategie	Return	722	758	668	668	719	717	649
	S-shape	752	822	736	736	747	749	705
	Midpoint	694	744	734	733	688	689	661
	Largest gap	693	743	735	735	687	688	661
	Composite	719	753	666	666	718	716	647
	Combined	719	754	**665**	666	715	713	648
	Optimal	658	715	657	657	656	656	*659*

Kürzeste durchschnittliche Durchlaufzeiten kursiv und mit fetter Rahmenlinie, kürzeste durchschnittliche Durchlaufzeiten der Heuristiken fett und unterstrichen.

Tabelle 5.9 Routenkombinationen mit gleichen oder unterschiedlichen Routenstrategien, die zu kürzesten durchschnittlichen Durchlaufzeiten führen (Quelle: Eigene Darstellung)

Pos. pro Auftrag	Lagerplatzvergabestrategie	1 Routenstrategie	Routenkombinationen (2 Routenstrategien)	Prozentualer Unterschied zwischen der durchschn. Durchlaufz. der besten Kombination mit 1 Routenstrategie im Vgl. mit der Kombination aus 2 Routenstrategien
10	zufällig	Optimal – Optimal		0 %
	ABC diagonal	Optimal	Composite – Optimal	-1,10 %
	ABC vertikal	Optimal – Optimal		0 %
	ABC horizontal	Optimal	Compsite/Combined – Optimal[a]	-1,07 %
20	zufällig	Optimal – Optimal		0 %
	ABC diagonal	Optimal	Composite – Optimal	-0,8 %
	ABC vertikal	Optimal – Optimal		0 %
	ABC horizontal	Optimal	Optimal – Composite	-1,70 %
50	zufällig	Optimal	Combined – Optimal	-0,17 %
	ABC diagonal	Optimal	Combined – Optimal	-0,53 %
	ABC vertikal	Optimal – Optimal		0 %
	ABC horizontal	Optimal	Optimal – Midpoint	-3,35 %

[a]In diesem Fall wurden fast die gleichen durchschnittlichen Durchlaufzeiten ermittelt, wenn Kommissionierer 1 entweder die Composite- oder die Combined-Strategie verfolgte (381,4 Sekunden für die Composite-Strategie und 381,1 Sekunden bei der Combined-Strategie).

Durchlaufzeiten führt, und der Routenkombination mit einer einzigen Routenstrategie, die kürzeste durchschnittliche Durchlaufzeiten ermöglicht.

Folglich sind Routenkombinationen, sofern die optimale Strategie genutzt werden kann, nur in sehr geringem Maße geeignet, um die durchschnittlichen Durchlaufzeiten zu reduzieren. Werden hingegen nur heuristische Routenstrategien genutzt, so kann die Reduktion der durchschnittlichen Durchlaufzeit durch

Routenkombinationen größer ausfallen. Lediglich für den Fall mit 50 Positionen pro Auftrag und einer zufälligen Lagerplatzvergabe sowie bei 10 Positionen pro Auftrag und einer horizontalen ABC-Verteilung führen Routenkombinationen mit nur einer Routenstrategie zu den kürzesten durchschnittlichen Durchlaufzeiten aller Routenkombinationen für die heuristischen Routenstrategien. Hier wurde eine maximale Reduktion der durchschnittlichen Durchlaufzeiten bei Nutzung von Routenkombinationen mit einer Routenstrategie hin zur Nutzung von Routenkombinationen mit zwei unterschiedlichen Routenstrategien von ca. 8 % ermittelt. Dies ist deutlich höher, als die in Tabelle 5.9 ausgewiesene maximale Reduktion von ca. 3 % bei Nutzung der optimalen Strategie. Allerdings ist die Komplexität der Nutzung heuristischer Routenkombinationen vergleichsweise hoch, da die Kombinationen, die zu kürzesten durchschnittlichen Durchlaufzeiten führen, sich kontinuierlich verändern. Generell liegen die durchschnittlichen Durchlaufzeiten für verschiedene Routenkombinationen sehr dicht beisammen. Hier würde eine praktische Überprüfung der Vorteilhaftigkeit einzelner Routenkombinationen einen wertvollen Einblick bieten, mit dem aufgezeigt werden könnte, ob die teilweise geringen Unterschiede (< 1 Sekunde) in der durchschnittlichen Durchlaufzeit einen praktisch relevanten Unterschied für die Kommissionierung von Aufträgen über einen langen Zeitraum hinweg hervorrufen können.

Ferner kann anhand Tabelle 5.9 gezeigt werden, dass Kombinationen mit der Return-, der S-shape- und der Largest gap-Strategie für den untersuchten Fall nie zu kürzesten durchschnittlichen Durchlaufzeiten führen. Auch die Midpoint-Strategie als Teil einer Routenkombination führte nur in einem einzigen Fall zu kürzesten durchschnittlichen Durchlaufzeiten. Daher kann die Komplexität von Routenkombinationen etwas reduziert werden, wenn diese Strategien von vornherein ausgeschlossen werden können.

Eine Verbesserung der durchschnittlichen Durchlaufzeiten unter Berücksichtigung einer variierenden Lagerplatzvergabe, bei denen Routenkombinationen mit zwei Routenstrategien zu kürzeren durchschnittlichen Durchlaufzeiten im Vergleich zu Routenkombinationen mit nur einer Routenstrategie führen, kann die durchschnittliche Durchlaufzeit lediglich um ca. 3 % senken (siehe Tabelle 5.9). Dies scheint gering im Vergleich dazu, dass bei der Wahl einer ungeeigneten Routen- und Lagerplatzvergabestrategie die Durchlaufzeiten um teilweise über 100 % höher waren als im Vergleich zur Kombination, die zu kürzesten durchschnittlichen Durchlaufzeiten führte.

Im Folgenden soll die Anzahl der Kommissionierer auf drei erhöht werden, um zu prüfen, inwieweit Routenkombinationen mit bis zu drei Routenstrategien im Vergleich zu Routenkombinationen mit lediglich einer Routenstrategie vorteilhaft sind und zu einer reduzierten durchschnittlichen Durchlaufzeit führen können. Aufgrund der hohen Praxisrelevanz der Lagerplatzvergabe und zur Reduktion der Komplexität soll hier lediglich die zufällige Lagerplatzvergabe für alle untersuchten Fälle angenommen werden.

Routenkombinationen für 3 Kommissionierer:
Nachfolgende Tabelle (siehe Tabelle 5.10) enthält die 10 Routenkombinationen mit bis zu drei unterschiedlichen Routenstrategien, welche die kürzesten durchschnittlichen Durchlaufzeiten für eine variierende Auftragsgröße bei zufälliger Lagerplatzvergabe ermöglicht haben.

Tabelle 5.10 Übersicht über die 10 Routenkombinationen, welche die kürzesten durchschnittlichen Durchlaufzeiten ermöglichten (Quelle: Eigene Darstellung)

Position	10 Positionen pro Auftrag		20 Positionen pro Auftrag		50 Positionen pro Auftrag	
	Routenkombinationen[a]	Durchschn. Durchlaufzeit [s]	Routenkombinationen	Durchschn. Durchlaufzeit [s]	Routenkombinationen	Durchschn. Durchlaufzeit [s]
1	Cb, O, O	440	O, O, Cb	748	O, L, O	1487
2	O, O, Cb	440	O, L, O	750	O, M, O	1488
3	O, Cb, O	441	O, O, L	751	O, S, O	1493
4	**O, O, O**	441	O, Cb, O	752	**O, O, O**	1494
5	L, O, O	442	Cb, O, O	752	O, O, L	1495
6	Cs, O, O	442	**O, O, O**	755	O, Cb, O	1495
7	O, L, O	443	O, Cs, O	755	Cb, O, O	1497
8	O, Cs, O	443	O, M, O	755	O, O, M	1498
9	O, O, Cs	443	O, O, Cs	756	L, O, O	1501
10	M, O, O	444	O, L, Cb	756	O, Cs, O	1501

[a]Die Abkürzungen bedeuten: R – Return, S – S-shape, M – Midpoint, L – Largest-gap, Cs – Composite, Cb – Combined, O – Optimal.

Im Ergebnis wird deutlich, dass Routenkombinationen mit mehr als einer Routenstrategie potenziell die durchschnittlichen Durchlaufzeiten reduzieren können. Diese mögliche Reduktion ist allerdings sehr gering und umfasst lediglich einige Sekunden pro Auftrag. Ferner liegt die ausschließlich aus der optimalen Strategie bestehende Routenkombination stets auf einer der vorderen Positionen. Die Unterschiede zu den geringsten durchschnittlichen Durchlaufzeiten betragen pro Auftrag lediglich zwischen 1 und 7 Sekunden.

Von den insgesamt 343 untersuchten Routenkombinationen pro Auftragsgröße (sieben Routenstrategien für 3 Kommissionierer) wurden die ersten 10 Routenkombinationen aufsteigend nach ihrer durchschnittlichen Durchlaufzeit geordnet präsentiert. Offen bleibt hingegen, an welcher Position sich die Routenkombinationen mit nur einer einzigen Routenstrategie im Vergleich zu Routenkombinationen mit bis zu drei unterschiedlichen Routenstrategien befinden. Dies ist in Tabelle 5.11 dargestellt. Ferner wird gezeigt, wie hoch der prozentuale Anstieg

Tabelle 5.11 Position der Routenkombination mit jeweils nur einer Routenstrategie und deren durchschnittliche Durchlaufzeit sowie der prozentuale Anstieg im Vergleich zur jeweils besten Routenkombination für eine Auftragsgröße (Quelle: Eigene Darstellung)

10 Positionen pro Auftrag			20 Positionen pro Auftrag			50 Positionen pro Auftrag		
Position	Routen-kombi-nation	Durch-schn. Durch-laufzeit [s]	Position	Routen-kombi-nation	Durch-schn. Durch-laufzeit [s]	Position	Routen-kombi-nation	Durch-schn. Durch-laufzeit [s]
4	O, O, O	441 (0,2 %)	6	O, O, O	755 (1 %)	4	O, O, O	1494 (0,5 %)
90	L, L, L	469 (7 %)	160	L, L, L	822 (10 %)	31	S, S, S	1519 (2 %)
133	M, M, M	476 (8 %)	221	Cb, Cb, Cb	844 (13 %)	78	Cs, Cs, Cs	1539 (3 %)
197	Cb, Cb, Cb	489 (11 %)	228	M, M, M	847 (13 %)	195	Cb, Cb, Cb	1643 (10 %)
212	Cs, Cs, Cs	492 (12 %)	246	Cs, Cs, Cs	854 (14 %)	270	L, L, L	1716 (15 %)
320	S, S, S	530 (20 %)	289	S, S, S	881 (18 %)	331	M, M, M	1895 (23 %)
343	R, R, R	585 (33 %)	343	R, R, R	1056 (41 %)	343	R, R, R	2269 (52 %)

von der besten Routenkombination pro Auftragsgröße (siehe Tabelle 5.10) hin zur jeweiligen Routenkombination mit nur einer Routenstrategie ist.

Auch hier wird deutlich, dass bei Nutzung der optimalen Strategie nur sehr geringe Reduzierungen der durchschnittlichen Durchlaufzeit im Vergleich zur Nutzung von Routenkombinationen mit bis zu drei unterschiedlichen Routenstrategien erzielt werden können. Bei den Routenkombinationen mit den Heuristiken werden deutlich höhere Effizienzsteigerungen erreicht. Gleichermaßen gilt dies, wenn die zu vergleichenden Routenkombinationen lediglich aus Heuristiken bestehen. Dann gibt es immer noch eine Vielzahl von Routenkombinationen, die zu kürzeren durchschnittlichen Durchlaufzeiten führen als die Routenkombinationen mit nur einer einzigen Routenstrategie. Allerdings ist dies wiederum stark von der Auftragsstruktur abhängig und kann selbst bei gleichbleibender Auftragsgröße mit unterschiedlichen Positionen der SKUs pro Auftrag teilweise schwanken.

Abschließend soll der Einfluss gezeigt werden, den Blockierungen bei den 10 besten Routenkombinationen haben. Dazu sind in Abbildung 5.17 die durchschnittlichen Durchlaufzeiten der Routenkombinationen abgebildet; darüber hinaus ist die jeweils benötigte zusätzliche durchschnittliche Durchlaufzeit, die durch Blockierungen entsteht, dargestellt.

Insbesondere an derjenigen Routenkombination, die lediglich aus der optimalen Strategie besteht, verdeutlicht sich der Einfluss von Blockierungen auf die durchschnittliche Durchlaufzeit. Ferner sind die Unterschiede in den gesamten durchschnittlichen Durchlaufzeiten äußerst gering, was zu einer eher theoretisch

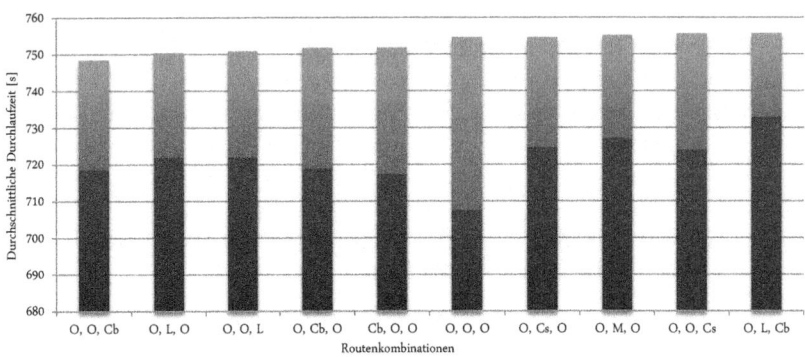

Abbildung 5.17 Durchschnittliche Durchlaufzeiten der 10 besten Routenkombinationen ohne Blockierungen (dunkelgraue Balken) und der zusätzlich benötigten durchschnittlichen Durchlaufzeit durch Blockierungen (hellgraue Balken) (Quelle: Eigene Darstellung)

relevanten Betrachtung der Vorteilhaftigkeit einzelner Routenkombinationen führt. Im Fall ohne Blockierungen zeigen sich Routenkombinationen mit bis zu drei Routenstrategien im Vergleich zu der Routenkombination, die nur aus der optimalen Strategie besteht, als deutlich unterlegen im Sinne kürzerer durchschnittlicher Durchlaufzeiten. Für den Fall bei ausschließlicher Nutzung der optimalen Strategie wird vermutet, dass die 3 Kommissionierer sich nicht gegenseitig behindern.

Da bisher lediglich minimale Reduzierungen der durchschnittlichen Durchlaufzeiten durch Routenkombinationen mit bis zu drei unterschiedlichen Routenstrategien erzielt werden konnten, soll die Anzahl von Kommissionierern an dieser Stelle nicht weiter erhöht werden. Dieser Fall würde nicht nur die Anzahl der durchschnittlichen Durchlaufzeiten stark erhöhen, was eine übersichtliche Darstellung der Ergebnisse erschweren würde; auch ist fraglich, ob dies von praktischem Nutzen wäre, da die Vorteilhaftigkeit der Routenkombination stark von den jeweiligen Aufträgen abhängt. Folglich müssten bei der Planung der Kommissionierprozesse bereits alle zu kommissionierenden Aufträge im Vorfeld bekannt sein, um die am besten geeignete Routenkombination für alle Kommissionierer zu ermitteln. Zusätzlich erhöht sich die Komplexität drastisch, um exakt die richtige Kombination von Routenstrategien für 4 Kommissionierer auszuwählen.

Abschließend kann die Hypothese 7 für 2 und 3 Kommissionierer bei zufälliger Lagerplatzvergabe bestätigt werden: Routenkombinationen ermöglichen eine zusätzliche Reduktion der durchschnittlichen Durchlaufzeiten. Dies gilt sowohl für den Fall, bei dem ausschließlich Heuristiken genutzt werden, als auch für den Fall, bei dem die optimale Strategie im Einsatz ist – wobei die Reduktion deutlich größer ausfällt, wenn lediglich heuristische Routenstrategien genutzt werden. Hier bleibt zu prüfen, inwieweit Routenkombinationen lediglich zu einer theoretisch relevanten Reduktion der durchschnittlichen Durchlaufzeit führen oder ob die mögliche Reduktion in der praktischen Anwendung zu signifikanten Effizienzsteigerungen führt.

5.3 Zusammenfassung der wichtigsten Ergebnisse beider Simulationsstudien

In diesem Kapitel wurden die Ergebnisse der beiden Simulationsmodelle zur Analyse der Auswirkungen von Abweichungen und Blockiervorgängen auf die Durchlaufzeit im untersuchten manuellen Person-zur-Ware-Kommissioniersystem dargestellt. Dabei wurde deutlich, dass (in Anlehnung an Proposition I) Abweichungen in Form übersprungener Gänge und SKUs sowie ungeplante Pausen bei der Auswahl von Routen- und Lagerplatzvergabestrategien für manuelle Kommissionierprozesse beachtet werden müssen. Andernfalls können Planungsfehler entstehen und das Resultat kann eine deutlich reduzierte Effizienz in Form hoher durchschnittlicher Durchlaufzeiten sein.

Ferner wurden die Grenzwerte für die optimale Strategie mit Abweichungen für das genutzte Kommissioniersystem ermittelt, ab denen die optimale Strategie mit Abweichungen nicht mehr zu den kürzesten durchschnittlichen Durchlaufzeiten im Vergleich zu den Heuristiken führt. Dabei wurde deutlich, dass die optimale Strategie – mit Ausnahme des Auftretens ungeplanter Pausen – nur bei hohen Abweichungswahrscheinlichkeiten im Vergleich zu den Heuristiken ihre Vorteilhaftigkeit verliert. Dies wurde auch für die genutzten Lagerplatzvergabestrategien, unterschiedliche Auftragsgrößen und Arten von Abweichungen gezeigt (Hypothesen 1a und 1b). Treten Abweichungen mit gleicher Wahrscheinlichkeit für alle Routenstrategien auf, so behält die optimale Strategie ihre relative Vorteilhaftigkeit – mit Ausnahme bei ungeplanten Pausen.

Aus den Ergebnissen wurde ferner deutlich, dass ein Überspringen von SKUs beim Kommissionieren, genauso wie ungeplante Pausen, möglichst vermieden werden sollte. Diese Arten der Abweichungen erhöhen die durchschnittlichen Durchlaufzeiten in hohem Maße und können deshalb die Effizienz im manuellen Kommissionierlager stark negativ beeinflussen. Werden Gänge übersprungen, so erhöhen sich die durchschnittlichen Durchlaufzeiten am geringsten von allen Abweichungsarten (Hypothese 2a). In wenigen Sonderfällen konnte damit sogar die Durchlaufzeit gesenkt werden. Die Auswirkungen übersprungener Gänge sind fast zu vernachlässigen, wenn gleichzeitig SKUs übersprungen werden. Dann sind die durchschnittlichen Durchlaufzeiten des kombinierten Auftretens beider Abweichungsarten ähnlich denen, wenn nur SKUs übersprungen werden (Hypothese 2b).

Auch wurde deutlich, dass das Holen übersprungener SKUs möglichst nach dem nächsten Pick oder am Ende des Gangs durchgeführt werden sollte. Ein nachträgliches Kommissionieren vom Depot aus hat den größten negativen Effekt auf die durchschnittlichen Durchlaufzeiten für die analysierten Routenstrategien. Dieser kann etwas reduziert werden, wenn ein Holen übersprungener SKUs von allen Positionen mit gleicher Wahrscheinlichkeit durchgeführt wird (Hypothese 3). Beim Holen ausgelassener SKUs aus übersprungenen Gängen schwankt die Vorteilhaftigkeit in Abhängigkeit von der Routenstrategie. Hier kann auf Basis der analysierten Routenstrategien keine generelle Empfehlung für das vorliegende Kommissionierlager abgeleitet werden, von dem ausgelassene SKUs aus nachträglich eingesammelt werden sollten.

In Anlehnung an Proposition II konnte aufgezeigt werden, dass sich die relative Vorteilhaftigkeit der analysierten Routenstrategien unter Berücksichtigung von Blockierungen im Lager verändern kann. Gerade im Hinblick auf die heuristischen Routenstrategien kann keine Aussage hinsichtlich der relativen Vorteilhaftigkeit einer bestimmten Routenstrategie bei variierenden Parametern abgeleitet werden, da sich dies kontinuierlich ändert. Die relative Vorteilhaftigkeit ist dabei in hohem Maße abhängig von der Auftragsgröße, der Anzahl von Kommissionierern im Lager und der genutzten Lagerplatzvergabestrategie.

Es kann gezeigt werden, dass die optimale Strategie in Kombination mit der vertikalen ABC-Verteilung unter Berücksichtigung von Blockierungen in fast allen Fällen zu den kürzesten durchschnittlichen Durchlaufzeiten führt (Hypothese 4). Ferner zeigte sich die optimale Strategie auch in Kombination mit anderen Lagerplatzvergabestrategien als diejenige Routenstrategie, die, wenn sie nicht zu kürzesten durchschnittlichen Durchlaufzeiten führt, zumindest sehr geringe durchschnittliche Durchlaufzeiten ermöglicht.

Insbesondere bei Nutzung der optimalen Strategie kann die durchschnittliche Durchlaufzeit beim Wechsel von der zufälligen hin zu einer klassenbasierten Lagerplatzvergabestrategie deutlich reduziert werden (Hypothese 5). Dies gilt allerdings nicht für alle Kombinationen von Routen- und Lagerplatzvergabestrategien. Eine genaue Prüfung, welche Kombination unter gegebenen Parametern geeignet ist, bildet die notwendige Voraussetzung, um möglichst geringe durchschnittliche Durchlaufzeiten zu erzielen.

Anhand der Vorteilhaftigkeit der klassenbasierten im Vergleich zur zufälligen Lagerplatzvergabe wird deutlich, dass die Häufigkeit von Blockierungen im Lager kein geeigneter Indikator für die Auswahl der Routen- und Lagerplatzvergabestrategie ist (Hypothese 6). Die Häufigkeiten von Blockierungen sind für die zufällige Lagerplatzvergabe zwar am geringsten; jedoch sind zugleich die geringsten durchschnittlichen Durchlaufzeiten für eine klassenbasierte Lagerplatzvergabe ermittelt wurden. Einzige Ausnahme ist der Fall einer Auftragsgröße von 10 Positionen pro Auftrag und 15 Kommissionierern: Hier wurde neben den kürzesten durchschnittlichen Durchlaufzeiten auch die geringste Häufigkeit von Blockierungen für die zufällige Lagerplatzvergabe bestimmt.

Wenn jedem Kommissionierer eine eigene, individuelle Routenstrategie zugewiesen wird, so ist dies eine Möglichkeit, um im vorliegenden Kommissionierlager die durchschnittlichen Durchlaufzeiten zu senken. Die durchschnittlichen Durchlaufzeiten von Routenkombinationen sind folglich geringer als die durchschnittlichen Durchlaufzeiten, wenn alle Kommissionierer dieselbe Routenstrategie verfolgen (Hypothese 7). Allerdings sind die Unterschiede zwischen den einzelnen durchschnittlichen Durchlaufzeiten sehr gering und die Abhängigkeit der Ergebnisse von Auftragsgröße und -struktur ist sehr hoch. Daher ist hier nicht möglich, eine Routenkombination abzuleiten, die stets kürzeste durchschnittliche Durchlaufzeiten ermöglicht.

Auch wenn die optimale Strategie aufgrund der komplexen und teilweise verwirrenden Wegeführung häufig kritisiert wird (siehe Kapitel 2.4.2), erwies sich diese Strategie als sehr robust im Hinblick auf mögliche Abweichungen und Blockierungen. Allerdings steht dem theoretisch ermittelten, hohen Potenzial zur Reduktion der durchschnittlichen Durchlaufzeiten der hohe Aufwand für die Implementierung einer solchen Strategie gegenüber. Da in der Praxis Blockierungen und Abweichungen gleichzeitig auftreten können, ist von Vorteil, eine Routen- und Lagerplatzvergabestrategie zu wählen, die in beiden Fällen zu kürzesten durchschnittlichen Durchlaufzeiten geführt hat, was für das analysierte Kommissionierlager möglich ist.

Fazit, Implikationen für Praxis und Forschung sowie Grenzen der Arbeit

6

Die Kommissionierung als eine der arbeits-, zeit-, personal- und kostenintensivsten Tätigkeiten in Lagerhäusern kann in der Praxis umfangreich geplant werden. Hierfür existiert eine Vielzahl möglicher Planungsansätze und Verfahren. Wird hierbei allerdings der Faktor „Mensch" vergessen, führt dies zu Planungsfehlern und ineffizienten Prozessen.

Ziel dieser Arbeit war, zum einen den Einfluss des Faktors „Mensch" für die manuelle Kommissionierung aufzuzeigen und zum anderen dessen Einfluss auf die Effizienz in der manuellen Kommissionierung zu analysieren.

Zur Beantwortung der Forschungsfrage wurden in einem ersten Schritt wichtige theoretische Grundlagen im Bereich der manuellen Kommissionierung erläutert. Anschließend erfolgte die Ableitung des theoretischen Bezugsrahmens. Die Theorie des devianten Verhaltens wurde erstmals anhand der manuellen Kommissionierung überprüft, auf Basis einer multiplen Fallstudie bei 7 Unternehmen. In dieser Fallstudie wurden Logistikleiter, Lagerhausmanager und Kommissionierer befragt. Im Ergebnis konnte der Einfluss des Faktors „Mensch" in der manuellen Kommissionierung in Form von deviantem Verhalten (Maverick Picking) mit den Gründen, Arten, Konsequenzen und Möglichkeiten zur Vermeidung solcher Verhaltensweisen strukturiert dargestellt werden. Hierdurch wurde der erste Teil der Forschungsfrage beantwortet.

Da auf Basis bisheriger Erkenntnisse nicht möglich ist, den Einfluss von Maverick Picking auf die Effizienz in der manuellen Kommissionierung näher zu bestimmen, wurden aus der Fallstudie zwei Propositionen abgeleitet. Im Rahmen der ersten Proposition wurde untersucht, welche Auswirkungen Abweichungen von der Routenführung in Form übersprungener Gänge, SKUs und ungeplanter Pausen auf die Effizienz in der manuellen Kommissionierung haben. Ferner wurden Routen- und Lagerplatzvergabestrategien sowie die Auftragsgrößen für

© Springer Fachmedien Wiesbaden GmbH 2018
T. Franzke, *Der Mensch als Faktor in der manuellen Kommissionierung*,
https://doi.org/10.1007/978-3-658-20469-3_6

die Ausführung des Kommissionierprozesses variiert, um den sich verändernden Einfluss von Abweichungen zu untersuchen. Hierbei konnte aufgezeigt werden, dass der Faktor „Mensch" einen maßgeblichen Einfluss hat und es ohne dessen Berücksichtigung zu Planungsfehlern kommen kann, die sich deutlich auf die Effizienz in der manuellen Kommissionierung auswirken. Insbesondere für das Überspringen von SKUs und Gängen wurden um bis zu 20 % erhöhte durchschnittliche Durchlaufzeiten durch Abweichungen ermittelt. Im Ergebnis wurde deutlich, dass die optimale Strategie in Kombination mit der vertikalen ABC-Verteilung am besten geeignet ist, um negative Auswirkungen von Abweichungen im untersuchten Kommissionierlager zu reduzieren. In fast allen Fällen führte diese Kombination zu den kürzesten durchschnittlichen Durchlaufzeiten.

Innerhalb der zweiten Simulationsstudie und auf Basis der zweiten Proposition wurde der Einfluss des Faktors „Mensch" in Form von Blockierungen im Lager analysiert. Auch hierbei wurde deutlich, dass sich die relative Vorteilhaftigkeit von Routen- und Lagerplatzvergabestrategien ändert, wenn Blockierungen berücksichtigt werden. Die Wahl einer geeigneten Kombination aus Routen- und Lagerplatzvergabestrategie kann die Durchlaufzeiten deutlich senken. Anzumerken ist, dass auch unter Berücksichtigung von Blockierungen die optimale Strategie in Kombination mit der vertikalen ABC-Verteilung in den meisten Fällen die kürzesten durchschnittlichen Durchlaufzeiten ermöglichte. Hierdurch kann die Komplexität der Planung manueller Kommissionierprozesse reduziert werden, wenn lediglich eine einzige Kombination aus Routen- und Lagerplatzvergabestrategie im Hinblick auf beide analysierten Teilbereiche in den meisten Fällen zu kürzesten durchschnittlichen Durchlaufzeiten führt. Wird die optimale Strategie nicht genutzt, so können die durchschnittlichen Durchlaufzeiten unter Berücksichtigung von Blockierungen für die jeweils beste Kombination aus heuristischer Routenstrategie und einer der analysierten Lagerplatzvergabestrategien um bis zu 33 % höher ausfallen.

Durch die Simulationsstudien konnte der zweite Teil der Forschungsfrage – also die Frage nach der Bestimmung des Einflusses des Faktors „Mensch" auf die Effizienz in der manuellen Kommissionierung – anhand der ermittelten Durchlaufzeiten beantwortet werden.

Hieraus ergeben sich wichtige **Implikationen für die Praxis**. Die Arbeit bietet eine Vielzahl von Ansatzpunkten, um die Effizienz in manuellen Kommissionierlagern steigern zu können. Einerseits wurde das Phänomen des Maverick Picking strukturiert dargestellt, was dem Planer manueller Kommissionierabläufe ermöglicht, dies im Hinblick auf die Planung für das jeweilige Kommissionierlager zu berücksichtigen. Umfassend und systematisch wurden mögliche Gründe aufgeführt, die prinzipiell auch in anderen Kommissionierlagern zu Abweichungen führen können. Dies bietet erste Ansatzpunkte zur Aufklärung möglicher Ursachen von Störungen im Kommissionierablauf oder sehr hoher Fehlerquoten. Zur Vermeidung solcher Abweichungen sind ebenfalls solche Maßnahmen dargestellt worden, die bereits erfolgreich umgesetzt wurden – wobei gleichzeitig detailliert aufgezeigt wird, wann und aus welchen möglichen Gründen diese erfolgreich oder nicht erfolgreich umgesetzt wurde.

Die Simulationsstudien bieten die Möglichkeit, insbesondere die Wegeführung im Kommissionierlager anzupassen. In den Gesprächen mit den Experten aus der Praxis bei den Unternehmen der Fallstudie sowie bei den Teilnehmern der genannten Ergebnispräsentationen wurde deutlich, dass kaum eine Routenstrategie in der Praxis bekannt ist. Die Ergebnisse deuten darauf hin, die Möglichkeiten, die es außerhalb der S-shape-Strategie gibt, für das jeweilige Kommissionierlager in Betracht zu ziehen. Hierdurch lassen sich ohne große Investitionen oder aufwendige Maßnahmen vergleichsweise einfache, jedoch umfangreiche und wirkungsvolle Reduzierungen der Durchlaufzeiten erreichen. Dabei kann auf Basis der vorliegenden Arbeit die Komplexität bei der Auswahl einer geeigneten Routen- und Lagerplatzvergabestrategie gesenkt werden, da sich in beiden Simulationsstudien die optimale Strategie mit der vertikalen ABC-Verteilung als am besten geeignet gezeigt hat. Daher ist eine Überprüfung dieser Kombination in einem realen Kommissionierlager vielversprechend.

Zusätzlich bietet die vorliegende Arbeit **Implikationen für weiterführende Forschungsarbeiten**. Die im Rahmen der Fallstudie befragten Unternehmen wiesen allesamt zumindest Teilaspekte von Maverick Picking auf. Ferner bewerteten eine Vielzahl von Teilnehmern an den Präsentationen der Ergebnisse der Fall- und Simulationsstudien sowie die Gutachter der zugehörigen Publikationen dieses Thema als relevant und wichtig. Dies legt die Vermutung nahe, dass Maverick Picking auch in anderen, hier nicht untersuchten, manuellen Kommissionierlagern auftritt. Die Auswahl der Unternehmen der Fallstudie erfolgte nach der Maßgabe, eine maximale Varianz zu erzielen, um möglichst generalisierbare Ergebnisse zu erhalten. Nichtsdestotrotz vermag eine Fallstudie keine komplett verallgemeinerbaren Ergebnisse zu erzeugen, da keine repräsentative Menge untersucht worden ist. Eine großzahlige empirische Untersuchung bietet sich daher an. Insbesondere kulturelle Unterschiede könnten weitere Aspekte von Maverick Picking aufdecken, da das Auftreten dieses Phänomens stark mit der jeweiligen Persönlichkeit des Kommissionierers verbunden ist. Durch die Fallstudie wurden lediglich Momentaufnahmen auf Basis der Schilderung der Experten aufgenommen. Eine Langzeitstudie, in der Maverick Picking zu unterschiedlichen Zeitpunkten bzw. im Zeitverlauf analysiert wird, bietet ebenfalls eine gute Möglichkeit, um zusätzliche Erkenntnisse bzgl. devianter Verhaltensweisen zu erzielen.

Bei dieser ersten explorativen Untersuchung von Maverick Picking wurde das Phänomen strukturiert und umfassend dargestellt. Nichtsdestotrotz gibt es weitere Ansatzpunkte für zukünftige Forschungsarbeiten in diesem Bereich: insbesondere die Überprüfung, inwiefern Faktoren wie das Alter, die Ausbildung, die Beschäftigungsart, die Dauer der Betriebszugehörigkeit, die Motivation oder die Zufriedenheit Einfluss auf die Häufigkeit des Auftretens und auf die Konsequenzen von Maverick Picking haben. Wie bereits in Kapitel 2.5 aufgezeigt, wurden ähnliche Untersuchungen bereits im Bereich des devianten Verhaltens durchgeführt. Ob dies auf die manuelle Kommissionierung übertragbar ist, kann Inhalt weiterführender Forschungsarbeiten sein.

Darüber hinaus kann ebenfalls der Einfluss von Maverick Picking auf die Motivation der Mitarbeiter, die Zufriedenheit, auf Abwesenheitszeiten oder die Fluktuation in der manuellen Kommissionierung analysiert werden. Hier wurden in der Fallstudie erste Ansatzpunkte aufgezeigt, deren weiterführende Überprüfung ebenfalls durchgeführt werden kann.

Innerhalb der Simulationsstudien konnte detailliert analysiert werden, welchen Einfluss verschiedene Arten von Maverick Picking auf die Durchlaufzeiten haben. Vereinfachend wurden dafür Annahmen aus der Literatur und der Praxis abgeleitet. Die Überprüfung der Ergebnisse in einem reellen Kommissionierlager bietet Gelegenheit zu weiterführenden Forschungsarbeiten. Insbesondere der Vergleich der Durchlaufzeiten in einem realen Kommissionierlager mit den Durchlaufzeiten nach Einführung der optimalen Routenstrategie mit vertikaler ABC-Lagerplatzvergabe verspricht wertvolle Einblicke. Hier kann überprüft werden, ob die Ergebnisse der Simulationsstudien bei den individuellen Anforderungen realer Kommissionierlager mit schwankender Auftragsgröße, variierender Anzahl von Kommissionierern im Lager oder dem unvorhersehbaren Auftreten von Abweichungen und Blockierungen bestätigt werden können.

Darüber hinaus können die Simulationsstudien erweitert werden. Simulationsmodelle bieten die Chance und zugleich Herausforderung, dass theoretisch beliebig viele oder wenige Faktoren implementiert werden können. Daher werden Annahmen getroffen, die in weiterführenden Studien verändert werden können. Die zu verändernden Parameter umfassen im vorliegenden Fall das Lagerlayout, welches mit mehreren Quergängen ausgestattet oder zu einem komplett anderen Layout abgeändert werden kann. Zusätzlich könnten auch Verhaltensmodelle für jeden Kommissionierer implementiert werden, um nicht nur Kommissionierer mit homogenen Eigenschaften im Lager arbeiten zu lassen. Darüber hinaus wurden einige Werte als konstant vorausgesetzt: die Gehgeschwindigkeit (ohne Berücksichtigung von Abbrems- und Beschleunigungsvorgängen), die Zeit pro Pick (nicht in Abhängigkeit des Gewichts der jeweiligen SKUs), die Verzögerung vor dem Beginn der Kommmissioniertour bei mehreren Kommissionierern oder die Anzahl der SKUs pro Lagerfach. Hier können anhand von geänderten Parameterwerten weitere Erkenntnisse erzielt werden. Auch könnten die Auswirkungen von Abweichungen in Verbindung mit auftretenden Blockierungen kombiniert untersucht werden. Hierbei kann überprüft werden, ob dann immer noch die optimale Strategie in Kombination mit einer vertikalen ABC-Verteilung in fast allen Fällen zu den kürzesten durchschnittlichen Durchlaufzeiten führt.

Speziell der Simulationsstudie zur Analyse von Blockierungen könnten monetäre Größen hinzugefügt werden, um eine optimale Anzahl von Kommissionierern bei einer gegebenen Konfiguration aus Routen- und Lagerplatzvergabestrategie sowie einer definierten Auftragsgröße zu ermitteln. Auch könnten die Auswirkungen nach der jeweiligen Art von Blockierung (einfach, zweifach, zweifach entgegengesetzte Blockiervorgänge usw.) durchgeführt werden. Im Bereich des Picker Blocking existiert eine weitere Routenstrategie, die in dieser Arbeit nicht untersucht wurde.[1] Ein Vergleich dieser Strategie mit den vorliegenden Ergebnissen bietet ebenfalls Potenzial für weiterführende Forschungsarbeiten. Diese Strategie wurde hier nicht aufgenommen, um die Vergleichbarkeit zwischen den beiden Simulationsstudien dieser Arbeit zu ermöglichen. Ferner ist die optimale Strategie als diejenige Routenstrategie, welche die kürzesten Wege ermöglicht, aufgenommen worden und fungiert als Benchmark. Darüber hinaus sind zusätzlich die in der Praxis und der Literatur im Bereich der manuellen Kommissionierung am häufigsten genutzten Routenstrategien implementiert worden. Daher wurde die zusätzliche Routenstrategie hier nicht mit aufgenommen.

In Verbindung mit der Fallstudie zu Maverick Picking könnte ebenfalls untersucht werden, nach welchen Kriterien die Kommissionierer im Lager ihre Prioritäten bei Blockierungen verteilen. Die Vergabe wurde im hierfür zugrunde gelegten Modell als konstant angenommen. In Folgestudien könnte die Vergabe der Prioritäten untereinander dynamisch implementiert werden, sodass bspw. ältere Kommissionierer oder Kommissionierer mit einem hohen Einfluss in der Gruppe Vorrang bekommen.

Zuletzt soll eine Möglichkeit für weiterführende Forschungsarbeiten aufgezeigt werden, die bereits ein Großteil der Autofahrer im Rahmen ihres Navigationssystems nutzt: die Möglichkeit, im Falle von Störungen auf dem Weg zum jeweiligen Ziel oder bei Auslassen eines SKUs/Gangs in Echtzeit eine neu berechnete Route vorgeschlagen zu bekommen. Diese neue Route könnte dann die Abweichung berücksichtigen und den für die neue Situation optimalen Weg

---

[1]Vgl. Chen et al. (2013); Chen et al. (2016).

enthalten. Hier wäre interessant zu überprüfen, inwiefern Effizienzsteigerungspotenziale vorhanden sind, wenn das Lagerverwaltungssystem eine solche Möglichkeit im Kommissionierlager bietet und aktiv analysiert, wo Staus oder Störungen auftreten, um die Kommissionierer in solchen Fällen möglichst effizient umzuleiten. Dabei könnten Informationen über Positionen im Lager gesammelt werden, an denen häufig Blockierungen oder Abweichungen auftreten, was dann bei der Berechnung einer möglichen Route durch das Lagerverwaltungssystem berücksichtigt werden kann.

Da bei Erstellung dieser Arbeit der Faktor „Mensch" ebenfalls eine wesentliche Rolle gespielt hat, soll im Folgenden auf die **Grenzen der Arbeit** eingegangen werden. Durch den Mehrmethodenansatz ließen sich die Einschränkungen der Arbeit durch die Kombination zweier unterschiedlicher Methoden reduzieren. Die Fallstudie ist sehr gut geeignet, um die Realität abzubilden, jedoch lassen sich die Ergebnisse nur schwer verallgemeinern und replizieren. Bei der Simulation ist es hingegen so, dass alle Einflussfaktoren kontrolliert und mithilfe statistischer Methoden Schlussfolgerungen gezogen werden können. Allerdings ist ein Simulationsmodell teilweise stark von der Realität abstrahiert und kann daher nicht alle Aspekte des zu untersuchenden Systems erfassen.[2] Nichtsdestotrotz können die aufgeführten Erkenntnisse nicht direkt auf alle Kommissionierlager übertragen werden, was auch nicht Ziel der vorliegenden Arbeit ist.

Darüber hinaus ist einschränkend zu erwähnen, dass die Ergebnisse der Fallstudie hauptsächlich auf Berichten von Logistikleitern, Lagerhausmanagern und Kommissionierern basieren. Die Strategie der Befragung beteiligter Experten wird im Bereich des devianten Verhaltens bereits erfolgreich genutzt und als sehr gut geeignet bewertet.[3] Trotz Fragen hinsichtlich heikler Informationen kann gerade durch Expertengespräche die Auskunftsbereitschaft im persönlichen Gespräch deutlich erhöht werden. Nichtsdestotrotz kann nicht komplett ausgeschlossen werden, dass die befragten Experten möglicherweise Antworten verschweigen oder in von der Realität abgewandelter Form berichten. Um diese Verzerrungen in den Antworten zu vermeiden, wurde allen Experten Anonymität zugesichert. Im Verlauf der Befragungen konnten keine Verzerrungen festgestellt werden und die Auskunftsbereitschaft war stets sehr hoch, selbst bei teilweise hochgradig sensiblen Informationen. Zur Verdeutlichung sei hier angeführt, dass in einem Gespräch eine Art Wettkampf zwischen Interviewer und Experten mit

---

[2]Vgl. Mentzer/Flint (1997), S. 213.
[3]Vgl. Bennett/Robinson (2000), S. 357.

einem Lagerhausmanager wahrgenommen wurde, wer die außergewöhnlichsten Vorfälle in der Kommissionierung zu berichten hat.

Zusätzlich wurden die Kommissionierer bei der Auswertung in zwei Klassen eingeteilt: Die Kommissionierer in der einen Klasse waren nicht mehr im Unternehmen angestellt und berichteten lediglich aus der Vergangenheit; die andere Klasse bestand aus Kommissionierern, die noch im jeweiligen Unternehmen tätig waren, über das sie berichteten. Hier konnten keine nennenswerten Unterschiede bei den Aussagen ermittelt werden, da die Auskunftsbereitschaft kontinuierlich bei allen Befragten als sehr hoch bewertet wurde. Ebenfalls keine Unterschiede in der Auskunftsbereitschaft konnten zwischen persönlich durchgeführten und telefonisch durchgeführten Expertengesprächen erkannt werden. Auch die Aufnahmen der Gespräche boten keinen Anlass, eine geringere Auskunftsbereitschaft oder verzerrte Ergebnisse zu vermuten. Nichtsdestotrotz können die genannten Punkte nicht endgültig ausgeschlossen werden und stellen daher eine potenzielle Einschränkung durch die Methode dar.

Für den Bereich der Simulationsmodelle ist einschränkend zu erwähnen, dass in der vorliegenden Arbeit kein Optimum einer bestimmten Parameterkonfiguration gefunden werden sollte, sondern lediglich Alternativen verglichen wurden. Ferner basierten die Inputdaten auf zufällig generierten Daten, was die Qualität der Ergebnisse in gewisser Weise einschränkt, da die Realität nicht komplett nachgebildet ist. Zusätzlich wurde eine Vielzahl von Annahmen getroffen, wie es im Rahmen von Simulationsstudien nötig ist, um ein aussagekräftiges Modell zu erhalten. Allerdings ergeben sich auch dadurch Einschränkungen, da das zu untersuchende System nicht vollständig abgebildet werden kann.

Literaturverzeichnis

Anand, N., Gardner, H. K., Morris, T. (2007): Knowledge-based innovation: Emergence and embedding of new practice areas in management consulting firms. In: Academy of Management Journal, 50 (2007) 2, S. 406–428.

Andriansyah, R., Etman, L. F. P., Rooda, J. E. (2010): Flow time prediction for a single-server order picking workstation using aggregate process times. In: International Journal on Advances in Systems and Measurements, 3 (2010) 1 & 2, S. 35–47.

Appelbaum, S. H., Iaconi, G. D., Matousek, A. (2007): Positive and negative deviant workplace behaviors: Causes, impacts, and solutions. In: Corporate Governance: The International Journal of Business in Society, 7 (2007) 5, S. 586–598.

Applegate, D. L., Bixby, R. E., Chvátal, V., Cook, W. J. (2006): The Traveling Salesman Problem: A Computational Study. New Jersey 2006.

Arbez, G., Birta, L. G. (2010): An activity-object world view for ABCmod conceptual models. In: Proceedings of the 2010 Summer Computer Simulation Conference. 2010, S. 290–297.

Baechler, A., Baechler, L., Autenrieth, S., Kurtz, P., Hoerz, T., Heidenreich, T., Kruell, G. (2016): A Comparative Study of an Assistance System for Manual Order Picking – Called Pick-by-Projection – with the Guiding Systems Pick-by-Paper, Pick-by-Light and Pick-by-Display. In: 49th Hawaii International Conference on System Sciences (HICSS). 2016, S. 523–531.

Balci, O., Nance, R. E. (1985): Formulated Problem Verification as an explicit Requirement of Model Credibility. In: Simulation, 45 (1985) 2, S. 76–86.

Balci, O. (1986): Credibility assessment of simulation results. In: Wilson, J., Henriksen, J., Roberts, S. (Hrsg.): Proceedings of the 1986 Winter Simulation Conference. 1986, S. 38–44.

Balci, O. (1989): How to assess the acceptability and credibility of simulation results. In: MacNair, E. A., Musselman, K. J., Heidelberger, P. (Hrsg.): Proceedings of the 1989 Winter Simulation Conference. 1989, S. 62–71.

Balci, O. (1990): Guidelines for successful simulation studies (tutorial session). In: Balci, O., Sadowski, R. P., Nance, R. E. (Hrsg.): Proceedings of the 1990 Winter Simulation Conference. 1990, S. 25–32.

© Springer Fachmedien Wiesbaden GmbH 2018
T. Franzke, *Der Mensch als Faktor in der manuellen Kommissionierung,*
https://doi.org/10.1007/978-3-658-20469-3

Balci, O. (1994a): Validation, verification, and testing techniques throughout the life cycle of a simulation study. In: Tew, J. D., Manivannan, S., Sadowski, D. A., Seila, A. F. (Hrsg.): Proceedings of the 1994 Winter Simulation Conference. 1994, S. 215–220.

Balci, O. (1994b): Validation, verification, and testing techniques throughout the life cycle of a simulation study. In: Annals of Operations Research, 53 (1994) 1, S. 121–173.

Balci, O. (1995): Principles and techniques of simulation validation, verification, and testing. In: Alexopoulos, C., Kang, K., Lilegdon, W. R., Goldsman, D. (Hrsg.): Proceedings of the 1995 Winter Simulation Conference. 1995, S. 147–154.

Balci, O. (1997): Verification, validation, and accreditation of simulation models. In: Andradóttir, S., Healy, K. J., Withers, D. H., Nelson, B. L. (Hrsg.): Proceedings of the 1997 Winter Simulation Conference. 1997, S. 135–141.

Balci, O. (1998): Verification, validation, and accreditation. In: Medeiros, D. J., Watson, E. F., Carson, J. S., Manivannan, M. S. (Hrsg.): Proceedings of the 1998 Winter Simulation Conference. 1998, S. 41–48.

Balci, O., Ormsby, W. F., Carr III, J. T., Saadi, S. D. (2000): Planning for verification, validation, and accreditation of modeling and simulation applications. In: Joines, J. A., Barton, R. R., Kang, K., Fishwick, P. A. (Hrsg.): Proceedings of the 2000 Winter Simulation Conference. 2000, S. 829–839.

Banks, J. (1998): Principles of Simulation. In: Banks, J. (Hrsg.): Handbook of Simulation. New York 1998, S. 1–30.

Banks, J. (1999): Introduction to Simulation. In: Farrington, P. A., Nembhard, H. B., Sturrock, D. T., Evans, G. W. (Hrsg.): Proceedings of the 1999 Winter Simulation Conference. 1999, S. 7–13.

Banks, J. (2000): Introduction to Simulation. In: Joines, J. A., Barton, R. R., Kang, K., Fishwick, P. A. (Hrsg.): Proceedings of the 2000 Winter Simulation Conference. 2000, S. 9–16.

Banks, J., Carson II, J. S., Nelson, B. L., Nicol, D. M. (2005): Discrete-Event System Simulation. Upper Saddle River 2005.

Bartholdi, J. J., Eisenstein, D. D., Foley, R. D. (2001): Performance of bucket brigades when work is stochastic. In: Operations Research, 49 (2001) 5, S. 710–719.

Bassan, Y., Roll, Y., Rosenblatt, M. J. (1980): Internal layout design of a warehouse. In: AIIE Transactions, 12 (1980) 4, S. 317–322.

Battini, D., Persona, A., Sgarbossa, F. (2014): Innovative real-time system to integrate ergonomic evaluations into warehouse design and management. In: Computers & Industrial Engineering, 77 (2014) November, S. 1–10.

Battini, D., Calzavara, M., Persona, A. Sgarbossa, F. (2015): Linking human availability and ergonomics parameters in order-picking systems. In: IFAC-PapersOnLine, 48 (2015) 3, S. 345–350.

Battini, D., Glock, C. H., Grosse, E. H., Persona, A., Sgarbossa, F. (2016): Human energy expenditure in order picking storage assignment: A bi-objective method. In: Computers & Industrial Engineering, 94 (2016) April, S. 147–157.

BAuA - Bundesanstalt für Arbeitsschutz und Arbeitsmedizin (2016): Technische Regel für Arbeitsstätten ASR A4.2. Verfügbar: http://www.baua.de/de/Themen-von-A-Z/Arbeitsstaetten/ASR/ASR.html (Zugriff am 18.08.2016).

Bellman, R. (2003): Dynamic Programming. Mineola 2003.

Bendoly, E., Donohue, K., Schultz, K. L. (2006): Behavior in operations management: Assessing recent findings and revisiting old assumptions. In: Journal of Operations Management, 24 (2006) 6, S. 737–752.

Bendoly, E., Croson, R., Goncalves, P., Schultz, K. (2010): Bodies of knowledge for research in behavioral operations. In: Production and Operations Management, 19 (2010) 4, S. 434–452.

Bennett, B. S. (1995): Simulation Fundamentals. London 1995.

Bennett, R. J., Robinson, S. L. (2000): Development of a measure of workplace deviance. In: Journal of Applied Psychology, 85 (2000) 3, S. 349–360.

Berglund, P., Batta, R. (2012): Optimal placement of warehouse cross-aisles in a picker-to-part warehouse with class-based storage. In: IIE Transactions, 44 (2012) 2, S. 107–120.

Bienstock, C. C. (1996): Sample size determination in logistics simulations. In: International Journal of Physical Distribution & Logistics Management, 26 (1996) 2, S. 43–50.

Bolin, A., Heatherly, L. (2001): Predictors of employee deviance: The relationship between bad attitudes and bad behavior. In: Journal of Business and Psychology, 15 (2001) 3, S. 405–418.

Bonabeau, E. (2002): Agent-based modeling: Methods and techniques for simulating human systems. In: Proceedings of the National Academy of Sciences, 99 (2002) Suppl. 3, S. 7280–7287.

Borshchev, A. (2013): The Big Book of Simulation Modeling: Multimethod Modeling with AnyLogic 6. Chicago 2013.

Borshchev, A., Filippov, A. (2004): From system dynamics and discrete event to practical agent based modeling: reasons, techniques, tools. In: Proceedings of the 22nd International Conference of the System Dynamics Society, 22 (2004), S. 1–23.

Box, G. E. P., Draper, N. R. (1987): Empirical Model-building and Response Surfaces. New York 1987.

Box, G. E. P., Hunter, J. S., Hunter, W. G. (2005): Statistics for Experimenters. Design, Innovation, and Discovery. Hoboken 2005.

Bratley, P., Fox, B. L., Schrage, L. E. (1987): A Guide to Simulation. 2. Aufl., New York 1987.

Brynzér, H., Johansson, M. I., Medbo, L. (1994): A methodology for evaluation of order picking systems as a base for system design and managerial decisions. In: International Journal of Operations & Production Management, 14 (1994) 3, S. 126–139.

Brynzér, H., Johansson, M. I. (1995): Design and performance of kitting and order picking systems. In: International Journal of Production Economics, 41 (1995) 1, S. 115–125.

Brynzér, H., Johansson, M. I. (1996): Storage location assignment: Using the product structure to reduce order picking times. In: International Journal of Production Economics, 46–47 (1996) December, S. 595–603.

Caron, F., Marchet, G., Perego, A. (1998): Routing policies and COI-based storage policies in picker-to-part systems. In: International Journal of Production Research, 36 (1998) 3, S. 713–732.

Carson, J. S. (2002): Model verification and validation. In: Yücesan, E., Chen, C.-H., Snowdon, J. L., Charnes, J. M. (Hrsg.): Proceedings of the 2002 Winter Simulation Conference. 2002, S. 52–58.

Chen, F., Wang, H., Qi, C., Xie, Y. (2013): An ant colony optimization routing algorithm for two order pickers with congestion consideration. In: Computers & Industrial Engineering, 66 (2013) 1, S. 77–85.

Chen, F., Wang, H., Xie, Y., Qi, C. (2016): An ACO-based online routing method for multiple order pickers with congestion consideration in warehouse. In: Journal of Intelligent Manufacturing, 27 (2016) 2, S. 389–408.

Choy, K. L., Ho, G. T. S., Lee, C. K. H. (2017): A RFID-based storage assignment system for enhancing the efficiency of order picking. In: Journal of Intelligent Manufacturing, 28 (2017) 1, S. 111–129.

Christmansson, M., Medbo, L., Hansson, G. Å., Ohlsson, K., Byström, J. U., Möller, T., Forsman, M. (2002): A case study of a principally new way of materials kitting – an evaluation of time consumption and physical workload. In: International Journal of Industrial Ergonomics, 30 (2002) 1, S. 49–65.

Crain, R. C. (1997): Simulation using GPSS/H. In: Andradóttir, S., Healy, K. J., Withers, D. H., Nelson B. L. (Hrsg.): Proceedings of the 1997 Winter Simulation Conference. 1997, S. 567–573.

Creswell, J. W. (2009): Research design: Qualitative, quantitative, and mixed methods approaches. Los Angeles 2009.

Corbin, J., Strauss, A. (2008): Basics of qualitative research: Techniques and procedures for developing grounded theory. 3. Aufl., Thousand Oaks 2008.

Damasio, A. R. (2005): Descartes' Irrtum: Fühlen, Denken und das menschliche Gehirn. Berlin 2005.

Danneels, E. (2011): Trying to become a different type of company: dynamic capability at Smith Corona. In: Strategic Management Journal, 32 (2011) 1, S. 1–31.

Davarzani, H., Norrman, A. (2015): Toward a relevant agenda for warehousing research: literature review and practitioners' input. In: Logistics Research, 8 (2015) 1, S. 1–18.

Davis, P. K. (1992): Generalizing concepts and methods of verification, validation, and accreditation (VV&A) for military simulations (No. RAND/R-4249-ACQ). Santa Monica 1992.

Dekker, R., de Koster, R., Roodbergen, K. J., van Kalleveen, H. (2004): Improving order-picking response time at Ankor's warehouse. In: Interfaces, 34 (2004) 4, S. 303–313.

de Koster, R., van der Poort, E. (1998): Routing orderpickers in a warehouse: a comparison between optimal and heuristic solutions. In: IIE Transactions, 30 (1998) 5, S. 469–480.

de Koster, R., Roodbergen, K. J., van Voorden, R. (1999): Reduction of walking time in the distribution center of De Bijenkorf. In: Speranza, G., Stähly, P. (Hrsg.): New Trends in Distribution Logistics. Heidelberg 1999, S. 215–234.

de Koster, R., Le-Duc, T., Roodbergen, K. J. (2007): Design and control of warehouse order picking: A literature review. In: European Journal of Operational Research, 182 (2007) 2, S. 481–501.

de Koster, R. (2012): Warehouse assessment in a single tour. In: Manzini, R. (Hrsg.): Warehousing in the Global Supply Chain. London 2012, S. 457–473.

de Koster, R., Le-Duc, T., Zaerpour, N. (2012): Determining the number of zones in a pick-and-sort order picking system. In: International Journal of Production Research, 50 (2012) 3, S. 757–771.

de Vries, J., de Koster, R., Stam, D. (2016): Exploring the role of picker personality in predicting picking performance with pick by voice, pick to light and RF-terminal picking. In: International Journal of Production Research, 54 (2016) 8, S. 2260–2274.

Dichtl, E., Beeskow, D. W. (1980): Die optimale Anordnung von Gütern in Vorratslägern mit Hilfe der mehrdimensionalen Skalierung. In: Zeitschrift für Operations Research, 24 (1980) 2, S. B51–B64.

DIN EN 15620:2008, Ortsfeste Regalsysteme aus Stahl - Verstellbare Palettenregale - Grenzabweichungen, Verformungen und Freiräume. Berlin 2008.

DIN EN 15635:2008, Ortsfeste Regalsysteme aus Stahl - Anwendung und Wartung von Lagereinrichtungen. Berlin 2008.

Donohue, K., Siemsen, E. (2010): Behavioral Operations: Applications in Supply Chain Management. In: Cochran, J. J., Cox, L. A., Keskinocak, P., Kharoufeh, J. P., Smith, J. C. (Hrsg.): Wiley Encyclopedia of Operations Research and Management Science. Hoboken 2010, S. 1–10.

Eisenhardt, K. M. (1989): Building theories from case study research. In: Academy of Management Review, 14 (1989) 4, S. 532–550.

Eisenhardt, K. M., Graebner, M. E. (2007): Theory building from cases: Opportunities and challenges. Academy of Management Journal, 50 (2007) 1, S. 25–32.

El ahrache, K., Imbeau, D. (2009): Comparison of rest allowance models for static muscular work. In: International Journal of Industrial Ergonomics, 39 (2009) 1, S. 73–80.

Elbert, R., Franzke, T., Glock, C. H., Grosse, E. H. (2015a): Picker Blocking in manuellen Kommissioniersystemen – Eine simulationsbasierte Analyse. In: Rabe, M., Clausen, U. (Hrsg.): Simulation in Production and Logistics 2015. Stuttgart 2015, S. 621–630.

Elbert, R., Franzke, T., Glock, C. H., Grosse, E. H. (2015b): Agent-based analysis of picker blocking in manual order picking systems: effects of routing combinations on throughput time. In: Yilmaz, L., Chan, W. K. V., Moon, I., Roeder, T. M. K., Macal, C., Rossetti, M. D. (Hrsg.): Proceedings of the 2015 Winter Simulation Conference. 2015, S. 3937–3948.

Elbert, R., Franzke, T., Glock, C. H., Grosse, E. H. (2017): The effects of human behavior on the efficiency of routing policies in order picking: the case of route deviations. In: Computers & Industrial Engineering, 111 (2017) September, S. 537–551.

Elmaghraby, S. E. (1968): The role of modeling in IE design. In: Industrial Engineering, 19 (1968) 6, S. 292–305.

Epstein, J. M., Axtell, R. (1996): Growing Artificial Societies. Social Science from the Bottom Up. Cambridge 1996.

Epstein, J. M. (2014): Agent_Zero: Toward Neurocognitive Foundations for Generative Social Science. Princeton 2014.

Fossett, C. A., Harrison, D., Weintrob, H., Gass, S. I. (1991): An assessment procedure for simulation models: a case study. In: Operations Research, 39 (1991) 5, S. 710–723.

Franzke, T., Grosse, E. H., Glock, C. H., Elbert, R. (2015): An Agent-Based Simulation Approach for Evaluating the Effects of Picker Blocking in a Rectangular Warehouse. In: Pawar, K. S., Rogers, H., Ferrari, E. (Hrsg.): Proceedings of the 20th International Symposium on Logistics (ISL 2015). 2015, S. 555–562.

Franzke, T., Grosse, E. H., Glock, C. H., Elbert, R. (2017): An investigation of the effects of storage assignment and picker routing on the occurrence of picker blocking in manual picker-to-parts warehouses. In: International Journal of Logistics Management, 28 (2017) 3, S. 841–863.

Frazelle, E. A., Sharp, G. P. (1989): Correlated assignment strategy can improve any order-picking operation. In: Industrial Engineering, 21 (1989) 4, S. 33–37.

Furmans, K., Huber, C., Wisser, J. (2012): Modellierung von Blockiervorgängen in manuellen Kommissioniersystemen mittels Bedientheorie. In: Logistics Journal, 1 (2012) 1, S. 1–16.

Gademann, N., van de Velde, S. (2005): Order batching to minimize total travel time in a parallel-aisle warehouse. In: IIE Transactions, 37 (2005) 1, S. 63–75.

Gilbert, N., Troitzsch, K. G. (1999): Simulation for the Social Scientist. Philadelphia 1999.

Gilbert, N. (2008): Agent-based Models. Thousand Oaks 2008.

Gino, F., Pisano, G. (2008): Toward a theory of behavioral operations. In: Manufacturing & Service Operations Management, 10 (2008) 4, S. 676–691.

Gioia, D. A., Corley, K. G., Hamilton, A. L. (2013): Seeking qualitative rigor in inductive research: Notes on the Gioia methodology. In: Organizational Research Methods, 16 (2013) 1, S. 15–31.

Glock, C. H., Grosse, E. H., Elbert, R., Franzke, T. (2017): Maverick picking: the impact of modifications in work schedules on manual order picking processes. In: International Journal of Production Research, 55 (2017) 21, S. 6344–6360.

Goerger, S. R., McGinnis, M. L., Darken, R. P. (2005): A validation methodology for human behavior representation models. In: The Journal of Defense Modeling and Simulation: Applications, Methodology, Technology, 2 (2005) 1, S. 39–51.

Goetschalckx, M., Ratliff, H. D. (1988): Order picking in an aisle. In: IIE Transactions, 20 (1988) 1, S. 53–62.

Goetschalckx, M., Ratliff, H. D. (1990): Shared storage policies based on the duration stay of unit loads. In: Management Science, 36 (1990) 9, S. 1120–1132.

Goldsman, D. (2007): Introduction to simulation. In: Henderson, S. G., Biller, B., Hsieh, M.-H., Shortle, J., Tew, J. D., Barton, R. R. (Hrsg.): Proceedings of the 2007 Winter Simulation Conference. 2007, S. 26–37.

Gordon, G. (1972): Systemsimulation. München 1972.

Grosse, E. H., Glock, C. H. (2013): An experimental investigation of learning effects in order picking systems. In: Journal of Manufacturing Technology Management, 24 (2013) 6, S. 850–872.

Grosse, E. H., Glock, C. H., Ballester-Ripoll, R. (2014): A simulated annealing approach for the joint order batching and order picker routing problem with weight restrictions. In: International Journal of Operations and Quantitative Management, 20 (2014) 2, S. 65–83.

Grosse, E. H., Glock, C. H., Jaber, M. Y., Neumann, W. P. (2015a): Incorporating human factors in order picking planning models: framework and research opportunities. In: International Journal of Production Research, 53 (2015) 3, S. 695–717.

Grosse, E. H., Glock, C. H., Lonzer, A. (2015b): Planung von effizienten Kommissionierprozessen mit Excel-Spreadsheets. In: Zeitschrift für wirtschaftlichen Fabrikbetrieb, 109 (2015) 7–8, S. 499–503.

Grosse, E. H., Dixon, S. M., Neumann, W. P., Glock, C. H. (2016): Using qualitative interviewing to examine human factors in warehouse order picking: Technical note. In: International Journal of Logistics Systems and Management, 23 (2016) 4, S. 499–518.

Grosse, E. H., Glock, C. H., Neumann, W. P. (2017): Human factors in order picking: a content analysis of the literature. In: International Journal of Production Research, 55 (2017) 5, 1260–1276.

Gu, J., Goetschalckx, M., McGinnis, L. F. (2007): Research on warehouse operation: A comprehensive review. In: European Journal of Operational Research, 177 (2007) 1, S. 1–21.

Gudehus, T. (2012): Logistik 2. Netzwerke, Systeme und Lieferketten. 4. aktual. Aufl., Berlin 2012.

Gue, K. R., Meller, R. D., Skufca, J. D. (2006): The effects of pick density on order picking areas with narrow aisles. In: IIE Transactions, 38 (2006) 10, S. 859–868.

Gue, K. R., Meller, R. D. (2009): Aisle configurations for unit-load warehouses. In: IIE Transactions, 41 (2009) 3, S. 171–182.

Hagspihl, R., Visagie, S. E. (2014): The number of pickers and stock-keeping unit arrangement on a unidirectional picking line. In: South African Journal of Industrial Engineering, 25 (2014) 3, S. 169–183.

Hall, R. W. (1993): Distance approximations for routing manual pickers in a warehouse. In: IIE Transactions, 25 (1993) 4, S. 76–87.

Hatami, S. (1990): Data requirements for analysis of manufacturing systems using computer simulation. In: Balci, O., Sadowski, R. P., Nance, R. E. (Hrsg.): Proceedings of the 1990 Winter Simulation Conference. 1990, S. 632–635.

Heath, B., Hill, R., Ciarallo, F. (2009): A survey of agent-based modeling practices (January 1998 to July 2008). In: Journal of Artificial Societies and Social Simulation, 12 (2009) 4, S. 9–43.

Heath, B. L., Ciarallo, F. W., Hill, R. R. (2013): An agent-based modeling approach to analyze the impact of warehouse congestion on cost and performance. In: International Journal of Advanced Manufacturing Technology, 67 (2013) 1–4, S. 563–574.

Heinz, K., Menk, J. (1997): Ermittlung von Kommissionierfehlern und Entwicklung von Maßnahmen zu deren Minimierung. Schlussbericht zum Forschungsthema (AiF-Vorhaben 9738).

Henle, C. A. (2005): Predicting workplace deviance from the interaction between organizational justice and personality. In: Journal of Managerial Issues, 17 (2005) 2, S. 247–263.

Henn, S., Koch, S., Doerner, K. F., Strauss, C., Wäscher, G. (2010): Metaheuristics for the order batching problem in manual order picking systems. In: Business Research, 3 (2010) 1, S. 82–105.

Henn, S. (2012): Algorithms for on-line order batching in an order picking warehouse. In: Computers & Operations Research, 39 (2012) 11, S. 2549–2563.

Henn, S., Koch, S., Gerking, H., Wäscher, G. (2013): A U-shaped layout for manual order-picking systems. In: Logistics Research, 6 (2013) 4, S. 245–261.

Heragu, S. S. (2008): Facilities design. 3. Aufl., Boca Raton 2008.

Heskett, J. L. (1963): Cube-per-order index-a key to warehouse stock location. In: Transportation and Distribution Management, 3 (1963) 1, S. 27–31.

Hong, S., Johnson, A. L., Peters, B. A. (2010): Analysis of picker blocking in narrow-aisle batch picking. In: Ellis, K., Gue, K., de Koster, R., Meller, R., Montreuil, B., Oglep, M. (Hrsg.): Proceedings of 2010 International Material Handling Research Colloquium (IMHRC). 2010, S. 1–13.

Hong, S., Johnson, A. L., Peters, B. A. (2012a): Large-scale order batching in parallel-aisle picking systems. In: IIE Transactions, 44 (2012) 2, S. 88–106.

Hong, S., Johnson, A. L., Peters, B. A. (2012b): Batch picking in narrow-aisle order picking systems with consideration for picker blocking. In: European Journal of Operational Research, 221 (2012) 3, S. 557–570.

Hong, S., Johnson, A. L., Peters, B. A. (2013): A note on picker blocking models in a parallel-aisle order picking system. In: IIE Transactions, 45 (2013) 12, S. 1345–1355.

Hong, S. (2014): Two-worker blocking congestion model with walk speed m in a no-passing circular passage system. In: European Journal of Operational Research, 235 (2014) 3, S. 687–696.

Hong, S., Johnson, A. L., Peters, B. A. (2015a): Order batching in a bucket brigade order picking system considering picker blocking. In: Flexible Services and Manufacturing Journal, 28 (2015) 3, S. 1–17.

Hong, S., Johnson, A. L., Peters, B. A. (2015b): Quantifying picker blocking in a bucket brigade order picking system. In: International Journal of Production Economics, 170 Part C (2015) December, S. 862–873.

Hsieh, L. F., Tsai, L. (2006): The optimum design of a warehouse system on order picking efficiency. In: The International Journal of Advanced Manufacturing Technology, 28 (2006) 5–6, S. 626–637.

Huber, C. (2011): Throughput Analysis of Manual Order Picking Systems with Congestion Consideration. Diss. Karlsruhe 2011.

Huy, Q. N., Corley, K. G., Kraatz, M. S. (2014): From support to mutiny: Shifting legitimacy judgments and emotional reactions impacting the implementation of radical change. In: Academy of Management Journal, 57 (2014) 6, S. 1650–1680.

Hwang, H., Oh, Y. H., Lee, Y. K. (2004): An evaluation of routing policies for order-picking operations in low-level picker-to-part systems. In: International Journal of Production Research, 42 (2004) 18, S. 3873–3889.

Jane, C. C., Laih, Y. W. (2005): A clustering algorithm for item assignment in a synchronized zone order picking system. In: European Journal of Operational Research, 166 (2005) 2, S. 489–496.

Jarvis, J. M., McDowell, E. D. (1991): Optimal product layout in an order picking warehouse. In: IIE Transactions, 23 (1991) 1, S. 93–102.

Jick, T. D. (1979): Mixing qualitative and quantitative methods: Triangulation in action. In: Administrative Science Quarterly, 24 (1979) 4, S. 602–611.

Johnson, M. E., Mollaghasemi, M. (1994): Simulation Input Data Modeling. In: Annals of Operations Research, 53 (1994) 1, S. 47–75.

Karásek, J. (2013): An overview of warehouse optimization. In: International Journal of Advances in Telecommunications, Electrotechnics, Signals and Systems, 2 (2013) 3, S. 111–117.

Karjalainen, K., Kemppainen, K., van Raaij, E. M. (2009): Non-compliant work behaviour in purchasing: An exploration of reasons behind maverick buying. In: Journal of Business Ethics, 85 (2009) 2, S. 245–261.

Kelton, W. D., Smith, J. S., Sturrock, D. T. (2013): Simio & Simulation: Modeling, analysis, applications. 3. Auflage.

Kleijnen, J. P. C., van Groenendaal, W. (1992): Simulation: A Statistical Perspective. Chicester 1992.

Kłodawski, M., Żak, J. (2013): Order Picking Area Layout and its Impact on the Efficiency of Order Picking Process. In: Journal of Traffic and Logistics Engineering, 1 (2013) 1, S. 41–46.

Klügl, F. (2001): Multiagentensimulation: Konzepte, Werkzeuge, Anwendungen. München 2001.

Klügl, F. (2008): A validation methodology for agent-based simulations. In: Proceedings of the 2008 ACM Symposium on Applied Computing. 2008, S. 39–43.

Knuth, D. E. (1998): The Art of Computer Programming: Seminumerical Algorithms. 3. Aufl., 2. Bd., Upper-Saddle River 1998.

Krüger, G., Stark, T. (2009): Handbuch der Java Programmierung. 6. aktualisierte Aufl., München 2009.

Kulp, S. L., Randall, T., Brandyberry, G., Potts, K. (2006): Using organizational control mechanisms to enhance procurement efficiency: How GlaxoSmithKline improved the effectiveness of e-procurement. In: Interfaces, 36 (2006) 3, S. 209–219.

Larco, J. A., de Koster, R., Roodbergen, K. J., Dul, J. (2017): Managing warehouse efficiency and worker discomfort through enhanced storage assignment decisions. In: International Journal of Production Research, 55 (2017) 21, S. 6407–6422.

Law, A. M., McComas, M. G. (1991): Secrets of successful simulation studies. In: Nelson, B. L., Kelton, W. D., Clark, G. M. (Hrsg.): Proceedings of 1991 Winter Simulation Conference. 1991, S. 21–27.

Law, A. M. (2006): How to build valid and credible simulation models. In: Perrone, L. F., Wieland, F. P., Liu, J., Lawson, B. G., Nicol, D. M., Fujimoto, R. M. (Hrsg.): Proceedings of the 2006 Winter Simulation Conference. 2006, S. 58–66.

Law, A. M. (2008): How to build valid and credible simulation models. In: Mason, S. J., Hill, R. R., Mönch, L., Rose, O., Jefferson, T., Fowler, J. W. (Hrsg.): Proceedings of the 2008 Winter Simulation Conference. 2008, S. 39–47.

Law, A. M. (2009): How to build valid and credible simulation models. In: Rossetti, M. D., Hill, R. R., Johansson, B., Dunkin, A., Ingalls, R. G. (Hrsg.): Proceedings of the 2009 Winter Simulation Conference. 2009, S. 24–33.

Law, A. M. (2013): Simulation Modeling and Analysis. 5. Aufl., New York 2013.

Law, A. M. (2015): Statistical Analysis of Simulation Output Data: The Practical State of the Art. In: Yilmaz, L., Chan, W. K. V., Moon, I., Roeder, T. M. K., Macal, C., Rossetti, M. D. (Hrsg.): Proceedings of the 2015 Winter Simulation Conference. 2015, S. 1810–1819.

Le-Duc, T. (2005): Design and control of efficient order picking processes. Diss. Rotterdam 2005.

Lehtonen, J. M., Seppälä, U. (1997): A methodology for data gathering and analysis in a logistics simulation project. In: Integrated Manufacturing Systems, 8 (1997) 6, S. 351–358.

Liebl, F. (1995): Simulation: Problemorientierte Einführung. 2. Aufl., München 1995.

Liu, C. M. (1999): Clustering techniques for stock location and order-picking in a distribution center. In: Computers & Operations Research, 26 (1999) 10, S. 989–1002.

Lolling, A. (2003): Analyse der menschlichen Zuverlässigkeit bei Kommissioniertätigkeiten. Diss. Dortmund 2003.

Lucas, T. W., Kelton, W. D., Sánchez, P. J., Sanchez, S. M., Anderson, B. L. (2015): Changing the paradigm: Simulation, now a method of first resort. In: Naval Research Logistics, 62 (2015) 4, S. 293–303.

Macal, C. M., North, M. J. (2005): Tutorial on Agent-Based Modeling and Simulation. In: Kuhl, M. E., Steiger, N. M., Armstrong, F. B., Joines, J. A. (Hrsg.): Proceedings of the 2005 Winter Simulation Conference. 2005, S. 2–15.

Macal, C. M., North, M. J. (2006): Tutorial on Agent-Based Modeling and Simulation Part 2: How to Model with Agents. In: Perrone, L. F., Wieland, F. P., Liu, J., Lawson, B. G., Nicol, D. M., Fujimoto, R. M. (Hrsg.): Proceedings of the 2006 Winter Simulation Conference. 2006, S. 73–83.

Macal, C. M., North, M. J. (2009): Agent-based modeling and simulation. In: Rossetti, M. D., Hill, R. R., Johansson, B., Dunkin, A., Ingalls, R. G. (Hrsg.): Proceedings of the 2009 Winter Simulation Conference. 2009, S. 86–98.

Macal, C. M., North, M. J. (2010): Tutorial on agent-based modelling and simulation. In: Journal of Simulation, 4 (2010) 3, S. 151–162.

Manuj, I., Mentzer, J. T., Bowers, M. R. (2009): Improving the rigor of discrete-event simulation in logistics and supply chain research. In: International Journal of Physical Distribution & Logistics Management, 39 (2009) 3, S. 172–201.

Markowitz, H. M. (1981): Barriers to the practical use of simulation analysis. In: Ören, T. I., Delfosse, C. M., Shub, C. M. (Hrsg.): Proceedings of the 1981 Winter Simulation Conference. 1981, S. 3–9.

Mayring, P. (2016): Einführung in die qualitative Sozialforschung: Eine Anleitung zu qualitativem Denken. 6. Aufl., Weinheim 2016.

McCloskey, D. N. (1986): The Rhetoric of Economics. Wisconsin 1986.

Meller, R. D., Gau, K. Y. (1996): The facility layout problem: recent and emerging trends and perspectives. In: Journal of Manufacturing Systems, 15 (1996) 5, S. 351–366.

Mentzer, J. T., Flint, D. J. (1997): Validity in logistics research. In: Journal of Business Logistics, 18 (1997) 1, S. 199–217.

Mentzer, J. T., Gomes, R. (1991): The strategic planning model: a PC-based dynamic, stochastic, simulation DSS generator for managerial planning. In: Journal of Business Logistics, 12 (1991) 2, S. 193–219.

Mentzer, J. T., Kahn, K. B. (1995): A framework of logistics research. In: Journal of Business Logistics, 16 (1995) 1, S. 231–251.

Metsker, S. J., Wake, W. C. (2006): Design Patterns in Java. Upper Saddle River 2006.

Michel, A. (2012): Transcending socialization: A nine-year ethnography of the body's role in organizational control and knowledge workers' transformation. In: Administrative Science Quarterly, 56 (2012) 3, S. 325–368.

Miebach, J., Dahm, L. S. (2009): Einführung und Grundlagen. In: Pulverich, M., Schietinger, J. (Hrsg.): Handbuch Kommissionierung. München 2009, S. 156–213.

Mitrani, I. (1982): Simulation Techniques for Discrete Event Systems. Cambridge 1982.

Modianos, D. T., Scott, R. C., Cornwell, L. W. (1984): Random number generation on microcomputers. In: Interfaces, 14 (1984) 4, S. 81–87.

Möller, K. (2011): Increasing warehouse order picking performance by sequence optimization. In: Procedia-Social and Behavioral Sciences, 20 (2011), S. 177–185.

Montgomery, D. C. (2009): Design and Analysis of Experiments. 7. Aufl., Hoboken 2009.

Mowrey, C. H., Parikh, P. J. (2014): Mixed-width aisle configurations for order picking in distribution centers. In: European Journal of Operational Research, 232 (2014) 1, S. 87–97.

Nave, M. (2009): Einführung und Grundlagen. In: Pulverich, M., Schietinger, J. (Hrsg.): Handbuch Kommissionierung. München 2009, S. 15–30.

Naylor, T. H., Finger, J. M. (1967): Verification of computer simulation models. In: Management Science, 14 (1967) 2, S. B-92–B-101.

Niazi, M. A., Hussain, A., Kolberg, M. (2009): Verification and validation of agent based simulations using the VOMAS (Virtual Overlay Multi-Agent System) approach. In: MAS&S at Multi-Agent Logics, Languages, and Organisations Federated Workshops (MALLOW). 2009, S. 1–7.

Overstreet, C. M., Nance, R. E. (1985): A specification language to assist in analysis of discrete event simulation models. In: Communications of the ACM, 28 (1985) 2, S. 190–201.

Pan, J. C. H., Shih, P. H. (2008): Evaluation of the throughput of a multiple-picker order picking system with congestion consideration. In: Computers & Industrial Engineering, 55 (2008) 2, S. 379–389.

Pan, J. C. H., Wu, M. H. (2009): A study of storage assignment problem for an order picking line in a pick-and-pass warehousing system. In: Computers & Industrial Engineering, 57 (2009) 1, S. 261–268.

Pan, J. C. H., Wu, M. H. (2012): Throughput analysis for order picking system with multiple pickers and aisle congestion considerations. In: Computers & Operations Research, 39 (2012) 7, S. 1661–1672.

Pan, J. C. H., Shih, P. H., Wu, M. H. (2012): Storage assignment problem with travel distance and blocking considerations for a picker-to-part order picking system. In: Computers & Industrial Engineering, 62 (2012) 2, S. 527–535.

Parikh, P. J., Meller, R. D. (2008): Selecting between batch and zone order picking strategies in a distribution center. In: Transportation Research Part E: Logistics and Transportation Review, 44 (2008) 5, S. 696–719.

Parikh, P. J., Meller, R. D. (2009): Estimating picker blocking in wide-aisle order picking systems. In: IIE Transactions, 41 (2009) 3, S. 232–246.

Parikh, P. J., Meller, R. D. (2010a): A travel-time model for a person-onboard order picking system. In: European Journal of Operational Research, 200 (2010) 2, S. 385–394.

Parikh, P. J., Meller, R. D. (2010b): A note on worker blocking in narrow-aisle order picking systems when pick time is non-deterministic. In: IIE Transactions, 42 (2010) 6, S. 392–404.

Park, B. C. (2012): Order Picking: Issues, Systems and Models. In: Manzini, R. (Hrsg.): Warehousing in the Global Supply Chain. London 2012, S. 1–30.

Pascal, B. (2006): Pensées. Verfügbar: http://www.gutenberg.org/files/18269/18269-h/ 18269-h.htm (Zugriff am 10.11.2016).

Perera, T., Liyanage, K. (2001): IDEF based methodology for rapid data collection. In: Integrated Manufacturing Systems, 12 (2001) 3, S. 187–194.

Petersen, C. G. (1997): An evaluation of order picking routeing policies. In: International Journal of Operations & Production Management, 17 (1997) 11, S. 1098–1111.

Petersen, C. G. (1999): The impact of routing and storage policies on warehouse efficiency. In: International Journal of Operations & Production Management, 19 (1999) 10, S. 1053–1064.

Petersen, C. G., Schmenner, R. W. (1999): An evaluation of routing and volume-based storage policies in an order picking operation. In: Decision Sciences, 30 (1999) 2, S. 481–501.

Petersen, C. G., Aase, G. (2004): A comparison of picking, storage, and routing policies in manual order picking. In: International Journal of Production Economics, 92 (2004) 1, S. 11–19.

Peterson, D. K. (2002): Deviant workplace behavior and the organization's ethical climate. In: Journal of Business and Psychology, 17 (2002) 1, S. 47–61.

Petersen, C. G., Aase, G. R., Heiser, D. R. (2004): Improving order-picking performance through the implementation of class-based storage. In: International Journal of Physical Distribution & Logistics Management, 34 (2004) 7, S. 534–544.

Pohl, L. M., Meller, R. D., Gue, K. R. (2011): Turnover-based storage in non-traditional unit-load warehouse designs. In: IIE Transactions, 43 (2011) 10, S. 703–720.

Poole, T. G., Szymankiewicz, J. Z. (1977): Using Simulation to solve problems. London 1977.

Popper, K. (2005): Logik der Forschung. Tübingen 2005.

Profozich, D. M., Sturrock, D. T. (1995): Introduction to SIMAN/Cinema. In: Alexopoulos, C., Kang, K., Lilegdon, W. R., Goldsman, D. (Hrsg.): Proceedings of the 1995 Winter Simulation Conference. 1995, S. 515–518.

Rabe, M., Spieckermann, S., Wenzel, S. (2008): Verifikation und Validierung für die Simulation in Produktion und Logistik: Vorgehensmodelle und Techniken. Berlin 2008.

Rammelmeier, T., Galka, S., Günthner, W. A. (2012): Fehlervermeidung in der Kommissionierung. In: Logistics Journal, (2012), S. 1–8.

RAND (2001): A Million Random Digits with 100,000 Normal Deviates. Verfügbar: http://www.rand.org/pubs/monograph_reports/MR1418.html (Zugriff am 30.10.2016).

Rasmussen, J. (1982): Human errors. A taxonomy for describing human malfunction in industrial installations. In: Journal of Occupational Accidents, 4 (1982) 2–4, S. 311–333.

Ratliff, H. D., Rosenthal, A. S. (1983): Order-picking in a rectangular warehouse: a solvable case of the traveling salesman problem. In: Operations Research, 31 (1983) 3, S. 507–521.

REFA (2016a). REFA Bundesverband e. V. – die Dachorganisation. Verfügbar: http://www.refa.de/service/wir/refa-bundesverband (Zugriff am 04.08.2016).

REFA (2016b). Satzung des REFA Bundesverbandes e. V. Verfügbar: http://www.refa.de/media//htcij/satzung2012130614.pdf (Zugriff am 04.08.2016).

Robinson, S., Bhatia, V. (1995): Secrets of successful simulation projects. In: Alexopoulos, C., Kang, K., Lilegdon, W. R., Goldsman, D. (Hrsg.): Proceedings of the 1995 Winter Simulation Conference. 1995, S. 61–67.

Robinson, S., Bennett, R. J. (1995): A typology of deviant workplace behaviors: A multidimensional scaling study. In: Academy of Management Journal, 38 (1995) 2, S. 555–572.

Robinson, S. (1997): Simulation model verification and validation: increasing the users' confidence. In: Andradóttir, S., Healy, K. J., Withers, D. H., Nelson, B. L. (Hrsg.): Proceedings of the 1997 Winter Simulation Conference. 1997, S. 53–59.

Robinson, S. (1999): Simulation Verification, Validation and Confidence: A Tutorial. In: Transactions of the Society for Computer Simulation International, 16 (1999) 2, S. 1–32.

Robinson, S. (2008a): Conceptual modelling for simulation Part I: definition and requirements. In: Journal of the Operational Research Society, 59 (2008) 3, S. 278–290.

Robinson, S. (2008b): Conceptual modelling for simulation Part II: a framework for conceptual modelling. In: Journal of the Operational Research Society, 59 (2008) 3, S. 291–304.

Robinson, S. (2013): Conceptual modeling for simulation. In: Pasupathy, R., Kim, S.-H., Tolk, A., Hill, R., Kuhl, M. E. (Hrsg.): Proceedings of the 2013 Winter Simulation Conference. 2013, S. 377–388.

Robinson, S., Arbez, G., Birta, L. G., Tolk, A., Wagner, G. (2015): Conceptual modeling: definition, purpose and benefits. In: Yilmaz, L., Chan, W. K. V., Moon, I., Roeder, T. M. K., Macal, C., Rossetti, M. D. (Hrsg.): Proceedings of the 2015 Winter Simulation Conference. 2015, S. 2812–2826.

Roman, P. A. (2005): Garbage in, Hollywood out! In: SimtecT, (2005), S. 1–5.

Roodbergen, K. J. (2001): Layout and routing methods for warehouses. Diss. Rotterdam 2001.

Roodbergen, K. J., de Koster, R. (2001): Routing methods for warehouses with multiple cross aisles. In: International Journal of Production Research, 39 (2001) 9, S. 1865–1883.

Roodbergen, K. J., Vis, I. F. (2006): A model for warehouse layout. In: IIE Transactions, 38 (2006) 10, S. 799–811.

Roodbergen, K. J. (2012): Storage Assignment for Order Picking in Multiple-Block Warehouses. In: Manzini, R. (Hrsg.): Warehousing in the Global Supply Chain. London 2012, S. 139–155.

Rosenwein, M. B. (1994): An application of cluster analysis to the problem of locating items within a warehouse. In: IIE Transactions, 26 (1994) 1, S. 101–103.

Ross, S. M. (2006): Simulation. 4. Aufl., Amsterdam 2006.

Rost, N. (2008): Der Homo Oeconomicus. Eine Fiktion der Standardökonomie. In: Zeitschrift für Sozialökonomie, 45 (2008) 158, S. 50–58.

Rouwenhorst, B., Reuter, B., Stockrahm, V., van Houtum, G. J., Mantel, R. J., Zijm, W. H. M. (2000): Warehouse design and control: Framework and literature review. In: European Journal of Operational Research, 122 (2000) 3, S. 515–533.

Ruben, R. A., Jacobs, F. R. (1999): Batch construction heuristics and storage assignment strategies for walk/ride and pick systems. In: Management Science, 45 (1999) 4, S. 575–596.

Rubrico, J. I. U., Ota, J., Higashi, T., Tamura, H. (2008): Metaheuristic scheduling of multiple picking agents for warehouse management. In: Industrial Robot: An International Journal, 35 (2008) 1, S. 58–68.

Sadowski, R. (1989). The simulation process: avoiding the problems and pitfalls. In: MacNair, E. A., Musselman, K. J., Heidelberger, P. (Hrsg.): Proceedings of the 1989 Winter Simulation Conference. 1989, S. 72–79.

Sadowski, D. A., Grabau, M. R. (1999): Tips for successful practice of simulation. In: Farrington, P. A., Nembhard, H. B., Sturrock, D. T., Evans, G. W. (Hrsg.): Proceedings of the 1999 Winter Simulation Conference. 1999, S. 60–66.

Sainathuni, B., Parikh, P. J., Zhang, X., Kong, N. (2014): The warehouse-inventory-transportation problem for supply chains. In: European Journal of Operational Research, 237 (2014) 2, S. 690–700.

Sargent, R. G. (2007): Verifikation and Validation of Simulation Models. In: Henderson, S. G., Biller, B., Hsieh, M.-H., Shortle, J., Tew, J. D., Barton, R. R. (Hrsg.): Proceedings of the 2007 Winter Simulation Conference. 2007, S. 124–137.

Sargent, R. G. (2013): Verification and validation of simulation models. In: Journal of Simulation, 7 (2013) 1, S. 12–24.

Savage, S. L. (2009): The flaw of averages: Why we underestimate risk in the face of uncertainty. Hoboken 2009.

Schiedermeier, R. (2013): Programmieren mit Java II. München 2013.

Schmidt, J. W., Taylor, R. E. (1970): Simulation and Analysis of Industrial Systems. Illinois 1970.

Sedgewick, R. (2003): Algorithms in Java. 3. Aufl., Boston 2003.

Shannon, R. E. (1976): Simulation modeling and methodology. In: Proceedings of the 1976 Winter Simulation Conference. 1976, S. 9–15.

Shiau, J.-Y. (2012): A Sequential Order Picking Policy for Shipping Large Numbers of Small Quantities of Goods. In: Manzini, R. (Hrsg.): Warehousing in the Global Supply Chain. London 2012, S. 87–103.

Siggelkow, N. (2007): Persuasion with case studies. In: Academy of Management Journal, 50 (2007) 1, S. 20–24.

Simon, H. A. (1986): Rationality in psychology and economics. In: Journal of Business, 59 (1986) 4 Part 2, S. S209–S224.

Skufca, J. D. (2005): k Workers in a circular warehouse: a random walk on a circle, without passing. In: SIAM Review, 47 (2005) 2, S. 301–314.

Smith, W. K. (2014): Dynamic decision making: A model of senior leaders managing strategic paradoxes. In: Academy of Management Journal, 57 (2014) 6, S. 1592–1623.

Sonenshein, S. (2014): How organizations foster the creative use of resources. In: Academy of Management Journal, 57 (2014) 3, S. 814–848.

Spreitzer, G. M., Sonenshein, S. (2004): Toward the construct definition of positive deviance. In: American Behavioral Scientist, 47 (2004) 6, S. 828–847.

Swider, C. L., Bauer Jr., K. W., Schuppe, T. F. (1994): The effective use of animation in simulation model validation. In: Tew, J. D., Manivannan, S., Sadowski, D. A., Seila, A. F. (Hrsg.): Proceedings of the 1994 Winter Simulation Conference. 1994, S. 633–640.

Taleb, N. N. (2008): Der schwarze Schwan. Die Macht höchst unwahrscheinlicher Ereignisse. München 2008.

ten Hompel, M., Schmidt, T. (2010): Warehouse Management. 3., korrigierte Aufl., Berlin 2010.

ten Hompel, M., Sadowsky, V., Beck, M. (2011): Kommissionierung. Materialflusssysteme 2 – Planung und Berechnung der Kommissionierung in der Logistik. Heidelberg 2011.

Theys, C., Bräysy, O., Dullaert, W., Raa, B. (2010): Using a TSP heuristic for routing order pickers in warehouses. In: European Journal of Operational Research, 200 (2010) 3, S. 755–763.

Thornton, L. M., Esper, T. L., Morris, M. L. (2013): Exploring the impact of supply chain counterproductive work behaviors on supply chain relationships. In: International Journal of Physical Distribution & Logistics Management, 43 (2013) 9, S. 786–804.

Tolk, A., Diallo, S. Y., Padilla, J. J., Herencia-Zapana, H. (2013): Reference modelling in support of M&S – foundations and applications. In: Journal of Simulation, 7 (2013) 2, S. 69–82.

Tompkins, J. A., White, J. A., Bozer, Y. A., Tanchoco, J. M. A. (2010): Facilities planning. 4. Aufl., Hoboken 2010.

Ullenboom, C. (2008): Java ist auch eine Insel. Programmieren mit der Java Platform. 7., aktualisierte und erweiterte Aufl., Bonn 2008.

Ulrich, P., Hill, W. (1979): Wissenschaftstheoretische Aspekte ausgewählter betriebswirtschaftlicher Konzeptionen. In: Raffée, H., Abel, B. (Hrsg.): Wissenschaftstheoretische Grundfragen der Wirtschaftswissenschaften. München 1979, S. 161–190.

van den Berg, J. P., Sharp, G. P., Gademann, A. N., Pochet, Y. (1998): Forward-reserve allocation in a warehouse with unit-load replenishments. In: European Journal of Operational Research, 111 (1998) 1, S. 98–113.

van den Berg, J. P. (1999): A literature survey on planning and control of warehousing systems. In: IIE Transactions, 31 (1999) 8, S. 751–762.

van den Berg, J. P., Zijm, W. H. M. (1999): Models for warehouse management: Classification and examples. In: International Journal of Production Economics, 59 (1999) 1, S. 519–528.

van der Zee, D. J., van der Vorst, J. G. (2005): A modeling framework for supply chain simulation: Opportunities for improved decision making. In: Decision Sciences, 36 (2005) 1, S. 65–95.

van Horn, R. L. (1971): Validation of simulation results. In: Management Science, 17 (1971) 5, S. 247–258.

VDI-Richtlinie 3311 (1998): Beleglose Kommissioniersysteme. Berlin 1998.

VDI-Richtlinie 3586 (2007): Flurförderzeuge: Begriffe, Kurzzeichen, Beispiele. Berlin 2007.

VDI-Richtlinie 3590 Blatt 1 (1994): Kommissioniersysteme: Grundlagen. Berlin 1994.

VDI-Richtlinie 3590 Blatt 2 (2002): Kommissioniersysteme: Systemfindung. Berlin 2002.

VDI-Richtlinie 3633 Blatt 1 (2010): Simulation von Logistik-, Materialfluss und Produktionssystemen: Grundlagen. Berlin 2010.

VDI-Richtlinie 4006 Blatt 1 (2015): Menschliche Zuverlässigkeit - Ergonomische Forderungen und Methoden der Bewertung. Berlin 2015.

VDI-Richtlinie 4481 (2012): Personalbedarfsermittlung in der Kommissionierung. Berlin 2012.

Venkatesh, V., Bala, H., Sykes, T. A. (2010): Impacts of Information and Communication Technology Implementations on Employees' Jobs in Service Organizations in India: A Multi-Method Longitudinal Field Study. In: Production and Operations Management, 19 (2010) 5, S. 591–613.

Wannenwetsch, H. (2010): Integrierte Materialwirtschaft und Logistik: Beschaffung, Logistik, Materialwirtschaft und Produktion. Heidelberg 2010.

Wäscher, G. (2004): Order picking: a survey of planning problems and methods. In: Dyckhoff, H., Lackes, R., Reese, J. (Hrsg.): Supply chain management and reverse logistics. Heidelberg 2004, S. 323–347.

Watson, C. E. (1976): The Problems of Problem Solving. In: Business Horizons, 19 (1976) 4, S. 88–94.

Watt, D. A., Brown, D. F. (2000): Programming Language Processors in Java. Compilers and Interpreters. Harlow 2000.

Weisner, K., Deuse, J. (2014): Assessment Methodology to Design an Ergonomic and Sustainable Order Picking System Using Motion Capturing Systems. In: Procedia CIRP, 17 (2014), S. 422–427.

White, K. P., Ingalls, R. G. (2015): Introduction to Simulation. In: Yilmaz, L., Chan, W. K. V., Moon, I., Roeder, T. M. K., Macal, C., Rossetti, M. D. (Hrsg.): Proceedings of the 2015 Winter Simulation Conference. 2015, S. 1741–1755.

Wichmann, A. (1994): Planungshilfsmittel für manuelle Kommissioniertätigkeiten. Diss. München 1994.

Wiendahl, H. P., Reichardt, J., Nyhuis, P. (2014): Handbuch Fabrikplanung: Konzept, Gestaltung und Umsetzung wandlungsfähiger Produktionsstätten. 2., überarbeitete und erweiterte Aufl., München 2014.

Wimbush, J. C., Shepard, J. M. (1994): Toward an understanding of ethical climate: Its relationship to ethical behavior and supervisory influence. In: Journal of Business Ethics, 13 (1994) 8, S. 637–647.

Woolley, R. N., Pidd, M. (1981): Problem Structuring – A Literature Review. In: Journal of the Operational Research Society, 32 (1981) 3, S. 197–206.

Xiang, X., Kennedy, R., Madey, G., Cabaniss, S. (2005): Verification and validation of agent-based scientific simulation models. In: Agent-Directed Simulation Conference. 2005, S. 47–55.

Yin, R. K. (2009): Case study research: Design and methods. 4. Aufl., Los Angeles 2009.

Yung, P., Agyekum-Mensah, G. (2012): Productivity losses in smoking breaks on construction sites: a case study. In: Engineering, Construction and Architectural Management, 19 (2012) 6, S. 636–646.

Zeigler, B. P., Praehofer, H., Kim, T. G. (2000): Theory of modeling and simulation: integrating discrete event and continuous complex dynamic systems. San Diego 2000.

Printed by Printforce, the Netherlands